[編著]
J.ドゥフルニ
J.L.モンソン

ÉCONOMIE SOCIALE

社会的経済
近未来の社会経済システム

[訳著]
富沢賢治〈解題〉
内山哲朗
佐藤　誠
石塚秀雄
中川雄一郎
長岡顕
菅野正純
柳沢敏勝
桐生尚武

日本経済評論社

Économie sociale
Entre économie capitaliste et économie publique
The Third Sector
Cooperative, Mutual and Nonprofit Organizations
by Jacques Defourny, José L. Monzón Campos (eds)
Copyright © 1992 De Boeck-Wesmeal, s.a.,
This Japanese edition published 1995
by Nihon Keizai Hyoronsha, Publishers, Tokyo

謝　辞

　この4年間にわたる「社会的経済」作業グループのすべての調整を，その優れた能力と献身で引き受けてくれたCIRIECの国際研究部会の「社会・協同組合経済」担当事務局のクリスティヌ・デュサールにわれわれは心から感謝申し上げます．また，本書のほとんどの全体にわたる校正作業を注意深く担当して下さったCIRIEC資料係のエレーヌ・ロペスに感謝申し上げます．

凡　例

1. 原文でイタリック体になっているところは強調飾りを省略した．
2. 原文の""括弧は「」括弧とし，（）は（）とした．ただし特別な単語は（）で原語を表記した．
3. 原文で意味の取りにくい箇所はわずかであるが，一部補足的字句を訳者が文章に補った．訳注は特に［　］に入れた．
4. associationは，国によって概念が異なるので，アソシエーション，非営利組織，団体，連合などと訳し分けた．
5. スペインについては，スペイン語原文によって訳出した．
6. わずかにあった明らかな誤植，脱落は訳者が訂正した．
7. 注のなかの人名は，読者の研究の便宜をおもんばかって，原文どおりとした．
8. 原文で改行がなく段落が長いものについては，読者の読みやすさを考慮して，一部改行した．

序　文

フアン・ホセ・バレラ・セレサル
社会的経済助成局（INFES, マドリッド）局長

　本書のような文献を提供できる喜びはめったに持ちうるものではない．
　本書が傑出している理由はいくつかある．第1に，本書の対象とする主題そのものが非常に興味深い．すなわち，本書は諸研究の集積から成っているが，それらの研究の共通の目的は，9つの工業国の現状に基づいて，「社会的経済」(social economy, économie soiale) というコンセプトを分析することと，「社会的経済」セクターを構成する主要素の量的側面を把握することである．
　マーストリヒトで開かれたEC理事会において経済・通貨統合条項が採択されたが，このような状況のもとでヨーロッパでは「社会的経済」研究の重要性が再認識されている．実際，私たちの信念によれば，ヨーロッパの経済的統合の強化は共通の社会的領域の建設とともに推進すべきものである．すなわち，この統合計画に参与する種々の国民が個々人の福祉を調和のとれたかたちで達成しうるような領域として，共同の社会的領域を建設するように努めなければならないのである．
　社会的経済は，参加経済とも称されうるものであるが，経済的な統合過程と社会的な統合過程の双方において主要な要素となっている．それゆえ，統合の促進にあたっては，社会的経済のセクターを徹底的に研究すること，とりわけ，私たちの社会の福祉増大に大いに貢献しうるその非常に革新的な主導力について徹底的に研究することが重要となる．
　第2に，注目されねばならない理由として，本書が社会的経済に関する非

常に重要な国際的共同研究プロジェクトの成果であるという点をあげうる．モンソン教授とドゥフルニ教授の指導下で，西欧7ヵ国と北米2ヵ国の約20人の研究者が協力して本書を完成させたのである．CIRIEC (Centre international de recherches et d'information sur l'économie publique, sociale et coopérative, 公共経済, 社会的経済, 協同組合経済に関する研究・情報のための国際センター［日本では国際公共経済学会と称されている］) は1988年以来，本書の20名の執筆者だけでなく，社会的経済に関するその他多数の専門家の協力を得て，本研究を完成させるための研究グループを組織し支援してきた．CIRIECのこのような努力に対して祝意を表したい．

第3に，本書の刊行は時宜にかなっており，「新生ヨーロッパにおける公共的，社会的，協同組合的企業の役割」を主要テーマとしてスペインで開催されるCIRIECの第19回世界大会と期を一にしている．そのテーマの重要性のゆえに，この世界大会はスペイン政府から十全の支援を得ている．

私が局長をつとめるINFES（社会的経済助成局）に関して述べるならば，INFESが本書刊行に貢献する機会を与えられたこと，また，スペインの数名の著名な研究者が本書の作成過程で中心的役割を果たせるように組織しえたことを誇りとするものである．

現代的で競争力をもった社会的経済は，本書の2人の編者が序論のなかで述べているように，経済成長とその成果の公正な分配に関して有効な貢献をなしうるものであるが，INFESはそのような社会的経済に関して強い確信をもっている．それゆえ私たちは，わが国の「社会的経済」に関する白書の作成をCIRIECのスペイン支部に依頼したのである．この白書においては，スペイン経済とヨーロッパ経済における社会的経済の現状の厳密な評価とその将来展望が試みられている[1]．

専門の研究機関は，「社会的経済」の領域における企業や組織と密接に連携することによって，このセクターの発展にかけがえのない役割を果たすことができる．このことはCIRIECにとってとりわけ重要である．CIRIECは，その傘下に企業と研究者の両者を結集しているからである．実際，社会的経

済の諸企業と諸組織が，効率的な活動を組織し維持し，自らの領域を強化し，諸組織間の統合・協力関係を発展させることによって，私たちの先進社会で自らの地位を確立しようとしている現在，そのような目的に役立つ政策を立案するためには，研究活動が決定的に重要となる．このような活動の重要性を認識している公共機関がその研究活動を積極的に支援するのは，このためである．

　本書は明らかにこのような方針に沿うものである．本書が上述の諸目的を達成するうえで大きな貢献をなしうることを，私は確信している．

注
1) 私たちはこの白書（スペインの社会的経済に関するモンソン－バレア報告）の要約をフランス語版で刊行した．

目　次

謝　辞
凡　例
序　文

「社会的経済」——変動する経済システムと第3セクター……… 1

1. 社会的経済とその中軸としての協同組合……………… 1
2. 社会的経済の企業と範囲……………………………… 3
3. 変動する経済システム………………………………… 5
4. CIRIEC ワーキンググループの研究………………… 7

第3主要セクターの起源，形態および役割……………………… 9

はじめに……………………………………………… 9
1. 社会的経済の起源……………………………… 11
2. 社会的経済概念の曖昧さ……………………… 15
3. 第3セクターの再活性化……………………… 16
4. 社会的経済特有の性格………………………… 18
5. 社会的経済セクターとその隣接面……………… 19
6. 社会的経済と伝統的な私的セクターとの対比………… 21
   6.1　協同組合　21
   6.2　共済組合　24
   6.3　非営利組織　25
7. 社会的経済——公共機関の介入に対する補完性………… 27
   7.1　生産機能　27
   7.2　再配分機能　28
   7.3　機能調整　29

む　す　び ……………………………………………………… 30

Ⅰ部　ヨーロッパ

フランスの社会的経済の諸組織——その内容と統計的計測 ……… 39

 1.　分野の境界と区分 ………………………………………… 40
  1.1　現在の組織状況　40
  1.2　説得性のある仮説　43
  1.3　1990年における社会的経済の範囲とその構成部分　49
 2.　各構成部分の統計数字 …………………………………… 52
  2.1　金融機関を除く協同組合　53
  2.2　社会保障・保険共済組合　62
  2.3　社会的経済のアソシエーション　67
  2.4　社会的経済の信用機関　71
 3.　国際比較上の問題 ………………………………………… 74
  3.1　ジードの社会的経済の規定はフランス以外の国でも
   　あてはまるか？　75
  3.2　社会・経済的構造と法制度関係は安定的か？　78
  3.3　遠心力か求心力か　80

イギリスにおける「社会的経済」 ………………………………… 85

 1.　イギリスにおける「社会的経済」の概念と関連用語 …… 86
  1.1　イギリスの「ボランタリィセクター」　88
  1.2　イギリスにおける協同組合・相互扶助セクターの素描　92
  1.3　「社会的経済」のための優先原則　96
  1.4　「社会的経済」の慣用法と受容可能性および異なった領域に
   　おける関連概念　98

2. イギリスにおける社会的経済の構成要素の類型と統計……99
      2.1 イギリスのボランタリィセクター 100
      2.2 イギリスにおける協同組合と共済組合 109
      2.3 イギリスの社会的経済に含まれるかも
         しれないその他の組織 113
      2.4 イギリスにおける社会的経済の類型化 115
   3. 特別な活動分野に対するボランタリィセクターの貢献……118
      3.1 博物館 118
      3.2 初等教育および中等教育 120
      3.3 救急病院設備 121
      3.4 社会福祉サービス 123
      3.5 ハウジング（住宅建設・供給） 123
      3.6 コミュニティ・アクション 126
      3.7 市民アドヴォカシィと公的アウェアネス 127
      3.8 国際開発と国際緊急援助 127
   4. 解説と分析………………………………………………128

スペインにおける社会的経済………………………………………131
   1. 社会的経済の概念……………………………………………131
      1.1 スペインにおける社会的経済をめぐって 131
      1.2 社会的経済の定義のための基準 133
      1.3 スペインにおける社会的経済の要件 135
   2. 社会的経済の現況……………………………………………143
   3. 結 び…………………………………………………………149

イタリアの社会的経済………………………………………………153
   1. 社会的経済……………………………………………………153

2. イタリアにおける協同組合の性格……………………157
 3. 協同組合セクターの量的分析……………………………162
    3.1 概　況　162
    3.2 部門別分析　168
 4. 共済と非営利活動………………………………………181
    4.1 概　観　181
    4.2 量的側面　183
 5. 社会的経済の有効性にかかわる諸問題………………186
 * 結　論……………………………………………………190

ベルギーの社会的経済セクター……………………………………197

 1. ベルギーの特別な事情…………………………………198
 2. 社会的経済の定義を求めて……………………………199
 3. ワロン地域社会的経済協議会が採用した定義………201
    3.1 利潤目的ではなく，構成員またはその集団にサービスする
        ことが究極目的　203
    3.2 経営管理の自治　203
    3.3 民主的決定の過程　204
    3.4 収益配分においては資本より人間と労働が優先する　204
 4. ベルギーの社会的経済の構成部分……………………204
    4.1 協同組合　205
    4.2 共済組合　206
    4.3 アソシエーション　208
 5. 社会的経済の統計………………………………………210
 6. 社会的経済の優先的必要事項…………………………217
    6.1 調整諸機構　217
    6.2 財　政　218

6.3　幹部と理事会　218

　　6.4　法的側面　219

＊　結　論…………………………………………………219

市場，福祉国家，社会的経済セクター——デンマークの事例…………225

1. デンマーク福祉国家……………………………………227
2. 社会的経済セクター分野への理論的アプローチ…………228
3. デンマークの社会的経済セクターの法的，制度的定義……231
4. デンマークの社会的経済に関する統計…………………234

　　4.1　全般にかかわる統計　235

　　4.2　デンマークの「非営利組織」　239

5. デンマークの社会的経済セクターの発展史……………241

　　5.1　農業協同組合　241

　　5.2　労働者協同組合　243

　　5.3　消費者協同組合　244

　　5.4　集産主義運動　244

　　5.5　結　論　246

6. デンマークの社会的経済セクター企業にたいする

　　公的，私的競争相手……………………………………247

　　6.1　公的「競争相手」　247

　　6.2　社会的経済セクターの金融企業への規制　249

　　6.3　私的競争相手　250

　　6.4　結　論　251

7. 今日のデンマークの社会的経済セクター特有の貢献………253

比較分析の要約と展望……………………………………254

付録　デンマーク社会的経済セクターの構成要素……………258

オーストリアの社会的経済 …………………………………………265

1. オーストリアの社会的経済セクター定義のための
   基準（原則と規則）……………………………………265
2. 公益の協同組合……………………………………………266
3. その他の協同組合…………………………………………268
4. その他の社会的経済………………………………………271
5. アソシエーションの経済的役割…………………………273

II部　北アメリカ

アメリカ合衆国における「社会的経済」を求めて——1つの提言……281

1. アメリカ合衆国における社会的経済という観念……………282
   1.1 アメリカ合衆国における「社会的経済」という用語の
       現在の使われ方　282
   1.2 アメリカの社会的経済の基準——定義づけの模索　282
   1.3 前記の基準に基づき，アメリカ合衆国における「社会
       的経済」の候補として含まれうるもの　285
   1.4 アメリカ合衆国の社会的経済という概念と理念に対す
       る反響——学術研究，政治の世界，一般公衆の間にお
       いて　299
2. 合衆国の社会的経済セクターとその周辺にある
   組織の内容と統計……………………………………………304
   2.1 社会的経済に含めることのできる組織　304
   2.2 アメリカの社会的経済に含められそうな組織　330
   2.3 アメリカの社会的経済の統計概要　337
3. 社会的経済全般について……………………………………337

3.1　社会的経済の成功組織の要因　338
　　3.2　アメリカの社会的経済の国際比較　343
　＊　結　論……………………………………………………346

カナダ・ケベックの社会的経済
——知られていない概念だが重要な経済的現実……………349

　1.　社会的経済の概念………………………………………350
　　1.1　概念の適用　350
　　1.2　社会的経済セクターの定義に利用できる基準
　　　　（原則と規則）　353
　　1.3　制度的な枠組み　355
　　1.4　社会的経済は明確な概念か　356
　2.　区分と統計数字…………………………………………357
　　2.1　確定的な構成組織　357
　　2.2　不確かな構成要素　376
　＊　結　論……………………………………………………395

参考文献………………………………………………………………403

著者略歴………………………………………………………………443

「社会的経済」解題……………………………………………………449
　1.　本書の内容………………………………………………449
　2.　本書の意義………………………………………………450
　3.　社会的経済論の形成史…………………………………451
　4.　非営利部門の増大………………………………………454
　5.　非営利部門増大の諸要因………………………………462

6. 社会的経済の定義 ……………………………………… 465
7. 社会的経済論への批判 …………………………………… 468
8. 社会的経済論の日本への適用 …………………………… 470

訳者あとがき ………………………………………………………… 481

装丁＊大貫デザイン事務所

「社会的経済」── 変動する経済システムと第3セクター

ホセ・ルイス・モンソン・カンポス

1. 社会的経済とその中軸しての協同組合

　「社会的経済」という表現は用語法上1つのパラドックスを含むあいまいで漠然とした概念である．経済活動が社会のなかでは常に社会的活動であることを前提とする以上,「社会的」という形容詞を経済活動に用いることは無駄なことであり，用語法としては矛盾している．

　「社会的経済」とは，あいまいで漠然とした概念である．すなわち，公共セクターの経済および資本主義セクターの経済の場合においてはその主要な特徴を見極めることがまったく困難ではないのにたいし，社会的経済の場合には，社会的経済という表現が伝えようとする概念内容に関して広く合意が成立しているわけではない．この点に関しては，本書のフランス語版サブタイトル［資本主義経済と公共経済の中間にあるもの］に示されているとおりであり，そのサブタイトルが示唆するところによれば,「社会的経済」とは，積極的な定義というよりむしろ，公共セクターと資本主義セクターの経済を除外することによって示される定義なのである．

　「社会的経済」という概念には用語法からみたパラドックスが横たわって

いるが，それは，1つのパラドックスあるいは明らかに何か同義反復的なものであるという点にすぎない．事実，経済問題についての伝統的な定義の仕方は，「経済的人間」という概念と「社会的人間」という概念のあいだにはっきりとした境界線を引いている．経済学的分析は，経済を目的と手段 —— 希少でありさまざまな点で有用である手段 —— の関係と定義したうえで，主として資源配分にその力を集中させる．

つきつめてみると，社会的経済という概念は，無意味な同義反復であるということには必ずしもならない．すなわち，「社会的」なものとしての経済という概念は，伝統的な経済概念とは明らかに異なる方法論的な視角から導き出されるものである．それはとりわけ，経済問題をどのように定義するかという点で異なっている．「社会的」なものとして経済をとらえるこの方法論的な視角においては，経済的人間と社会的人間との分離は消失し，資源配分の問題と並んで，分配，生産条件，失業，貧困，生活の質にかかわる諸問題もまた分析される．さらに，社会的経済という方法論的視角は，経済的諸問題とそれが発生する自然界とのあいだに繋がりをつけることを可能とさせ，そうすることによって，エコロジーとエコノミーを理論的に架橋することに貢献する．

社会的経済の広範な領域を構成する活動主体を吟味してみるとき，読者は，社会的経済という概念が突き当たらざるをえないあいまいさや矛盾を本書のなかにみい出すであろう．しかしながら，社会的経済をまさに代表する制度があるとすれば，それは協同組合であるという結論にも読者は到達するであろう．協同組合は，その歴史的背景，商業界におけるその広がり，すべての大陸におけるその存在，相当の人口部分にその基盤をもつこと，その運営原則，そしてその法的な地位の認知によって，公共セクターの企業や資本主義企業とは違って，社会的目的への資本の従属のみならず運営・管理の民主的方法を重視する，広範囲にわたる生産事業体の典型的な代表者となっているのである．

2. 社会的経済の企業と範囲

　社会的経済に帰属する種々の形態の企業への関心が現在広まりつつある．それは，現代社会に影響を及ぼしている古くからの問題そしてまた新たな問題が資本主義企業，国営企業，公共セクター一般にのみ頼っているだけでは満足に解決されえないという認識に由来する．失業，所得分配，公共サービスの質，住宅，健康，教育，退職者の生活の質等々の問題が山積しているのである．

　第2次世界大戦後の30年間，大多数の先進諸国において支配的であった伝統的な混合経済モデルの弱点，またそれが上記の諸問題に対して満足な解答を与えることができなかったことをみるならば，自由主義国家という従来の概念に復帰することは正当性をもちえない．自由主義国家は，すべての問題を解決するためにもっぱら市場メカニズムをあてにしたのであり，かつ，経済的な均衡の概念と社会的な福祉の概念とを同一視したのである．

　したがって，基本的な問題は次のようになる．すなわち，福祉国家から福祉社会への移行はいかなる基盤の上で可能となるのか，別言すれば，社会が抱える現代的諸問題を，もっぱら資本主義企業，国営企業，公共セクター一般にのみ頼って満足のいく方法で解決することなどいったい可能となるのであろうか，という問題である．

　われわれが参加して行われたスペインにおける研究と討論，および国際的な研究と討論によって，われわれは次のことに確信を抱くようになった．すなわち，伝統的な活動主体であれ，経済活動における国家介入がうまく試みられた諸形態であれ，ともにそれだけでは連鎖する現在の経済的諸問題を解決することはできない，ということである．反対に，社会的経済の活動主体の連合が活動しうるような，1つの領域の存在が必要であるとわれわれは考えている．社会的経済の活動主体による事業は，社会全般に活力を与えるも

のであり，現在の経済的諸問題の解決に明らかに貢献するものである．

　いま述べたような社会的経済の活動主体とは，経済的機能と社会的機能との統合を可能とするような企業のことである．それは，経済的に効率的な方法で富をつくりだし，その富を公正な方法で分配することを可能とする企業である．このような企業の大部分は協同組合であるが，しかし，他の法的形態をとるものもある．その重要なものとしては，共済組合，非営利組織（アソシエーション），スペインのSALのような労働者株式会社，労働組合や他の法的な主体によって統制されるある種の会社があげられる．それらはみな，経済的機能と社会的機能とを結合させようとする企業であり，われわれはそれを社会的経済企業と呼ぶ．

　これら企業間の社会的・経済的結合は明らかに弱いものであり，おそらく今日の時点ではまだ，経済システムの構成要素としての「社会的経済」を語るよりはむしろ「社会的企業」について語る方がより現実的であろう．

　われわれの見解では，社会的経済という概念が明確に認識されえないのは，まさに社会的経済がその構成要素として位置づけられるような経済構造が存在しないことによる．われわれが分析しようとしている社会的経済の活動主体がどのような「社会的」性格を有しているのかを明らかにするためには，［個々ばらばらに物事をみる］顕微鏡的なやり方がもっとも適切な道具だとはわれわれは考えない．ともかくも，それは十分な道具ではない．個別に切り離してみた企業の社会的な性格というものは，その企業がそれ自身の手の届く範囲で，またきわめて小さな規模において，非資本主義的な性格の事業を行ってきたという事実によって究極的に決定されるものではないとわれわれは考えている．構造的な文脈，すなわち，統計数字の広範囲の区分に関連する戦略的諸目標の選択において決定的な役割を果たすようなすべての諸変数，また，単一の企業という限られた範囲では統合されえないようなすべての諸変数といったこと細かな主要データ間の基本的な関係を同時に考察してみるのでなければ，この種の社会的経済企業が確固として打ち出している諸原則も意味をなさないのである．

われわれは，公共セクターおよび資本主義セクターと並んで，社会的経済を経済システムの新しい構成要素として認識することができなければ，すべての努力は必ず不毛に終わるだろうと考えている．

3. 変動する経済システム

　現代の経済システムにおける新しい構成要素として社会的経済の重要性を強調してきたが，それは，社会的経済が，従属的で周辺的なものであったこれまでの時代とはまったく違って，将来新たな役割を果たさなければならないであろう，とわれわれは考えるからである．資本主義に対する全般的なオルターナティブとして社会的経済をとらえるという考え方は今日ではすでに時代遅れである．さらにまた，経済循環の結果として，あるいは衰退しつつあるセクターの生き残り手段として社会的経済を描くことも受け容れがたい．

　自由主義的な資本主義という歴史的段階，あるいは1945年から1975年にかけての混合経済とは異なる，新しい経済構造が先進経済のもとで現れ始めている．この新しい経済構造の登場という文脈は，地域的な経済グループの凝集力の強化および政治的・軍事的ブロック間の対立と結びついていた活動形態の消失とを伴う，経済上・政治上の国際的統合から影響を受けている．こうした現象とは別に，生産的セクターの規模のかなりの変化，労働市場を含む市場の広範囲にわたる変化といったことが今では顕著となっている．そこではもはや，大量生産が解体されつつある．すべての経済活動へのロボットとコンピュータ化の導入もまた顕著である．これらのすべての変化が企業経営の戦略，形態および方法に衝撃を与えているのである．

　現代社会がそのもとで発展しつつある新しい文脈が意味しているのは，解決すべき経済的諸問題と満たすべき社会的ニーズが大きく変容してきたということである．

　新しい経済問題の1つに失業がある．明らかに，経済問題としての失業は

長年の現象ではある．しかしその新しさは，まず第1に，労働市場における失業の性格が30年前のものとはかなり違っているところにあり，第2に，ケインズ主義なものであるか規制緩和にもとづくものであるかにかかわらず，従来のマクロ経済的な政策が見逃がしてきたような失業の解決策がありうるというところにある．ミクロ経済的な雇用政策という点では，社会的経済に属するいくつかの企業，とりわけ従業員が出資者である企業は労働市場における安定装置としての役割を果たすのにきわめて有効でありうる．

CIRIECの奨励によってスペインで行われた研究では，ある種の公共財の供給は公共企業によるよりは社会的経済企業によるほうがより有効に実行されうること，そしてこうしたことはサービス部門ではとくに当てはまるということが明らかにされた．同様に，より有効な資源配分には農業協同組合が不可欠であることがしばしば証明されている．また，社会的経済企業は所得再分配のきわめて有効な手段となりうるのである．

社会的経済の歴史的起源が19世紀初頭にまで遡るのは確かであるとしても，今日われわれが向き合っているのは新しい社会的経済である．明らかに，今日の社会的経済も以前のそれと同様の価値にその基礎を置いているのであり，換言すれば，経済を人間と社会に役立つべき存在とみなすのである．その結果，新しい社会的経済は，経済的な効率と社会的な福祉とを単一の目的として結合しようとする．しかしながら，こうした第3セクター［としての新しい社会的経済］は，いまだ出現途上の局面に身を置いているにすぎない．19世紀に発生したものとは逆に，新しい社会的経済は資本主義制度にとってかわろうと望むものでもなければ，資本主義の循環運動の副産物たらんと望むものでもない．反対に，新しい社会的経済は，現代の経済システムにおける構造上の独自の構成要素として出現しつつあるものである．それは，公共セクター一般および資本主義セクターとは異なっていると同時に，それらと同様に構造化されるのであり，また，資源配分および所得分配の改善に必要なものなのである．たんにバランスのとれた持続可能な成長を達成することのみならず，1つの健全なエコシステムを達成することが目的だとすれば，

新しい社会的経済は，その目的を達成するために不可欠な経済安定化のための1つの基本的要素となるであろう．

4. CIRIEC ワーキンググループの研究

　以上のような新しい関心と問題への認識にもとづいて，故テオ・ティエメ教授を座長とするCIRIEC国際科学会議は，1988年，西ヨーロッパ7ヵ国，北アメリカ2ヵ国を代表する20名の研究者で構成されるワーキンググループを創設した．そのワーキンググループはジャック・ドゥフルニイをコーディネーターとし，関係諸国における社会的経済セクターに含まれる活動と組織を確認し，その経済的・社会的重要性を基礎的な諸指標にもとづいて評価することを主要な課題とするものであった．すなわち，可能なかぎり類型学的・統計学的な研究によって，なによりもまず，社会的経済の「厳密な構成要素」と呼ばれるものを明らかにし，次いで，社会的経済の文脈において議論の対象となる組織と企業を明らかにすることが目指されたのである．加えて，各国ごとの文脈に社会的経済を位置づけたうえで，社会的経済の現在の地位およびその潜在的可能性をともども分析すべきことが意図されていた．

　ワーキンググループは，関係諸国すべてについて同じ分析枠組みにもとづく研究を進め，6ヵ月ごとに開催される研究会を通じて得られた成果をプールした．その分析枠組みは，まず最初に社会的経済のフランスモデルとその3つの代表者たる「協同組合 — 共済組合 — 非営利組織」の属性に主として依拠するものであった．社会的経済へのアプローチは，社会的経済を促進するという点で70年代以降のフランスが果たした先駆的役割を念頭に置きつつ，論理的にすすめられた．しかしながら，ワーキンググループのメンバーたちは徐々に，社会的経済モデルをじつにさまざまに異なる各国ごとの状況に適応させていった．おそらく，社会的経済にたいする各国別のアプローチを読むとき，まず第1に現れてくるのはまさにこうした各国ごとの相違であ

ろう．それにもかかわらず，社会的経済の形態や社会的経済をめぐる用語法の相違を超えて，社会的経済の本質的性格，社会的経済が保持する価値，現代社会の発展に資する社会的経済の独自な貢献といったものが各国いずれにも通底しているであろうと，本書の著者たちは考えている．

最後に，われわれは，CIRIECスペイン部会によってバレンシアで開催される第19回CIRIEC国際会議に向けて，以上のような研究をスペイン語版およびフランス語・英語版で出版することを可能とさせた「社会的経済助成局」の援助にたいし，深く感謝の意を表しておきたい．

第3主要セクターの起源，形態および役割

ジャック・ドゥフルニ

はじめに

　過去10年ほどの間に，第3セクター，非営利セクター，そしてフランスの「社会的経済」セクターといった用語が使われることが多くなってきた．このことは —— その意味するものが多義にわたるというばかりでなく —— 従来の私的セクターおよび公共セクターに従属しない経済活動が発展し続けているという事実にいっそうの関心が寄せられていることを示している．だが，これらの経済活動は，その形態が実にさまざまで定義することが困難なことから，単純な経済分析には必ずしも向いていない．おそらく，このことが理由になって，社会的，経済的発展に対するその貢献にどのような特質があるのかについて，表面的かつ他と切り離された形でしか考察されないということがしばしば生じるのである．

　こうした状況が示す現実にいっそう注意を払うという方向での，真の意味で進歩といえるものが過去数年の間にみられた．フランスでは1980年代に，「社会的経済」と呼ばれるものを促すためのいくつかの機関を設立するという方針が示された．それらの機関の1つは，政府内部に設立された「社会的

経済事務局」である．他のヨーロッパ諸国においては，社会的経済セクターという考え方はもっとゆっくりと発展していったものの，一定のイニシアティブが，ことにスペインとベルギーにおいて，発揮された．EC委員会は最近になって，第23総局の内部に「社会的経済」部を設立した[1]．さらに，その重要刊行物で5ヵ国語に訳されている『EC産業の展望』(*Panorama of E. C. Industry*) の1991-92年版では初めて「社会的経済」セクターの概要についての1章が割かれた[2]．これらは，もちろんささやかな一歩ではあるが，第3の主要セクターを構築し，それを適切に認識することに確かに貢献するものといえる．

一見したところ，このセクターは本質的に，上述の1章の英語版の表題にあるような「協同組合，共済組合，非営利組織」の経済活動をカバーしている．ところで，この長めの表現はおそらく「社会的経済」(économie sociale) という用語のより適切な英語訳である．だが，以下の諸節においては，ほかに広く受け入れられている短い表現がないことから，単純化のために「社会的経済」(social economy) という用語をしばしば使用する[3]．同時に，このセクターには，国民経済計算では考慮の対象とならない諸活動（課税を逃れている仕事ないし事業，家庭での仕事，非合法活動，その他）は含まれないということもここで確認しておこう．

とはいえ，われわれは，第3セクターについて同一の考えをもつほどには至っていない．フランスでは，協同組合，共済組合，「非営利組織」(associations) に法的地位が与えられているから，法をもとにそれらは簡単に確認することができるが，他の国々においては，同じ組織を確認することははるかに複雑である．「社会的経済」(économie sociale) という用語からして，他の言語において匹敵するものは実際上はないし，あるいは少なくとも，フランス語と同じ意味にはならない．さらに，圧倒的に受け入れられる定義とか基準一覧というものもない．したがって，概念を国際的に明確にする作業と比較分析を行うことが必要になってくる．

概念の明確化と比較分析へのこのような過程はヨーロッパ・レベルにおい

てすでに始まっており，どのような定義をわれわれが選ぶにしろ，今日，決定的な1つの課題は，社会的経済に含まれうるさまざまな経済活動をいかに把握するか，ということである．社会的経済を構成するいろいろな組織が期待するであろうそれぞれの特殊な利点と並んで，概念の明確化と比較分析の努力を通じた主要な課題は，資本主義的な過程とも公共機関が経済的なイニシアティブを発揮する場合とも完全に異なる，真の企業家的ダイナミクスを認識することである．

　これまで述べたことが，CIRIEC の国際作業グループがその研究を通じて，一歩一歩確認してきたことの背景をなす．だが，その結果に目を向ける前に，今日あるような形にしている歴史的，哲学的文脈の中に第3セクターを位置づけることが有効かもしれない．実際，社会的経済の現代的な性格は，社会的経済が連帯と民主主義の原則にもとづいた自主的で効率性の高い経済活動の領域を創り出す現実的な代案である，という事実のなかにみい出だすことができるのである[4]．だが，社会的経済の起源とその展開過程が，とりわけフランスの外部では，いまだ広く知られるには至っていないため，その主要な道筋を顧ることから始めたい．ついで「社会的経済」(économie sociale) という考え方に内在する曖昧さ，そしてそれがフランスで（再）登場してきた過程を分析する．これらすべてのことが，われわれが社会的経済を西側諸国の混合経済の文脈の中に位置づけるのを，また伝統的な私的セクターおよび公共セクターと並ぶ社会的経済独自の役割を理解していくのを，助けてくれるだろう．

1. 社会的経済の起源

　社会的経済は，古典的な私的セクターと公共セクターとの間にある「誰にも所属しない地帯」というように誤って定義される何物かのようにみえるかもしれないが，なによりもその異なる構成要素が同じ土壌——19 世紀の労

働者連合，またロバート・オーエン，アンリ・ド・サンシモン，シャルル・フーリエ，ピエールジョゼフ・プルードン，フィリップ・ビュシェなどのユートピア主義者たち——にその根を這わせていることからわかるように，いまも社会的経済には一定程度の一貫性が保たれている．近代における最初の協同組合，共済組合が誕生したのもまさにこの坩堝の中であった[5]．だからといって，その起源から今日に至るまで社会的経済がさまざまに枝分かれし，さらに用語上の混乱が生じないというわけにはいかなかった．われわれは，社会的経済の起源に関してその概略を簡潔に述べておかなければならない．

社会的経済という考え方は，19世紀も初めの3分の1を終わるころに登場した．1830年，シャルル・デュノワイエは『社会的経済新論』(*Nouveau traité d'économie sociale*) を刊行し，その同じ30年代にルーバンで「社会的経済」(économie sociale) についてのコースが開かれたことが分かっている．実際，A・ゲラン (1987, p.3) の言うように「この時から世紀の終わりにいたるまで，社会的経済は政治経済学をつくりだすもう一つの方法を探っていたのであって，それ以外の何ものでもない」．社会的経済の擁護者たちは，産業革命が人間にもたらす恐ろしい犠牲を自覚し，当時，支配的であった経済学が社会的な側面を無視していると批判したのである．このような観点から書かれた社会的経済の入門書は，純粋経済学が扱う問題だけではなく，社会問題の発展とその解決の方法についても叙述した．

この政治経済学の拡大のなかで，いくつかの思想的伝統ないし学派が互いに接触をはじめた．1890年に開かれた学術会議にもとづいて分類をしたアンリ・デロシュ (1987) にならって，19世紀フランスにおける4つの伝統を辿ることができる．社会主義派，社会キリスト教改革派，自由主義派，連帯派である．

社会主義派は，言うまでもなくすでに述べたユートピア社会主義者とその弟子たちによって始まった．だが，社会的経済について明言した例は，コンスタンタン・ペクール (1842)，フランソワ・ビダル (1846) まで待たなければならない．2人とも，アソシエーションと国家介入の優位性を称賛し，

1848年革命では重要な役割を果たした．この伝統は，フランスにおいてはのちにブノワ・マロンとその著作『社会的経済入門』(*Manuel d'économie sociale*, 1883)，および自発的な社会的経済を提唱したマルセル・モスによって受け継がれた．

現実においては，アソシエーション社会主義思想家が国際労働運動に多大な影響力を及ぼし，社会主義が多くの場合，社会的経済と同一視されるようになるのはやっと1870年になってからのことである．最初，カール・マルクスは自ら協同組合運動に賛意を表明したが，やがて彼の理論は集産主義的なものにとってかわり，労働運動の大部分は社会的経済が社会変革において中心的な役割を果たすことを次第に否定するようになっていった．ジャン・ジョーレスやベルギーの社会主義者のいく人か（とりわけ，エミール・バンデルベルデ，エドワール・アンセル，ルイ・ベルトラン）にとって，社会的経済とはせいぜいのところ，資産を集めて政治闘争のためのプロパガンダを組織する強力な道具であって，社会の極貧層の生存条件を改善し彼らを教育する手段にとどまるものであった．

社会キリスト教主義者も社会的経済の発展において1つの役割を果たした．とりわけその著作によって貢献したフレデリック・ルプレは，1856年に社会的経済協会を設立し，評論誌『社会的経済』(*L'économie sociale*) を刊行した．彼はまた，1867，78，89年の万国博覧会に社会的経済を参加させるという考えを抱いた．ルプレは，会社改革という目的のための社会的経済の発展を承認したが，それは社会の急激な変革のためではなかった．彼は産業指導者による社会的経済の保護を第1に唱えたのである[6]．同様に，フリードリッヒ・ヴィルヘルム・ライファイゼンにおいても，第1義的なものはその実際的な成果であった．彼はドイツで最初の農村貯蓄銀行を設立し，このため農業信用協同組合の父となった．

総じて19世紀の社会キリスト教主義者は，自由主義の悪影響である個人の孤立に対して，またジャコバン主義の罠である国家への個人の吸収に対して闘うための「仲介機関」を提唱した．こうしたミニ機構を正当だと認め，

個人の独立を肯定したことが，補完という考え方を生んだ．高次の権力は，市民にとって身近な低次の組織がなしうる機能を奪うべきではないという意味である．

　自由主義派は当初，シャルル・デュノワイエ，ついでフレデリック・パスィによって主導された．彼らはなによりも経済的自由を上位におき，国家の干渉に反対し，自助の原則に基礎をおいた．それぞれの立場はまったく異なるものの，信用協同組合の創設に役割を果たしたドイツのヘルマン・シュルツェおよびイタリアのルイジ・ルザッチとともに，民衆のアソシエーションを重視したレオン・ワルラス[7]，労働者のアソシエーションを賃金制度に代わるものとして支持したイギリスのジョン・スチュアート・ミルを，自由主義派に含ませることができる．

　最後に連帯派だが，ビュシェの弟子で1851年と92年に『社会的経済論』(*Traité d'économie sociale*) を刊行したオーギュスト・オット，そしてなによりも重要なシャルル・ジードとニーム派がいる．ジードにとって連帯という思想は，私有財産も革命以来受け継がれている自由も犠牲にすることなく，資本主義と賃金制度の廃絶を導きだすものであった．彼の考えからすれば，協同を通じた相互扶助および経済的教育は人類を改造するものであった．だが，アソシエーション社会主義が基本的には生産の協同を促進したのに対して，ニーム派は消費者の協同を社会革新の軸と捉えた．こうして，連帯派は英国のキリスト教社会主義に呼応しつつ，フランスにおいてロッチデール・モデルの舞台づくりを進めた．最後に，これらキリスト教の影響を受けた協同組合の流れに加えて，世俗的共和派，とくにフランスの共済組合に影響を与えたレオン・ブルジョアを，A. ゲラン (1987) は連帯主義の中に位置づけている．

　これらの学説の分類から得られるものは何だろうか．第1に，これらの分類がまったく不完全だということに注意しよう．これら諸派のどれもが均質性を欠き，相互の違いが示す以上に時には相互の結びつきのほうが大きい．とはいうものの，このような分類のなによりの長所は，社会的経済の基礎に

政治的，文化的多元主義があるということを示している点にある．これは，社会的経済セクターにたいしていかなる現代的アプローチをとるにせよ，きわめて重要な点である．実際，ヨーロッパのみならずさまざまな国における第3セクターの再発見を今日，主導しているフランス型の社会的経済は，19世紀の主要イデオロギーのすべての交差点として形成されたのである．

2. 社会的経済概念の曖昧さ

社会的経済という考え方が19世紀末においては――すでに協同組合，共済組合，非営利組織がその中心的な場を占めていたとはいえ――今日よりもはるかに広い分野をカバーしていたことをすでにみてきた[8]．明らかにそれが源となって，20世紀を通じて混乱が続いていく．

第1に組織の面では，協同組合と共済組合の神髄をあいまいにする動きがアソシエーション主義に起因して生じてきた．協同組合が小部門ごとにますます緊密に構造化されていったこと，すでに素描したような労働運動による社会的経済の軽視という障害が生まれたこと，および2つの世界大戦による障害が生まれたこと，ベルギーの例にみられるように国家が時には共済組合に強制的な健康保険を委託して共済組合が高度に制度化される性格をもつようになったこと，そして最後に，アソシエーション主義者の運動がさまざまな方面に拡大していったこと――これらすべての要素が，協同組合，共済組合，非営利組織の活動を相互に引き離すよう働いたのである[9]．

用語法からみれば，フランス語の「社会的経済」(économie sociale) という表現は，かつてより広く，多様な意味で使われてきている．C.ヴィエンニによると，とりわけ「社会的経済」というこの用語は，今では「社会的経済分野の研究」，すなわち，健康と社会的保護，教育と訓練，労働と雇用，経済に占める労働組合の役割等々に関する経済学を示すのに使われている．換言すれば，生産，市場交換，あるいは古典的な意味での主要な経済主体（企

業，国家，等々）についてではなく，社会生活，個人と社会的グループに関する経済分析を行う際に，これらの課題全般を，「社会的経済」(économie sociale) あるいはアングロ・サクソン的慣用に従って「社会的経済」(social economy) という用語によってカバーすることができる．この場合，社会的経済とは，社会問題の経済学と同じ意味になる[10]．

ここから，いかなる結論を引き出すべきであろうか．フランスの協同組合，共済組合，非営利組織が相互の関係を再確定しようと望んでいた1970年代であれば，他の用語を選択したほうがよかったかもしれない[11]．例えば「連合経済」(économie associative) という表現のほうが，不完全であるにしろ，より適切であったと考える人々もいる．ともあれ，「社会的経済」(économie sociale) という表現は —— 少なくともフランス語においては —— 広く受け入れられつつあることからすれば，この用語を使い続けるほうがよいだろう．ただし，ECの他の言語においては，それが単に「協同組合，共済組合，非営利組織」という表現の翻訳でないときは，それぞれの国の特殊な条件にもっと近い他の用語が好ましいことはすでに明らかである．

3. 第3セクターの再活性化

1970年代の初めごろ，フランスの協同組合と共済組合は接近し，相互に共通する性格を再発見した．数年後，アソシエーション運動がこれに加わり，75年，「共済組合・協同組合・非営利組織全国連絡委員会」(CNLAMCA) が設立された[12]．78年，同委員会によって社会的経済についてのヨーロッパ会議がブリュッセルで組織された．すべての者に受け入れられる用語をみつけ出すことが困難であるにもかかわらず，いろいろな国において第3セクターという現実にたいする認識が広まっていった[13]．

そのことは間もなく当局によっても認識されるようになり，1981年にはフランス政府によって「社会的経済各省代表会議」が設置された[14]．その後，

「社会的経済事務局」が政府内部につくられた[15]．このセクターを形づくるうえで画期となった出来事の中でも，80年に社会的経済憲章が採択されたこと，81年に「社会的経済基金」が設立されたこと，そして財務組織として83年に「社会的経済振興協会」（IDES）が設置されたことをあげることができる．

最後になったが，それに劣らず重要なのは，その特殊な様相，諸困難，展望をみい出すのを助け，社会的経済のさまざまな構成要素間における相互理解と協同を促す機関と道具である．したがって，『社会的経済通信』（*Lettre de l'Économie Sociale*）（週刊），『協同組合，共済組合，非営利組織研究評論』（*Revue des Etudes coopératives, mutualistes et associatives*）（RECMA），『社会的経済評論』（*Revue de l'Économie Sociale*）（ともに季刊），ルマン大学の社会的経済講義（Semaines d'Économie Sociale）（年間），「社会的経済資料振興協会」（ADDES），そしてきわめて活発な「社会的経済指導青年センター」（CJDES）などは，このセクターを量的のみならず質的に発展させるうえでもっとも貴重な手段となっている．

次に，なぜ社会的経済がこういう形で（再）登場したのか，その理由を考えてみよう．完璧な説明をしようとするのではなく，いく人かの論者によって提示された説明をみてみることは可能であろう．まず第1にいえることは，その共通する特徴を再発見したことに加えて，財政上の必要と国に働きかける必要性が，協同組合，共済組合，非営利組織にその共通の力を集中させる根拠になったことは明らかである．さらに，社会的経済という考え方によって，前世紀のアソシエーション主義的力学から生まれた諸組織と，過去20年の間に増大してきた経済的，社会的な新しい実験——新しい協同組合，破産した企業の労働者管理，地域共同体による経済的イニシアティブ，経済的実験をつうじた社会的再統合等々，一言にしていうならば，「新しい社会的経済」とでも呼べるものすべて——とを結びつけることが可能になったのである．

最後に，福祉国家の危機と中央集権的社会主義の破綻によって，このセク

ターの評価を促すような政治的条件が生じたことがあげられる．何十年間にもわたって，社会的責任というものは，公的権力の増大する介入を背景として理解され，組織されてきた．社会的経済は実際には長年にわたって存在していたのであるが，一方において公的権力からの解放がある程度までなされてきたこと，他方において社会主義制度の意義に信頼を寄せることが不可能になったということによって，イデオロギー面での隙間が生じ，社会的経済がいっそう注目され，また社会的経済が貢献しうるような場が生み出されたのである．

4. 社会的経済特有の性格

社会的経済が今日では，主として協同組合，共済組合，非営利組織から構成されるものとして理解される傾向にあることをみてきた．今度は，これらさまざまな構成要素に共通する性格，これらさまざまな要素が同じ社会的経済セクターに含まれることを裏づけるような性格を，その時々におけるそれぞれの目的とは別に，明らかにしなければならない．言い換えれば，社会的経済を定義する指標とは何なのか，ある特定の経済活動がこのセクターに含まれるべきか否かを決定するものは何なのだろうか，ということである．

フランスでは社会的経済についていくつかの定義がなされてきたものの，圧倒的な賛意を得たものは1つもない[16]．社会的経済は多様であるから，どんな概念的アプローチをしても，社会的経済のすべてを包含したうえそれ以外のすべてを排除することはできない，と結論した者もいる．社会的経済を厳格な教条のなかに閉じ込めるというのは確かに誤りであろうが，他の経済セクターからそれを根本的に分かつ要素を可能なかぎり明確にすることは必要である．そのことは，社会的経済にたいする信頼の問題以外のなにものでもない．

社会的経済の独特な性格としてフランスでよく言われることは，それがど

のように組織され経営されているかということとともに，総じて社会的経済組織としての目的にかかわったものである．しばしばそれは，利益を動機としない，加入の自由，民主的経営，公的権力からの独立，というように表現される[17]．社会的経済のエッセンスを伝えるとされる表現方法は他にも確かにあるが，上記の表現はよく生じるテーマを要約している．

ベルギーでは1989年にワロン地方政府によって設立された「ワロン社会的経済協議会」が，幅広いコンセンサスを基礎にした定義を提案した．この定義は，のちに全国レベルの中央経済協議会に採用され，またスペインでも91年にスペイン政府に提出された『社会的経済白書』（*Libro Blanco de la Economía Social*）でも言及された[18]．これについてはベルギーの社会的経済についての章で注釈をするが，参考までにここに示しておこう．

　　社会的経済とは，主として協同組合である企業や，共済組合，非営利組織によってなされる経済活動からなり，以下のような原則を承認するものである．
　　—— 利益よりもむしろ構成員あるいはその集団に奉仕することを目的とする
　　—— 管理の独立
　　—— 民主的な意思決定過程
　　—— 収益の分配においては，資本より人間と労働を優先する

5. 社会的経済セクターとその隣接面

柔軟でダイナミックな社会的経済のビジョンを描くために，H. デロシュ（1983）は，次の図のように，社会的経済の主要な構成要素をなす中核部分のまわりに他のセクターからなる4つの隣接面を示している．

第1の隣接面は，社会的経済と公共セクターとが接する領域である．そこでは，当然ながら運営管理の独立性の保障を前提に，協同組合，共済組合，

図　社会的経済とその境界

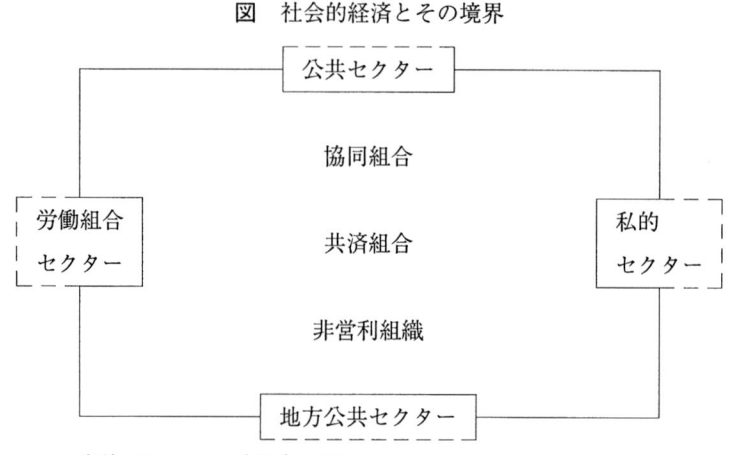

```
           ┌─────公共セクター─────┐
           │                      │
           │      協同組合        │
 ┌──────┐  │                      │ ┌──────┐
 │労働組合│  │      共済組合        │ │ 私的 │
 │セクター│  │                      │ │セクター│
 └──────┘  │     非営利組織       │ └──────┘
           │                      │
           └───地方公共セクター───┘
```

出所：H. Desroche (1983) p. 205.

非営利組織が公共サービスを生産するために公共機関から承認され，少なからず財政援助も受けている．ここには例えば，民間非営利組織が公共機関が定める規準と予算の範囲内で経営する病院が含まれる．

　第2の隣接面は，上記の隣接面と類似するものだが，社会的経済と地方公共（自治体）セクターとのあいだに存在する領域であり，そこでは，地方団体あるいは地域社会との協力のもとに，地方公共機関が一定の責任を果たしている．

　第3の隣接面は，社会的経済と伝統的な私的セクターとのあいだの領域である．そこでは，ある私企業が所有，経営管理，利潤への労働者参加を組織するとき，参加が十分に推進されるならば，その企業は協同組合企業と同様の効果をあげることができる．

　H. デロシュは最後に，第4の隣接面として，社会的経済が労働組合セクターと接する領域にも言及している．そこでは，ドイツにみられるように，労働組合と共同で経営される企業がありうる．また，イスラエルに実例があるように，労働組合が創設し経営するという経験さえある．

　社会的経済をこのような「可変的な図式」で表示することは，その図式を

社会経済システムの発展のあり方に応じて適用するという利点を有し，社会的経済の地域的・国民的な性格の多様性を表現することにも役立つ．こうして，社会的経済の「可変的な図式」による表示は，社会的経済セクターへの国際的なアプローチにとって有効な分析ツールであるように思われる．

6. 社会的経済と伝統的な私的セクターとの対比

　社会的経済は，特に西ヨーロッパ経済にたいして何をもたらすのであろうか．また，社会的経済がその責任を負う特別に価値ある機能とはいったいいかなる質のものであろうか．反対に，社会的経済が提起する問題，あるいは社会的経済が他の経済組織と比べてその解決に効率の点で劣る問題とは何であろうか．われわれは，なによりもまず社会的経済のさまざまな構成要素と伝統的な私企業との比較によって，これらの諸問題へのいくつかの解答を概略的に示すつもりである．

6.1. 協同組合

　協同組合は，その規模にかかわらず，活動の一般的な状態からみて，古典的な私的セクターともっとも近い社会的経済の部分を代表している．まず最初に，中小規模の協同組合からみてみよう．経済的・社会的発展にたいする中小協同組合の貢献は，さしあたり中小企業のそれと同じものである．すなわち，地方資源の活用，主に労働集約的な生産過程と結びついた比較的に大量の雇用創出，主要な産業再構築によって解体されてきた経済的ネットワークの再建，等々がそれである．同時に，協同組合には，中小企業と同様の優位性と弱点がある．すなわち，優れた点としての柔軟性，適応の早さ，適応能力であり，弱点としての大量の資本あるいは国際的な規模を必要とする技術的，商業的な分野に挑戦しようとする際の困難性である．

　すべての中小企業に共通するそのような性格を別とすれば，社会的経済の

構成要素としししての協同組合には，ある種特有の潜在的可能性が存在する．第1に，協同組合は，その特有の原則に則って，社会革新と権力分有のための実験場として活動するものと位置づけられる．とりわけ労働者協同組合は，他の企業にはかつてほとんどみられなかった経営参加のレベルを一般に示している．たしかに，所有，経営管理，利潤における労働者参加は，優位性をもたらすものだとのみ言いうるものでは必ずしもない．とはいえ，この種の参加がきわめてしばしば労働者協同組合のパフォーマンスに積極的な効果をもたらしていること，そして，その参加は少なくとも部分的にはさまざまな産業において通常みられる高い生産性を説明するものであること[19]，がほとんどの研究によって示されている．この意味において，協同組合は，経済的効率性と民主主義との企業内結合に関する独自の様式をなすのである．

他方，労働者協同組合は深刻な財政問題に直面するかもしれない．自分の貯蓄を自分たちの協同組合に投資する労働者は，いくつかの企業に自らの資産を分割するような資本家と同じやり方で，自分の投資に伴うリスクを分散させることができない．したがって，経済理論からみれば効率性とは両立しないような［分散できない］リスクを，労働者は耐えて受け入れるしかないのである[20]．とはいえ，経験が示すところによれば，こうした問題の解決に役立つような解決策は発展させられうるものではある．

つぎに，大規模な協同組合をみてみよう．それは一般に，主として信用・保険部門，農業，食糧・薬品の配送，住宅などの領域で活動する利用者協同組合である[21]．一般の人々がそれらを明確に協同組合として認識するのは，それらの組織が協同のイメージを象徴しているからである．そうなると，協同とは小規模の活動や周縁的な活動だけに限定されるものではないということになる．そのような大規模協同組合の重要性は，時として，地域的・国民的アイデンティティの一部を代表するほどのものである．例えば，ケベック州の「デジャルダン人民銀行」がその例である．

これらの大規模協同組合の役割は，第1に，大企業一般と同じものである．すなわち，規模の経済に到達すること，国民的あるいは地域的な経済構造に

貢献すること，国際的規模の事業への挑戦を発展させること，等々である．もちろん，しばしば，競争の圧力によって，協同組合がみずからの活動を同一［産業］部門の他の企業と一致させるよう強いられることもある．社会革新のための大規模協同組合の潜在的可能性はしたがって，かなり限定的ではある．それでは，このことは，社会的・経済的発展にたいする大規模協同組合の貢献がもはや特別に協同組合的ではないということを意味するであろうか．必ずしもそうではないのであって，大規模協同組合のアイデンティティは，その組合員へのサービスを促進するという点においても表現されうるものである．協同組合の存在から直接・間接に恩恵を得るのは，場合によっては社会全体でさえある．例えば，協同組合による価格引下げの実践あるいは協同組合の消費者政策が競争企業にたいして同じ行動をとるよう強制するようなケース，また，協同組合の利益の一部が社会的目的のために配分されるようなケース，さらには，協同組合が農業生産をめぐってさまざまな活動を展開し，それによって家族農業経営の維持に大きな貢献をなすようなケースがそれである．

　最後に，すべての重要な決定を資本収益への優先権に従属させるような産業戦略・財政戦略の場合とは対照的に，協同組合は，存続可能な活動を停止したり移転したりすることも含めて，たとえ財政事情がしばしば妥協を求めるときでさえ，資本の要請とその収益を制限しようとする意志を示す．

　協同組合が資本に与えるあまり好ましくない状態は，協同組合が直面する主要な困難や限界を説明するものである．協同組合がベンチャー資本を容易にはひきつけないので，協同組合は，準備金を蓄積してこなかったときには制限された財政手段で活動しなければならない．こうした弱点のために，協同組合は大規模な資本集約的な活動がほとんどまったくできない．そのような弱点によって，協同組合は大きな技術的変化に対応することもできない．あるいは，技術的変化に対応しようとするとき，協同組合は新たに問題を抱え込むことになる．しかしながら今日では，大規模な協同組合グループは，外部資本を活用することができ，もっとも近代的な財政管理手法を活用する

いくつかの子会社を組織することによって，こうした障壁を乗り越えることができるようになっている．

6.2. 共済組合

　共済組合の活動は，強制健康保険制度の運営に責任をもつようになるとき，イギリスの例にみられるような公共機関によって完全に運営されるシステムとの比較によって評価されなければならない．この点については，7.2節でふれるつもりである．共済組合と私的セクターとの比較のためには，補完的な健康保険および他の保険サービスについてむしろ考察しておくべきであろう．これらのケースでは，共済組合は伝統的な保険会社と以下の諸点で区別されうる．

　最初に，共済組合の運営費用はかなり低いことであり，それが共済組合の低料金を可能としている．これは基本的に，共済組合を普及するための仲介者を必要としないこと，マーケティング・コストが概して低廉であることによるものである．実際，共済組合の成功は歴史的にみても，[サービスの]大量生産能力のおかげである．すなわち，保険ブローカーが個人契約を勧めるのにたいし，共済組合は，広く同じ属性と職業をもつ集団のすべての構成員を対象として同じ種類の契約を勧めてきたのである．

　歴史的にいえば，共済組合が比較的種類に乏しいサービスしか提供してこなかったという事実は，保険加入者間の財政上の連帯を脅かすという作用をもたらしてきた．すなわち，[共済組合では]より少ないリスクしかもたない人々もリスクの高い人々も同額の保険料を支払ってきた．他方，保険会社は，補償されるべきリスクの大きさに応じて異なる保険と掛け金というシステムを選択した．[共済組合と保険会社との]このような根本的な違いは今日でもいくつかのケースでみられるが，その違いが困った結果の源となりうることをよく認識しておくべきであろう．すなわち，より小さなリスクしかもたない人々のための保険会社との個人契約の締結ということも生じうるのであり，それは，もっとも高いリスクが共済組合へ集中するという事態を導

くかもしれないのである．

　共済組合が家族向けのより望ましい保険をしばしばもっていること，そして，共済組合が排他的な手段をあまり使用しないこともまた注目されるべきである．最後に，共済組合によって生み出される剰余についていえば，個々人に配分されるのではなく，内部留保されるか共済組合の活動のために再投資されるのである．

　共済組合の特有の性格は，一定の条件のもとで，とりわけ競争がより激しい市場セクターにおいては霞んだものになる傾向がある．このことは，とりわけ，資産損害を扱う共済組合にあてはまる．他方，健康保険のための共済組合はよりいっそう公益事業という形で活動している．最後に，保険加入者が組合員の地位を提供されることが重要であるけれども，組合員になった人々が積極的な役割を果たすことはほとんどないということを忘れるべきではないだろう．

6. 3. 非営利組織

　社会的経済の基準に合致する非営利組織は，ある場合は（例えば，保養所やスポーツホールを経営するような場合）営利企業と協調して活動し，また別の場合は非営利組織だけで，あるいは公共機関のイニシアティブのもとで一緒に活動する（例えば，図書館活動や身障者援助活動）．非営利組織は，社会医療の領域での共済組合と同様に個人や法人で構成されうる．

　非営利組織（NPO）に関する経済学文献が，この10年間，主としてアングロ・サクソン諸国において増加している．それらは，非営利組織特有の諸要因についての研究，また，一定の財とサービスが営利企業によるよりもNPOによって生産される理由についての研究である[22]．第1に，当然のことではあるが，NPOは，貨幣手段では表現されえない需要（例えば，識字率向上のニーズ），あるいは利潤追求企業をひきつけうるような十分な収益を生み出さない需要（例えば，市民の芸術活動）に対応する諸活動を引き受ける．NPO理論はまた，購買や消費の条件についても生産物の性格に関しても，

一方での生産者，他方での消費者・利用者との間の情報の不均衡が存在する活動領域ではNPOがとりわけ適していることを示している．

例えばこのような場合，人道主義的事業に寄付をする人々は，他人の便益のためになされるサービスの，もっとも広い意味での購入者なのである．しかしながら，彼らは消費者自身ではないので，生産物の質および量をチェックするために必要な情報をすべてもっているわけではない．したがって，彼らは，最大限利潤を追求する企業ならどんな企業でも自らの不利な状況を自己に都合よく利用しようとするものだということを知っているので，生産者が利潤に動機づけられていないとすれば，その生産者を信頼する以外にないのである．

同じ推論は，買い手が財やサービスを自分自身で消費するものの，その生産物の質と量のマージンに対する自分の財政的貢献のインパクトを評価しえないという状況にも，あてはまるかもしれない．この点は，非営利組織の構成員が主として自らの財政的貢献によってさまざまなサービスが提供されるときにもしばしばあてはまる．また，生産者と消費者との間に，あるいは消費者どうしの間に取引費用が存在するということが，彼らが非営利組織に助力を求める理由となっているし，また実際助力を求めざるをえなくさせているのだ，と考える研究者もいるということをわれわれは注意しておくべきである．

最後に，NPOには，一般的利益を目的とし，たんにその構成員の利益だけを目的としているわけではないものもあるという点は留意されるべきであろう．このかぎりで，共済組合の活動のいくつかについていえば，同じ財やサービスを公共機関によって生産する場合と比較して，社会的経済による生産がいかなる特有の貢献をなしうるかということこそ評価されねばならないのである．

7. 社会的経済 ── 公共機関の介入に対する補完性

　ここで，公共セクター，より一般的には公共機関による介入全般との比較で，社会的経済の利点と限界についてみておくことにしよう．国家の古典的な3つの経済的機能（生産，再分配，調整）から出発することによって，E. アルカンボー (1986) は，公共機関と社会的経済の諸活動は，それらがカバーする領域の点でもそれらが対象とする人口の点でも，これまで以上に相互補完的なものとしてとらえられうることを示している．

7.1. 生産機能

　なによりもまず社会的経済は，とりわけ健康，社会文化の領域における共済組合および非営利組織を通じて，公共的効用の生産に広く参加している．公共機関による同じサービスの生産と比較すれば，社会的経済による生産にはいくつかの優位性がある．こうした［社会的経済による生産という］プロジェクトを実行する人々は，一般に，起業者精神を発揮し，また，個人的な創造性の現れである達成意欲を発揮する人たちである．社会的経済が地域性に根ざしているという事実は，社会的経済が，新しいニーズへの感性を育むこと，そして，行政的手続きによっては容易にカバーしえない貧しい人々に手をさしのべることができるということを示している．行政的手続きの規則はしばしば硬直的な実行と致命的な遅延を招くのにたいし，社会的経済の対応の早さは社会的経済の効率性を高める．より柔軟でより安価な人材とボランタリー労働の活用能力を有効に使うことによって，生産コストはかなり縮減できる．少なくとも社会的経済の一部は，生産者と利用者とのあいだにパーソナルな関係を創りだすことによって，また，従業員を組織編成等々に参加させることによって，比較的小さな単位での「オルターナティブな生産」をともかくも実現しているのである．

以上のような否定しえない利点に加えて社会的経済における生産はいくつかのリスクを背負っている．それは，E.アルカンボーによれば，活動の規模に応じてきわめて異なるものであろう．小さな事業体では，労働者たちが過重に搾取され，彼らの労働権あるいは労働組合権が脅かされるというリスクが生じるかもしれない．小さな事業体においては，もし，その資本金が小さく，その借入能力も低く，あるいはその他の財政手段も乏しいとすれば，[その事業] 能力もまたきわめて限界のあるものになる可能性がある．小さな事業体は恣意的な経営者の無能力や怠慢に時として悩まされることがある．また，大きな [事業] 組織に関していえば，重装備の設備を管理する際にはとりわけ，官僚化というマイナス効果にまず脅かされる．最後につけ加えれば，社会的経済全体にとって，公的資金は，その利用にあたって十分に統制が行き届かなければ，ある場合には浪費されうるというリスクがともなうことを十分認識しなければならない．

　以上のようなさまざまなリスクは，社会的経済が独占的あるいはそれに準ずる地位にあるときには疑いなくもっとも目立つものである．以上の諸点を考慮したうえで，公共機関の活動との協議にもとづく相互補完関係を促進することが望ましい．

7.2. 再分配機能

　社会的経済はまた，国家の再分配機能とも結びついている．いま一度確認するならば，国家の再分配機能と関係する諸組織とは基本的には共済組合であり，また，人道主義的事業のための組織および慈善団体である．サービスが無料かサービスの生産コストより低い料金で提供されるという理由で，あるいは料金が利用者の収入に応じて設定されるという理由で，それらの組織はみななんらかの点で再分配の機能を果たしている．最後に，ボランタリー労働は本質的に分配の一形態を表現するものであるが，その重要性はしばしば過小評価されている．

　E.アルカンボーは比較の視点から，社会的経済が関与する再分配にはつ

ぎのような利点があると述べている．すなわち，社会的経済が関与する再分配が，第1に自分自身の責任で何かをしようとする諸個人を手助けすることによって公的な援助が必要とされる状況を制限することであり，第2に情報キャンペーンと資金調達手段によって新しい人的・財政的資源を動員することである．とくに「身近な連帯」を目的として，言い換えれば，受益者がよく知られていてはっきりしている場合に，非常に効果的な仲介機関を活用するケースがふえてきている．社会的経済が関与する再分配はまた，個人あるいは集団に向けられる社会諸政策間の境界を取り払う．最後に，それはまた，ごくわずかの期間であれ深刻な困窮の状況をなんとか軽減するのである．

しかしながら，社会的経済を通じての再分配には明らかに限界がある．「身近な連帯」に優先権を与えることによって，社会的経済を通じての再分配はより広い範囲での不平等を拡大させ，そして，ある程度のコーポラティズムを発生させうる．より根本的にいえば，社会的経済を通じての再分配は，強制的な支払いにもとづいて成り立つ社会保障制度を補完するという役割に依然として縛りつけられている．なぜならば，本質的にボランタリーな再分配というものは多くの不平等を引き起こすからである．

7.3. 調整機能

経済発展をめぐる国家の調整機能に関連して，社会的経済諸組織の補完的な役割が明らかになってきたのは，主として経済危機以降の時期である．これは，とりわけ雇用政策を確立する際にみられる．社会的経済は，雇用の防衛，新しい雇用の創出，そして恵まれない人々の再雇用にその役割を果たしてきた．それは，労働者協同組合の再生およびイタリアでの社会連帯協同組合・フランスでの「資金，技術，経営ノウハウ仲介会社」(entreprises intermédiaires)・ベルギーでの「職業訓練企業」の発展に示されている．社会的経済における支援機構もまた，雇用を支援することによって雇用の増大に貢献している．

しかしながら，これらの諸組織において創出される雇用の大部分と新しい

協同組合において創出される雇用の一定部分が，けっして一般的ではないということを認識しておくことは重要である．すなわち，低賃金，期間契約，パートタイム労働などである．このようにして，社会的経済の発展についていかなることがいわれようとも，社会的経済が，不活動状態，失業および雇用とのあいだにある壁をますます不透明なものにしていることは確かである．

社会的経済の調整機能はより広い意味でもまた分析されうる．C.ヴィエンニ(1986)によれば，社会的経済は，危機を脱するためのポスト・ケインジアン的方法に照応する．協同組合型の組織を用いて，解体された諸活動を再編成するために自分自身の能力を活用するように人々を奨励することは，国家が，産業再構築のためのその他の主要な活動に優先順位を与えることを可能とさせることになる，と彼は主張している．

こうした危機の文脈を越えたところで，社会的経済の勃興に表現されているものに新しい社会的妥協をみる人たちもいる．とくにB.ルベスク(1989)が説明しているように，社会的経済諸組織がいくつかの目的のために，他の方法では動員しえないような資源を活用しうるという理由で，また，社会的経済諸組織の運営原則による保障が明確で，とくに助成金の私的使用がなされないようになっているという理由で，国家は社会的経済諸組織をいつでも支援しようと準備している．他方，社会的経済諸組織は引き受ける責任と引き換えに，いくつかの活動にたいする統制をある程度取り戻そうと交渉している．

むすび

社会的経済諸組織は，他の形態をとる経済的諸組織にたいしてなんら絶対的な優位性をもっているわけではない．とはいえ，社会的経済諸組織は，多くの分野で，伝統的な私企業と公共機関のいずれもが主張しえないような利点と特性を有している．この意味では，そしてまた，きわめて多様な諸組織を1つのグループにまとめる共通の倫理を形成しているという理由で，社会

的経済はきわめて独自な貢献をしている第3の主要セクターとみなされうる.

しかしながら,この第3の主要セクターは,すべての国で同じように評価され実践されているものではない.もちろん,それは,どの国でもかなり共通した諸要因を含んでいる.しかし,国際比較のための共通のアプローチを阻むような多くの要素も存在する.例えば,国内法の枠組みの多様性,異なる言語間で同義の術語を発見することの困難さ,アソシエーション主義をめぐる伝統の相違,社会的・文化的・政治的背景の相違がそれである.したがって,社会的経済のフランスモデルをそのまま輸出することは事実上不可能であろう.いくつかの地域,とりわけいくつかのラテン系諸国ではフランスモデルの移植が相対的に容易であり,他の諸国では強い抵抗がある.

実際,フランスモデルの主要なメリットは,世界的規模でのアプローチによって理解することがこれまでまったくなされてこなかったような,多種多様な経済的諸活動および社会経済的諸活動を構造化して結合させるというビジョンを促進するところにある.さらに,フランスモデルには限界もあるけれども,社会的経済を促進するような多くの構造的諸要素を創りだし,社会的経済を公共機関に認知させるのに役立ってきたという理由で,フランスモデルはおおいに有効であることを証明してきた.それでもやはり,フランス語圏の外側にも社会的経済という考え方を拡げていくためには,それぞれさまざまな国ごとの文化とダイナミクスに応じて社会的経済モデルを再構成していかなければならない.こうした条件のもとで,第3セクターは,明確な基本的アイデンティティと,社会的経済を形づくるさまざまな構成要素をそれぞれの国の状況に応じて表現しうる柔軟な表現法とを兼ね備えたものとして,国際的に理解されることになるだろう.

社会的経済は伝統的に,とくに資本主義の大きな転換期には,変化しつつある社会の最先端に立ってきた.現在進行しているヨーロッパ統合および東側諸国における中央集権体制の崩壊も,二重の機能の遂行を社会的経済に要請するような状況を次第に生みだしつつある.[その二重の機能とは]第1に,社会的経済がしばしば,体制の転換によって生じる諸問題への集団的対

応から成長するという理由にもとづく［社会的経済の］キャッチ・アップ機能であり，第2に，このような集団的対応がしばしば新しい社会的必要条件を予告し，より広範な対応の必要性を予示するかぎりでの［社会的経済の］予測機能である．

　第3セクターは経済の国際化に影響を受けてはきたけれども，それでもやはり第一義的には地方的あるいは地域的なダイナミクスに根をはっている．社会的経済は諸個人のアソシエーションにもとづいているので，株式会社と同じやり方で国境を越えることはない．地域的な包括性のもっとも顕著な例は，疑いなくスペインのバスク地方におけるモンドラゴン協同組合複合体である．これに含まれている大きな企業と同様，社会的経済は，とりわけ外国との競争に曝される領域では，国際的な存在感と力量を発展させるような方法をみつけ出さなければならない．

　その際，社会的経済が避けなければならない大きな落し穴は，その成功が逆にもたらすかもしれないアイデンティティの弱化である．協同組合，共済組合，非営利組織がイニシアティブをとって創り出した大規模な解決策についても，もし公共機関がそれを支配してしまうようなことがあれば，［社会的経済のアイデンティティの弱化という］同じことがあてはまるであろう．

　しかしながら，社会的経済諸組織がみずからの特有の基本要因をなんとか保持しているときには，それ自身の倫理にもとづいて経済活動の方向性とその最終的な目的という問題を問うことができるという大きなメリットをもつ．今日ほとんどの人々は［経済の］最終的目的をますます理解しないようになってしまっている．彼らは，経済構造の永続的な運動によって動揺させられ，ますます集中化する資本によって支配されているのである．社会的経済は，［経済の］方向性と目的というこの問題に関する解答のすべてをもっているわけではない．しかし，社会的経済は，自由と連帯が多少なりともよりよく結合されるような経済に向かっての1つの実践的な道すじを指し示しているのである．

注

1) 経済社会評議会によるさまざまなイニシアチブと，社会的経済のある部分の役割についての欧州議会のいくつかの決定を受けて，この最後の決定はなされた．

2) Boniver, Defourny and Richelot (1991) 参照．

3) 例えば，[オープン・ユニバーシティの] 協同組合研究ユニットと産業共同所有運動の人々によって社会的経済協会が最近結成された時の例にみられるように，英国の研究者のなかにもこうした方向をとる人々が出ている．

4) 論議の的となる経済的倫理の探求という問題は，つい最近はじまったものではない．H. デロシュがしばしば指摘するように，サンシモンは「われわれの子孫はイマジネーションがあると信じるだろうが，実はたんに記憶があるだけなのだ」と言っている．

5) このテーマについては，Paul Lambert (1964)，Henri Desroche (1976)，Henri Hatzfeld (1971) の古典的研究を参照せよ．ただし，社会的経済の初期事例は時間の靄のなかに失われていることを想起する必要がある．一例としてナイル渓谷では，さまざまな民族からなる石工の共済組合が紀元前1400年に存在していたことがわかっている．

6) 実のところ他の3つの派も，キリスト教に鼓舞された．だが，法王レオ13世の労働回勅 (1891) ほどには家父長主義的とはいえないにしても，教会の社会的教義をもっともよく表しているのはルプレの論文である．

7) 「消費，生産，信用の民衆組合」(Les associations populaires de consommation, de production et de crédit, Paris, 1865) と題する彼の著作を参照せよ．H. Desroche (1987) がワルラスを連帯派に分類していることに注意すべきである．

8) このことは，しばしば引用される1900年の万国博覧会でシャルル・ジードが社会的経済を紹介した寓話に，もっともよく示されている．ジードによれば，社会的経済とは聖堂のようなものである．「聖堂の広間には，その仕組みを通じて労働者階級の解放を促すあらゆる自由な形態のアソシエーションを私は置きたい．2つの側廊の1つには，あらゆる形態の国家介入を，もう1つにはあらゆる形態の援助機構を……そして社会的地獄とでも言うべき地下の納骨堂にはもっともみすぼらしいものすべてに関するものを……（貧困，アルコー

ル中毒)」(A. Gueslin, 1987, p.5 の引用から).

9) にもかかわらず,いくつかの国々,とくにイタリアとベルギーでは,協同組合運動はいまなお部門を越えて組織されている.

10) これと同じ方針に従って,ベルギーのいくつか大学でも「社会的経済」(économie sociale) のコースがおかれている. のみならず,1979 年にフランスで設立された「社会的経済」(économie sociale) 学会も,このきわめて広義の概念に依っている. そのことは,「社会的経済」(Économie sociale) (Ed. Economica) と題した D. Kessler (1989) の本の内容によく示されている.

11) Desroche (1983) は,シャルル・ジードの著作が「社会的経済」(économie sociale) という用語を選定するうえで,主要な役割を果たした事実を強調している. ただし,デロシュは最近になって,ジードが後期の著作ではこの言葉を同じ意味で使用することをもはや望まなかったことを発見している.

12) 「協同組合地方グループ」によって,こうした組織化は同時に分権主義的な方法でなされた. グループは,まず共済組合を,それから間もなく非営利組織の運動を組み込み変化していった. 現在,「協同組合,共済組合,非営利組織地方グループ」(GRCMA) は,社会的経済の強力な地方基盤をなしている.

13) 例えばベルギーにおいて CIRIEC は,社会的経済に含まれうる主要な組織によるフランス-ベルギー会議を組織した.

14) 1991 年,「社会改革および社会的経済代表会議」と名前を改めた.

15) この事務局は L. ファビウスと M. ロカール内閣の間は存続したものの,J. シラクおよび E. クレッソン内閣の下では消滅した.

16) この問題については,例えば A. Pasquier (1984),あるいは P. Devilliers and C. Sehes (1987) を参照.

17) M. Marée and M. A. Saive (1983) は,これらの基準と,ロッチデールの開拓者によって素描され国際協同組合同盟によって再定式化された協同組合原則の間に,親密な相関性があることを明らかにしている.

18) この報告書は,J. L. Monzón Campos and J. Berea Tejeiro (1991) の指導による CIRIEC スペイン部会によってまとめられた [これは中間報告であり,最終的は 1992 年に刊行された].

19) 労働者参加の経済的効果に関する議論,および労働者協同組合と他の諸企

業とのパフォーマンスを比較した実証研究の成果については，われわれは別の個所で要約している（Defourny, 1990 a）．
20) 例えば，J. Drèze(1976)，あるいはごく簡単な説明としてはJ. Drèze(1988)を参照せよ．
21) 大規模な労働者協同組合もまた存在する．
22) 例えば，H. Hansmann(1980 and 1987)を参照せよ．

第Ⅰ部　ヨーロッパ

フランスの社会的経済の諸組織
―― その内容と統計的計測

ジャン-イブ・マノア, クロード・ヴィエンニ, ダニエル・ロー

　「社会的経済」という表現はフランスにおいては, 長い期間にわたる消失[1]の後に, 1つのセクターを構成していると自認し, 周囲の仲間に, とりわけ公権力と自分たちとの関係の仲介者に, 自分たちの各組織が1つのセクターであることを認めてもらおうとする組織を明示するために, 約20年前から再使用されている. 一般の用語に基づいてより正確に言えば, それは, 通常資本主義セクターや公的セクターに区分されている企業とも違う, また法的規定上ばかりでなくその従事する経済活動やその企業運営に参加する活動者にたいして企業がもつ関係においても異なる, 諸企業の総体である.

　しかし, このセクターを構成するこれらの組織はすべて[2], この呼び方がこれらを統合しようとする前にすでに適切に自己確定している. つまりそれはなによりも, 協同組合, 社会保障と保険の共済組合, さらに1901年アソシエーション法に規定されたアソシエーション組織の一部である. したがって本論文で提示する統計数字は, なによりもこれらの各構成要素に関するものであるが, その前に「全体」の境界と構造について説明し, 最後により体系的な「国際比較」の条件について考察を行う. すなわち,

1. 分野の境界と区分
2. 各構成組織の統計数字
3. 国際比較上の問題点

1. 分野の境界と区分

協同組合,共済組合と一部特定アソシエーションが,1つのセクターを構成するものとして自分たち自身で認めあいまた外部に認められようとしているならば,われわれとしてはこれらの組織を,前世紀末に異なる法律に基づいて規定されていたにもかかわらず,特定の類似した社会・経済的な諸特徴を以前からもっていたとみなすことができるだろう.

したがって,その説明となる特殊性を明らかにしつつで領域を区分し構造化する基準を説明する前に,なによりもこの新しい連帯の実態から見ていくことにしよう.

1.1. 現在の組織状況

1981年12月に,「社会的経済局」の創設に際して,フランスの法律の表現に「協同組合,共済組合,およびそれらの組織と事業活動が似ているアソシエーションの一部」を規定するために社会的経済という表現が加わった[3].

しかしながら,それまでの他の名称候補[4]を押し退けて,この呼称が受け入れられたにしても,実際に重要なのはむしろ約十年前にはじまった過程の結果であり,その間,これらの組織は,自ら同一グループに属しているものとして認知されるようにと,自分たちの間で確認しあってきたし,また公権力から,したがってまた他のパートナーからもそのように見られるように努めてきた.では,これらの各組織分野での互いの連帯化のための主要機関を取り急ぎ見てみよう.

1.1.1.

いくつかの大きな組織の協同組合と共済組合[5]が全国レベルで連合したのは1970年の初めであり,76年にはアソシエーション[6]にも拡大して,「協

定書」を作成し署名した．最初の公的な機関である「協同組合・共済組合・アソシエーション連絡全国委員会（CNLACM，後に CNLAMCA）」は77年にシンポジウムを開き，自分たちのグループを調査して，「非営利を目的とした私的組織」という冠の下にグループ化した．その数は2,000万人の会員と20万人の従業員である[7]．

これと並行して，類似の各組織がそれらの全国機関に後押しされて，地方レベルで設立された．いくつもの地域協同組合連盟（GRC）が1968年以降地方分権化促進のために設置され，続いて地域共済組合連盟（GRCM）が参加し，さらに地域アソシエーション連盟（GRCMA）が加わった．85年には，この統一体はより体系化された体制をとり，CNLAMCA もそれ自体公認アソシエーションになった．

それより3年前（82年）に，最初の協定書が社会的経済憲章となった．

1.1.2.

実際，公権力の面から見るならば，1981年の政治的多数派の交代こそが，そのときまでこの集団に対して適用されていた呼称のすべてのものの中から，社会的経済という名称を確定し，規則や法律文書に入れさせることになったのである．

さきに述べた「社会的経済局」を設立した1981年の政令は，社会的経済の領域を協同組合と共済組合，しかしアソシエーションはその一部だけ（協同組合組織や共済組合と「類似」の生産的活動をするもの）の統合体に限定した．この構成部分のうちアソシエーションの概念はけっして厳密な規定ではないし，逆に共済組合は85年の新共済組合法によって細分化されたものになっている．すなわち，本来の共済組合と相互保険会社のそれぞれに区分された．

1983年7月法[8]では引き続いてその法文の中に同一の表現を入れ，「社会的経済の各種活動」に関する規定をまとめた．たしかに社会的経済の構成組織の最大の部分は，実のところまさに協同組合である．それはすでに長年の

協同組合全国連合会(GNC)と公権力の間で展開された交渉の成果である.ともかくこうして「社会的経済連合」という新しい特徴のある法的存在がつくりだされた.この「社会的経済連合」を構成するのは,大部分が協同組合,共済組合,それに1901年法に基づくアソシエーションとされている.

そしてこの再認識の初発の表明として,社会的経済諮問委員会[9]は,行政と諸組織と協議をする目的ですでにつくられていた,協同組合最高協議会と共済組合最高協議会[10]といった諸組織の仲間に加えられたのである.

1. 1. 3.

さらに国家以外の種々のパートナーが統合する領域としては,次の2つの形があるだろう.

── 国内レベルでは,1986年に経済社会委員会に「社会的経済企業に関する」報告書が,それを構成するすべてのグループが種々の議論に基づいて,これらの企業の特殊性の認識について見解を出し合った結果,投票をして,ほぼ満場一致で意見をまとめて提出された.ただ「私的企業」と熟練工と自由業の各グループのみが,その会議で棄権投票をした.

── 国際レベルでは,EEC[12]の経済社会委員会の調査が1986年のブリュッセルで最初のシンポジウムの後に行われた.同時に,協同組合に関して開始されていたヨーロッパ議会の作業が共済組合にまで拡大され,さらにフランスではそこに1901年のアソシエーション法[13]に該当する組織が追加された.そして1989年末にEC委員会は,経済社会委員会への通知の中で,81年のフランスの政令に合わせた表現をすることを確認した.すなわち「これらの社会的経済企業とは一般的に,協同組合,共済組合,アソシエーションの法的形態に基づいて組織化されたものである」と[14].

当然ながら,この列挙からは,それまでそれぞれの活動分野に明確に区分されていた協同組合,保険や社会保障の共済組合,アソシエーションを同一の統合体に所属するものと認識させる適切な説明を引き出すことができない.それらの共通で明確な特徴の記述を行うことが可能な仮説を提案するために

は，まず次のことに留意する必要があろう[15]．すなわち，

—— 協同組合と共済組合の諸法制は整備されているが，一方 1901 年のアソシエーション法におけるアソシエーションの「一部」のみがこの 2 つによる最初の統合体に後からつけ加えられていること．

—— これらの組織のすべてが直面している困難についての議論の大部分は，活動のための「資金調達」の問題にかかわること．

—— 最後に，公権力に働きかけなければならないことは，とりわけ，金融市場を利用する際の条件や寄付金の取扱いに関する条件について，すでに定められている法律の条文を再検討するということである．

1. 2. 説得性のある仮説

いずれにしても，この考察から，もし協同組合と共済組合に共通の社会・経済的な構造を明確にすることができるならば，19 世紀と 20 世紀の転換期につくられたそれらの法的形態に，アソシエーションの一部だけが類似の形式と規則を今日適用できるだろうという考えが引き出せる．しかしこれはアソシエーション組織のすべての活動を，［協同組合や共済組合といった］周囲経済体にむりやり組み入れることになりかねないので，そのためには領域の限定と構成諸組織の分析のために法規の「再検討」がされなければならない．

1. 2. 1. 社会・経済的構造とその特性

協同組合と共済組合は，ジョルジュ・フォーケ[16]の『協同組合セクター論』の概念によれば，それぞれ識別ができるものであり，同書ではまさにこれらの組織の多様性と同時に共通の特徴を強調している．

より正確には，協同組合と保険共済組合と信用共済組合の人格性は，19 世紀に多くの実験がもたらしたように，それらのそれぞれの法制度化に先駆けて組織の共通形態と規則を示すことを可能にした．

—— その形態とは，連合の関係と活動の関係によって互いに結合された，

「諸個人」のボランタリィグループと「企業」との結合である．諸個人は，企業を形成するために連合し，そこで互いが一部分として結びついた活動をする．逆にまた企業は，その構成員とみなす諸個人の活動と結びついた活動を構造化し発展させる．

　──運営上の諸規則の体系は，その結合形態に関連しており，その意味では結合形態の多様性にかかわらず，諸規則は結合形態のそれぞれの中心分野や相互の関連を配慮したものとなろう．すなわち，諸個人は全般的な権限をもつ組織機関の中で平等の権利を行使する．企業に再投資される事業剰余金の一部は，集団的資産として長く残る．この剰余金の一部を個人配当金にする場合は，各人の企業活動への参加の度合に比例する．

　したがって，諸個人と企業との間の関係の「相互性」というものが，各人の職能によるある種のグループ化を通じて採算のあう事業の集団化という意味において，この種の組織の発展的な構造の説明となる．相互性には，なるほど，支配している実行者たちは相互性を放棄しているが，支配されている者たちが相互性を担っているという特徴がある．大まかにいって，「活動内容－活動者－規則」の区分を，その典型的な形態によって5つに分けることができる．すなわち，

　① 都市給与生活者の日常の「消費材の供給」．基金が当初貧弱でも着手ができるし，また利益を自己取得することができる．ついで利益の分配．すなわち，利益の一部を各組合員＝買い手に対してその消費に比例して，一部を企業活動発展のための再投資に，そして最後に一部を属している諸組織の強化のための非商業活動の財政にあてる．

　② ゆっくりとしか事業化しないという「仕事の方法適用」．専門職たちが自分たちの労働力と生産手段を1つの共同企業に集め，付加価値の分配を規則化する．すなわち，まず職能給と収益に関連した労働の報酬．次にその利益を企業の再投資に一部を，また一部を組合員＝労働者に再配分する．このような方法により，非商業活動にも出資しており，先に示した例と同じくその社会的人格性を強化する効果をもっている．

③ 弱小企業家が要求しても一般銀行がしてくれない「融資を受けられる」ようにすること．すなわち，預金者としての自分たちの貯蓄を集めて，相互に貸付をすることを可能にする．発足当初は組合資本なしだったので，事業剰余金を分配できないが，剰余を保証基金の形成に集中して，組合員の流動預金をより長期の貸付金となるようにする．

④ 「家族的経営者——主として自営農と漁民——と彼らの生産物の流通供給市場との間の関係の再組織化」は，しばしば保険，信用，事業化の活動に責任を負う企業との関係として現れる．

⑤ 個人向け保険事業によって「連帯という資産を再組織化すること」．組合員の会費によって，病気，事故，失業の場合に組合員に補完的な貸付金が支払われる．信用共済組合の場合のようには，剰余利益金は組合員の間で分配されないが，保険対象範囲を拡大するために自ら保険事業を行う場合や，事故を予防し保障するための安全上や社会的サービスを生み出す活動に使う場合などにはあてられる．

これらの組織の形態は，人々の集団と1つの企業が連合と活動の相互関係で結ばれる結合体であるという点で，一般的にはまったく同じ形態である．しかしこれらの組織は，企業がその独自の活動との関係でその組合員を規定する場合に「互いに区分」される．したがって組合員の「平等」と通常の分配金の「平等」はあるが，事業規則はそれぞれの事情で異なる．それは企業自体の事業に対する取り組みと「非商業」活動の財政との関係で，また個人配当金額が認められるときは，組合員の活動参加に比例して決められる．

1.2.2. 法的承認と分野別の発展

フランスでは1890年から1920年の間に，これらの組織は，その各種形式を盛り込むと同時に，類似の条文やこれまでの実態の特徴や国の新しい態度などを条文に盛り込んだ法律によって法人化された．実際，形式と規則を法の条文に記載することで，19世紀半ばよりすでに始まっていた変化を進展させた．

—— 最初の承認は，商業性の「小さい」活動分野についてである．すなわち，もっとも必要な活動ではあるが，企業として活動することからはずっと遠い分野である．「相互救済会社（SSM）」は1850年から52年にかけて承認され，地域化するとともに活発となったが，これらには，配当金なしの会費を支払う名目会員と，当局から指名されその経営管理が厳密に統制されている経営陣がいる．これらは1898年に「自由相互扶助法」により「認可」された．

—— 第2の承認は，商業性が「もっとも強い」活動分野で，製品を販売する時は私的な自己財政化に向かうものである．1867年の「可変資本株式会社」法第3編では，都市生産協同組合，消費協同組合，住宅協同組合を規定している（また相互救済会社（SSM）に対する旧条文を削除している）．この3つの種類の協同組合に対する個別の規定は，1894年から1917年の間に公布された．

—— 第3の承認は，職能的組織を協同組合組織などとして承認することである．1884年の「同業組合法」は自営農によって活用され，自営農はこの法により自分たちの市場との関係について再組織化を大きく進めた．すなわち，職業危険に対する保障（1900），金融貸付，生産物の供給と販売（1894－1920）ができるようになった．

したがって，「外部」承認枠として徐々に整備されたこれらの法人格は，1890年から1920年の期間にかけて分野別の法制化の交渉を通じて一応の規則化が進んだ．すなわち，これらの組織が協同組合または共済組合として認められるとき，その「内部」法規は法的拘束力のある条文として，類似の文章に再定式化された．各種分野におけるこれら成果が，つまり企業として特定の「活動」を行う能力が，また「適切な」規則に基づいて企業を管理する「活動者」としての能力が，重要である．

しかしまた，これは国家によるこれらの分野の政治的，経済的，社会的取扱いの1つの形でもある．つまり企業としてまた私的な自主管理として活動している組織の財政に対する公的出資であるが，これらは財政活動と管理者的活動者とそれらの支援の受益者とを規定する規則によって制限されている．

したがって国によるこの措置は,「協同組合」や「相互保険共済組合」や「同業組合」の各定款を適用できない組織が, 法人格の取得や公的出資金を受けるために, 1901年のアソシエーション法という新しい道具を利用しがちであることの理由となるだろう. すなわち, どのような (宗教団体から博愛団体まで) 組織者であろうと, 事業を行うアソシエーションを設立することは, 法人格を取得する手段となる. またもしその事業が, 企業や公的当局によって責任がとられないものではあっても, 必要なものと認可されるならば, これはまた公的助成を受けたり, 私的寄付の認可を受ける1つの手段となる.

しかし, そのためにはもっぱら関連官庁との交渉によって, 財政活動や支援の受益者を明記した条項を定款に含むという条件がある. それにより協同組合や共済組合に相対的に類似した組織形式のものが, 1901年法にそれらを区分する条文がまったく記載されていなくても, これまで設立し活動することができた.

1.2.3. 1970−90年の再調整

さて, 最初に指摘したように, 現代は, 協同組合や共済組合および企業活動を行うアソシエーションの「財政形態」に影響を与える諸法規の条文に関して,「社会的経済」という用語を再利用して改正するのによい機会である. これらの組織は今世紀の初め以来, この社会的経済という観点の下で根本的な転換をしたので, またそれにより自分たちの問題の共通の解決をみい出そうとしているので, 制度的な「新しい総合体」としてこれらの組織は自認しかつ認識されなければならないと思われる.

「協同組合」分野では, 協同組合は周囲の経済組織体の影響力に自らを順応させるために, 自分たちの組合員のあり方に対して逆に圧力を加えつつ, 企業としての自分たち独自の活動に集中してきた. 2つの世界大戦の間に, 資本主義セクターと協同組合セクターの関係を特徴づけていた分業については, まさに同じ活動分野において競争関係がとって代わっている. このことは元々の諸法規[17]の規定上との緊張がないということではない.

社会的互助の分野では，相互保険会社が，勤労者の健康保険が義務化されてから（1928-30），その経営体として再編され，ついで，社会保障が主要制度として認められてから，保険補完事業が行われた（1945）．共済組合として再確認されて（1955），これらの組織はその活動を補完的健康保健会社や健康・社会サービス事業会社として事業を特化し，大企業や公的機関[18]に集中した．

一方，「アソシエーション」の活動分野では，私的な財政（無報酬または低報酬労働，寄付，サービスの提供）や公的財政（公務員の出向，税金免除，借金保証，補助金）に結びついて企業化して展開しているアソシエーションについては，緊張を生み出すような法的規則が逆に欠けている．協同組合と共済組合に近づいているアソシエーションは，したがって，自らの特殊性を維持し自分たちの商業資産への援助を結びつけるためには，より厳密に自らの活動とサービスの享受者[19]たちのあり方を明確にしなければならない．

最後に，銀行制度の分野では，もともと1890-1920年の法的措置に由来する各機関の「共通銀行」のような積極的な自主管理の方向で変換したが，これは国家が自分の貯蓄徴収機関や貯蓄集中機関と，非金融部門組織の貸付との間を仲裁したものである．

この2つの時期を比較すると，法律の修正は，企業「活動」とそれらの構成員の「人格性」のそれまでの転換によってもたらされたとみなすことができるだろう．この相互承認は，それまでのセクター的な位置づけが比較的保護主義的な市場内に位置づけられていたために，資本主義セクターに属する企業との直接的な競争という圧力下で，いやおうなくに再グループ化として進められた．したがって，国家による承認があっても，それらの企業が資産として必要とする財源を自分達の間で入手したり，より直接的に金融市場に接近して入手しなければならず，もはや今世紀の初めのようには公的セクターの財政に依拠できないという枠組において行われる．

1.3. 1990年における社会的経済の範囲とその構成部分

社会的経済の全体を見るためには，系統図の下位部分で示すように，分野を法制的，経済的基準に基づいて区分し構造化しなければならない．

1.3.1. 非金融協同組合

非金融協同組合とは，信用機関を除いた，1947年協同組合一般法[20]と各個別協同組合法によって規定されるすべての組織を言う．それらの法律と関連各連合会の2つが組合員と企業活動を規定しており，十分に区分され構造化されたものとなっている．一部の法律は19世紀末の解釈に基づいてできたもので，他の法律はもっと最近にできたものであるが，関係する法律の大部分は1970年から85年にかけて再整備されたものである．
—— 1917年消費者協同組合法（変更なし）
—— 1894年 HLM 安価住宅協同組合法（1971年に改正）
—— 1915年生産協同組合法（1978年に改正）
—— 1920年農業協同組合法（1972年改正）
—— 1949年商業協同組合法（1972年改正）
—— 1983年漁民漁業利益協同組合（第3編），手工業協同組合（第4編），運輸協同組合（第2編）にかかわる法．

1.3.2. 社会保障共済組合と保険共済組合

社会保障共済組合と保険共済組合には，その保険の対象目的が社会保険の分野にかかわる個人の保険か資産保険（損害保険）の分野かで異なった法律がある．すなわち，
—— 社会保障分野の共済組合にかかわる1985年の共済組合法（1955年法を改正）は，もっぱら保険と保健サービスに集中して適用される．

農業社会共済組合は，農業経営者や農業労働者の義務的加入保険制度であり，活動分野の各組織を区分する基準に基づいて，混合型組織を形成する．

表1 フランスにおける社会的経済組織の法律の形成と時系列

未組織化分野での個人と企業の相互関係の構造 　支援と保険 　供給 　同業組合の生産 　損害保険サービス 　金融（銀行）の借受け 　自営農民と市場の関係	1791年 1852年 1864年 1867年 1884年	労働の自由と同業者共同の禁止 公的社会面における貧窮者への支援 助成され統制された地域的相互保険会社 同業者共同の禁止の終了 可変合名会社 同業組合

1894－1920年 協同組合と共済組合の法人分野別の承認 経済の社会関連分野における公的金融の借受け	協同組合法 銀行協同組合/農業協同組合 (1894-1920) 生産協同組合と人民銀行 1915　1917	農業相互保険法 1900	自治相互保険法 1898	1901年アソシエーション法
	分野別化 CCCC (1938) 協同組合銀行中央金庫 協同団体全体一覧表(1947) 相互信用金庫(1958)	農業保険の分節化 機能の拡大．都市勤労者を保険法に含める	義務的社会保険の管理(1930) ついで，社会保障の補完的保険(1945)	管理的アソシエーションの公的金融の借受け 出資者の民衆化と民主化
1971－1985年 1894－1920年の時期の法律の見直し 金融市場への接近の新しい手段	金融以外の協同組合(1947年法) 消費協同組合　1917 住宅協同組合　1971 農民協同組合　1971 生産協同組合　1978 商業協同組合　1972 個人的企業　1983	社会保障・保険共済組合 社会保障分野　1985 損害保険分野(保険法)		アソシエーション的第3分野 企業管理アソシエーション ECの社会活動
	社会的経済の銀行の確立（1984年銀行法） 農業相互銀行，人民銀行，共済銀行，協同組合銀行			

これは，自分たちで選任した者たちによって運営されるものの，保険受益者の所属が義務的であるという組織制度となっている．

—— 保険法典に含まれる「相互保険会社に関する規則（1989年改正）」と，農業法典に規定される「農業相互保険会社または金庫」に関する規則については，その主要な活動は損害保険の分野である．

1. 3. 3. アソシエーション的構成要素

第3番目の構成要素としてのアソシエーションは，これまで述べた2つの組織形態とは異なり，1901年のアソシエーション法にこの種の規定が含まれていないので，会員とその活動を同時に規定するあれこれの法規則によっては規定されない．

したがって逆のやり方で，これらの「非営利目的の企業を管理統制する私的組織」がもっとも頻繁に現れるような活動分野から出発して，当面の区分つくりと非常に細分化された基準が適用できるだろう．困難は，この構成内容が全部のアソシエーションを含まず，またアソシエーションだけを含んでいるのでもないことである．

1. 3. 4. 社会的経済の銀行機関

社会的経済の銀行機関の大部分は，1984年銀行法により明確に規定されている．この銀行法は，1947年協同組合一般法と個別協同組合法によって規定されている「協同組合銀行と共済組合」の両方を組織化してきている4つの中央銀行を，監督管理機関として指定している．すなわち，

—— 農業信用全国銀行．1988年に各地方金庫により買収され民営化された公的機関で，協同組合としての定款をもつ．

—— 人民銀行中央金庫．1917年法に基づく各人民銀行が組合員である．

—— 相互信用中央金庫．1958年に相互信用会社や地域連合会によって特別規則ができて以降に設立された．

—— 協同組合信用中央金庫．金融機関を除く協同組合連合．1938年特別

規則，1982年に規則改正に基づく．

　これらの組織集団の特徴の1つは，それぞれ対応した組織が，各分野の非金融組織のすべてとそれらの組合員たちとの活動と連合の関係を組織化していることである．したがって，他の各構成部分の区分化とは対照的に，「横断的な」区分としてそれらを表に示している．

　社会的経済に属する銀行機関は，各種の組織を共同企業に結合すると同時に，一般銀行として，互いに競争する．

　非常に一般的なレベルでは，規則と活動を併わせて規定することによって，1990年におけるフランスの社会的経済分野の区分化と組織化を同時にもたらした．これにより，統計の第2部に示される各構成部分のそれぞれの組織については，その数字の出所が専門家または行政のいずれであろうと，区分統計は十分厳密に算出されている．というのも（アソシエーション部分を除いては），統計はたいていの場合，同一の基準で行われているからである．

2. 各構成部分の統計数字

　1990年において社会的経済分野に属するとみなされる「企業数」は，別表のとおり断片的であり相対的にまちまちである．しかし，統一された体系に基づいて計量し記述するという，より長期的な目標の方向を堅持するために，これらの情報は単純化されたなんらかの諸規則を利用しつつ選択的（いずれにせよ，すでに処理された統計数字がここに相対的に調整された枠内に算入されており，特別な調査数字ではない）に選ばれ提示されてきた．その原則は次のようなものである．

　── 統計が特別調査や行政が発表した数字に基づくものであっても，社会的経済企業やその他の定款をもつ企業のそれぞれの活動分野について「同一定義」をもつ反復的な統計情報をなるべく重視した．

　実際，この条件だけで，特徴的な（とりわけ市場の各部分の）「範囲」の

測定ができるが,しかし,それは統計で問題としている組織を構成するグループとはかなり異なる集団についてである.この場合,表でいくつかの正確な数字を示す前に,その多様性についての主要な理由が示される.

── 分野全体を体系的にまとめるための特別の各指標とは,「企業数」(より厳密な意味では「組織」)であり,またその活動分野が多岐にわたる場合は,活動が区分されたところの勤労者数と事業高により計測された「規模」である.したがって,「範囲」の計測は,利用された数字が,先に示したように正確な意味をそれらに与える時にしかできない.会員の意味は組織のカテゴリーによって異なるが,「会員」(組織区分によりその意味は異なる)数は,単純推定でない調査をした数値結果の場合しか一般に得られない.数字は,同一人物が多くの組織に加入することができることが考えられるから,加法式ではない.

── 結局,その都度できるかぎり表のデータを最新のものとし「更新」してきており,これにより表構造の諸特徴を固定数値のものより信頼のある数字に変えることが確実にできる.

2.1. 金融機関を除く協同組合

金融機関を除く協同組合は,1947年法と,貯蓄信用協同組合(これは別途説明する)を除いた個別法との両方により規定されており,これらの法律の最近の再整備に合致する順序で連続して提示した.

これらの規模や市場占有率を列挙し計測するための情報は多様であり,(生産労働者協同組合の場合のように)それぞれの組織が作成したりするものから,(農業協同組合の場合のように)同一の活動をする企業の総体についてアンケート調査をしてまとめるというものまである.したがって,表の各事例区分についてあらかじめ簡単にふれておく.

2.1.1. 消費者協同組合

最盛期には,270億フランの販売高で,フランス第3番目のグループとし

て商業消費全体の2.5％（食品一般の10％）を占めていたが，1985年に財政危機によるつまづきによって運動が破綻した．

このため，全国連合会が提供していたそれまでの安定していた統計的連続性は1984年以降中断し，またFNCCの加盟会員にとどまっている組織の数量把握をむずかしい状況にした．

表1は，1990年までの企業会員数，勤労者数，事業高の数字である．表2は，危機に先立つ各5年毎の事業組織の再編の指標である．

表1　消費協同組合（1978-1984-1990）

		組合数	従業員数	売上高
1978	合　計	242	43,000	15,567
	うち，地方	217	1,700	712
84	合　計	209	—	28,280
	うち，地方	190	—	1,435
90	合　計	125	18,500	18,500
	うち，地方	115	—	—

出所：FNCC.
範囲：FNCC（CAMIFは1990年には加入してないので除く）．
　　　事業高は100万フラン．

表2　地域消費協同組合1970-84年店舗別売上高の比率[+]

	伝統的店舗		セルフサービス店		小規模スーパー		大規模スーパー	
	店舗数	売上高	店舗数	売上高	店舗数	売上高	店舗数	売上高
1970	71	48	18	*	9	*	2	*
75	48	21	32	19	15	24	4	32
80	34	12	39	17	17	21	6	43
84	**	**	68	22	20	16	8	53

出所：FNCC統計．
注：+　そのほかは除いているので，合計は100％にならない．
　　＊　この3種類をまとめて1970年度の売上高は50.9％である．
　　＊＊　1984年はセルフサービス店に合算．

2. 1. 2. HLM（安価）住宅協同組合

1971年以降，安価住宅建設協同組合（SCP）だけが，不動産推進サービス供給者として住宅供給活動を行っており，住宅の大部分は「建設協同組合（SCC）」または「建売住宅販売機関（VEFA）」の名義で普及またはグループ化されて個人所有となっている．

しかし古い割当賃貸住宅（SCLA）は，以前に建設された各住宅グループを引き続き管理している．安価住宅協同組合全国連合会（FNSC － HLM）に加盟している協同組合は，その種類によって，末端集合住宅管理，住宅生産，貸付管理の3つの活動分野に区分される．全国連合会（HLM）組織に加入していない住宅協同組合は，定期統計調査の対象に入っていない．

表3　安価住宅協同組合（1989）

内容		協同組合の種類			合計
		割当賃貸住宅	住宅建設(1)	住宅建設(2)	
	数	64	63	28	158*
管理	グループ数	322	409	92	823
	戸数	15,066	18,478	2,841	36,385
	戸数/グループ数	47	45	31	44
建設	達成数			1,644	1,644
	販売		741		
	建設協同組合グループ		584		
	半完成住宅販売機関		319		
	賃貸			292	292
総住宅建設数				1,936	1,936
貸付金管理	貸付数	119,583	14,931	12,065	146,039
	融資総額	2,700	2,300	2,300	7,300
	平均融資額	13,528	159,822	190,634	49,986

出所：FNSC-HLM, UNFO-HLM.
注：＊アルザス・モーゼル地方の3つの協同組合は，SCLA にも SCP にもいれていない．
　　（1）＝1971年以降に SCP に移行した SCLA．
　　（2）＝1971年以降に新規設立された SCP．
　＊＊　融資総額の単位は100万フラン．
　　　　平均融資額の単位はフラン．

2.1.3. 生産労働者協同組合

生産労働者協同組合総連合会は，連合会の定款を採用している企業の大部分を組織しており，その独自の活動区分一覧表に従って統計情報を定期的に

表4 生産労働者協同組合（1989）

	企業数		従業員数		売上高	
	数	%	数	%	100万フラン	%
建設	447	34.9	13,046	40.7	5,968	46
出版・印刷	120	9.4	2,668	8.3	1,181	9
金属工業	158	12.3	4,443	14.0	2,507	19
造園	51	4.0	2,428	7.5		
食品	46	3.6	793	2.5	1,508	12
衣料	40	3.1	2,167	6.8		
情報サービス業	241	18.8	2,473	7.8	821	6
物品サービス業	147	11.5	3,494	11.0	973	8
その他	31	2.4	434	1.4		
計	1,281	100.0	31,896	100.0	12,959	100

出所：CG.SCOP (nomenclature d'activites propres à la confédération).

表5 生産労働者協同組合（1980−87）

	企業数		従業員数		売上高
	1980	1987	1981	1987	1987
建設	230	507	14,175	14,737	4,872
出版・印刷	85	117	1,816	2,634	1,037
金属工業	87	175	3,912	5,199	2,004
造園	91				
食品	16	169	3,667	5,927	1,875
衣料	25				
情報サービス業	80	244	1,823	2,338	649
物品サービス業	40	146	2,017	3,112	931
その他	15				
計	669	1,358	27,410	33,947	11,368

出所：表4に同じ．

発表している（統計では生産労働者協同組合（SCOP）の産業部門別の「各部分」を標準化された全体数字として集計していないし，また勤労者数や事業高も計算していない）．

上記の各表の数値に加えて，表4と表5に組合員率の指標を示す（各分野別の勤労者＝組合員と勤労者全体の率との関係）．

2. 1. 4. 農業協同組合

農業省の統計サービスによる農業協同体企業の年間調査が，表6と表7の計算の根拠となっている．

調査の関心は，統一された項目を使って，以下の3副区分に数字を入れてみることである．すなわち，製品加工（農業工業，食品業），ブドウ醸造，販売（農産品食品の卸売り，農業資材供給）の区分．

表6 農業協同組合（1989）

	農 業 雇用数		卸 売 雇用数		ブドウ酒製造 雇用数	
	10名以下	10名以上	10名以下	10名以上	10名以下	10名以上
1. 組合数	380	670	662	1,165	113	980
協同組合	189	607	480	840	96	941
連合会	54	61	58	322	10	39
SICA	137	2	124	3	7	—
2. 加入者	131	53	84	172	26	139
3. 従業員	46.9	1.7	41.4	4.4	2.8	4.0
4. 売上高	109.9	5.8	178.1	27.1	5.1	9.7
5. 配当金	5,071	214	4,940	423	323	429

出所：SCEES, E.A.E.89
注：1. 組合数
　2. 実勢組合員数(1,000人)
　3. 従業員数(1,000人)
　4. 売上高(10億フラン)
　5. 配当金(100万フラン)

表7　農業協同組合(1980-1989)の占有率
(10名以上の規模)

区分		企業数		従業員数		売上高		協同組合
加工業								
		1980	1989	1980	1989	1980	1989	%
35	肉	76	71	11	10	12	23	18.5
36	牛乳	181	125	31	22	29	62	41.6
37	瓶・缶詰	39	40	7	7	2	5	14.1
39	穀物	96	94	5	5	5	13	13.1
40	その他	11	9	2	2	2	4	5.0
41	アルコール飲料	47	41	19	16	2	3	5.7
	小計	450	380	59	47	52	110	19.5
0130	ブドウ酒醸造	106	113	23	29	2	5	64.5
小売業								
		1980	1989	1980	1989	1980	1989	%
5702	家畜	65	74	5	5	10	25	32.3
5703	果物・野菜	122	109	6	5	4	8	8.3
5704	肉	5	7	0.6	0.7	0.5	3	-
5705	牛乳製品	32	45	2.6	2.5	4	11	21.3
5706	鳥肉	2	9	-	0.2	-	1.8	-
5708	酒	31	33	1	0.8	1	2	-
5781	穀類	247	246	17	18	31	88	48.0
5791	その他	164	135	14	9	19	36	21.5
	小計	669	658	46	41	70	177	21.5
	総計	1,225	1,151	106	91	124	292	-

出所：SCEES, E.A.E.（従業員10名以上）.
注：従業員単位1,000人.
　　売上高単位 10億フラン.
　　売上高の比率は各部門内の数字.

その代わり，これらの数値は，傘下各連合会に基づく農業協同組合連合会 (CFCA) がまとめた数値とは異なる．というのも，とくにある種の協同組合は農業資材利用団体 (EAE) には入っておらず，また生産農業協同組合 (IAA) 系列の区分はフランスの農業経営者たちが取り扱っていない生産品を含んでおり，さらにまた協同組合によって統制されている非協同組合企業がそこには含まれていないからである．

2. 1. 5. 小売業協同組合

商業協同組合連合会 (UFCC) により毎年発表されている数字は，次のようなものである．すなわち，

―― 1つには，「協同組合」それ自体の数字，特に組合員への供給という主要活動（「協同」事業高と勤労者数）．

―― さらに，加入者の活動（商店店舗数や小売販売高）の数字である．

表8 小売業協同組合 (1982-1985-1990)

	1982		1985		1990	
	食 品	非食品	食 品	非食品	食 品	非食品
組合員数	4,769	8,285	4,020	2,070	1,228	6,358
従業員数	2,514	1,500	2,747	1,344	2,420	1,212
売上高	12.4	7.8	20.5	8.7	17.8	10.6
組合員当りの店舗数	1.07	1.17	1.10	1.18	1.00	1.24
組合員の売上高	23.6	26.3	37.0	33.1	32.5	41.6
市場占有率	4.8%	5.2%	8.0%	6.9%	4.6%	6.5%

出所：UFCC.
注：商業協同組合連合会加盟の協同組合．
　　協同組合の従業員数．組合員従業員は除く．
　　売上高．単位10億フラン．
　　各部門間の協同組合の市場占有率．
　　GALEC（LECLERCセンターの加入協同組合でUFCCに加入していないもの）と薬品協同組合を加えるならば，小売商業協同組合の小売業に占める比率は12％となる．

表8では，一般食品販売と特別非食品販売の数字を出しているが，商業協同組合連合会（UFCC）に加入している会員の市場占有率によって，「小売業」におけるその位置を見ることができる．

2.1.6. 漁業協同組合

漁業協同組合は，1983年7月20日付法（第3編）に基づいて，「家内工業的」漁民により構成されており，加入組合員は次のような活動を行っている．すなわち供給（補給），販売（魚介取引），加工，船の管理と艤装．

これらの協同組合は，漁業共済信用協同組合連合会（CCMCM）に加入している．連合会は，それぞれの活動分野の組合員数，加入者数，賃金などの分析情報を発表している．

漁業利益協同組合（同法第59条，60条）は，加工業的漁業をする者が連合したもので，漁業協同組合団体連合会（CMSCA）に加入しているが，表9には含まれない．

2.1.7. 運輸協同組合

これは商業トラック運輸業者（1983年法第3編）を結集し，運輸協同組合団体全国連合会（UNICOPTRANS）に加入している．連合会では事業区分別さ

表9　漁業協同組合（1990）

内　容	協同組合数	組合員数	従業員数	売上高 (100万フラン)
補給	45	18,000		630
卸売	20			4,200
加工	11	2,600		2,500
管理	40	2,700		2,600
海運	20			300
養殖	16	1,250		22
計	152		2,800	10,252

出所：CCMCM．

らに勤労者数(組合員の労働時間)や全体事業高の数字を出している(表10).

2.1.8. 手工業協同組合

この分野の唯一の情報源は,フランス手工業協同組合団体連合会(CFCGA)の定期調査である.同連合会は,「職人団体」をその法的形態にかかわらず調査して,活動指標データを収集している(表11, 12, 13).

表10　運輸協同組合　(1989)

内　容	協同組合数	組合員数	従業員数	売上高 (100万フラン)
長距離地帯	10			
短距離地帯	10			
貨物輸送	5			
タンクローリー輸送	3			
コンクリートミキサー車	1			
計	30	750	5,200	3,500

表11　手工業部門の法的区分(%)

法 的 形 式	1984年	1990年
協同組合	36.0	59.4
そのうち有限会社	18.0	35.0
1901年法に基づくアソシエーション	26.0	20.8
経済利益団体	33.0	15.9
その他	5.0	23.0
	100.0	100.0

範囲:1990年には583団体あり,そのうち60%がCFCGAに加入している.

表12　1990年の全体数字(すべての法的形式)

団　体	加入者	従業員数	売上高(100万フラン)
972	75,000	4,500	6,000

範囲:CFCGAの調査データ.

表13　活動分野別(すべての法的形式)(%)

	購買	生産	商業	サービス	その他
1984	27	46	15	12	-
1990	18.2	21.3	18.7	37.2	4.6

出所：CFCGA．

2.2. 社会保障・保険共済組合

ここでは非常に広い意味で，事業活動と連合の二重の関係が，組織の全体の範囲を限定している．つまり組織の事業活動とは「保険」(個人危険補償)であり，また事業者とは彼らが「組合員」となっている保険会社によるサービスの受益者である．

しかし，社会的経済のこの構成各組織は，それらの事業が社会保険（個人危険）の分野によって立つのか，または損害保険（自己所有する財産の危険または他人の財産に対する損害について）の分野によって立つのかで，非常に異なった制度的な形式をもっている．

表14と表15は，この相違を明確にしている．2つの母集団数字を分割した全体の中に入れてあるが，これは次のように分かれる．

—— 共済組合（1985年7月法）．社会保障に関しては，各種個人危険に給付する「制度」となっている．すなわち，健康，家族，老齢，雇用の給付を行う．医療対象としては，強制保険（社会保険）制度を補完するものとして，比較的特定されたものとみなされる．

—— 相互保険会社（1989年12月法により作成された現行の保険法のL322, 26.5条に基づく）．法的区分に基づく保険会社の事業を行っているもの．保険共済企業連合会(GEMA)に加盟している企業は，法的用語によれば，相互保険会社の一部門でしかないと思われる．これらについては，「中間業者なしの直接共済」の全体を実のあるものにするためには，農業共済保険をつけ加えなければならない．相互保険会社はどちらかといえば損害保険に特定される．

表14 社会保障共済組織 (1989)

(給付金,単位10億フラン)

	健康	老齢	家族	失業	その他	計
1.アソシエーション	325	682	131	63	2	1,203
2.雇用団体	8	4	16	11	0.5	39.5
3.共済組合	33	2	0.5	-	-	35.5
4.行政組織	37	38	42	11	15	143
5.民間組織	-	-	-	-	4	4
全　体	403	726	190	85	21.5	1,425

出所：SESI社会事業省.
注：1. 強制的社会保険
　　2. 経営者制度
　　4. 公的制度
　　5. 私的制度

表15 保険業の法的区分 (1989)
保険料総額に対するもの (%)

定　款	総保険料	損害	資本化額
民間会社	42.5	33	50
国営会社	24	26	36
外国系列会社	3.4	5	
CNP	4.6		
共済組合	21.4	28	9
その内			
GEMA	12	26	
AMA	4.1	8	
AMA+GEMA	16.1	34	5
総　計	100	100	100

出所：保険局およびフランス保険連合会.
注：CNP＝全国保険金庫
　　共済組合＝仲介業者を含む保険共済組合
　　GEMA＝相互保険会社連合
　　AMA＝農業相互保険連合会

以下の諸表（表16から表22）では，活動別，企業別の2つの区分で分析している．出所資料は複数．

共済組合に関する数値は，社会事業省の統計サービスに基づく．これは共済組合の各連合会の数字を独立してまとめた点で都合がよい．数字は2つの主要分野すなわち，社会保障組織と医療社会サービスの提供者の分野のものである．

逆に，相互保険会社に関する数値は業界出所数値であり，フランスに本部を置く保険共済組合連合会（GEMA）に属する会社の数値である（この数字

2.2.1. 社会保護共済組合（表16から表20のみ）

表16　共済組合グループ（1989）
（加入者3,500名以上のもの）

区　分	(1) 団体数	(2) 加入者数	(3) 給付金	(4) 会費	(5) 給付金/会費率	(6) 加入者1名当りの給付金
職種別	440	18,170	15,101	17,871	84.5	831
企業別	216	3,628	3,241	3,573	90.7	893
官庁	81	8,446	10,020	11,434	87.6	1,186
小計	737	30,244	28,362	32,878	86.3	938
学校	96	17,139	90.6	144	63.0	5
その他	92	15,235	168	274	61.3	11
小計	925	-	28,621	33,296	86.0	-
連合会	260	-	3,817	4,836	78.9	-
合計	1,185	-	32,438	38,131	85.1	-

注：1988年までは3,500名以上の組織は5,635組織．
1. 区分別の団体数
2. 1,000人単位
3. 100万フラン
4. 100万フラン
5. (%)
6. フラン

は農業相互保険グループ GROUPAMA の数字を除外している).

　この分野には，GEMA の各企業が，その子会社の共済組合や管理している株式会社を通じて何年か前から展開している「貯蓄生活プラン」という保険活動は含まれていない.

表17　給付金総額別構造（1989）

給付金	団体数	%	給付金比率
550以上	7	0.6	25
150－550	35	2.9	25
52.5－150	89	7.5	25
52.5以下	1,054	89.0	25
計	1,185	100	100

表18　従業員数（加入者3,500名以上のもの）（1989）

区　分	経営陣	幹　部	専門家	従業員	労働者	計
共済組合	777	2,348	3,952	18,491	1,091	26,589
その他	10	46	40	443	25	564
連合会	1,873	2,774	2,188	14,050	1,264	22,149
計	2,590	5,168	6,180	32,984	2,380	49,302
%	5.3	10.5	12.5	66.9	4.8	100

出所：SESI社会事業省.

表19　医療健康費用における共済組合の比率　（%）

	1970	1975	1980	1985	1990
社会保険	65.8	70.0	76.5	75.5	73.6
国家	4.9	3.3	2.9	2.3	1.1
共済組合	3.6	3.5	5.0	5.1	6.1
家族共済組合*	25.7	23.2	15.6	17.1	19.2

出所：健康報告書.
注：*保険会社カバー分を含む.

表20　保険社会サービス活動　(1989)

活　動	施設数	%	売上高(100万フラン)	%
眼鏡業	283	26	778	12
歯　科	213	19	763	12
看護センター	82	7	444	6
薬　局	73	7	1,163	18
診療所	66	6	2,538	34
その他保健所	58	5	150	2
退職者施設	60	5	401	6
その他社会サービス施設	78	7	364	5
小　計	913		6,607	
レジャー・バカンス	192	19	380	5
合　計	1,105	100	6,987	100

出所：SESI 社会事業省.

2.2.2.　相互保険会社（表21, 表22のみ）

表21　GEMAに加入している相互保険会社（1989）

	1980	1984	1989
会社数	8	11	13
会員数	6,534	9,004	10,686
会費	9,163	22,381	32,673
従業員数	12,096	17,779	21,030
市場占有率＊	12.3	17.6	19.2

注：会員数1,000人単位.
　　会費100万フラン単位.
　　＊は損害保険市場での推定.

表22　団体別共済組合

	組合数	%	会費	%	従業員数	%
1. MACIF	2,500	23.5	8,000	24.6	5,364	25.4
2. GMF	2,300	21.5	6,000	18.4	4,174	19.7
3. MAAF	1,800	16.8	6,000	18.4	4,177	19.9
4. MAIF	1,500	14.1	5,000	15.3	3,120	14.6
5. MATMUT	1,500	14.1	2,500	7.7	1,944	9.2
6. SMABTP	50	0.7	2,300	7.1	1,367	6.5
小　計	9,650	90.7	29,800	91.5	20,276	95.5
2,000会費以下(7)	1,000	9.3	2,800	8.5	954	4.5
合　計	10,659	100	32,600	100	21,030	100

出所：GEMA（保険共済組合連合会）．
注：会費を20億フラン以上受け取っている企業．
1. フランス商業産業保険共済組合．
2. 公務員共済保証．
3. フランス手工業者保険共済組合．
4. フランス教員保険共済組合．
5. 共済組合労働者保険共済組合．
6. 建設公共事業相互保険会社．
7. 会費が20億フラン以下の会社（7つ）．

2.3. 社会的経済のアソシエーション

この構成部分にはアソシエーションのすべては含まれない．実際のところ，フランスに現存するアソシエーションの数は70万と推定されており，そのうち経済活動を行いかつ企業一覧表（SIRENE）に登録しているのは，1991年末で185,000である．

ここでは2つの統計出所源を利用している．

——1つまたは複数のアソシエーションに加入している「個人」に関する調査．この調査によって，活動分野別の（関連人口に対する加入者数の）「加入者率」が計算できるし，各調査の互いの関連数値を計算できる．

——アソシエーションによる活動申告についての情報ファイルを，それぞ

れの分野の監督官庁の傘下にあるものであれ，企業一覧表に属するものであれ，利用できる．

下記の諸表は，これらの出所源の各数字をまとめたものだが，各分野と各項目区分が異なるということを念頭に入れなければならない．

表23は活動分野別のアソシエーションへの加入率を示す．

表23　部門別アソシエーションの加入率（％）

部　門	1978 80	1984 86
スポーツ	15.3	18.9
文化・余暇	12.2	11.6
高齢者	-	5.5
父母会	10.0	8.2
専門職業	6.8	7.1
労働組合	9.7	6.8
慈　善	5.6	6.6
地　域	5.3	6.0
宗　教	5.1	4.7
政　党	2.5	3.1
青　年	2.8	2.8
家　族	3.1	2.6
消費者	2.6	2.4
自然保護	3.4	2.0
学　生	1.9	1.7
女　性	1.8	1.1
少なくとも1つに加入	44.4	43.8
平均加入率	0.88	0.86
加入者の加入数	1.98	1.96

出所：CREDOC，フランス人生活活動調査（18歳以上）．

表24　専門別重要アソシエーション

部門	団体数(1)	数(2)	加入者数(100万人)	受益者数	従業員数
スポーツ	150,000	156,000	12.8	(*)	100,000 (3)
うち					
学　生	-	26,000	2.5	-	-
サッカー	-	22,400	1.8	-	-
テニス	-	9,800	1.4	-	-
釣　り	20,000	-	-	-	-
社会衛生	115,000	-	-	(*)	300,000 (4)
うち		-			
アソシエーション	-	90,000	-	-	-
保健所(5)	-	2,000	-	-	-
社会施設	-	18,000	-	-	-
レジャー文化	160,000	-			
うち					
若者・一般教育	-	100,000	(*)	-	30,000 (6)
文　化	-	90,000	-	(*)	75,000
社会ツーリズム	39	-	-	-	10,000 (7)
社会生活	65,000	-	-	-	-
住宅環境	65,000	-	-	-	-
教　育	10,000				120,000 (8)
生涯学習	10,000(9)	-	-	-	
企業サービス	60,000	-	-	-	-

出所： C. Padieu 報告書.
注：(1)　報告書による推定.
　　(2)　報告書の推定.
　　(3)　パートタイマーを含む.
　　(4)　全日勤務者.
　　(5)　保険社会サービスセンター.
　　(6)　パートタイマー3万人は含まない.
　　(7)　パートタイマー2万人は含まない.
　　(8)　国と契約した学校の教員数.
　　(9)　推定.
　　＊数十万人と推定，数百万人と推定される生徒父母会は含まない.

表24は各種出所数字の職能上と行政上の分類をしており，無報酬で働く者の数や賃金労働者数の推定を含む．

続く表25と表26はSIRENEの資料に基づくもので，少なくとも企業として部分的に機能しているアソシエーションについてその分野を大まかに区分しており，さらにそこに並べられた数字は，相対的に数の多いいずれかの活動分野（活動別・製品別総覧）がどれか分かるように記載している．

表25 アソシエーションと従業員

従業員規模	組織数	%	従業員	%
1-2	52,613	56.3	65,234	6.6
3-9	25,002	26.8	124,314	12.5
10-49	12.696	13.6	266,887	26.8
50-199	2,482	2.7	222,061	22.3
200以上	640	0.7	317,310	31.9
計	93,433	100.0	995,806	100.0

表26 部門別アソシエーション従業員数

活動部門	組織数*	従業員数
レストラン・食堂	10,427	41,203
支援組織(労組を除く)	6,258	30,421
職業教育	3,750	28,325
専門教育	7,751	113,474
保健業務	2,401	95,924
保健サービス	155	1,328
商業社会活動	6,330	156,050
社会活動	12,012	220,392
商業文化・スポーツ	11,060	23,018
文化・スポーツ	53,485	99,150
その他非商業サービス	51,844	125,505

出所：SIRENE.
注：＊従業員を申告しない組織を含む．

勤労者数が不正確で区分表が不十分なので，それらの数値が生産機構のどこに入っているのかを特定し計測するのがむずかしい．したがってまたここでは，比較するための計測値よりも，むしろ統計的数字を示した．

2.4. 社会的経済の信用機関

銀行委員会がつくった統計を，「共済組合銀行と協同組合銀行」の数字を引き出すために使用した．というのもこの統計はこれらの銀行を類似の活動をしている信用機関と対置し比較するのに便利だからである．

同分野の大部分をカバーするとはいえ，この統計数字が完全なものとはいえないのは，1984年銀行法に基づく機関に関するデータが除外されているためである．とりわけ特別金融機関と，社会的経済企業によって管理されている銀行のうち，表27に示した中央機関に加盟していないものは含んでいない．

表27 共済組合または協同組合の資金 (1990.12.31)

	銀行	金融機関	計	支店	従業員
1. C.S.B.P.	33	259	292	1,620	27,543
2. C.N.C.A.	93	32	125	5,689	67,675
3. C.N.C.M.	23	0	23	3,575	22,324
4. F.C.A.R.	10	0	10		
5. C.C.C.C.	15	22	37	145	1,950
計	174	313	487		
銀行(%)	30			43	30

注：1. 人民銀行連合会．
　　2. 全国農業信用金庫．
　　3. 全国相互信用金庫連盟．
　　4. 農業農村信用金庫連盟．
　　4. 農業農村信用金庫連盟．
　　5. 協同組合銀行・海上信用金庫中央会，%は信用機関全体の対比．

表28 銀行規模別

	共済銀行	AFB銀行	貯蓄金庫
銀行数	176	418	224
支店数	11,002	9,888	4,322
預金高	1,159	2,135	650
貸付高	1,122	2,605	219
資　産	2,117	7,153	1,037
銀行資産	12,031	17,112	4,628
資産/支店	1,827	3,350	1,595
銀行預金高	6,586	5,108	2,901
支店預金高	105	216	150
貸付/銀行	6,376	6,232	979
貸付/支店	102	263	51

注：AFB＝フランス銀行協会．

表29 共済銀行貸借対照表 (1988.12.31)

(100万フラン)

	資　産	%	負　債	%
銀行間取引	533,744	29.1	276,493	15.1
客貸付	979,713	53.5	1,059,317	57.8
証券	71,577	3.9	190,118	10.4
その他	248,255	13.5	312,361	16.7
	1,833,289	100.0	1,838,289	100.0

表30 共済組合資金源 (1988)

市場占有率(%)

普通預金		経済活動向け貸付	
全銀行	100.0	全銀行	100.0
一般銀行	66.8	一般銀行	53.7
共済組合銀行	25.8	共済銀行	20.5
農業銀行	17.1		
人民銀行	5.7		
共済信用金庫	2.5		
世帯向け投資		世帯向け貸付	
全銀行	100.0	全銀行	100.0
一般銀行	45.6	一般銀行	28.2
共済組合銀行	26.5	共済組合銀行	33.4
農業銀行	15.1	農業銀行	11.7
人民銀行	3.4	人民銀行	9.8
共済信用金庫	7.8	共済信用金庫	16.3
		その他	0.6
会社向け投資		会社向け貸付	
全銀行	100.0	全銀行	100.0
一般銀行	95.0	一般銀行	96.1
共済組合銀行	12.8	共済組合銀行	18.3
農業銀行	2.3	農業銀行	11.5
人民銀行	8.6	人民銀行	5.7
共済信用金庫	1.1	共済信用金庫	0.9

出所:銀行委員会.

3. 国際比較上の問題

　ここで示す統計数字は，以下の異なる区分によって確認できる社会的経済の各分野の構成部分に関するものである．
　── 関連法規に基づく金融機関を除く協同組合と社会保障保険共済組合．このように区分したのは，これらは（会員資格をもった）組合員と企業活動を「相互に」規定する条項を含んでいるからである．
　── アソシエーション．逆に，アソシエーションは，その定款（1901年法に規定されていないもの）に類似の条項があるかを体系的に区分するのではなくて，経済活動を行う非常に多くのものの「活動」内容により区分する．
　── 銀行法第20条に規定する共済組合銀行と協同組合銀行の含まれる信用機関．銀行法ではまた，金融部門以外の企業によって統制される系列銀行も特定金融機関も除外している．
　したがって，断片的な数字からは，社会的経済の諸組織が生産機構に占める同一の活動区分や会員区分一覧表に準拠して範囲を評価するような全体的な表を引き出すことはできない．ただしこの方法は，特定の「相対的実体性」のある各分野の考察に役立つだろう．
　その結果は期待はずれになるかもしれないが，それはたんに収集作業や統計処理が不十分なためばかりではない．それはまた，本論文の第Ⅰ部で利用された「フランスの経験」の説明的仮説の産物である．すなわち，それはおもに活動の財政条件に影響を与える法規の条項を再検討するためのもので，1970年以来，単一セクターを構成しているものとして，これらの組織を認めまた認めさせようとしてきた．
　同一時期に他の諸国でも類似の現象が同様につくり出されるということを証明するために，この仮説を有効なものだとするための国際比較をしなければならないとしたら，より制度的に知られた統計数字の取扱いをするよう，

これらの「質問」を再構成する必要が確かにあっただろう．

　少なくともそのうちの3つは，注目に値する．というのもそれらはあまり明確に議論の対象とならなかった事柄だからである．すなわち，

　(1)　シャルル・ジードが行った1900年のパリ博覧会での「社会的経済」館での報告は，フランスではこの呼び方を正当化するために利用されているが，その呼称は「展示各国」において同一のタイプの組織を呼ぶのに当時として十分普遍的なのものだろうか？

　(2)　社会・経済的構造と，協同組合および共済組合の法規の間にある一致は，この20年来接近しつつあるアソシエーションの法規との一致にとって，十分安定的であろうか？

　(3)　20年経過して（1990年），この分野の諸組織の連帯をもたらした求心的な力は，資本主義的企業との競争ばかりでなく自分たちの間での競争をもたらす遠心的な力に対して，相対的に優勢を示すという仮説は有効か？

3. 1.　ジードの社会的経済の規定はフランス以外の国でもあてはまるか？

　まずこれらの比較に先だって，世界すべてではなくとも，少なくともヨーロッパで，社会的経済という表現は，その各構成部分にあまり有利でないだろうということで，EECのすべての国において受け入れられているわけでないということを忘れてはならない．したがって，範囲を規定し区分化するための共通の基準がないので，われわれとしては協同組合，社会保障の共済組合，非営利私的組織にかかわる異なる各種の共同体的主導計画に前進的にあてはめて，分野別の確定をしていくことが必要である．

　その枠組みの中で再び社会的経済という用語を位置づけするに際して，シャルル・ジードがその有名な報告の中で，1900年のパリ博覧会での社会的経済館で提示された，各制度を定義し区分した方法は，まったく独創的なものであったことを想起しなければならない．その用語はそれ以前の博覧会では取り上げられなかったものであり，またその後の博覧会でも採用されな

かった（1920年版の序文[21]）の中で，彼はそのことを残念がったが，彼自身が後になって何度も繰り返してその用語を修正している）[22]．

ところで，1900年報告の序文では，社会的経済の「構成部分」と今日呼ぶものを分類するために，2つの基準を交差させて利用している．すなわち，

―― 各構成部分の「機能」．すなわち，労働条件の改善，すべての形態における快適さ，社会的危険のための将来保険，経済的自立の擁護のためのまたはそのためにつくりだされた「サービスの種類に関係するもの」．

―― 各構成部分の財源．その取り組む活動の財政形式．すなわち，受益者による「自己財政（自由なアソシエーション）」，他者に対する私的な援助（これは「パトロナージ後援」），各種レベルの公権力による費用負担（これは公的サービス）．

社会的経済という表現は，次の2つの理由で，フランスにおけるこれらの組織の変移の分析に役立つだろう．すなわち，

―― まさに同じ時期（1890－1920）に，「自由なアソシエーション」と言われる社会的経済の一部は，部門ごとの法律を得て，金融活動と，事業にかかわる度合いに応じて責任をもつ活動家を，多かれ少なかれきびしく規定した．したがって，アソシエーションは，法規定ではよりぼんやりとした区分しかできず，協同組合，自主的共済組合，農業相互保険会社，労働省や農業省所管の貯蓄協同組合，信用協同組合と区分された．

これとは別に，1901年法は，部門別化されていない法制として，公的機関または私的機関から非商業活動に向けられた金融財源の集中化をするのに十分なものであった．（活動の性格上および受益者の性格上）自らの製品を販売するのではないので，諸組織は自己財政化に行き着くことはできない．

したがってジード型の体系は，相互扶助と他人への支援，個人意思の重視と公的機関による介入，ボランティア参加に基づく連帯基金と，再配分システムのための義務的連帯基金などの諸原則の間には根本的な対立はなく，逆に多数の補完的な分野があることを示している．

—— 対照的に，1970年代においては，以前のまたは事前の各種転換により，制度的な折衷によってもたらされた各種組織が金融の諸問題にたいする新しい解決を共同で探そうとしたと考えることができる．金融の諸問題とはすなわち，資本主義型企業との直接競争，投資金融の流通経路における国庫補助の解消，国際的なレベルでの商品と資本の移動性の増大，中央行政の社会政策の各種分野の権限を地域的な集団組織に移転することである．

しかし，類似の転換，すなわち，部門化した法規定の共通の性格が50年も遅れて互いに接近することが，他の国々で見いだせるかどうかを検証するのにジードの報告の内容が適しているとは決して言えない．

逆に，まとめられ区分化された各制度の独自性に対応する国内的特徴はほとんど重要でないとして，この問題を2次的な問題だと決めつけることもできる．「国別特徴によって区分することは意味がないだろう．国別特徴は他の場合は有効であるが，ここではその存在理由はない．というのもわれわれは競争の王国にいるのではなく，友愛的な協同の王国にいるのだから．出発となるもともとの基盤の回りに集まったすべての諸組織を見るならば[23]，教訓はより明確になりより有益になろう．すなわち，出身国がどこであろうとも関係ない」と．

言い替えれば，フランスでは，協同組合，共済組合，アソシエーション[24]とは異なる法的規定が組織に適用されていたにもかかわらず，商業的な責任と第三者への非商業的な支援を引き受け，支配された者たちに必要な活動を行い，支配する者たちの側に立たないような諸組織の典型的な国内統合体が19世紀末に存在するかどうかを，ジードは確かめるつもりはなかったのである．

どんなにジード「報告」が有名であっても，それを利用してこの表現を外国言語に翻訳しようとするよりも，むしろフランスで社会的経済という「発明」および「再発見」した2つの時期の外国言語における類似の性格と内容をもつ組織を規定できるならば，むしろそうした方が良いであろう．

3.2. 社会・経済的構造と法制度関係は安定的か？

この質問をなぜまたどのようにするのかを決めるには，次のことを想起しなければならない．すなわち，

法的認定を求めることは，たとえ統計数字を出す連合諸組織を分類するためにせよ（連合会は各法律を構成組織の分類基準として利用している），同じ組織に関する各種情報ファイルを引き出すためにせよ，社会的経済の領域にある企業に関する統計的情報の選択と取扱いを制約するものである．

フランスの経験では，協同組合，共済組合，相互保険会社の部門別法律の中に，われわれが「社会的経済」の分野にあるとするすべての組織に共通なものと考えられる社会的経済的構造に合致する各条文を見いだす．すなわち，

── 企業活動と参加者の「相互」規定．参加者たちは，全員が「組合員」であり，企業家としての権力をもとうとする．しかし，活動によっては異なる職務を占める．

── 協同組合または共済組合の区分により形態に多様性があるが，一般諸原則に従う活動基準．すなわち，任意の個人加入（帰属を義務化しているような組織とは対立する），会員の権利の平等（投票権を払込出資金数に比例しているものとは対立する），もし認められるならば，活動に比例した事業剰余金の配分と出資金に対する利子の制限（これは払込株式に比例して配当するものとは対立する），共同企業に再投資された剰余金の恒久的共同資産．

実際，この点から，これらの典型的な法規をもつ形式のいくつかのアソシエーションの接近の理由とあり方についてわれわれは提起することができるし，同時に，1970年代に「社会的経済」を登場させた転換における相互共済信用機関と協同組合信用機関の位置と役割について提起することができる．

「その活動が協同組合や共済組合に類似している」各アソシエーションは，── その活動の一部が商業分野に参入しているので ── 似たような法規に基づいて機能するようなものになるだろう．ここに次の仮説をたてる．すなわち，19世紀末の「人民アソシエーション」を各種協同組合と共済組合に変

換させた同じ力が，20世紀末に同様の効果でもって，企業的管理を行うアソシエーションを動かしていると（世俗化，職能化および労働者とまたは受益者の企業権力への接近）．

信用共済組合と信用協同組合は，これまで公的金融業務と利潤企業との間に位置づけられて部門化されていたが，国家の介入を相対的に排除した普通銀行に移行しつつ，非金融系組織を連合する役割を果たそうとしている．一方で，たしかにこれらの共済組合と協同組合は，これまで法律では適用されなかったところの，自己発行債券により，金融市場へ接近することが可能となった．他方，それぞれの金融欲求と能力とを関係づけながら，これらは一種の「内部金融市場」を形成している．

きわめてフランス的な現象（または特に国家が同様の役割を果たしてきた各国経済）という点は問題にならないのかどうかを国際比較で確認できるためには，さきに示したように，60年代の前後に他の諸国において同様の形態や変化があったのかどうかを，ヨーロッパ共同市場の観点から，また資本の運動のより大きな動きにおいて見る必要がある．

しかしまた，注意すべきは，協同組合を規定している法体系が比較的安定していることが必要だろうということである．60年代末には安定していなかったということである．より正確にいえば，法的規則と，以前の法律が施行されている間に再検討され修正することのできた社会・経済構造との間で前提される一致である[25]．

—— これらの法律修正の目的は，協同組合における組合員を2種類に区別するためのものである．第1は，「活動に参加する」者で，協同組合員の伝統的な規定に合致する組合員．第2は，「財政資産投資」を要請される者であって，これらの組合員に対しては，協同組合でない会社において株式の申込者が期待できるような利益配分による優遇措置が認められなければならない．したがって，この二重性を計算に入れて再調整した法律の一体性がとられたのである．

—— この変化それ自体は意外なものではなかった．というのも，多くの場

合，協同組合の組合員は，企業の発展に必要な資本をもはや自分達だけで出せないという事実があったからである．したがって，ドイツ法制でいう「同一性の原則」[26]，フランス法制でいう組合員と活動参加者との「二重の性格」[27]という問題を再検討する中で，「法律」を「事実」に順応させるのである．

しかしこれらの新しい規則の利用は，よりいっそう複雑な[28]，したがって，いくつかのアソシエーションが接近しているという仮説をわれわれがたててきたところの組織の特徴や特性から非常に遠ざかっているような「新しいタイプ」の組織を生み出すのではないにしても，少なくとも発展させるという効果があろう．

この見方をひっくり返すことは，確かにできるだろう．というのも往々にして，各アソシエーションの規則は，会員を多様に区分しており，会員の権力は「1人1票」の公式が示すものと同一のものではない．今後ともそこに近づくのは協同組合であろう．言い換えれば，制度的な変化という問題を抱えて社会的経済組織が登録されることであり，それらの組織を「評価づけ比較する」前に，独自の「権利」を確実に規定することを，ともかく行うことである．

3.3. 遠心力か求心力か

これらの困難さにもかかわらず，こうしたすべての組織を同一の社会・経済的構造に結びつけるという考えは，ある仮説すなわち他の会社で発揮できるだろう「収益性」よりも，協同企業の「活動」のために，その多様性を超えて，互いに連合するほうを選ぶということを示すという仮説に基づくものである．少なくとも，このことは，われわれとしては，一緒に再確認すべきまた資本主義型企業とそれらの組織を区分すべき原則を示すことができるという意味である．すなわち，「資本に対する人間の優越性」である．

したがって，フランスにおける社会的経済の概念の発明（19世紀末）の時期とその再発見（1970）の時期の2つを比較する必要があろう．

―― 社会的経済の形式とその法制が，部門別区分のためのものだった時には，これまで取り組まれた実験的な諸組織にとって，資本主義企業との直接的な競争はなかった．それはむしろ，当時の何人かの理論家たち[29]によって指摘された「混合」経済の内部での一種の「分業」である．言い替えれば，これらの組織の各々は，一種の「内部市場」を構造化して，また周囲経済にもしっかりと結びついているが，むしろ法人性や組合員の活動によって強く特徴づけられているのである．

―― しかしながらこの理由によって，これらの企業が，各々その独自の社会的連帯を「活動－活動者－規則」という総体において確立して，互いに「直接的に補完しあっている」という事実はまったくなかった．理論家たちとしては，たとえ諸組織の展開 ―― 生産者グループの「後継者たち」の統合と，消費者グループの「元気のよい者たち」の統合 ―― が，この状況を修正しようとも，「協同組合間関係」の分野は相対的にせまいものにとどまるだろうと，容易に予想できただろう．

もしこれらの組織が現代において効率的に互いに接近するならば，求心的な力が最終的にこの補完的な活動分野に現れるかもしれないという仮説をたてることができるであろう．すなわち，

―― 一方で，資本の集中化と分業の独自のダイナミズムは，制度機関の創造と組織に対する共同の金融制度を受け入れやすいものとする．すなわち，一部組織における組合員の投資は，他の組合員たちの投資を容易にする．これは，「組織間」の金融市場は互いの「内部市場」と連絡するという考え方であり，彼らの金融要求と能力は，それゆえ補完的なものであるということである．

―― 他方，次第に頻繁化する資本主義型企業との直接的競争に入り込んでいること．また伝統的分野においてそれらの効率性を強化するためであれ，新しい分野での発展のためであれ，これらの諸組織について国家が手を引くことをますます必要にしている．

しかしながら，この同じ力が遠心的な効果をもつ．というのも，市場活動の分野や利益活動の分野へ社会的経済企業が参入することは，等しく彼らの間で競争が生ずるということだからである．

したがって，この仮説が正確であるかどうかを検証するためには，異なる国々で，求心的な力が遠心的な力に対して上回るかどうかという問題をたて比較する必要がある．

つまり，その独自の活動分野において互いの位置を明確にする目的をもって，各組織の「関係」を測るばかりでなく，さらにそれらの教育訓練と研究，雇用条件，地域的調整，排除されている人々への援助といった社会的機能のいくつかを共同で引き受けるかどうかというあり方について，より質的に分析を進める必要がある．

注

1) 社会的経済は19世紀末までに経済学（政治経済と社会的経済）の区別に関する論争において使用されていたし，また社会的経済博覧会で，総括的な制度として区分するのに使用された．表現上では世紀末にCharles Gideが1900年の博覧会での報告で，社会的経済を使用したのが一連の最後のものである．H. Desroche (1983) と A. Gueslin (1987) を参照のこと．
2) フランスでは正確には19世紀以降，形式と規則が実体法（法文化，規則化）に記述されているという点で，制度化された組織になっている．こうした理由から本論文では「組織」と「制度」はほとんど同義で使用されている．
3) 1981年12月15日付政令81-1125．1991年10月28日付政令91-133によって廃止され，表現は次のように修正された．「社会的経済の分野に参加している協同組合，共済組合，アソシエーション」．
4) 第3セクター，非利潤セクター，非営利セクターなど．
5) 協同組合全国連合会（GNC），フランス共済組合全国連盟（FNMF），相互保険会社連合会（GSAM），全国教育協同組合共済組合調整委員会（CCOCMEN）．
6) 全国健康社会保障私的団体連絡連合会（UNIOOPSS），進歩発展協会．
7) すなわち，2000万人組合員と20万人従業員（1977年）．

8) 社会的経済の特定活動の発展に関する1983年7月20日付法第83-657号.
9) 1981年12月15日付政令第81-1125号.
10) 全国アソシエーション生活会議も加えられた.
11) Georges Davezac (1986).
12) 経済社会委員会 (1986).
13) 「全般的発展における協同組合の役割」に関する決議 (1983)と「非営利団体」に関するEC議会決議 (1987).
14) 1959年12月18日, ブリュッセルにおけるEC理事会に対するEC委員会報告「社会的経済企業と国境なきヨーロッパの歩みの実現」.
15) この分類の資料的議論は, C. Vienney (1986) を参照のこと.
16) G. Fauquet (1935).
17) C. Vienney (1990).
18) B. Gibaud (1986).
19) X. Alix, S. Castro (1990).
20) 本文執筆中の1991年には見直し中.
21) Ch. Gide (1920, p. 20).
22) M. Penin (1989).
23) Ch. Gide (1920, p. 25).
24) この対立と補完の公式はJ. L. Lavilleにより提案された.
25) 1947年協同組合法は修正した「協同組合近代化法」(1990-91年法433号) と, 各種関連個別法は, 1991年11月7日に元老院の第1読み会で投票された (J. O., Compte rendu des séances du Sénat, 1991, pp. 3600-3629).
26) H. Münkner (1986, pp. 32-36).
27) L. Coutant (1950, p. 179).
28) (構成員が) 直接管理している企業が明確な目標をもつことができるくらいに十分単純な構成であるならば, その収益は他の企業が達成できないくらいのものを取得することになろう」G. Fauquet (1965, p. 100).
29) フランス語では, Georges Fauquet は「協同組合セクター」, Edgat Milhaud は「共同経済」の概念を示す.

イギリスにおける「社会的経済」

J. ケンダル, M. クナップ, R. ペイトン, A. トマス

　「社会的経済」(économie sociale, social economy) という概念がイギリス国内で用いられることはほとんどない．とはいえそれを定義するのには2つの方法が考えられる．1つは，「ボランタリィセクター」を注意深く定義することである．「ボランタリィセクター」とは，イギリスでは非営利のセクターにもっとも近接したセクターであって，協同組合や相互扶助組合またそれらに類似した他の組織が考えられる．他の方法は，イギリス経済の他のセクターに関連させて，社会的経済全体の基礎となり得る諸原理を説明することである．

　本論の第1節では，イギリスにおける「社会的経済」を定義するこの2つの方法が説明される．第2節においては，イギリスのボランタリィセクターの範囲と，協同組合や相互扶助組合などについての一般的な統計が示される．ここでは，イギリスの社会的経済全体の分類は提示されるが，しかし細分類された各社会的経済については統計を利用することができない．ボランタリィセクターと社会的経済全体の強力さの指標は，第3節において，特定の選ばれた細分類のあるいは「産業」の総売上高，雇用そして市場占有率についての数値によって示される．社会的経済は，さまざまな傾向が不規則に組み合わさったことによって，またイギリス市民社会に存続してきたボランタリズム，コミュニティ活動それに各地方に根ざした民主主義の伝統によって，

さらには 1960 年代以降からの草の根民主主義的な参加活動の「新しい波」や 1980 年代における国家セクターからの多くのサービスの移行のために，ある領域において比較的強力になっていたように思われる．

1. イギリスにおける「社会的経済」の概念と関連用語

「社会的経済」という概念が（フランスから）イギリス海峡を横断してうまく届かないのは，3つの主要な「サブセクター」——非営利組織(associations)，相互扶助組織（mutuals）そして協同組合(cooperatives)——を1つの英単語で括って表現することができないからである．ECあるいは国際研究活動（IRA）を通じて，わずかな人たちがその表現を耳にしてきただけであり，したがって，「社会的経済」に相当する用語がイギリス国内で使われることは滅多にないのである．

しかしながら，イギリスでは従来，あるいくつかのタイプの組織を「ボランタリィセクター」——このセクターは，一方では，「法定セクター」あるいは「公共セクター」と区別され，他方では，利潤に動機づけられた「私的セクター」とも区別される——と称されるものに分類し，まとめてきた．

このセクターを構成する「自発的組織」には，社会運動組織，慈善的トラストそしていくつかの大きな，まったく官僚的なサービス提供組織だけでなく，小さな自助グループも含まれる．しかしこれらの「自発的組織」はまた，そのようなものとしては，形式ばらない世話活動あるいは家事活動と区別される．

しかしながらまた，「ボランタリィセクター」に対応するものは，明らかに，「社会的経済」の一部にすぎない．事業活動を社会的目的と結びつけている組織は数多く存在するが，そのような組織には，協同組合や相互扶助組織だけでなく，「ボランタリィ組織」とはみなされないが，「社会的経済」に入るかも知れないような他の多くの組織も含まれている．

考えられ得る別の専門用語は「非営利」あるいは「営利を目的としない」組織およびセクター，という用語である．この用語は，アメリカでの慣用語であって，イギリスでは「社会的経済」という用語ほどには一般的に使用されていない．これらの用語は，公益事業を行うために設立された新しい組織，とりわけ非政府諸団体（請求者交付金）にのみ支払われる社会保障給付金を利用するために設立されたソーシャル・ケアの領域における公共セクター経営あるいは従業員持株制度を記述するために，しばしば用いられる．これらの団体はすべて，政府契約によって基金を得ており，またしばしば経営委員に報酬を支払ってきたので，イギリスでは通例，ボランタリィセクターの一部とはみなされないであろう．これもまたそう滅多にないことではあるが，これらの用語はすべてを包括するアメリカ的な意味で用いられるのであるが，そうすることは，これらの新しいタイプの機関（agency）を，われわれの基準によって定義されるようなボランタリィ組織と十把ひとからげにすることを意味してしまうのである．

ところで，社会的経済における組織の多くは利潤を生産するが，しかしそれらの組織の目的はその利潤をその所有者たちに分配することではない．そうではなく，利潤は共同で管理され，企業に再投資される．すなわち，利潤はその組織の社会的目的を促進することに振り向けられるのである．

実際のところ，「非営利」は「非能率」あるいは「非効率」という言外の意味をもっている．それはちょうど，「ボランタリィ」が「アマチュア的」あるいは「安価な」という意味を言外にもっているのと同じである．ある論理的観点からすれば，「ボランタリィセクター」の一部である多くの組織は，自らをこの「通り名」と結びつけまいと決心するし，またおそらく，「非営利」とみなされることを好まないであろう．これらの組織には，住宅協同組合（housing association），労働組合，社交クラブや文化団体，そしてその他多くの組織が含まれる．したがって，私的セクターおよび公共セクターの両セクターとはっきり区別され，また，法人組織ではあるが，いわゆるボランタリィセクターよりも規模の大きな「第3セクター」（イギリスでは時によっ

ては別の用語が使用されるが，その用語も現実的な明確さをもつものではない）を明示する方法が求められるのである．

そこでイギリスでは，「社会的経済」という用語で括られるものに相当する領域を2つの方法で定義しようと試みられてきた．1つの方法は，「ボランタリィセクター」を非営利組織にもっとも近似しているものとして注意深く描く方法であり——そしてさらに協同組合，相互扶助組織それに他の一定の組織をつけ加える方法である．もう1つの方法は，「社会的経済」の基礎となり得る諸原理を直接明確にしようとする方法である．そこで次に，これらのアプローチをそれぞれとり上げることにしよう．

1.1. イギリスの「ボランタリィセクター」

イギリスにおいては，フランスの「アソシエーション」にもっとも近い概念はボランタリィ組織であろう．この近似性はバーディロンの定義によって論証されるが，その定義は，近代イギリス福祉国家の基礎を用意した1948年のベヴァリッジ報告に採用されている．そのベヴァリッジ報告で，「ボランタリィ組織」は次のように述べられている．

「ボランタリィ組織は，その労働者が有償であろうと無償であろうと，外部の統制を受けることなく，その組合員によって設立され，管理運営される組織である」(Bourdillon, 1945；Beveridge, 1948).

「ボランタリィセクター」という用語は，（中央と地方）政府の諸部門および多くの市民によってよく用いられている．一般的な慣用語では，この表現の正確な組織的適用範囲の境界については議論の余地のあるところだし，また疑問の余地もある．それでもその他のところでは，その表現が適用される範囲の主要な基準は次のようなものとして論じられている．すなわち，組織は，

(1) 正式に設立されている
(2) 自治的である
(3) （政府から独立している，という意味で）私的である

(4) 本来的には事業を営まないし，また管理権を有する人たちに利益を分配しない
(5) ボランタリズムによって恩恵を受ける
(6) 政党でも宗教団体でもない

というものである．

「随意特別」(optional extra) 基準は，組合員のために（本来的に）奉仕する組織を（本来的に）公的な共済組織と区別するためのものである．このことは，前者をボランタリィセクター「プロパー」から排除しようとの試みを意味する —— たとえそれが実際に行うことがほとんど不可能であっても —— し，あるいはこのセクター内部で単純に区別することを意味する．

これらの基準の緩和は，われわれを「社会的経済」の他の2つのサブセクターに，あるいは（利潤を目的とする）私的セクター，政府セクターおよびインフォーマル・セクターに投げ入れることになろう．今までのところでは，これらの特徴の中心部分を持ち出して一般的に容認される範囲を云々するのは尚早であろうが，しかし，これらの基準の中心部分は，イギリス国内の研究を目的として，イギリスのセクターを明確にするために，またフランス，ドイツ，イタリアおよびハンガリーを含むヨーロッパの他の諸国のセクターとイギリスのそれとを比較するために，有効に用いられてきている (Salamon and Anheier, 1992)．

「規則を基本とするアプローチ」であるので，当然，法律に目を転じることになろう．だが残念なことに，法律的な制度でさえ，特定の組織を確認する場合には，われわれが思っているほど明確ではないのである (Kendall and Knapp, 1992)．例えば，法令によって明確にされているか，またはフランスやベルギーにおけるように非営利組織のサブセクターの一番大きな分け前を —— 少なくとも財政的に —— 詳細に報告するかしている「営利を目的としない協同組合」(associations sans but lucratif) と違って，イギリスにおける「ボランタリィ組織」には，種々の産業（例えば，住宅や療養所）においては多くの限定があるものの，法律上なんらの定義もなされていないの

である.

　事実,「ボランタリィ」という英語の言葉は,元来,ラテン語の voluntas から派生し,フランス語の古語である voluntaire を経てきたものである.その用語は,人間の自由意志や自由選択を実行し,成し遂げる行為であるとされてきたので,早くも 1449 年に使用されたことが記録されているし,1595 年には法律(「不動産のボランタリィ譲渡,すなわち,貨幣や結婚というようなどんな対価もない譲渡」)に用いられており,また 1580 年には自由にあるいは任意に授けられた贈与に関して用いられている.その用語はまた,少なくとも,1745 年頃に使用されているが,その場合は「唯一あるいは大部分が自由意志による献金あるいは寄付によって維持あるいは支持される諸施設,または政府の干渉あるいは管理から自由である諸施設」(OED)について記述したものである.

　イギリスで用いられていて,フランス語の「アソシアシオン (association)」と共通した適用範囲をもつ他の一般的な用語は「慈善事業 (charity)」である.ただし,この用語は,自発的組織の領域の一部分にしかあてはまらず,それ故,非営利的サブセクターの一部分にのみ該当するにすぎないであろう.語源学的には,この語句はラテン語の「キリスト教的同胞愛 (caritas)」から派生しており,したがって,聖書の英語訳ではキリスト教的愛と同義のものとして用いられているとはいえ,それは,施し (alms-giving) と慈善 (benevolence) として,古英語(アングローサクソン)では比較的広い範囲で世俗的に使われてもいた.法律上では,慈善事業は,大まかに言って,イギリスの法律的な枠組みがもっぱら「公的扶助」(public benefit) 組織とみなされるボランタリィ組織であり,したがって,そのようなものとして登録されてきた.

　これらの団体の運営委員は厳密には「理事」(trustees) であって,イギリスのトラスト法 (trust law) の制度に準拠すれば,無報酬のままでなければならず,その組織の事業から個人的に物的な利益を得てはならないのである.しかしながら,これらの団体にとってさえ,それ自体ではまったく基本的な

定義はないのである．すなわち，1960年の慈善事業条例（Charities Act）の第45項は，慈善団体は「法人組織であろうとなかろうと，慈善な目的のために設立された，なんらかの機関あるいはトラスト」であり，「慈善事業に関する司法権の行使に際しては高等法院の統制に従う」，と述べているが，しかし，あれこれのどんな立法にも「慈善目的」についての法定的な定義は無いのである．その代わり，歴史的に手引きを与えてきた「1601年の慈善収益に関するエリザベス治世法前文」(the Preamble of the Elizabethan Statute of Charitable Uses of 1601) と，1891年以来主要な実用手引書として認められてきた「ペムゼルの訴訟」(Pemsel's case) とでマクナテン卿が行った分類に基づいてその枠組みを規定している訴訟法が用いられ得るのである．

　その分類とは「貧困の救済」・「教育の促進」・「宗教の奨励」であり，さらには上記の項目のいずれにも入らない，コミュニティに有益なその他の諸目的である．この4分類法は定義づけをするものではないので，明確化の責任は，訴訟法を作成する3組の判事に，すなわち，（イングランドとウェールズのみで，スコットランドと北アイルランドはそうではないが）慈善事業を登録することに責任を負う「慈善委員」，並びに（非分配制限を効果的に取り締まることも含む）慈善法に慈善事業を適合させていくように監督する責任を負う「慈善委員」(Charity Commissioners) そして「内国税収支払局」判事に向けられてきた．

　何人かの解説者は，その法律的な現状維持をアンチ労働者階級であって，政治的偏見であり，特権を保護し永続させるものと非難し，また社会変革に対する抑制であると責めているのであるが，政府は，最近，そのようないかなる試みも「困難を孕むであろうし，またその最大の強力さとその最高の価値ある特徴の双方を有する現行法のもつ柔軟性を危険に晒しかねない」(Cm 694, Sction 2.11) し，事情に詳しい多くの観察者によって広く是認されている局面を危険に晒すことになるかも知れない，と主張して，法令による効果でもって慈善事業の定義を確証することに気乗りしないことを再び断言した．

(慈善事業を含む)ボランタリィ組織と関連づけられる特定の法律的な構造あるいは構成などはまったく存在しないのであるが，しかし各組織は，選択のある範囲から，それにもっとも良く合う組織形態を選ぼうとするだろうし，その結果，経営委員会は民主的に管理されるかも知れないし，されないかも知れないのである．事実，ボランタリィ組織が受け入れるもっとも共通した種類はトラスト，法人格のない非営利組織，担保によって制限される会社，数少ない他の形態の法人組織，共済組合そして協同組合 (the industrial and provident society) であるが，これらの構造はまた，(後者の2つの構造をしばしば採用するかも知れない，広義の意味での「社会的経済」の基準を含む) すでに示されている中心的な基準に従って，ボランタリィセクターの外部に在る団体によって採用されるかも知れない．イギリスにおける諸組織が，一定の法律的な構造を採用してきたために，そのセクターに属するものとは定義されない，ということを強調することは重要である．

1.2. イギリスにおける協同組合・相互扶助セクターの素描

「ボランタリィセクター」の定義から「社会的経済」へと論旨を広げることは他のいくつかのカテゴリィを含むことを意味するのであるが，それらのカテゴリィによってボランタリィセクターの本質が明確にされるであろう．このことは，「事業」(business) という手段を通して社会的目標あるいは目的を追求する諸組織を含むことを意味する．とりわけ，協同組合や相互扶助組織は，組合員の共通する利益，あるいは相互の利益のために設立されたのであり，したがって，それらの大部分は，上記の定義による「ボランタリィセクター」にはあてはまらないであろう．

協同組合は，平等な民主的基礎の上に，その組合員によって所有され，管理される事業体であり，また組合員の相互の利益のために運営される事業体である．協同組合は，国際協同組合同盟 (ICA) が同意し，国際的に承認された次の6原則によって，一般的には管理運営される．すなわち，

　(1) 加入・脱退の自由 (open membership)

(2) 民主的管理（1組合員1票の議決権）(democratic control, one member one vote)
(3) 資本利子制限 (limited return on capital)
(4) 剰余の公正な分配 (equitable distribution of surplus)
(5) 社会的,教育的目的に対する責任 (commitment to social and educational aims)
(6) 協同組合間の協同 (co-operation between co-operatives)

イギリスにおいて,「協同組合」が特殊な種類の法律的な実在ではないのは,「ボランタリィ組織」や「慈善事業」と同様である．事実,社会的経済を構成し得るすべての組織は,それらがどのように定義されようとも,イギリスにおける他の組織と同じ法令や制度的機構に従うのであって,たとえ,先に注記したように,その他の組織よりも容易に特定の社会的経済組織のもつ必要条件に適合する法的形態がいくつか存在するとしても,そうなのである．

くどくなるが,協同組合は,ボランタリィ組織と同じように,いくつかの法的枠組みのなかの1つに参入し得るのである．すなわち,協同組合は,法人組織ではない非営利組織,有限責任会社（担保によって制限される会社か,あるいは株式会社かのいずれかである),あるいは協同組合法（産業および節約組合法）に準拠して登録される組織になり得るのである．

これらの枠組みや機構の内にある組織が協同組合的組織構成を採用することは可能である ── そしてその協同組合的組織構成は一般にさまざまなセクターの協同組合を代表する連合団体の1つによって規制されるであろう．その場合,法律的なガイドラインが存在するケースがいくつかみられるかも知れないとはいえ,総じて言えば,その組織構成は,ICA原則におそらく基礎を置くことになろうが,しかし程度の差はあれ,その連合団体の政策路線に厳しく左右されるかも知れない複数の基準を満たすものこそ,協同組合およびそれと関係する連合団体による協定の問題なのである（例えば,労働者協同組合の連合組織であるICOMは,1970年代に,『共同所有権』の観点からの,非常に厳密な定義をもって開始されたが,しかしその時以来このかた,

その立場を緩和してきており，したがって，すべての労働者協同組合の代表団体として行動しようと試みることができたのである）.

　ここでの大きな問題は，協同組合の立法あるいは法令がなければ，協同組合原則を守ることが実際上不可能であるということである．これによって組合員は規約を変更するだけでは，協同組合原則を投げ棄てることはいかなる場合もできないのである．このことこそ，ICOM のようなある連合体が何故に厳密な規制を行おうとするのか，ということの1つの理由である．

　協同組合は，多数の事業セクターの中に存在するのであるが，しかし一般的には，生産者協同組合と消費者協同組合とに分けられる．前者の場合には，個人は「生産者である」ことを基礎として組合員の権利を有する．彼らは，共同所有生産企業における労働者，あるいは共同市場取り引きのために，また事業サービスの供給のために，協同組合を形成する農業者または職人のような独立生産者であり得る．後者の場合には，協同組合は特定の種類の財あるいはサービスの消費者によって形成され，組合員にそれらの財やサービスを供給するのである．

　このように，協同組合は各組合員に相互の利益を与える事業形態である．これと多少似ている組織形態は相互扶助組合である．とはいえ，相互扶助組合は必ずしもそのような厳密に民主的な構造を成してはおらず，また「相互扶助」とは，危険負担を分け合うために組合員の財政的資力をプールしておくという程度の事柄なのである．イギリスにおいては，（協同組合やあるいはボランタリィ組織のためのもの以外）相互扶助組合のためのどんな特別な法的形式もあるいは法規も存在しないのである．しかしながら，共済組合が認知されるのは，一般的には，健康保険や一般的な個人保険の領域においてである．組合員にサービスを供給したり，組合員の相互の利益のために運営される事業については，小規模な信用組合の近年の増大にみられるように，他の重要ないくつかの例がある —— 顕著な例は住宅金融組合や自動車運転者協会である．

　そのうえ，重要なことは，労働組合や専門職業団体だけでなく，自助グルー

プや，特にスポーツ，芸術，レジャーの分野におけるあらゆる種類のクラブや組合を含めて，事業体としてみなされないかもしれない広い範囲の会員組織を除外しないことである．というのは，これらの組織は，事業指向のより強い相互扶助組織といくつかの共通点をもつ以外はボランタリィセクターについての上記の定義の範囲内に収まるからである．先に述べたように，各種の組織はさまざまな法律的枠組みや制度的機構に準じて登録されえるとはいえ，比較的規模が大きく，またより制度化されている種類の相互扶助組織は，一般的には，「産業および節約組合」の枠内にある「共済組合」（friendly society）のような明確なモデルに準じる，ということに注意すべきであろう．

「産業および節約組合」には2つの種類がある．1つは，（「真正の協同組合（bona fide co-operatives）」と呼称されるものを含め）その組合員の利益のために設立された組合である．もう1つは，地域社会（community）の利益のために設立された組合である．そして後者は，慈善的な目的を有することができるし，またしばしばそれを有しているけれども，そうだからといって，必ずしも慈善的な事業を行うものとはみなされない．

共済組合は，労働者共済団体（working men's clubs），労働組合等々のような上記のボランタリィ組織の定義の枠内に入るであろう多数の組織だけでなく，伝統的に，住宅金融組合（そのうちのいくつかは現在，非常に大きな金融機関となっている）のような相互扶助組織やその他の協同組合（この場合のもっとも重要な2つのセクターは小売りと農業のセクターである）も包含している．これは，民主的管理運営を規定するための規則と同様，組合員間の平等と，剰余の公正な分配を求めている条項を含めて，われわれが今ここで「社会的経済」として定義しようとしているところのものの原則にもっとも近い原則を —— 最初に導入されたときには —— おそらく考慮しておいた枠組みなのである．しかしながら，その枠組みはいくぶん融通がきかないことがわかってきたので，慈善事業の地位の特典を切望するボランタリィ組織と「新しい波」としての協同組合の双方は，担保引き受け会社（guarantee company）の地位を選ぶ傾向がある．

1. 3. 「社会的経済」のための優先原則

　上述したように,「社会的経済」という用語は,一般的には,イギリスでは使われていない．しかし,われわれが関心をもっている組織の多くが社会的目的に大いなる献身をしていることは疑いのないところであり,本来的に事業組織であるのか否かを論じることは難しいということなので,それらの組織が公共サービスを提供するという特徴と自助という特徴とを結びつける,ということに注目しておきたい．換言すれば,ボランタリィセクターと協同組合や相互扶助組合のセクターとの間の境界はかなり曖昧である,ということである．このことに関する1つの明瞭な例は,慈善事業的な住宅金融組合と協同組合の住宅金融組合とが存在する住宅の分野にみられる．しかし,その他の分野でもかかる多くの実例をみることができる．

　ペイトン (1991年) は,「社会的経済」を, 2つの組織的次元の観点から特徴づけることを提案する．彼は, 図1のように,「社会的経済」を1つのボックスに見立て, 2×3の行列に並べ置くために, 2つの組織的次元を用いる．かくして,「社会的経済」は公共セクターと私的セクター (後者は法人セクターと中小企業セクターとに分かれる) だけでなく, インフォーマル経済や「表に出ない経済(hidden economies)」からも区別されることになるのである．

　図1のマトリックスにみられる水平的次元は, 諸組織の優先的な目的と, 諸活動を正当化する方法とに関わるものである．社会的経済の組織は, 利潤よりもむしろ社会的目的を遂行することに存在意義がある．すなわち, それらは, 個人的, 私的な利益よりもむしろ共通の (相互の) 利益あるいは公共的な利益を目指すものである．個々の人びとは, そのような組織のメンバーとして, あるいは従業員として行うことに, 彼ら自身さまざまな動機をもつことであろうが, しかし社会的経済においては, 彼らは利潤を獲得することの重要性を特記することよりもむしろ社会的目的に言及することによって, 彼らの行動を正当化しなければならないのである．

図1 社会的経済の中における組織と社会的経済の周囲における組織タイプ

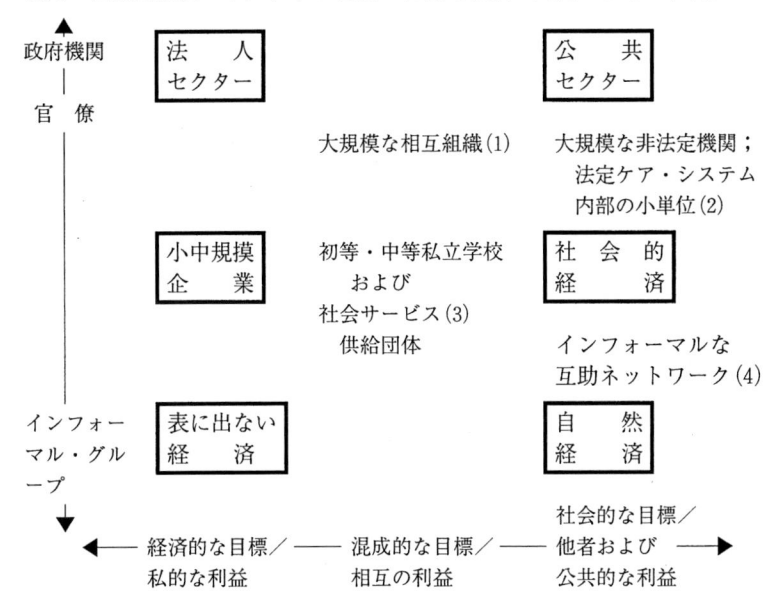

```
政府機関      法　人                        公　共
　│         セクター                       セクター
　官　僚
              大規模な相互組織(1)   大規模な非法定機関；
                                    法定ケア・システム
                                    内部の小単位(2)
              初等・中等私立学校
              および              社　会　的
  小中規模                         経　　　済
  企　　業    社会サービス(3)
              供給団体
                                  インフォーマルな
                                  互助ネットワーク(4)
インフォー   表に出ない                     自　然
マル・グル    経　済                        経　済
ープ
  ↓
      ←── 経済的な目標／ ── 混成的な目標／ ── 他者および ──→
           私的な利益      相互の利益       公共的な利益
                                           社会的な目標／
```

(1) 例……住宅金融組合，小売り協同組合，イギリス自動車協会．
(2) 例……大規模住宅建築（購入）組合，Banardos；地方公共事業中央機関，農村地域小規模医療機関．
(3) 例……慈善公営学校，老人施設療養所（私的ではあるが専門的経営である）．
(4) 例……ベビー・シッティング・サークル，母児クラブ．
出所：Paton, 1991, p.8.

図1の垂直的次元は，単に制度化の規模（size）を表示するだけではなく，制度化の度合（degree）も表示している．もっとも大きくて，もっとも安全で，そして十全に確立している組織は，国家の主要な公的機関を含むマトリックスのトップに位置している．ペイトンは，この2つの次元は相関連し，また小規模と中規模のものが，ある組織に特有な価値を保持していくのにもっとも良い条件を与える，と主張する．かくして，社会的経済の中心部は次のようなものによって占められる．すなわち，

　（献身，思いやり，熱中，連帯意識，反権力的態度などから現れ出てくる）

性向に基づいて創設され,また共通の利益あるいは公共の利益のために機能する小規模あるいは中規模の価値に基礎をおいた組織である (Paton, 1991, p.7).

図1はまた境界線を引きにくい事例を示している.確かに,論を進めていけば,われわれは(法定の制度内の小単位の事例を除いて)図の注(1)から(3)までの実例すべてを包含するであろう.

1.4. 「社会的経済」の慣用法と受容可能性および異なった領域における関連概念

すでに述べたように,「社会的経済」という用語は,イギリスにおいては,未だ十分に一般的な使われかたをしていないのに対して,「ボランタリィセクター」という用語はかなり一般的に使われている.用語には適材適所があるのである.

「社会的経済」という用語が少なからず容認される唯一の範囲は,アカデミックな領域である(上記参照).これに対し,「ボランタリィセクター」は現に明らかに使われている用語であるにもかかわらず,このセクターの経済問題に関しては,論じられたり扱われたりすることがほとんどない.最近に至るまで,この分野における研究は社会政策研究のうちでもマイナーな部門だとみなされてきた.しかしながら,価値に基礎を置く組織の経営は営利指向の組織あるいは公的・官僚的組織の経営と著しい違いをみせている,との認識が広まるにつれて,今やその経営課題に以前よりも多くの注意が向けられている(例えば,Butler and Wilson, 1990 ; Batsleer, Conforth and Paton, 1991).

政治的な領域においては,「ボランタリィセクター」は明確に存在するものである —— 例えば,それは多くの他の全国的な団体や連合組織によって代表されているだけでなく,「ボランタリィ組織のための全国会議」(National Council for Voluntary Organizations)によっても代表されている.事実,ボランタリィセクターは政治的にますますその重要性(なおマイナーではあ

るが）を増してきている．というのは，保守党政府が社会保障を法制的なセクターから切り離そうと策しているからである．このことは，地方自治体あるいは全国公共医療サービス（National Health Service）の公益業務を下請けに出すことを意味するし，またより直接的な対策を意味するのである．私的企業だけでなく，ボランタリィ組織もそのいずれかのケースに含まれる可能性がある．

　政府もまた，ボランタリズムに具体化されるようなコミュニティの価値や自助の価値を促進しているのだと認められようとしている（たとえ，表面的にはそのような援助がボランタリィセクターに対する国家資金の増大に繋がっていかないとはいえ，そうなのである）．このような政治的な傾向にあっては，ボランタリィ組織，とりわけ大規模な社会サービス供給団体に対してかけられるかも知れない反対のための圧力を容易に想像させるのである．

　公共の領域に関する限り，「ボランタリィセクター」という概念を含めて，これまで検討されたすべての用語についていえば，公共の利益を優先する点で混乱がみられたのは無理からぬところである —— とりわけ「ボランタリィセクター」は，「良い仕事」が上品なご婦人方によって無料でなされる，という言外の意味を帯びるが故に —— と注記すること以外にはおそらくつけ加えることはないのである！

2. イギリスにおける社会的経済の構成要素の類型と統計

　社会的経済の境界が曖昧であるにもかかわらず，また社会的経済を全体として考察したいのではあるが，われわれはなお，ボランタリィセクターを協同組合や相互扶助組織と別個に考察していくことにする．議論を進めながら，われわれは，社会的経済における諸組織の全体を分類する方法を示唆する前に，まず最初にボランタリィセクター全体の範囲について，そして次に協同組合と相互扶助組織について利用できる統計を要約しておく．

2.1. イギリスのボランタリィセクター

ボランタリィセクターは,社会福祉事業,教育,保健衛生,環境それに芸術を含め,イギリスにおけるきわめて多様な分野のキー・プレーヤーである.場合によっては,ボランタリィセクターは,これらの領域の各々において,唯一の寄与者であるかも知れないが,大抵の場合は,政府系企業組織と営利企業組織と共存して,高い「市場占有率」を得ている.しかしながら,先駆者,唱道者,代替者としての,少数者の利益の擁護者としての,生活の質の基準としての,そしてスペシャリストの供給者としての基本的な,広範囲にわたって認知されている役割にもかかわらず,その活動範囲,規模それに構造については相対的にほとんど知られておらず,またその数字分布も,公官庁の統計専門家によってこれまで高位の優先性をもつものとみなされたことはなかった.

利用可能な指標は,しばしば,ボランタリィセクターそれ自身の内部から提示されることになり,したがって,その指標の断片性や不完全性のために,それ相応の全体像を表示することが大変困難になる.そこで,われわれは,本節でボランタリィセクター全体に利用できる統計のいくつかを要約し,第3節以降で既存の統計がこのセクターの相対的な重要性についての手引きとなり得るいくつかの「産業」に焦点をあてることにする.

現在のところ,イギリスにおけるボランタリィ組織の数字については推測の域を出ない.しかしながら,1990年末のイングランドおよびウェールズにおいて登録されている慈善事業組織は171,434であり (Charity Commission, 1991),またこれらの慈善事業組織の一定数は活動休止の状態にあるものの,統計上の目的のためにしばしば公共セクターに配置される礼典主義的な宗教組織や政府資金調達による団体を含めて,慈善的資格を有するおよそ100,000のその他の組織 (Cm 694, 1989, para 3.15) が存在することが知られている.このセクターに属する組織の少なくとも5分の2は慈善的資格を有する,との推量を示しているジェラードの統計 (1983年) には,次のことが示唆

されている.すなわち,もし主として組合員に奉仕する組織がその定義に含まれるのであれば,イギリスにおいては,おそらく500,000以上のボランタリィ組織が存在するであろう.

ボランタリィセクターの所得

このセクター全体に関する最良の財務情報は,イングランドおよびウェールズにおいて登録されている慈善事業組織の所得に関係する.これらの組織の所得についてのポスネットのサンプル調査推定値と,1975年,1980年および1985年におけるその推定値の構成要素は,現在までのところ利用可能なこのセクターの活動範囲と規模の最良の指標をわれわれに示している.ポスネットの(1987年)推定値は,登録されている慈善事業組織の所得が1990-91年の価格で約170億ポンドであることを示している.この所得額は国民総生産(GNP)の4%以上に相当する.1980-81年におけるGNPの3.4%と比較すると,表1のようである.

ポスネットのサンプルによる所得の全体的な源泉と構成部分的な源泉については,表1で示されている.登録慈善事業組織の総所得は,1975年から1985年までの同期間にほとんど倍加している.とはいえ,成長はこの時期の後半においてより緩慢である.所得増加の一部は,10年にわたる慈善事業組織数

表1 イングランド・ウェールズにおける登録慈善事業組織の所得 (1975-1985)

年 単 位	1985-86 100万ポンド (%)	1980-81 (%)	1975-76 (%)	実質所得の変化 (%)1975-85
基金の調達	1,925.3　15.2	12.2	28.4	1.7
報酬および料金	7,672.3　60.7	65.9	34.1	237.4
賃貸料および投資	1,398.4　11.1	12.2	21.7	-3.5
法定団体からの交付金	1,375.7　10.9	7.9	7.3	183.7
商業活動など	278.4　2.1	1.8	8.5	-51.0
合　　計	12,650.1　100.0	100.0	100.0	89.7

出所:Posnett, 1987.

の推定27％の増加と関連しているが，他方，ポスネットは，この変化の大半は政府交付金の増加と報酬および料金による増加（これらのうちの一定部分は公共セクターということでの需要創出助成金である）にある，としている．1985－86年における報酬の所得寄与率60％は，私立学校や住宅購入組合をも含めたことによって，いくぶん誇張気味になっているかも知れない（Leat, 1990）．にもかかわらず，報酬の所得寄与率の増大は最近数年間の重要な特徴である．

ポスネットはまた，彼の1985年の研究において，新たに登録された全慈善事業組織のうちの1％を調査した結果，法定団体からの交付金はそれらの総所得の44％を占めているとみなし，フル・サンプル調査の11％と比較している．このことから，公共セクターはボランタリィセクターにとって重要性を増していること，また「ボランタリィセクターは公共セクターにとって重要性を増していること」の論拠がいっそう明らかになってきた．そこで，ボランタリィセクターの所得の主要な構成要素についてより詳しく述べてみよう．

「世帯による慈善的な寄付」は登録慈善事業組織の年間総所得の約15％である．1989－90年の「慈善事業世帯調査」(Halfpenny, 1990)によると，中位の世帯の寄付は1ヵ月当りちょうど1.28ポンドで，その世帯の総所得の0.25％弱であり，アメリカ合衆国のそれと較べてその割合はずっと小さい (Weber, 1990；Hodgkinson and Weitzman, 1989)．合衆国においてと同様に (Auten and Rudney, 1990)，寄付の分布はかなり歪んでいる．

すなわち，回答者の49％は1ヵ月当り1ポンドあるいはそれ以下の寄付であり，1ヵ月当り30ポンド以上の寄付は回答者の6％であった．サンプリングの誤差を考慮すると，1989－90年におけるイギリスの世帯の寄付が34億ポンドから50億ポンドの間である，というのは誇張であると思われる．個々の寄付は1970年代中葉以降増大してきているが，慈善事業世帯調査によるとその増大に歯止めがかけられており，ここ2年間は減少傾向を示している．慈善事業セクターの総所得に占める世帯寄付の割合はこの10年間に半減している．

「企業フィランソロピィ（Corporate Philanthropy）」は，イギリスでは，例えば日本あるいはアメリカ合衆国ほど一般的ではないし，寛大でもない（Flaherty, 1991）．とはいえ，寄付するという行為は隠される場合がある．すなわち，慈善事業に対する法人企業の助成全体の約43％は財政的な援助となっており（Saxon-Harrold, 1990b），アメリカ合衆国においては約80％にもなっているのである（Cardillo Platzer, 1987）．（イギリスにおいては）財政的な援助は慈善事業セクターの総所得の2％弱に達している（Posnett, 1987）．寄付のレヴェルを部分的に説明する，寄付に対する税制優遇措置は他の多くの国々にみられるほど寛大なものではないし，しかもまた，社会問題を多少なりとも解決していくことや，文化活動やその他の諸活動を促進していくことを法人企業セクターが率先して行う，という確立された（新しい）伝統も存在しない．400の最大規模の企業寄付者が1988年に慈善事業に与えた援助は，「税込みの利潤」のほんの0.18％にすぎず，課税環境はずっと有利になったにもかかわらず，1977年の割合と同じである．

会社への課税は標準（基本）率——最近は25％——で控除されるのであるから，1986年以降，会社は，年々の通常の配当の3％まで，1回限りの寄付を行うことができるようになった．したがって，法人課税の算定以前に，会社の利潤に対して総支払い額が請求され得るのである．寄付控除制度は，別の新しい特権として，世帯だけでなく会社も利用できるようになったのである（上記参照）．実際のところ，数年にわたって検討されてきた大規模な会社のサブサンプルの調査資料は，寄付総額は1987-1990年の間に実質的に増加したことを示しており，イギリスの最近の景気後退がこの増加傾向を変えている，という証拠は今のところはまったく存在しない（Saxon-Harrold, 1990b）．

「信託（trusts）や財団（foundations）」——これらは，寄付を懇請することよりはむしろ助成金を寄付による基金からつくる団体である——による慈善的な援助は，とりわけ19世紀から20世紀への変り目以後に増大したのであるが，それは，急速な産業化にともなって，個々の人たちが莫大な個人財

産を蓄積することができるようになったからである．それ以前の世紀においては，福祉活動に，特に教会，学校それに病院に基金を出してきたのは常に富裕者であって，彼らのうちのある人たちがまた慈善事業的な願望を遂行するために信託を形成したのである．20世紀初期の年代には，その時代がもたらす基本的な社会問題のいくつかに焦点をあてて議論し，またより体系的な寄付を奨励するために，多数の信託が設立された．

20世紀末期の年代には，助成金を交付されている400もの大規模な信託について，統計 (Charities Aid Foundation, 1989) が利用できるようになった．その統計によると，これらの上位400の信託の資産と交付される助成金の双方とも近年増大してきているが，それは，部分的には，財産価値の膨張によるものでもある．とはいえ，最近の不動産市場の落ち込みはこの膨張傾向に対してブレーキをかけることになろう．しかしながら，これらの転換を総体的にみると，「セクター内」での助成金交付の全般的な規模が非常に制限されていて，したがって，1985年の登録慈善事業の慈善的所得のうち信託は僅か1.5％を占めたにすぎなかったことが分かる (Saxon-Harrold, 1990a)．

「営利事業活動」による所得は，ボランタリィ組織の諸目的——そのレゾン・デートルとしての活動——を追求する過程においてか，商取引あるいはベンチャー・ビジネスを通じてか——それらは，前者の，伝道的な使命に対して批判的な活動に助成金を支給するよう所得を生み出すために，その他の市場に事業を分散化することであるが——生み出され得る．前者は，政府諸機関の使用者の代理として支払われる契約料とともに，ボランティアで運営される宿泊所や療養所によって提供される世話や介護のようなサービスに対する料金，そのサービスの利用者による支払いあるいは利用者の代理としての支払い，および会員としての拠出金を含む．これらのものを（表1のような）利用可能な統計データーと分離することは不可能であるが，しかし，営利事業所得全体がボランタリィセクターにとってますます重要になってきていること——すなわち，慈善事業体からの商品およびサービスの世帯購入はボランタリィセクターへ何らかの形で転換した総世帯の45％以上を占めている

(Saxon-Harrold, 1990a)——また，ベンチャー・ビジネスはアメリカの他の営利企業による事業の展開にくらべて遅れをとっているとはいえ，低位点から急速に抜けだしている（Leat, 1990）．最近の公共政策の傾向からすると，このセクターと政府の契約は大きく増加するであろう（Gutch, Kunz and Spence, 1990）．

ボランタリィセクターに対する「政府援助」は現在のところ非常に有力である（表2参照）．援助には3種類ある．第1は「直接」援助である．それは，交付あるいは契約を通してのものであって，1985-86年のセクター総所得の約11%（交付による）プラス「手数料所得」と表記される，61%のうちのかなりの部分から成っている（表1）．ボランタリィセクター（慈善事業セクタープラス非慈善事業のボランタラリィ）の総政府基金供給は，1989年におよそ20億ポンドに達している．この直接政府基金供給は，ここ数年間，実質的に増加したが，しかし1980年代末に安定水準に達したように思える．

表2 ボランタリィ組織に対する政府援助(1) (1986-87)

基金供給機関	100万ポンド
中央政府省庁	279.5
非省庁の公共団体	1668.3
地方自治体	402.1
保健衛生公共事業機関	25.2
総直接援助	2375.1
免税(2)	800.0
現物による援助(3)	213.7
総間接援助	1013.7
総政府援助	3388.8

注：(1) 需要創出助成金を除く．
(2) Maslen (1988年) による見積もり．ここで充当する財産税の免除は「現物による援助」の項目に含まれる．
(3) 「現物による援助」は地方自治体および保健衛生公共事業機関からの直接交付助成の50%と算定されている．Leatその他 (1986年) を参照のこと．この「現物による援助」は保健衛生公共事業機関並びに地方自治体からのものである．

地方自治体によるボランタリィセクターへの基金供給は,「混合経済の進展」を奨励あるいは指令する立法措置にもかかわらず,下落している.

第2は（社会保障制度による支払いのような）需要創出助成金を通じての「間接」援助である. この間接援助の重要性については, その助成金がサービスの個人的な購入を通じてなされ, したがって, 必ずしもボランタリィセクターだけを目標にするわけではないために, 知られていない. これらの助成金のうち最大のものは, 現在のところ, 長期にわたる自宅介護あるいは療養所介護の必要がある人たちへの社会保障制度による援助——その金額は年間10億ポンド以上に達している（ただし, ボランタリィセクターには, 実質的には, 5億ポンド弱しか入っていない）——と低所得世帯のための住宅手当て（housing benefit）である.

第3は「隠れた」援助金で, 免税あるいは現物による手当てという形態をとっている. 免税は慈善組織にとってなによりの恩典である. すなわち, 登録慈善事業組織は, 部分的にかあるいは全面的にか, 資本利得や, 慈善活動によって生じた保留利得, 投資所得および配当金, 取り引きによる所得に対する課税を免除され, それに地方財産税の一定の部分に対する課税を免除されるだけでなく, 所得税の計算過程で控除できる寄付をも受け取ることができるのである. 非慈善事業のボランタリィ組織は, 自由裁量的課税の利点を, 多少とも, 享受することができる. 1988年には, 中央政府から得た課税特権は約63,600万ポンド, 地方自治体の財産税救済は15,000万ポンドに達した（Charities Aid Foundation, 1989）. 慈善事業組織の総課税申告の約1％は慈善的な救済に充てられている. 地方自治体からの現物による援助は, 自治体の総交付金援助の50％ほどになると見積もられている（Leat, Tester and Unell, 1986）.

　ボランタリィセクターの支出

　支出に関するデータは, 最大規模の登録慈善事業組織に利用できるにすぎないし, 所得についてのポスネットの抽出サンプル評価（1987年）に相当

するものは公表されていない．200の最大規模の慈善事業組織にとって，総支出は1981-82年と1987-88年との間の実期間において毎年増加しており，その増加率は6％から10％の間であった（ただし，1985-85年においては17％であった）が，1987-88年と1988-89年との間においては2％の支出の下落が記録されている．これらの大規模な慈善事業組織にとって，支出の構成部分は，この期間，相対的に安定していた．主要な慈善的な運動への支出は全体の5分の4以上を占めており，基金調達管理への支出はおよそ7％を占めた (Charities Aid Foundation, Charity Trends, various years).

ボランタリィセクターの雇用

ボランタリィセクターに関する情報のもっとも明白なギャップは雇用に関係している．これらの組織の122の回答に基づいて，アシュワース (1985年) は，(任意の寄付に基づく所得による) 200の登録されている最大規模の慈善事業組織は1984年に47,500人のフルタイム労働者に相当する人たちを，すなわち，平均して1組織当り238人の従業員を雇用していた，と推定している．もっと最近では，デイ (1991年) は，基金調達を行っている登録済のトップ400の慈善事業組織のうちの183の組織は，36,911人の有給スタッフ——1機関当り平均202人の比較的低位ではあるが——を雇用していた，とみなしている．

しかしながら，これらの数字は，方法論上の相違があるために厳密には比較できない．このセクター全体に関しては，われわれは，現在にところ，与えられた情報に基づいた推量的な判断に頼らざる得ないのである．1980年代末においては，少なくとも250,000人に相当するフルタイムの労働者がこのセクターに雇用されていたことになる (National Council for Voluntary Organization, 1990) し，また，ことによると，1988年に雇用された労働力の1％あるいは2％に相当する500,000人以上 (Keynote Report, 1990) もの人たちが雇用されていたとみなされ得るのである．

イギリスの主要雇用データは，各産業内部における所有のタイプを区別す

るのではなく，その「標準産業分類」(Standard Industrial Classification) コードのみに従って報告単位を分類している3年ごとの「雇用センサス」である．同センサスによってこのセクターの雇用を推定してみると，その唯一の試算 (Ashworth, 1984) —— 科学的な推論というよりは，またしても当て推量になるが —— は，1981年にこのセクターでは100,000人から200,000人に相当する範囲のフルタイムの労働者の雇用を示しており，1978年の298の慈善事業組織に関するギャラップ調査を基礎にしてゲラードが得た推定値 (1983) と大まかに一致するのである．

フォーマルなボランタリィ社会事業（全セクター）

「組織的」レベルにおいては，われわれは，基金を集めている登録済みの上位400の慈善事業組織のうちの183の組織の有給被雇用者に対するボランティアの割合はおよそ10対1であるが，すでに示したように，これらの事業体は平均して202人の有給スタッフを雇用し，また他方では平均して2,000人以上のボランティアとかかわっている．

いくつかの調査は，1980年代から90年代初期にかけての「個別の調査」によって報告されているボランタリィ社会事業体を扱っているが，しかし質問事項の用語と定義とに相異があるために，慈善事業体との比較を困難にしてしまっている (Halfpenny, 1991)．これに対する1つの重要な例外は直接比較することのできる1981年と91年のボランティアセンター調査である．この調査は，フォーマルなボランタリィ社会事業体 —— この事業体を比較的広く定義して —— がこの時期にイングランド，ウェールズおよびスコットランド合わせて44％から51％に増加したことを示している (Humble, 1982, Lynn and Davis Smith, 1991)．

ボランティア社会事業の平均的な時間数はそれぞれ週当り2.6時間から2.7時間である．その平均的な時間数を1991年のイギリス全体についてみると，フォーマルなボランティア社会事業の週当り総時間数はおよそ6,200万時間となっており，それは有給雇用の1人当り平均事業活動総時間数の約13分

の1に相当する（Lynn and Davis Smith, 1991, p.23). 1981年と91年の両年においては，資金の調達とその運用がもっとも共通したタイプの事業活動（現行のボランティアの68%）であったし，また人びとがおそらくボランタリィに活動しようとする組織はスポーツおよび運動グループ，健康・社会福祉組織それに児童教育・教室であり，それらはそれぞれ91年には全ボランティア組織のほぼ4分の1程度を占めたのである．

ボランティアセンター調査の回答者のおよそ5分の1は，両年とも，7日間以上ボランタリィ事業活動に参加しているが，それは，1981年には回答者の27%, 91年には31%となっており，少なくとも，あるグループあるいは組織のために最低でも月に1度はボランタリィ活動に参加する「正規の」ボランティアが存在することを示している．われわれは，ボランティアの事業活動に金銭的な価値をインプットしたくないが，それでも時間とお金の総貢献度は明らかに巨大であると言わざるをえない（Knapp, 1990).

2.2. イギリスにおける協同組合と共済組合

ロッチデール公正先駆者組合が1844年に（剰余の）「購買高配当」を導入して以来，消費者小売協同組合はイギリスにおける協同組合運動のもっとも強力な部分を形成してきた．1930年代から60年代初期に至るまで，協同組合は，多くの部門で，小売市場の支配的な社会勢力であった．しかし，1960年から85年の間に消費者小売り協同組合は大きく後退してしまった．とはいえ，それは，いくつかの領域において，大きな市場占有率を依然として保持しているのではあるが．

協同組合の総体的な市場占有率は，1966年から86年の間に，10.9%から4.7%に下落し，食料小売り部門では12.8%から7.9%に，そして非食料小売り部門では4.2%から1.7%にまで下落してしまった（Stephenson, 1988, 協同組合連合会の数字を引用). 1980年代初期以降，その地位はいくぶん安定してきているが，それは大規模な合併によって自立している協同組合の数が大きく減少したためであって，総体的な市場占有率は依然として4%を上

回る程度である．89年の小売り協同組合の統計は，80の小売り協同組合で，4,650の取り引き販路を通じての約60億ポンドの総売上高，800万人の組合員それに81,500人の有給労働者を擁している，との数字を示している．また全国小売り食料市場の占有率は7.6%であり，その数値は小売り市場占有率全体の4.4%である（協同組合連合会の数字）．

小売り協同組合運動についての上記の数字は，旅行，葬儀それに「社会医薬」を含むさまざまな消費者部門の補助事業を含んでいる．さらには，いくつかの異なる部門に3つの特に大きな第2次的協同組合がある．すなわち，年額25億ポンド以上の総売上高を擁する協同卸売り連合会（CWS），4,500人の従業員，銀行市場全体のおよそ2.3%を占める約22億ポンドの預金残高を擁する協同組合銀行，そして12,000の労働者と1.9%の市場占有率を表す約9億ポンドの総保険料所得を擁する保険協同組合（CIS）である．

生産者協同組合の領域では，最大かつもっとも安定した部門は，総売上高と市場占有率からみて，「農業協同組合」の部門である．農業協同組合は，大まかに言えば，組合員の生産物を販売するものと，組合員に原料供給あるいはサービスを提供するものとにほぼ同じ程度に分かれる．1989年には636農業協同組合があり，それらの総売上高は28億ポンド，延べ組合員数（1人の農民が複数の協同組合の組合員になれることに注意）27万人そして14,000人の有給労働者（組合員農民と直接農業に従事している被雇用者は含まれない）を擁している（Plunkett Foundation, 1990）．協同組合を通して販売される農業総生産物の占有率は約13%（Devos, 1988）で，そのうち果物と野菜の比率がかなり高い．これらの農業協同組合の大多数は，消費者小売り協同組合と同じように，「産業および節約組合法」(the Industrial and Provident Societies Act) に準拠して登録されているが，少数の農業協同組合は「農業協同組合法人組織法」（Agricultural Co-operative Companies）に準拠している．さらに，比較的規模の大きい協同組合が有限責任の私企業法人に転換することによって形成された7つの農民管理事業体がある．これらの事業体は32,000人以上の会員と約3億ポンドの総売上高を擁している．

これらの安定した部門――とはいえ,これらの部門も,民営化への傾向のために,衰退するか,落ち込んでいくのであるが――を別にすれば,多数の小規模な,しかし,成長しつつある協同組合の部門が存在している.

消費者協同組合系の「住宅協同組合」は成長しており,数字の上では全体でおよそ 600 ものタイプがあり,約 2 万もの住宅物を有している.これらのうちの 250 はおそらく,協同組合的に組織された住宅組合であり,そういうものとしてボランタリィセクターの住宅組合の数に組み込まれているが (3.5 以下の節を参照),他方,残りの 350 はテナント経営のものであり,資金を私的に調達しており,短命であってしかも 2 次組織的な協同組合である (Underwood, 1988).

信用組合は,歴史的にみると,イギリスではさして重要なものではなかったし,またその規模も法律的に制限されているのであるが,しかしその数は現在増しつつある.すなわち,1985 年にはその数が 64 であったのに,89 年までに 109 に増加し,コミュニティと労働者を基礎にして 3 万人の組合員と 920 万ポンドの資産および 790 万ポンドの組合員貸付け金残高を擁している (Bussy, 1990).

生産者協同組合はどのようであろうか.先ず「労働者協同組合」であるが,その数字上の増加は政治的に実に顕著ではあるけれども,経済的な観点からみると,実際にはさほど重要ではない.1970 年から 88 年まで,労働者協同組合の数は 35 から 1,400 に増加している.とはいえ,これらの多くは非常に小規模なものである (Thomas, 1990).この部門の総雇用は約 8,500 人――そのうちの大多数は組合員労働者――であり,また全体の総売上高は 2 億ポンドほどである.これらの労働者協同組合は,ほとんどすべての産業部門とサービス部門にみられるのであるが,しかし,自然食品の卸売総市場取り引きでのみ目立った比率を占めており,1983 年までその卸売総市場取り引きの 5% 以上が協同組合によって共同で取り扱われていた (Cornforth et al., 1988).

しかしながら,1988 年以降,私企業と,自治体経営のバス会社のような

国家産業のいくつかの部門の双方において，中規模な，場合によっては大規模な労働者管理権の取得がなされており，数の上でそれはかなり増加してきており，したがって，これらの数字は，現在では，いくぶんか大きくなっているかも知れない．労働者協同組合が，「産業および節約組合法」に準拠した，標準的な規制形態をとろうとする住宅協同組合や信用組合と異なって，しばしば，保証人によって限定される会社形態をとったり，あるいは株式会社の形態さえとったりすることは注意されるべきである．

中小企業や自営業に対してサービスを供給する，比較的小規模ではあるが，その数を増加させているタクシー協同組合や小規模小売り業者のためのマーケティング協同組合のような「2次組織的協同組合」がある．また，生産者協同組合の範疇に入るが，79もの「漁業協同組合」もある．これらの漁業協同組合は，組合員総数ほぼ6,000人，全体の総売上高5,000万ポンドを擁している．さらに，350人の組合員で構成されている「家内工業協同組合」が7組合存在している (Plunkett Foundation, 1990)．最後にここで，主にスコットランドにおいて散在しているのであるが，しかしイギリスのその他の地域にも広がりつつある「コミュニティ事業」[市町村レヴェルの自治体による事業]の新しい運動に言及しておく．この運動は，厳密には生産者協同組合のそれではないが，労働者協同組合の「雇用創出」という目標のいく分かを分担しているからである．「1988年版・スコットランド・コミュニティ企業録」に収集されている数字は，100コミュニティ企業が1,000万ポンド以上の総売上高を実現したこと，そして3,000人に雇用と職業訓練の機会を提供したことを示している (Pearce, 1988)．

「相互保険組合」に関して言えば，もっとも注目に値する実例は，おそらく，健康保険であろう．健康保険を通じて相互保険組合のうちの5つの共済組合 (friendly society) が450万人の受益者に奉仕していることになる．一般的には，これらの健康保険組織が私的セクターの一部とみなされていることは興味のあるところである —— これは，政治戦線が国家的セクターと私的セクターとの間にいかなる「中間点」も認めない1つの領域なのである．われわ

れはすでに，保険協同組合を一般的な保険業として示しておいたが，農民と保険契約し，ほぼ4億ポンドの取り引き高を擁する「NFU相互保険組合」のように，他の社会的経済組織の組合員にサービスを提供するために設立された場合を除けば，その他の共済保険組合を私的な保険会社と区別することは難しい（Plunkett Foundation, 1990）．

おそらく，通常の消費者にとってもっとも重要なタイプの相互共済保険組織は住宅金融共済組合（Building Society）であろう．現在イギリスには103の認定された住宅金融共済組合があるが，それらは6,000以上の施設，総資産1,870億ポンド，そして推定3万人から35,000人のスタッフを擁している．これらの住宅金融共済組合は，19世紀末期から，ある程度まで金融市場の規制を撤廃した1987年の「銀行法」までは抵当権市場を支配したが，それ以降は，他の金融サービスに移動したことによって抵当権を貸し付ける他の組織との競争が激しくなってきている．したがって，ほとんどすべての住宅金融共済組合は「産業および節約組合法」に準拠して登録されているとはいえ，実際には，比較的大きな住宅金融共済組合は，その組合員（顧客）に関する限り，私的な金融組織とますます区別しにくくなっているように思われるし，事実，公的有限会社の法的身分に転換する周知の事例がいくつかみられるのである（例えば，Perks, 1991を参照）．

共済組合の項目に入り得る，また一般的に「産業および節約組合法」に準拠して登録されているその他の重要なタイプの組織としては，大規模な自動車運転者組織，労働者共済団体（working men's clubs）それにその他の専門職組合（occupational associations）がある．

2. 3. イギリスの社会的経済に含まれるかもしれないその他の組織

2.1節で定義されたようなボランタリィセクターに，2.2節で列挙されたような協同組合セクターと共済組合セクターを加えると，「社会的経済」に含まれても差し支えないようないくつかのその他のタイプの組織が考察の範囲から外されてしまうことになる．

第1に，生産者協同組合を別にすれば，専門職業グループあるいは商業関係のグループの相互保険組合としての多数の他の組織が存在する．労働組合，従業員連合会そして専門職業連合会は，それらがすでにボランタリィセクターの一部として数えあげられていようといまいと，確かに社会的経済に含まれるべきである．職業連合会や中小企業連合会は，おそらくボーダーラインにある組織であろうが，しかしそれらのいくつかは重要な組織なのである．最後に，ある程度の労働者所有あるいは労働者管理を具体化している多数の非協同組合事業組織が存在する．その最も代表的なものが，完全な労働者所有によるいわゆる100% ESOPs（従業員持ち株所有計画）を含むESOPs型の多数の事業組織である．

　他のボーダーラインにある事例は次第にその数を増してきている倫理的な投資組織によって示される．これらの組織のうちの大多数は，従来型の金融組織として設置されているのであるが，特殊な倫理原則に基づいて投資する機会を用意することでその存在を知られている．またそのうちのいくつかの組織は，賭博産業，アルコール産業，防衛産業，南アフリカ共和国向け産業などのような一定の分野における企業に投資することを避けて，それらの基金を運営しているし，他のいくつかの組織は，特に，ある種類の社会プロジェクトに向けた投資に焦点を絞っている．

　「オルターナティヴな取り引き組織」は，おそらく，消費者の領域にける倫理的な投資機構に相当するものである．この組織は，それの領域が第三世界との取り引き関係における公正と正義にかかわるのものであろうと，「緑の消費者保護運動」に関わるものであろうと，専ら倫理的な原則に基づいて財貨を供給している．

　最後に，宗教的組織と政治的組織の双方は，狭義のボランタリィセクターから排除されているが，しかし，広義の社会的経済に含まれるボーダーラインの組織とみなされるべきであろう．

2.4. イギリスにおける社会的経済の類型化

本章の著者たちはそれぞれ，イギリスにおける社会的経済の全部あるいは一部を構成する組織と活動とを類型化するために，2つの異なった体系を展開してきた．ケント大学の PSSRU チームは，「非営利組織に関する国際的な分類(ICNPO)」を展開してきたアメリカのジョンズ・ホプキンズ大学がコーディネイトした国際研究に参加した（Salamon andAnheier, 1992）．先の1.1節で明確にされたように，PSSRU チームは，ボランタリィセクターを10の事業活動グループあるいは産業プラスその他1グループに分けた．オープン・ユニヴァーシティにおける社会的経済の組織に関するデータベースのためのパイロット・プロジェクトは，広義の社会的経済を12プラスその他1にその範疇を分類して，研究の対象としている．

上記の体系はいずれもこの報告を代表するものとしてはまったく相応しくない．しかしながら，多くの分野ではその体系はかなりオーバーラップしている．そこでわれわれは，広義の社会的経済にみられるすべての事業活動を網羅する分類を示しておくが，その分類ではボランタリィセクターは明確に区別され得る．提示された分類は，ボランタリィセクターそれ自体について，かなり厳密に ICNPO に従っているし，また，(1)生産者および消費者指向の相互共済事業およびグループと，(2)宗教組織と政治組織の「あやふやな」範疇とを，加えている．

表3はイギリスにおける社会的経済が包含する事業活動を分類したものである．ただし，CからJまでの分類は，非事業体の相互共済組織を含んでいること以外は先の1.1節で定義されたボランタリィセクターに対応することに注意．この分類の各々における社会的経済組織の範囲と位置についてのデータは利用できないが，しかし，3.1節以下で，われわれは下位分類のうちの1つのセクションについてのデータを提示する．

表3 イギリスにおける社会的経済の分類および下位分類

A	生産者，職業従事者および生業従事者関係
A1	労働者協同組合
A2	農業協同組合と漁業協同組合
A3	第2次的サービス協同組合と中小企業連合
A4	小売り/事業連合
A5	専門職組合
A6	労働組合/従業員組合
A7	職業組合
A8＊	労働者所有あるいは労働者管理（ESOPs など）と関連するその他の事業
B	消費者団体および共済組織
B1	消費者小売り協同組合
B2	住宅協同組合（G1 以下を参照）
B3	信用組合と協同組合銀行
B4	住宅金融共済組合
B5	相互保険組合
B6	その他の共済組合（自動車運転者組合，労働者共済組織など）
B7＊	倫理的投資協会
B8＊	オルターナティブな取り引き組織
C	非営利組織－表現レジャー
C1	スポーツおよびレクリエーション
C2	文化および芸術
C3	その他のレジャー
D	非営利組織－教育および研究
D1	正規の初等教育および中等教育
D2	正規の高等教育
D3	その他の教育
D4	教育援助組織
D5	学術研究
E	非営利組織－厚生
E1	病院

E2	老人ホーム
E3	精神的健康
E4	クリニックなど
E5	相補的医学
E6	健康促進
E7	社会福祉事業（自助グループを含む）
E8	緊急処置と避難所
E9	所得の援助と維持
F	非営利組織－環境および動物保護関係
F1	動物福祉
F2	自然環境と自然保護
F3	土地の利用，輸送，および環境整備
G	非営利組織－住宅サービスおよびコミュニティサービス
G1	ハウジング（住宅建設・供給）
G2	コミュニティサービスとアクション
H	非営利組織－市民アドヴォカシィと公的アウェアネス
H2	法律上および適法的なサーヴィス
I	非営利組織－国際的な活動
I1	開発と緊急救済
I2	文化/フレンドシップ組織
I3	（基本的）人権，平和など
I4＊	貿易/通商
J	仲介組織
J1	多目的援助
J2	基金調達と助成金交付
J3	ボランタリズムの促進
K＊	宗教組織
L＊	政治組織

注：＊は組み入れが確定していない分類を表している

3. 特別な活動分野に対するボランタリィセクターの貢献

本節では，主眼点は，ボランタリィセクター全体から，表3で詳細に示されたさまざまな分野の社会的経済についての個々の考察に切り換わる．そこでわれわれは，選抜された活動分野に対する第3セクターの貢献についての概要を比較的詳細に示す．「産業」についてのわれわれの選択は既存のデータの適用範囲の限定的な性質によって厳格に制限されてきたので，われわれは，われわれが扱う領域はもっとも意義のあるものだと示唆するものではない（例えば，われわれは環境保護組織や保健教育や健康の普及というような重要な領域を扱わない．何故なら，これらの組織や団体についての統計は非常に限定されているからである）．それにもかかわらず，われわれが扱う分野は，相対的に多様な活動分野におけるボランタリィセクターが占める「市場最適性」についてのある理念を示すであろう．

3.1. 博物館

博物館（表3の分野C2）は，イギリスにおけるボランタリィ組織によってなされるきわめて多数の文化活動と芸術活動の一部分である．この「産業」におけるボランタリィ組織は，主に，公共セクターの諸機関 ― 地方自治体の博物館 ― と共存しており，また，地方自治体（公共セクター）の管理下に入らない，次の2つの型の非営利の博物館を含んでいる．

第1の型は，主に中央政府からの基金に依存し，したがってまた，通常は公共の団体とみなされるが，しかしそれにもかかわらず，ロイヤル・チャーターあるいは議会条例によって法人化され，また名誉信託委員会によって管理される慈善事業組織である19の「国立博物館」 ― 例えば，大英博物館やテート美術館を含む ― である．これらの博物館の大多数は20世紀あるいは19世紀に設立されたものであって，またそのうちのいくつかは，元々

は政府部門によって設立されたとはいえ，今ではそれらのすべては法律上政府から完全に独立した慈善事業組織となっている．それでも，信託委員の80％は当該大臣によって任命されているが，それらの平均収入は2年前に約1,000万ポンドであった．スタッフの94％は常勤の有給職員で，ボランティアはわずか2％にすぎない．

　国立博物館は，過去20年にわたってそのスタッフの数を着実にふやしてきたし（1974年4,891人，1987年6420人），また運営コストの政府調達資金も同期間（1979/80年から1987/88年の間に27％まで）に増加した．それにもかかわらず，1980年代末には未だに，政府の取り組みとしてはどうかと思う程の「資金供給ギャップ」のあることが認められた．しかしながら，国立博物館がその財源を非政府的なそれに求めたいとする要求も了承されることになったので，最近の数年間にすべての種類の非政府収入が増大してきている（Museums and Galleries Commissions, 1988, Policy Studies Institute, 1990）．

　第2の型は，「独立セクター」の博物館と呼ばれている博物館の多く —— それらは公共セクターによって資金を供給されていない —— は，そのうちのまた少数が私的な個人によって運営されていようが，営利を目的とする事業体によって運営されていようが，ボランタリィセクターである，というものである．これらの小規模な地方団体組織の数は，現在では1,000以上あり，1988/89年に20万ポンド未満の平均収入を得ている．博物館「産業」全体は19世紀末以降急速に拡大してきたのであるが，特に施設のほぼ4分の3は1945年以後に設立されている．また1950年から86年の間に設立された博物館の56％は「独立セクター」に属しており（Prince and Higgins-McLoughlin, 1987, Lord and Nicks, 1989），一方，「地方自治体の博物館」の場合は，前者が14％，後者が62％という組織構造であり，これも「独立セクターの博物館」のそれと好対照をなしている．

3.2. 初等教育および中等教育

保健および社会医療の多くの領域と同じように（下記を参照），1940年代の社会立法以来，初等教育および中等教育（表3のD1）は政府部門条項によって左右されてきた．19世紀にはじまり，1944年の教育条例で最高潮に達した多数の議会条例は，資金調達の責任を国家に漸次移していった．以前には主要な供給者であったボランタリィ部門の諸組織は，多くの場合，公共部門に吸収されてしまった．1944年の再組織化以後は，2つの大まかな種類のボランタリィ部門の供給者は，次のように区別されえる．

第1に，公共セクターとのボランタリィな協定を結び，また相対的に小さな拠出金しか設立トラストからは生じないかも知れないとはいえ，主に国家資金を利用することによって教育を無料とするボランタリィセクターの学校が存在する．これらは主として英国国教会とカトリック系の学校であって，「公費から一部補助を受けている学校セクター」の一部として国家資金にほとんど依存するために，通常は政府部門の一部として扱われる．この取り扱いの結果として，これらの教育組織は，公式統計の政府部門の項目に置かれている学校と区別されにくくなっている．にもかかわらず，これらの組織は，慈善事業体としては，定義上，ボランタリィセクターに属するのであって，実際のところ，それらはかなりの程度の自治権を行使しているのである．

第2に，ボランタリィセクターの学校のいくつかは，主に授業料収入から生じる資金（1980年代の初めには87％：Posnett and Chase, 1985）に依拠しているために，国家の教育制度からこれまで完全に分離されてきた．これらの学校は，イギリスにおいては「独立学校」（independent schools）として知られている．とはいえ，この「独立学校」という表現は，数は少ないものの，営利型組織をも含んでいる．イングランド，スコットランドおよびウェールズにける約2,460の独立学校に関する利用可能な統計がある（教育・科学局が発行）．この統計は，このセクターの「市場占有率」が1980年代において増大したことを示してい（1979年には教育を受けている全児童

の 5.8％, 85 年には 6.4％, 90 年には 7.4％ と加速している). このセクターでの雇用もまた増加している (1985/86 年には常勤のスタッフは 42,247 人, 1988/89 年には 51,557 人——わずか 4 年で 9％以上の上昇である). スタッフと生徒の割合は一定のままである. 資金面でみると, 授業料の水準はここ数年の間の物価上昇率よりも一貫して高くなっており, この 10 年間で最高の上昇率－12.5％－を記録したのは 1990/91 年のことである.

3.3. 救急病院設備

1946 年の「国民保健法」以降, 救急病院の資金調達や設備 (表 3 の E1) に関する非制定法上の部門の役割はさほど目立つものではなかった. 1948 年に, ボランタリィセクターの非常に多くの部分をなす病院医療が公共セクターである「国家医療制度」(National Health Service) に吸収されてしまい, 独立して残存しているのは比較的少数の病院にすぎず, またすべての部門からの外部供給者の国家医療制度基金機関による利用を積極的に奨励することを狙った, 1990 年に成立した「国民保険・地域医療法」が実施される以前には, 救急医療ケアの適用除外契約は相対的に稀であった.

しかしながら, 1980 年代の時期に発生した事柄は, 営利部門における病院よりもむしろ, 「旧くに設立された宗教的な」ボランタリィセクターの病院に関係する傾向があり, その数は, 84 年にある医療機関に外部依託した医療当局のおよそ 7％に相当する. この契約は, 85 年の 500 万以上の NHS 救急患者診療総数と比較すると, NHS 内科・外科事例のうちのわずか約 11,000 例を占めるにすぎないのである.

しかしながら, NHS がここ 40 年間普及してきているのに (例えば, それは救急用全ベッド数の 95％を占めている), しかるに政府の政策は, 現在のところ, 私的医療にますます重きを置くようになってきているし, また, 私的に購買されるヘルス・ケアの著しい成長がみられるが, それは非営利組織によって供給される私的保険の大部分を伴っているのである (上記 2.2 節を参照のこと).

おもしろいことに，供給反応は営利部門とボランタリィセクターとではまったく異なっており，前者は1979年から90年の間に（ベッド数の点で）数量的に3倍以上になっているのに，後者は前者とは正反対の状況を明らかに呈しているのである．

これらの結果は表4に示されているとおりである．すなわち，1990年において，83の慈善事業部門の病院のベッド数は4,423である．そしてそれらは全部で，約2億ポンドの経営収入を得ているのであるが，このことは，それらはNHS（ほぼ1,300の病院と20万ベッド）よりも，また営利部門，私的セクター（133の病院とおよそ7,000ベッド，年所得約4億ポンド）よりもずっと小さいことを示している．

表4 イギリスにおける非NHS病院数とベッド数 (1979－1990)

	1979 数	%	1986 数	%	1986 数	%
病院数						
宗教	32	21.3	23	11.6	20	9.3
慈善事業体	23	15.3	29	14.6	21	9.7
慈善団体	33	22.0	37	18.7	42	19.4
慈善関係総数	88	58.7	89	44.9	83	38.4
営利部門総数	62	41.3	109	55.1	133	61.6
非NHS総数	150	100	198	100	216	100
ベッド数						
宗教	1,857	27.8	1,420	14.2	1,174	10.8
慈善事業体	1,769	26.5	1,991	19.9	1,676	15.4
慈善団体	1,149	17.2	1,436	14.3	1,573	14.4
慈善関係総数	4,775	71.6	4,847	48.3	4,423	40.6
営利部門総数	1,896	28.4	5,178	51.7	6,483	59.4
非NHS総数	6,671	100	10,025	100	10,906	100

出所：Independent Health Care Association.

3.4. 社会福祉サービス

イギリス国民の社会福祉サービスの要求にボランタリィセクターが対応してきた貢献は政府管理による保障を何世紀も先取りしているし，またその一連の影響力も依然として強力である．第2次世界大戦後，地方政府並びに中央政府部門は，いくつかの社会福祉事業の重要な部分（表3のE7）をボランタリィセクターに請け負ってもらってきた．例えば，宿泊所に収容され地方自治体の福祉を受けている児童の約10分の1はボランタリィセクターの施設に世話になっているので，地方自治体の支払いを受けられない人数はすべてのボランタリィセクターの施設の住居者のわずか10分の1人にすぎなくなっている．また，青少年犯罪者のための，コミュニティをベースにした活動プログラム（「中間処置」）の約8分の1はボランタリィセクターによって運営されており，地方自治体の援助を得て私設保育所で保育されいる全児童のうちのほぼ80％がボランタリィセクターの保育所に通っている．

初老の人たち向けの少人数用の住宅についてみれば（表3のE2），ボランタリィセクターの老人ホームの数とその場所の数は，ここ20年以上もの間に若干ではあるが落ち込んできており，またその市場占有率は1970年の23％から90年の12％へとかなり落ち込んでしまった．それにもかかわらず，これらの老人ホームは約4万人の初老の人たちを宿泊させており，さらには公共セクターあるいは私的セクターでは利用できない専門的な設備をしばしば提供しているのである．

3.5. ハウジング（住宅建設・供給）

ボランタリィ住宅供給部門（表3のG1）主要な機能の1つは市場賃貸料以下で住宅供給することである．大部分のボランタリィセクターの住宅は住宅組合によって供給されるのであるが，その住宅組合は，新たな住宅建設と，その他の部門が以前保有していた中古住宅の購入と改築の双方を請け負っており，とりわけ，都心部での住宅供給に従事している．1989年にはこれら

のうち2,256組織が（イングランドとウェールズに）「住宅供給公社」として登録されたが，1989/90年に政府の部局機関はこれらの団体に約17億ポンドの公的資金を割り当てている (Charity Trends, 1991)．住宅供給は通常，低所得者のグループや就労不能あるいは老齢のために窮乏している人たちを含めた，住宅を「特別に必要とする」人たちに目標を定めている．表5からわかるように，この部門の全住宅供給の市場占有率は，主に公的セクターからの財政援助の結果，1971年から88年の間に3倍になっているが，そのことは，同じ時期に「賃貸される」住宅供給ストックが1.9%から8.2%へと増大していることに現れている．この部門はまた，1980年代末には雇用者としても次第に重要性を増していき，その従業員数は85年の28,300人から89年の37,900人へと，34%もの成長をみたのである (Housing Corporation, 1990)．

住宅供給へのボランタリィセクターの投資は新しいことではない —— 少なくとも，私設救貧院は中世以降広い経験をもっているし，19世紀には，博愛主義的トラストが「まともな」労働者階級に質の良い，よく管理された住宅を供給するために活動した (Hills, 1989)．しかしながら，市場占有率に関する最近の傾向は，表5にみられるように，他の賃貸部門の明白な破産あるいは限界，またその賃貸部門に対するいくつかの制約を考えれば，おそらくもっともよく理解され得るところである．

営利を目的とする地主は，さまざまな組み合わせの地代制限，「公正な地代」の制度，住宅保有立法措置の保障そして不利な課税待遇によって，20世紀の過程で漸次圧縮されてきた（1914年の住宅供給の90%はこの部門によるものであった）．それに対して，公共（地方自治体）セクターの市場占有率は1940年代から1970年代まで着実に増大した．すなわち，戦後の（住宅）解体やスラムの一掃を行ったのは地方自治体であったし，したがって，「その地方自治体がそこに住んでいた人びとに新しい住宅を与えたり，きれいに整理された地域に建物を再び建てることはけだし当然のことであった」(Hills, 1989, p.250)．しかしながら，80年代に入ると，このセクターは，

建物の保全とデザインの困難とあいまって,過度に中央集権化された融通のきかない経営により,汚職や組織的怠慢といった明白な問題を含んださまざまな困難に陥ってしまった.このような政府部門の失敗は,「改革と良好な経営の双方によって高い評判を与えてきた多様性と組織形態を提供するボランタリィセクターが拡大する機会をつくりだすことになったのである」.「政府部門の失敗によって,多数のボランタリィな経営委員会メンバーの日々の活動を順調に運ばせるために専門スタッフを動かしながら,彼らメンバーの意気ごみと専門知識を活用することになったのである」(Hills, 1989, p.264).

表5 住宅のストックおよび住宅保有率 (1939−1988)

年	所有者による使用	地方自治体からの賃貸	住宅金融組合からの賃貸	私的地主からの賃貸
1939	33.9	10.3	56.7	
61	44.4	24.3	31.3	
71	52.1	28.2	0.9	18.8
76	55.7	29.0	1.6	13.6
77	56.1	29.3	1.7	12.9
78	56.0	29.2	1.9	12.9
80	57.4	28.7	2.2	11.7
81	58.7	28.1	2.3	10.9
82	60.3	26.9	2.3	10.5
83	61.5	26.1	2.4	10.0
84	62.7	25.4	2.4	9.6
85	63.7	24.7	2.5	9.1
86	64.6	24.1	2.6	8.7
87	65.7	23.4	2.6	8.3
88	66.9	22.5	2.7	7.9

出所: Holmans(1987), Department of the Enviroment(1987, 1989).
注:1976-1980年の数字はイングランドの数字,その他はすべてイングランドとウェールズの数字である(ウェールズ住宅組合は1981年以前は私的所有者から分離されていない).

3.6. コミュニティ・アクション

イギリスには，地方の施設設備を運営し，地方の諸課題をキャンペーンするために地域グループを形成する傾向があるが，かかる傾向は歴史的ルーツに深く根ざしている．比較的最近のことであるが，コミュニティ・サービスとコミュニティ・アクションとが，大規模な都市再開発によって明白に（地域住民が）疎外されている結果に対する応答として，部分的に促進されてきている．その結果，多数のそして多様なコミュニティ・アクション組織が存在するようになっている（表3のG2）．それらの組織は，非常に小規模かつインフォーマルなものから，地方連合会，地域連合会あるいは全国連合会やそれらのメンバーに至るまで，広い範囲にわたっている．

「全国コミュニティ組織連合」は，都市コミュニティ・ホールを運営する組織など，およそ2,000人の有償のスタッフをを抱える約1,000もの地方組織を擁していたが，それでも，多目的な地方コミュニティ組織の，おそらく40％程度を占めるにすぎないし，残りの60％は，独立した組織か，または地方あるいは地域連合のメンバーであった．もしわれわれが，これらの組織に，75の社会活動センターやセツルメント，およびコミュニティ・ラジオ放送，専門技術援助センターそれにコミュニティ輸送機関などのような特別な機能を有する，多数のさまざまなコミュニティをベースとした組織を加えるならば，われわれは，全体で4,000人の有償のスタッフ，8,000人以上のボランティアそして総計4,000万ポンドの年所得を擁する，およそ4,400のコミュニティ・サービスとコミュニティ・アクション組織を総合的に評価することになろう．

これらは，定義上，社会的経済が100％の市場を有する事業活動，ということになろう！——たとえ，それらの諸組織が，私企業や国家によって引き継がれるかも知れない確実な地方サービスの市場を創出し得るとしても，そうである——また，地方ラジオ放送のようないくつかの領域においては，それらの組織は地域的なあるいは全国的な会社と現に競争しているのである．

3.7. 市民アドヴォカシィと公的アウェアネス

これは，ボランタリィセクターが政治的なものと接する領域である．われわれは，市民アドヴォカシィと公的アウェアネス（表3のH）を政治的組織そのものと区別してきた．というのは，後者が社会的経済に含まれるかどうか明確ではないからであり，また政治的組織そのものは確かに狭義のボランタリィセクターに入らないからである．

公共セクターとボランタリィセクターの双方においては，多数のサービス指向の組織は一般大衆に情報を提供しアドバイスを行うだけでなく，一定量のキャンペーンも行う．これらの組織の大多数は，主要なサービス活動（例えば，保健衛生教育は保健衛生および福祉のカテゴリィの一部とみなされる）の分野にかかわっている．この主要分野にはアドバイス・サービスやアドヴォカシィ・サービスの重要な部分を多く含んでいる．そこには全国連合会（NACAB）によってしっかり調整されている市民アドバイス事務局の大規模なネットワークと，法律相談所連合などのメンバーであると同時に，独立アドバイスセンター連合会のメンバーでもあるさまざまな独立アドバイス機関の2つの種類も含まれる．このカテゴリィに入る全国的な規模の施設の総数は2,200以上と見積もられており，およそ4,500人の有償のスタッフを雇用し，ほぼ3万人のボランティアを使って，約8,000万ポンドの総所得を得ている．

3.8. 国際開発と国際緊急援助

国際的な援助や開発の分野（表3のI1）のボランタリィ組織は特に「非政府組織」（NGOs）と称される傾向がある —— とはいえ，それは社会的経済全体によくあてはまる用語である．事実，それはボランタリィセクターのもっともよく知られている活動領域の1つである．それはまた私的な慈善寄付事業にかかわっている3つの主要部門の1つであり，イギリスをベースにした最大規模の開発慈善事業体としてのオックスファム（Oxfam）は，過去3年間，

慈善基金調達トップ400のうちのトップあるいはトップに次ぐものであった (Charity Trends)．

　国際開発機関の活動は，イギリスのような工業化されている特別な国の社会的経済の観点から，量的にそれを計ることは特に困難である．比較的規模の大きい組織は単に国際的な組織というよりむしろ全世界的な組織であるし，それらの組織はいくつかの国々で基金を調達することが可能であり，また発展途上国だけでなく工業国における福祉プログラムにその基金を分配することが可能なのである．その結果として起こる評価は，当該諸組織のイギリスをベースにした活動をその他の国際的な活動から区別しようと試みている．

　この領域には全部で300以上のボランタリィ組織があって，イギリスでは4,000人を上回るスタッフがおり，またイギリスにおいて調達され，海外活動やイギリスのこれらの組織の運営に利用される6億ポンド以上の所得を得ている．これは，イギリス政府による発展途上国への公式な開発援助の総額約15億ポンドに匹敵するものである —— 発展途上国のうち，一定総額（10％以下）の基金を調達した国はボランタリィな機関を通じて資金を融通されるのであるが，それは先に示された所得額に含まれるのである．さらに，比較的規模の大きいボランタリィ機関のいくつかは，互恵的な援助や多面的な援助を通して別々に基金調達される海外プロジェクトを運営している．

4. 解説と分析

　社会的経済あるいはボランタリィセクターは何故あるいくつかの領域ではその他の領域よりも強力であるのか，その理由を総括的に述べるのは大変難しい．それは，最近の情況をみると，多くの傾向の一様でない組み合わせの結果であるように思える．すなわち，

　(1) イギリスではボランタリィサービスの提供は長年にわたる歴史的な伝統がある．そのボランタリィサービス提供は，大抵の場合，福祉国家によ

る普遍的な供給に先立って行われている．学校や病院のような場合には，以前のボランタリィ組織は，国家部門の絶対必要な一部になるか，あるいは，ある程度の独立性を維持しながら，したがってまた，今日の社会的経済の重要な一部とみなされながらも，国家システムに組み込まれるか，いずれかである．また，保健衛生や教育のすべての派生部門だけでなく，救急サービス，動物愛護，自然保護そして社会サービスを含む多数のサブセクターを左右する大規模なボランタリィサービス供給者が存在する．

同時にまた，とりわけスポーツ，芸術およびレジャーの分野で ── しかしその他の領域も含むが ── 相互利益のために設立された自主的組織の団体の伝統もある．いくつかの事例では，それらは，地方自治体あるいは地方当局がまた伝統的に熱心にかかわってきた分野である．かし最近のことではあるが，私的営利セクターが，ある程度，これらの領域にサービスを提供しはじめてきている．

その同じ伝統が，小売り取り引き，農業，住宅金融共済組織，労働者共済団体などの分野においては，大規模な，基礎のしっかりした協同組合や共済組合に導いたのである，というのは議論の余地がある．この分野では再び，それらの大規模な協同組合や共済組合の経営陣の方で，合併して組織単位をますます大規模化し事業を拡大する方向と，事実上民営化に向かう方向，すなわち，大規模な共済組合を私的な有限会社あるいは公的な有限会社に転換する方向との双方の傾向がみられるのである．

(2) 1960年代から，地方指向型，参加型で，かつ運動する組織の「新しい波」が，結局のところ，福祉国家によって最終的に「解決され」なかったことが分った一連の社会問題の再発見の結果として高揚してきた．ホームレス，環境問題，海外開発，法律扶助，人権，児童保護，女性に対する暴力，消費者保護そしてその他の多数の関心事が新しいタイプの組織によって注意を喚起された．

協同組合の「新しい波」はその同じ時期の産物であった．この新しい波の労働者協同組合，住宅協同組合，信用協同組合それにコミュニティ協同組合

は，主に，相互扶助の経済組織と自らをみなすことよりもむしろ，それらの組合員に発言権を認めることに多かれ少なかれ関心をいだいてきた．

(3) 1980年代には，国家のサービスは「ニュー・ライト」の攻撃にさらされた．ある事例では，そのことが，社会的経済にとっては表面上はなんら大きな役割をもたない，以前は公的セクターの領域であったもの（例えば，廃棄物の収集，街路清掃など）に私的セクターがとって代わり，その役割が増大した，という結果をもたらしたのである．その他の事例では，法定上のサービスが，私的なサービス供給者だけでなく，ボランタリィなサービス供給者とも契約を結ぶようになった（老人ホームについていえば，私的セクターの市場占有率が著しく増加してきているが，それでもボランタリィセクターは依然として重要であるし，またこのことは精神的廃疾を患っている人びとのためのコミュニティ・ケアについてもいえる）．また別の事例では，国の福祉施設の一部を，社会的経済の一部に実際上なるであろう独立した施設に転換する試みもみられる（「オルターナティブ学校（opted-out school）」についていえる）．

このように，一方では社会的経済から私的セクターへのシフトがみられると同時に，他方では国家セクターから社会的経済への移行もみられるのである．この間，新たな社会問題に対応して新しい種類の組織（最近急速に現れ出てきたHIV感染やAIDSを取り巻いている諸課題に対処するボランタリィ組織）を人びとが自然発生的に形成してきているが，それらの組織は，いくつかの事例では，国家セクターによって引き継がれるか，あるいは一度「市場」が確立されるや，私的セクターからの競争にさらされるか，いずれかの状況にある（例えば「グリーン」消費者組織）．

包括的にいえば，先に言及したように，その動向は平坦ではないとはいえ，その一般的な効果は，社会的経済の諸組織が活動するのにより大きなスペースを次第次第に利用できるようになってくる，ということである．何故ならば，市場調整システムと国家調整システムの双方の失敗が依然としてはっきりしているからである．

スペインにおける社会的経済

ホセ・バレア・テヘイロ, ホセ・ルイス・モンソン・カンポス

1. 社会的経済の概念

1.1. スペインにおける社会的経済をめぐって

　スペインにおいては,以前からも曖昧ながらも社会的経済(Economia Social)に関する漠然とした概念が育っていた.しかし,これが多くの人々に意識されるようになったのは極めて最近のことである.1980年代の初期に社会的経済という表現が用いられはじめられ,今日ではこの概念があたかもすでにスペイン国内に定着したかのように知られてきている.しかしながらそれは確かに,社会的経済の大きな脊柱を形成している協同組合主義か「協同組合運動」をもっぱら示す,狭義の意味で受けとめられているといえよう.
　1980年代初期に創設された労働者持株会社(SAL)や,後に社会的経済の基本的な原則との適合性をめぐって争点となった社会保障共済組合は,政治家,実業界,学者・研究者などさまざまな分野において,社会的経済の厳密な概念規定への関心を高めるものとなった.
　こうした動きを背景として,スペイン政府においても,労働・社会保険省内に設置されていた協同組合・労働者持株会社総局が主導する形で,社会的

経済の概念を深めるための検討を積み重ねることとなった．1984年にはマドリード北部の都市セゴビアにおいて「大学・協同組合主義・社会的経済に関するシンポジウム」が，さらに86年には地中海沿岸の保養地トリモリノスで「社会的経済に関するシンポジウム」が開催された．トリモリノスにおけるシンポジウムを契機として，スペイン政府は社会的経済に含まれると想定される諸事業体と密接な連絡・協議を行うようになり，これは今日まで続いてきている．

セゴビアのシンポジウムにおいて，バレア教授はそうした事業体に関する経済活動の分析を通じて社会的経済の領域について最初の接近を試み[1]，それ以降の研究方向を定着させることになった．

トリモリノスにおけるシンポジウムはその後も継続的に社会的経済の概念検討を重ねることに大きく貢献することになった[2]．また，これまではバスク地方のデウスト大学協同組合研究所において先駆的な研究がなされてきていたが，全国的に広がり，マドリード，バルセロナ，ヴァレンシア，アリカンテ，コルドバ，ラ・ラグーナ，バスクの各大学においても社会的経済に関する学者・研究者が現れてきたことも特筆しておきたい．

「社会的経済」の表現は法律や政治構造の分野にも影響を与えることになった．これに関するいくつかの法律書が刊行され，最近ではかつての協同組合・労働者持株会社総局を継承する形で，労働・社会保険省内に社会的経済助成局（INFES）が創設された．

『スペイン社会的経済白書』の総論が示唆するように[3]，スペインにおける社会的経済の共通概念を形成する過程においては，さしあたっては，その基本となる中核として協同組合と労働者株式会社の2種の企業形態を示すと理解されてきた．

前述したモンソンとバレア論文は社会的経済の範疇に含まれる企業として，ベルギーのワロン地方社会的経済協議会が採用した社会的経済の基準[4]——すなわち，構成員や組織体へのサービス目的，自主管理，民主的な意思決定過程，収益の分配に際して資本よりも人間と労働の優先——に合致した企業

をあげている.

1. 2. 社会的経済の定義のための基準

　経済的側面に限ってみるなら,社会的経済企業の特性は,生み出された収益の帰属と意志決定の過程において明確に対応が異なることにある,とバレア教授は規定した[5].

　経済活動を分析するにあたり,事業体はその経済活動を代表していると考えられる基本的な機能に従って,組織的には複数のグループに区分される[6].

　1つは公共行政を通じて現れる部門である.その基本的な機能は,市場で売られず支払価格をつけることのできない共同消費的な性格をもつサービスを生産するものであり,それは税金を通じて資金を調達しているといえよう.

　一方,世帯家計を通じて形成される部門があり,その基本的な機能は消費であり,労働提供によって得られた報酬や貯蓄から生み出された利子が消費に回される.

　この2極の間に他の事業体群が存在し,それらは経済分析としては異なる類型に細分されながらも,原則的には企業セクターとして知られ,生産,商業,金融や保険業などさまざまな性格を帯びている.それらの本質的な機能は財とサービスを生み出すことであり,金融や保証を含めてその活動は市場において需要があり,市場価格のもとに売買されている.そうした面からするなら,それらは市場では売買されない共同消費的な性格のサービスを生産する公共行政とは異なる性格を帯びている.

　同様に,ある経済分析においては「非営利団体セクター」と称される部門があり,直接的に世帯向けに販売されることのないサービスを生産し,価格販売で資金調達をするのではなく,その団体への会費によって資金調達する.

　すなわち,公共セクターにも世帯家計にも属さないが,社会的経済に属する事業体の存在を考慮しなければならない.指摘したように[7],社会的経済事業体には,企業活動を促進する私的企業であるが明らかに公共的な性格がある.一方,世帯家計に目を転じても,その基本的な機能は消費であり,し

たがって，社会的経済の生産活動としてとらえるべきではない．

　世帯に共同的なサービスを生産し，市場で金銭で売買されず，社会的基準でもって供給する非営利の私的団体セクターは，経済活動を実践しているからには社会的経済の概念に含まれるだろう．

　しかしながら，社会的経済企業の中核は市場経済に位置づけられるわけであり，私企業の領域において社会的経済の境界基準を確立するという問題がある．

　生産工程に関連して社会的経済企業の活動は他の経済企業と同様である．すなわち，資本主義経済企業と同じように利益，生産費の最小化，自己・他人資本の必要性や効率原則に導かれなければならない．

　社会的経済企業を区別する基準は，収益の帰属と意思決定過程のなかに探さなければならないことはすでに述べた．この基準に従えば，資本の所有と利益の配分に連動関係が成立する時，その企業は社会的経済ではないことになる．反対に，利益の配分基準が資本の所有に直接的に縛られることがなければ，その企業は社会的経済の一部を形成することになる．

　要約すれば，資本の所有に対する利益配分の原則が，事業体が社会的経済の範疇に入るのか，もしくは資本主義経済の範疇に入るのかを決定する基本的なパラメターになる．このあり方が利益の配分形態に影響を与え，意思決定にも影響する．すなわち，これらが資本が企業に課す2つの基準である．

　資本主義経済下における企業では資本の所有と企業の意思決定への参加の間に1つの直接的な関係が成り立つ．反対に，社会的経済の企業においては意思決定参加の過程を規定する原則は1人1票であり，それは個人が所有する資本から独立していることを意味する．こうしたことから社会的経済の事業体は次のような性格を合わせもつものといえよう．

　a) 公共経済とみるべきではない．
　b) 生産活動にともなう利益を得ることができる．
　c) 生産，商業化，流通などの活動を展開するために資本を必要とする．
　d) 資本と利益配分との関係は，企業を社会的経済として含めるか否かの

1つの基準である．資本と利益配分に直接的な関係や他の事由による関係がないならば，その事業体は社会的経済に属するといえる．

e）意思決定が資本に直接的に縛られず，企業の所有者である賃労働者の組合員に規制される．要するに，社会的経済においては1人1票の原則が投票を通じて神聖なものとして実現されることである．

このような性格を備えながら，社会的経済は，財やサービスの生産や保険，融資の目的をともなって市場において活動する企業と定義され，その利益配分と意思決定はそれぞれの組合員が出資する資本には直接的には拘束されない．すなわち，決定参加はすべての組合員に平等であり，組合員のそれぞれが出資する資本には連動しない．同様に，社会的経済は，特定の家計グループへの販売を目的にしていないサービスを生産することを基本的な機能としているような経済事業体をも含んでおり，その財政は消費者としての家計世帯が行うボランタリィな貢献を通じて実現される．

社会的経済の分野に境界を設定するために今日まで用いられてきた厳密な経済的基準と形態基準は，スペインの実情にもとづく社会的経済の概念へ客観的な方法で接近することをはじめて可能にしている．しかしながら，指摘した形式的な要件を備えていない事業体をどのように社会的経済に含めるかを検討するために，また日常業務においてそれらの要件を充たしていないのに形式的には適合するかのような事業体を社会的経済の範疇から除外するためには，社会学的に，歴史的に，制度的な次元からの考察を欠かすことができないだろう．

1.3. スペインにおける社会的経済の要件

前節で見てきた基準を踏まえて，国民会計の企業部門や非営利民間団体に属し，スペインにおける社会的経済セクターに含まれるべき異なった経済事業体のグループについて述べていく．

企業部門では非金融団体，信用団体と保険企業を区別して分析するものとする．

Ⓐ 非金融団体には，基本的な機能が販売向けの非金融的な財やサービスを生産する企業の総体が含まれる．

この分野には国民会計では協同組合，農業改善法人（SAT）と労働者持株会社を含めている．これら3種の法人がわれわれの示す社会的経済の事業体としての性格を体現してるかどうか分析しよう．

1987年4月2日の第3号法令＝協同組合総法は，次のように定めている．協同組合は企業的活動を展開し，その収益を協同組合事業にかかわった実績に応じて組合員に配分する法人である（第1条），協同組合償還金はどのような場合でも組合員の出資金に応じて配分してはならない（第85条），協同組合の管理と執行は，協同組合自らとその組合員が行う（第2条），協同組合においては組合員各自は1投票権を有する（第47条）．

こうした法規から，1987年協同組合総法によって法制化された協同組合は社会的経済の団体であると明確にみてとれる．したがって，次のような協同組合も含まれることになろう．すなわち，協同労働，消費者・利用者，住宅，農業，農地共同開墾，サービス，海洋，運輸業，保健医療，学校，教育などの各種協同組合．

農業改善法人は1977年6月2日の法令31号と81年8月3日の勅令1776号で法制化され，それまでの開拓シンジケートグループの名称から今日の農業改善法人と変更されたものである．

経済的側面からするなら，農業改善法人の協同組合との著しい差異は，集団的な企業としての独自の概念にもとづく人的会社であると同時に資本主義的な法人とみられることである．

意志決定は1人1票の原則に拘束されるが（第11条），定款では経済的な債務をもたらす決定の採択には，出資金に比例した複数投票を定めることができる．また，利益の配分は，組合員の資本参加比率に応じて行う（第7条）．

社会的経済に属する企業の基本として考察してきた2つの性格のうち，農業改善法人は1つだけしか満たしておらず，しかも，定款で資本出資に比例した複数投票を規定することが可能なので微妙な色合いを帯びている．それ

ゆえ，事業の経済的分析の厳密な視点からすると，農業改善法人は社会的経済企業とは考えることができなくなる．

しかしながら，この法人が活性化し，発達しつつある社会的基盤と経済実践という社会的・経済的な観点からするなら，農業改善法人は社会的経済の範疇に含められるとも考えられる［農業改善法人は農林水産食糧省所管であるが，同省の認定によって INFES は社会的経済の助成対象としている］．

労働者持株会社（SAL）は 1986 年 4 月 25 日法令 15 号・労働者持株会社法によって制度化されたが，社員の政治的経済的権利は株式会社のそれに類似している．しかしながら，株式会社と労働者持株会社の法制には明らかな差異があり，とりわけ，労働者社員の権限に属する資本の下限（資本の最低 51％），たんなる社員による所有株の上限（25％，公共行政機関の場合は 49％まで），非社員労働者の上限（25 名以上の SAL における常雇総数の 15％，25 名未満では 25％）などである．

厳格な形態からするなら，労働者株式会社は意思決定の権限と利益への参加は資本参加に直接的に連結しているので，社会的経済企業とは考えらないものの，その機能の実際から SAL は労働者による協同組合の内容と際立った差異はないと認められる．最近の研究によれば[9]労働者株式会社の資本の 82％は労働者の所有であり，彼らのあいだで平等な形式で配分されており，またもっぱら出資者でしかない社員の取得している資本（18％）も彼らに平均的に分布し，労働者社員の家族が労働者株式会社の「資本家」として協力的に参加していると考えられる理由となっている．

❸ 信用団体とは，基本的機能を融資 ── 財政資金の融通と配分 ── に置く企業の総体である．

信用・貯蓄金庫協同組合は国民会計の一部を担っている．われわれが指摘してきた社会的経済事業体の性格に合致するか分析してみよう．

1989 年 5 月 26 日法令 13 号は信用協同組合が信用事業体の固有の活動を展開する団体であり（第 1 条），配分可能収益は組合員にのみ属することを

定めている（第8条）．その社会的機関は総会と理事会であり，総会においてはそれぞれの組合員が1票を有し（第9条），たとえ定款で組合員の投票は組合員の出資金に比例すると定めることができるにしても，第73条では組合員が実施した活動や連合協同組合の組合員数に制限している．以上からすれば，信用協同組合は社会的経済事業体としてわれわれが示してきた性格を備えているが，しかし，第9条に条文化された認可を受けた信用協同組合はその定款に資本出資に比例した組合員の投票数を定めることができるとしてあることは，やはり，社会的経済事業体と認める厳密な条件を部分的には満たしていないことになる．

貯蓄金庫の理事会に関する基本的規定を法令化した1985年8月2日法令31号では，貯蓄金庫は社会的性格の団体で，商業的な利益とは無関係であるが，その貯蓄能力と国民経済へのサービスの効率性を維持し続けるために，金融市場においてますます競合的に事業を行っている（1985年法令31号公述会）．

1983年法令31号の公述会において再確認されたように，貯蓄金庫は財団を起源としており，財団が現実に存在し活動する発起人団体であるかぎり，財団の代表は総会に出席することが認められている．

総会は最高管理機関であり，地方自治州の決定に従い，次のように地方自治州範囲内の社会的・集団的な利益代表者から構成されている．

—— 全体理事会の40％は市町村自治体
—— 44％は地方自治州の預金者
—— 11％は創設者である個人や団体
—— 5％は雇用者

各地方の自治体により創設された貯蓄金庫の場合には，創設団体はまずその出資を地方自治体の出資に組み入れて，最後に貯蓄金庫の事務所が開設される予定の自治体に資金が渡される．

この場合に立ちはだかる第1の問題は，各自治体により創設された貯蓄金庫が，総会において自治体参加が51％に達しているので，公共信用機関と

みなされなければならないことである．

　国民会計においては，公共事業体と民間事業体の区別は，誰が資本の多数所有者か，もしくは誰が管理を果たすかにある．もし公権力が指揮のすべての基本的な側面にわたって実効を及ぼし，ただ単にそのような影響力だけでなく経済上の通常の権限の利用[10]から発する影響力を及ぼすならば，その企業は公権力から管理されているとみなされる．しかし，地方自治州が資本を出資していないならば，最大数基準は適用されない．

　管理の基準に関するなら，全体理事会の51％が市町村自治体から指名されるとしても，各自治体はその貯蓄金庫の指揮の基本的な側面のすべてに実効をもたない．確かに，1985年8月2日法令31号・貯蓄金庫の理事会に関する基本的規定の第1条の「総会の構成員は所属する金庫の利益と社会的な機能をもっぱら守るためにその権限を執行する」と合致する．

　この同じ説明は国家行政（経済大蔵省）の総合監査より与えられているが，スペイン公共信用団体勘定を評価する際には貯蓄金庫は含まれていないので，国家財産目録に貯蓄金庫は現れてこない[11]．

　貯蓄金庫が経済において公共部門に属しないという問題がひとたび明らかになったならば，それらが社会的経済企業の性格を備えているかどうかを検討しなければならない．

　すでに触れたように，事業体の最高の統括と決定を担う機関である総会は，事業体の資本の代表ではなく，地方自治州の行動範囲における社会的集団的利害関係を代表し（1985年法令31号），一方，課税後の純利益は準備積立金と社会利益事業へ向けられ，その配分はしたがって資本に縛られない．

　結果として，貯蓄金庫は社会的経済企業の性格を備えているといえる．

❸　保険分野は基本的な名称が示すように保険機能，すなわち，積立金を設置して，個々人の危険を集団的な危険に技術的に転ずることを行う企業の総体である．

　相互保険会社，保険協同組合，社会保障団体，労働災害雇用者団体が主に

この分野を構成する．これらの業態が社会的経済の事業体の性格を備えているか，それぞれを分析しよう．

1984年8月2日法令第34号・民間保険規則は，定額保険料（第13条）や変動保険料（第14条）を取り扱うかにより区分される相互保険会社と保険協同組合（第3章）と，社会保障共済組合（第4章）の適用範囲を含むものである．

1985年8月1日勅令第1348号の第17条は民間保険規則の法制化を認めたものであり，相互保険会社，協同組合，社会保障扶助基金，共済組合が保険業務を行う民間団体であり，84年法令第33号の第13，14，16条によって営利を求めるものではないことを明記している．

定額保険の相互保険会社においては，すべての組合員は同じ政策上の権利を有し，平等原則にもとづきそれぞれの組合員は1票をもつ（85年勅令1348号第27, 31条）．

変動保険の相互保険会社は相互的な援助の原則にもとづいて設立されており，意思決定に関しては法律的に同様な形態をもち，それは85年勅令1348号の第39条に規定されている．

保険協同組合については，上述の勅令第41条では組合員の権利と義務は協同組合法制の条文に従って各組合員が1票をもつようことを定めている（協同組合総論法第47条）．

社会保障共済組合は非営利的に定額・変動保険料を運用でき，義務的社会保障を構成する社会保障制度の範囲に含まれず（社会保障団体の法制化に関する1985年12月4日勅令第2615号第1条），また各組合員は1票をもって総会に参加する権利をもつという原則を規定している（社会保障団体法制化第30条）．

こうした原則から相互保険会社，保険協同組合，社会保障共済組合は，社会的経済の事業体としての第1級の性格を帯びている．すなわち，意思決定は資本に縛られない．

可処分利益については，民間保険規則に関する1984年8月2日法令第33

号の第13条第2項e目は，定額保険の共済組合と保険協同組合に対して，各事業年度の収益はそれぞれの執行によってもたらされる結果として配当金や償還金とし，赤字の場合には個々人が負わなければならず，資本には連動しない．

同様な規定は，法令第14条の第2項によって変動保険料の相互保険会社と協同組合に，民間保険法第17条第3項によって社会保障共済組合にも適用される．

したがって，（定額・変動保険料の）相互保障会社，保険協同組合と社会保障共済組合は，これまでに示した社会的経済の性格を備えており，社会的経済の企業である．

労働・社会保険省によりしかるべく公認された社会保障の労働災害互助会は，独自な法人格を有し，同省の指令と監視と指導の下で，偶発的な労働災害と職業疾病への手続きに際して，営利を目的にすることなく協力することを唯一の目的とした経営者団体である．この経営者互助会が徴収する保険料はすべてにまたがり，社会保険の分担金としての条件をもつ．

それぞれの互助会は定款をもち，それが互助会であろうとするならば，管理において民主的な原則を尊重しなければならない．各事業年度の剰余金は安定化積立金と任意積立金に向けられる．

これらにもかかわらず，社会学的な基準からすると，社会保障の労働災害互助会を社会的経済の領域に含めることは疑問視される．さらに，その予算が社会保険の代理法人の予算と一体でスペイン議会で承認され，労働災害互助会による徴収保険料がすべてにまたがり社会保険の分担金としての条件をもち，その納付が社会保険公庫自身により実施され，そしてスペイン国民会計においてこれらの互助会が公共行政機関の分野にみられるのであれば，このような互助会を社会的経済の構成部分とみなすべきではないだろう．

❶　世帯向けサービスの非営利民間団体は，法人格を備えた非営利民間組織をグループ化し，その基本的な機能としては，特定世帯グループのための

販売を目的にしていないサービスを生産することであり，その基本的な資金は，サービスの消費者でもある世帯からのボランテタリィな献金にもとづく．

たんに名称の面からするなら，以下に列挙する団体は社会的経済の事業体として示してきた性格を備えたものとして，社会的経済セクターに含まれるだろう．

　　── 非営利組織（アソシエーション）
　　── 財団
　　── 団体
　　── 労働組合
　　── 政党
　　── スポーツクラブ
　　── スポーツ連盟
　　── 農業・牧畜業者組合
　　── 漁民同業組合
　　── 相互扶助会社
　　── 赤十字

　❺　社会的経済事業体に統制される非金融企業，信用団体，保険企業．

社会的経済に含まれる事業体は，その独自の活動を拡大することを目的にして株式会社を創設するものもある．ときには，法令が社会的経済企業に課した厳格な基準に抵触する結果も生じる．

ここで提起される問題は，社会的経済企業もしくは団体が創設し，それらに統制される金融・非金融会社が同様に社会的経済に含まれるか否かということである．これはさらに研究を深めなければならない争点である．

基本的に，社会的経済企業がその活動に関連した会社を創設し資本の多数を有するなら（例えば，農産加工部分野の企業を創設した農業協同組合），これまで言及してきた社会的経済企業としての性格を外面的には帯びていないとしても，この企業は社会的経済セクターに入ると考えるべきである．

実際に，社会的経済企業が，みずから創設した会社を支配しているとき，意思決定の基準はその社会的経済企業が課したものであろうし，その意味では社会的経済企業の息のかかった活動をすることになろう．会社が利益をだしたときには，それは社会的経済企業に還流し，その配分においては社会的経済企業の基準が優先されるであろう．

この論拠は，創設された会社がそれを統制する社会的経済企業の活動分野とまったく関係がない場合は有効であるとはされない．その場合，剰余金のたんなる投資が問題になるのであるから，設立会社が社会的経済分野に含まれないという判断は正当化できるだろう．

2. 社会的経済の現況

スペインにおいては社会的経済を定量的に把握することに遅れをとっている．非金融団体の分野においては，すでに述べてきたように，国民会計は協同組合，労働者持株会社，農業改善法人を含めている．

最近，この分野において農業協同組合，消費協同組合，労働者協同組合と労働者持株会社の重要性を定量化するために協同組合・労働者株式会社総局によって特別に統計的把握が実施されている．「公共経済・協同組合経済・社会的経済のための国際情報センタースペイン支部(CIRIEC-ESPAÑA)」の広範囲な専門家によって実施された調査では，上述した分野の総数6,584企業のサンプルを対象にして4回の全国調査がなされた．

これらの企業調査によって，社会的経済を定量的に把握するために豊富な的確な資料が積み重ねられてきている．

信用協同組合はよく知られており，その規模を確定するには問題はない．『スペイン白書』は全国信用協同組合連盟のような団体に関する情報を定期的に提供している．信用団体分野に組み込まれる他の企業グループにおいても同様にいえる．

しかしながら，コミュニティ土地開発，サービス，海洋，運輸，衛生などの協同組合のような広範囲にわたる非金融団体分野に関する信憑性の高いデータはほとんどない．

保険分野では，社会的経済企業の2大グループである相互保険会社と社会保障共済組合に関する事業規模は際立って明らかにされているにもかかわらず，保険協同組合の数字についてはほとんど掌握されていない．

さらに，とりわけ非営利組織（アソシエーション）に含まれる世帯サービス向けの非営利民間団体の実態を把握できるような意義ある統計も入手されていない．

こうした制約があるが，表1は比較的信頼性のおける社会的経済事業体に関する概況を示している．

表1 スペインにおける社会的経済 (1990)

事業体		組合員	雇用者	事業規模(100万ペセタ)
1	協同組合			
	農　業	830,040	43,439	504,592
	消　費	489,556	7,281	117,674
	労働者	107,455	124,032	640,372
	信　用	905,473	9,848	1,631,277(3)
	住　宅(1)	1,129,584	189,420(2)	1,086,000
2	労働者持株会社	40,679	54,643	365,039
3	貯蓄金庫	－	78,602	15,080,989(3)
4	相互保険会社	2,582,060	4,471(5)	189,000(4)
5	社会保障共済組合	545,281		100,050(6)

資料：『スペイン社会的経済白書』，『スペイン銀行統計月報』，
　　　『CIRIEC-ESPANA統計』，モンソン・バレア入手情報．
注：(1) 1991年．
　　(2) 1992年協同組合推進における住宅に伴う労働件数(推定)．
　　(3) 預金額．
　　(4) 保険料．
　　(5) 社会保障相互会の雇用者を含む．
　　(6) 業務分担金．

表2 スペインにおける農業協同組合の規模

活動団体	機能している組合[1]	3,116組合
活動組合員	参加活動組合員[2]	830,040名
収入	事業収入[3]	5,200億ペセタ
受益面積	事業受益面積[4]	3,543,484ha
雇用者	雇用者[4]	43,439名(5)
連合加盟団体	連合会参加組合[4]	1,782組合
第2次協同組合団体	第2次協同組合加盟[4]	1,440組合
マネージャーまたは理事長を有する団体	管理者設置組合[4]	1,400組合
コンピューターや情報収集を設置していない団体	分析・情報収集器具未設置[4]	1,256組合
剰余のある団体	剰余派生組合[4]	1,427組合
年間利益を組合員に配分する団体	利益配分組合[4]	293組合
協同組合のために公的援助を申請した団体	公的助成申請組合[4]	1,866組合

資料：CIRIEC-ESPAÑA『社会的経済白書』
注：(1) 1988年末以前設立し90年第2半期に活動している組合.
　　(2) 1988年12月31日現在.
　　(3) 1988年実績.
　　(4) 1988年第2半期.
　　(5) 23,900名の固定契約に相当.

　農業協同組合は最近の詳細な調査により[12]，基本的な規模は表2に見られるとおりである．農業協同組合の大多数は複合的な機能をもち，共販協同組合のなかでも果実農業協同組合は，企業的にも発展し高い水準の輸出業者となっている．柑橘類と同じように他の果実や蔬菜類の輸出協同組合は輸出比率を増加し続けながら発展しており，その概要は表3に示されている．

　スペインにおける農業協同組合は経営的な細分化をとげてきているが，最近の10年間には第2次農業協同組合のリストラクチャリングすすみ，全体的には集中とよりいっそうの統合へと歩む傾向を示している[13]．

　消費者協同組合はスペインにおいてはさほど発展していない．この小論では食料品と家庭用品の小売業に関する消費者協同組合の統計だけであり，その主要な規模は表4に示されている．しかしながら，ただ2つの消費者協同組合（バスクのエロスキ，ヴァレンシアのコンスム）だけで，この部門の販

表3 品目別農業協同組合販売額 (1988)

(単位:価額1,000ペセタ,数量1,000トン,100ℓ)

生産物	農協平均 価格	農協平均 数量	輸出農協平均 価格	輸出農協平均 数量	不輸出農協平均 価格	不輸出農協平均 数量	輸出農協[2]
果実	44,911	480	55,623	483	36,431	478	44.1
野菜	157,365	2,581	655,452	8,195	25,760	1,098	20.5
柑橘類[1]	212,440	3,996	247,795	4,666	4,860	60	84.0
穀物・豆類	162,499	1,320	137,000[1]	1,146[1]	162,785	1,322	1.4
ワイン	87,707	18,108	268,446	45,655	75,012	16,172	6.5
オリーブ	115,753	704	58,461[1]	232[1]	119,019	731	5.5
牛乳[1]	33,823	43,405	0	0	33,823	43,405	0.0

資料:『社会的経済白書』表2に同じ.
注:1) 回答数が少なく参考値を示す.
 2) 生産量に占める輸出農協扱い,比較(%).

表4 スペインにおける消費協同組合 (1990年第2・4半期)

活動団体[1]	339 組合
組合員	489,556 消費者
販売額[2]	117,674 100万ペセタ
雇用者	7,281 名
販売店舗数	958 店
売り場面積	330,308 m²
第2次協同組合団体	76 組合
連合参加組合	177 組合
マネージャーまたは理事長を有する団体	193 組合
コンピューターや情報収集を設置していない団体	95 組合
協同組合のために公的援助を申請した団体	75 組合

資料:『社会的経済白書』表2に同じ.
注:1. 1988年12月31日以前設立, 1990年下半期活動中.
 2. 1988年実績.

売額の49%, 販売店舗数の40%, 売り場面積の42%と従業員の49%に達している.

労働者協同企業(労働者協同組合, 労働者持株式会社)は非金融社に属

表5 スペインにおける労働者協同企業 (1990)

	労働者協同組合	労働者持株会社
活動団体[1]	6,266(団体)	3,472(団体)
組合員[1]	107,455(名)	40,679(名)
販売額[2]	640,372(100万ペセタ)	365,039(100万ペセタ)
雇用者[3]	124,032(名)	54,643(名)
連盟参加[3]	2,713(団体)	868(団体)
第2次協同組合団体[3]	714(〃)	149(〃)
農業・水産業分野[3]	436(〃)[4]	128(〃)[5]
製造業分野[3]	2,217(〃)[4]	1,971(〃)[5]
建設業分野[3]	592(〃)[4]	229(〃)[5]
サービス業分野[3]	1,948(〃)[4]	1,135(〃)[5]

資料：表2に同じ．
注：1. 1988年12月31日以前設立，1990年下半期活動中．
2. 1988年実績．
3. 1990年下半期．
4. カタルーニャ州を除く．
5. ラ・リオハ州を除く．

する社会的経済企業のグループのなかでも重要である．その主要な規模は表5に表わされている．

　同表にはバスク地方のモンドラゴン協同組合グループの労働者協同組合に関連した価額も含まれている．このグループに属する86の労働者協同組合は1988年に16,764名の労働者で1,550億ペセタの総売上を実現した．

　労働者協同企業は民間部門の他の企業よりも豊富な雇用を創造する傾向を示している．短期的雇用契約は民間部門においては労働者の34.4％に達しているが，労働者協同企業においてはわずか17％となっている．

　中小零細規模企業は生産の斜陽化と分散化が進むなかで，新しい活性化を求めてきており，労働者協同企業の実態はスペイン産業の古い構造をどのように継承するべきかの重要な足がかりを示している．

　スペインの信用協同組合は民間分野の総預金額の5％を得ており，なかでも農村金庫は巨大である．いうまでもなく，スペイン信用協同組合の中心は

表6 スペインにおける住宅協同組合
(1991年12月31日)

協同組合住宅	1,129,584
建設済	1,031,384
建設中	46,200
計画中	52,000
事業規模(100万ペセタ)	1,086,000
建設中住宅	462,000
計画中住宅	624,000
協同組合	
設立	8,832
登録・解散せず	5,881
建設・企画活動	3,720
協同組合世帯（組合員）	1,129,584
協同組合住宅建設従業者	189,420 [1]

資料：スペイン住宅協同組合連合会.
注：1. 1992年.

労働人民金庫であり，それはモンドラゴン企業グループに結びついている．表7は信用協同組合の主要な規模を表している．

　貯蓄金庫は民間分野の総預金額の45.3%を獲得し，スペイン金融機構のなかでも有力な事業体となっている．

　相互保険会社は生命保険部門と非生命保険部門で活動し，会員の危険に対して保障するだけの非営利団体である．スペインには83の相互保険会社が存在し，社会保険分野の労働者（社会保障共済組合の従業員を含む）の13.1%を雇用している．

　社会保障共済組合もまた利益を求めない団体であるが，相互保険会社とは異なり，保険加入者との相互主義的関係は，保険契約によるのではなく，共済組合への加入手続きにより発する．

　なお，共済組合は対物保険は行わず，ただ医療補助や病気，定年，死亡時の個人給付金の部門を行う．

表7 信用協同組合 (1990)

	組合数	事務所数	会員数	雇用者[1]	貯蓄額[2]
農村金庫（県段階）	33	2,265	653,883	6,871	1,218,944
農村金庫（郡・自治体段階）	56	320	167,870	1,169	
専門・大衆信用協同組合	16	271	83,720	487	412,333
計	105	2,856	905,473	8,527	1,631,277

資料：全国信用協同組合連合『信用協同組合・農村金庫年報』
注：1. 労働金庫(1,250名)，ヴァレンシア人民金庫(72名)の労働者組合員を含まず．
2. 100万ペセタ．

表8 民間金融機関預金・貯蓄残高（％）

	1985	86	87	88	89	90年
民間銀行	56.0	52.2	55.3	52.8	49.3	49.8
貯蓄金庫	30.1	42.8	40.7	43.3	45.7	45.3
信用協同組合	4.9	5.0	4.0	3.9	5.0	4.9

資料：「スペイン銀行統計報告」，『信用協同組合・農村金庫年報』

3. 結び

　統計的には不備があるが，多数の社会的経済の事業体が活動していることを概括してきた．社会的経済を構成するさまざま企業集団がスペインの社会・経済活動の重要な構成部分を担っているというのは，けっして誇張ではない．

　農業協同組合は多くの地域において農畜産物供給の集中，農業所得の向上，農村部における富の新たな源の創造のための不可欠な組織体である．

農業分野と結びついた信用協同組合すなわち農村金庫は，農業にとっては第一義的な金融手段となっている．

労働者協同企業に目を転じると，資本主義経済企業よりもはるかに安定した雇用を生み出す傾向を有することを示している．スペイン全産業の給与就業者の 32％ が臨時雇用であることと対照的に，労働者協同組合と労働者持株式会社は 17,800 名を雇用し，そのうち臨時雇用は 17％ となっている．

これにひきかえ，消費協同組合は低迷しており，わずかの協同組合グループを除いては，とくに経営的な脆弱性が指摘されており，その将来には不安が横たわっている．

社会保障団体は近年再活性化しており，他の社会的経済事業体と協同した結びつきを確立することによって利益の増加がなされている．

今日までは，貯蓄金庫と相互保険会社は，社会的経済の中核的な位置へ歩むことが展望されるにもかかわらず，社会保障団体と同様な傾向を体現しているとはいい難い．さらに，アソシエーションと他の非営利団体は実態としては連合組織体として存在しておらず，まったく分断化された様相を呈している．

スペインにおける社会的経済企業は，今世紀最後の 10 年で，二重の挑戦に立ち向かっている．その 1 つは経営的な挑戦であり，それは（零細的な企業群の）集中・統合の加速の必要性，技術革新の必要性，経営の近代化と生産政策の革新的な発展の必要性とマーケッテングの戦術である．

もう 1 つは制度的な挑戦，すなわち，社会的経済は異なる業種からなる固有の空間を形成しつつあるが，それらを代表する脊椎のような固い構造の必要性である．それは経済的な効率性と社会的豊かさという目的を統合する能力のある経営体を形成し，資源を市場に効果的に割り当て，公平に所得を配分できるよう貢献する構造である．

注
1) J. Barea (1986).

2) I. Vidal (1988), J. A. Tomas (1988), S. Reyna (1988).
3) Monzon-Barea (1991).
4) Conseil Wallon l'Economia Sociale (1990).
5) J. Barea (1991).
6) Sistema Europeo de Cuentas Economicas integradas (SEC) による. Eurosta (1988).
7) J. L. Monzon (1987).
8) J. L. Monzon (1987), C. Vienny (1983).
9) MONZON-BAREA (1991).
10) Sistema de Cuentas Nacionales (1990).
11) Cuentas de las Empresas Publicas (1989).
12) 『スペイン社会的経済的白書』による. MONZON-BAREA (1991).
13) ヴァレンシア中央部にある ANECOOP 協同組合の輝かしい経験を強調しなければならない. ANECOOP 協同組合は, アグリシンサ社 AGRICINSA のような協同組合と地方公共団体の共同出資によって設立され, ヴァレンシア企業群の第1号として, 操業の初年時に保存用マンデリン果房の全生産を輸出し, 2,000万トンにも達した, 柑橘類と生鮮野菜の第1位の輸出業者となっている. 農産加工と新生産品開発における農業協同組合の計画は, 農業所得を増大させる1つの鍵である.

イタリアの社会的経済

ジャンニ・グエッリェーリ, オレステ・ナッザーロ, アルベルト・ゼービ

1. 社会的経済

　イタリアにおいては,「社会的経済」という表現が検討や討議の主題になることは最近数年間なかったし,現在もなっていない. EEC用語で社会的経済に属すると見なしうる組織や団体（協同組合,共済組合,非営利団体）が発行した文書や発言,会議議事録を分析すると,一般的にも学術用語の上でも,「社会的経済」という表現は,ほとんど見られないことがわかる.
　これと完全な同義語となる別の表現を討議のなかに見い出すこともできない.実際には,1970年代後半に,「第3セクター」という表現がしばしば用いられた.これは,一部は,協同組合のイニシアティブの強力な回復の結果であり,また一部は,今日の社会における市場の役割に関する検討と討議が次第に広がっていったことによるものである.にもかかわらず,「第3セクター」という表現の内容についての合意は,これまで得られていないのが現状である.
　「第3セクター」という表現は,急速に使われなくなり,ようやく最近になって再び見られるようになった.その復活の背景には,これまでのイタリアに

おいて，専門家や活動家のごく一部での議論を別として，独自の調査研究の主題にはならなかった，ある種の組織形態（なによりもボランティア組織）に対する関心の高まりがある．それにしても，こうした第3セクター概念の復活も限定されたものであるように思われる．というのは，少なくともイタリアでは，経済と社会の両方の領域で重要な位置を占めている協同組合や友愛組合などのような最も重要な構成要素を除外して，しばしば第3セクターが論じられているからである．

こうした討議の現状についての適切な要約は，いわゆる「第3セクター」の定義と内容の画定という課題に正面から取り組んだ近著によって与えられている (Bassanini and Ranic, 1990)．

この著書は，「第3セクター」に属する団体とは，最低限，以下の3つの要件に適う，組織構造と安定性，持続性を有する集団的主体であると銘記している．すなわち，第1に民間的性格，第2に非営利規準，第3に公共的性格を有する，あるいは有しうるサービスを，構成員だけでなく社会全体に提供すること，という3要件である．

第1の要件に関しては，多くの場合，公共的主体と，これら「第3セクター」に潜在的に属する団体との間に画然とした区別がないことは明らかである．第3セクターを画定するためには，その団体のなんらかの優先規準をとりあげてみるべきであり，またこの優先規準は，とくに理事会の任命規準によって，ある程度まで推定することができる，にちがいない．これらの規準をおおむね備えた民間セクターの団体は，さらにそれ以外の性格を保持している場合でも，第3セクターに属する組織と見なされる．

第2の要件に関しては，企業活動を遂行するかどうかは区分上なんら重要な問題ではなく，したがって，営利団体と，企業活動を遂行する団体一般とを同列視すべきではないという点が，強調されている．重要なことは，目的であり，その目的に対して，（企業活動を含めた）活動が，単なる手段的なものと見なされていることである．にもかかわらず，この場合にもなお問題が生ずる．実際，営利企業と非営利団体との間の境界は，多くの場合きわめ

て不明瞭なのである．

　例えば，上記の規準に従おうとすると，協同組合は非営利組織の範疇に含まれなくなる．協同組合は確かに相互扶助的性格を有し，いかなる私的投機の目的をももたないにもかかわらず，もっぱらの組合員の利益のために組織される団体だからである．同じ理由から，共済組合も同様に除外されることになる．共済組合は，社会的な共同の利益のためでなく，もっぱら組合員とその家族のために経済活動（援助と保険の両方，またはいずれか一方）を行うものだからである．だが，この場合，公益と共益をどこで区別するかは，きわめて難しい．協同組合という形態が，典型的に「第3セクター」に属する活動を遂行するための手段として選ばれることもしばしばである．この点を念頭において協同組合と共済組合の場合を再検討してみよう．法的規準よりも本質的な規準によって，優先される規準を割り出し，これをもとに第3セクターの領域を画定するのである．すると，すでに述べたとおり，組織の構成員1人1人の評価基準としても，組織自身の直接的な達成目標としても，財産が優越していない，という点にその本質が見い出されることとなろう．

　第3の要件について．この要件は次のように解釈されている．第3セクターの団体は，社会の共同の利益となる活動を遂行すべきである，ということ．より正確には，自らの優先的役割として公共的生活をもった，あるいは公共的性格をもちうるサービスを，社会全体の利益のために供給する，ということである．

　ある団体（ないしは，ある活動）を第3セクターの領域に入れるために必要とされる要件を総合すると，きわめて厳しい限定がつくことがわかる．とりわけ，第三者との関係においてである．

　実際，これらの要件に従うと，「非営利」セクターと「非市場」セクターだけが画定されて，まさに協同組合と共済組合のような，経済的・社会的観点から見て重要な現象 ── 伝統的な民間セクターにも，あるいは，もちろん，公共セクターにも位置づけることができない現象 ── が，検討範囲の外に置かれてしまうことになる．

この点で，B. グイが提起した定義 (Gui, 1991) が，より広い定義であることは疑いない．彼は，「第3セクター」を「公認の民間組織であって，定款に従って，リスク資本の供給者以外の範疇の者の利益のために運営され，任意かつ最大の権限を行使する者が，自らのために，また自らに対して完全に企業資産を自由に処分できないことを特徴とする」ものの総和と定義する．このような第3セクターの枠組みによって，受益者と支配者のカテゴリーの一致を特徴とする「共益」組織と，他者の利益の追求が要求される活動主体に意思決定権を付与することを特徴とする「公益」組織を確認することができる．

先の定義と違って，グイが提起した定義によってはじめて，協同組合や相互扶助組織という現象だけでなく，社会的経済に属する団体が所有する「資本主義的」企業をも，視野に含めることが可能になった．けだし，これまでの第3セクターに対する先の定義と同様の概念では，労働者が所有する「資本主義的」企業を含めることができなかったからである．

第3セクターに関する検討があまり発展しなかった原因は，おそらく，イタリアでは公共セクターがかなり強力に存在して，企業と社会の両方のレベルで活動しているという事実に帰せられるべきであろう．この点を除くと，第3セクターに関する徹底的かつ広範な研究が欠如しているからといって，他の諸国で社会的経済と理解されているものがイタリアにおいて欠如しているとか，経済的・社会的観点からみて周辺的であるということにはならない．事実，共済部門を除いても，伝統的に社会的経済に属すると見なされてきた他の2つの「セクター」（協同組合と非営利組織）のイタリアの経済社会における存在は，他の諸国に見られるより大きくはないとしても，それらに比肩しうる強さをもっている．さらに，法制的観点からみると，現在，国会において，いわゆる社会連帯協同組合と非営利組織によるボランタリィ労働を規定する，重要な手段の導入，ないしは検討が図られていることがあげられる．事実，国会は，協同組合に適用される規則の改正のための，重要な提案を現在検討しており，同様に共済組合に関する規準についても改正が提案さ

れている．

　以上の点を念頭に置いて，本論文は，なによりもまず，協同組合と共済組合，および非営利団体について検討した．われわれの分析は，それらのうちでも，第1の協同組合を優先した．これは，他の組織形態に関して利用できる重要なデータがないためである．

　協同組合については，イタリアの協同組合の簡潔な叙述とともに，量的な分析を優先することが有益であると考えた．量的分析に関しては，なによりも利用しうるデータが均質性を欠いていることを踏まえて，イタリア経済のなかでの協同組合の重要性と役割を評価するうえで役立つ要素を提供するために，時系列的発展を検討することもまた，われわれの義務であると考えた．最後に，われわれは，今後の作業にとって有益と思われるいくつかの考察にのみ限定して分析を加えた．

2. イタリアにおける協同組合の性格

　他のヨーロッパ諸国と同様に，イタリアでも協同組合は19世紀後半からはじまり，それ以来，運命の交代に見舞われながら発展してきた．

　大拡大の時期（今世紀初頭，続いて第1次および第2次大戦後，1970年代）の次には，発展の減速の時期（1920年代後半と30年代），あるいは危機と停滞の時期さえ（50年代，および60年代前半）やってきた．

　イタリアの協同組合の発展に重要な影響を与えたのは，カトリックと社会主義のイニシャチブ，および世俗的自由主義の文化であった．これらの国民生活のそれぞれの要素は，次第に特定の社会諸階級を代表するようになり，それらの諸階級に最も同質的なタイプの協同組合を主張し発展させていった．こうして，農業部門，およびこれと結びついた銀行部門ではカトリック派が，流通部門（なによりも消費者協同組合）と（労働者協同組合を手段とする）工業およびサービス部門では社会主義派が，（人民銀行を通じた）銀行部門

では自由主義派が，協同組合を主導し強力に発展させた．しかしながら，他の諸国での経過とは異なって，イタリアでは，さまざまな文化的・イデオロギー的潮流のいずれもが，すべての協同組合形態を奨励し組織したことに注目しなければならない．

（経済的・社会的観点からみて）協同組合の最も重要な部分は，次の4つの組織に結集している．すなわち，イタリア協同組合総連合（AGCI），協同組合同盟（CCI），全国協同組合・共済組合連盟（LEGA），イタリア全国協同組合協議会（UNCI）である．

上記の連合組織は，国家の正式の承認を受け，協同組合の監査と振興をはじめとする重要な権限を委任されている．こうした任務をこれらの連合組織が達成したことの直接の結果として，これらの組織は，どんな意味でも経済事業体を構成していないにもかかわらず，単なる労働組合の連合組織以上のものになっている．事実，これらの組織は，その発足以来，イタリアの協同組合の機構そのものに対して大きな影響力をもってきたし，今ももっているのである．

上記の連合組織は，それぞれがきわめて多様な協同組合の形態をカバーしているが，他方では，これと並んで，特殊な形態の協同組合を代表する別の組織が存在する．それらのうちで最も重要なものは，農村銀行連合会（実際には，この組織は協同組合同盟「コンフコーペラチブ」に属しているが）と，人民銀行を代表する連合組織である．これに加えて，いずれの連合組織にも属さない協同組合が，きわめて多数存在する．この最後の独立組合グループは，数の点からは重要であるが，経済的・社会的観点からは，その意義ははるかに小さい．

協同組合間のつながりは，協同組合を代表する連合組織のなかでつくられた関係によるものだけではない．事実，イタリアの協同組合は，その発生期から，第2次・第3次レベルの協同組合（事業連合）の設置と，共同の利益のための会社の設立の双方，またはどちらか一方を通じて，お互いの経済的関係を発展させてきたのである．こうした関係が，(他の諸国で起きたように)

単一の部門に属する協同組合の間だけでなく，きわめて多様な部門で活動する協同組合の間にもしばしば確立されていることに注目する必要がある．

イタリアの協同組合（あるいは，その大部分）は，国際協同組合同盟が承認した一般原則を自らの精神としてきた[1]．

したがって，イタリアの協同組合は，以下の規準によって運営されている．すなわち，①1人1票，②投下資本に対する報酬の制限，③資本の再評価を行わないこと，④協同組合を閉鎖する場合，（組合資本，および満期となったすべての配当を除いた）資産を公共の利益のために利用すること，⑤門戸開放，すなわち，組合員となることを望むすべての人に可能性を与えることである．

もちろん，設立しようとする協同組合の形態の独自性に応じて，これらの原則が適用されていることは言うまでもない．

協同組合の設立のためには，一般に，最低9人の組合員を必要とする．しかし，ある種の協同組合では，最低人数はそれより多い．個人組合員が払い込む資本は，一般に，2000万リラ（約13,000エキュー）を超えてはならない．労働者協同組合と農産物加工協同組合に対しては，この数字は3,000万リラ（約2億エキュー）にまで引き上げられる．法人も協同組合の組合員となることができる（ただし労働者協同組合の場合は除く）．この場合，法人は，払い込み資本の額にかかわらず，5票を超える議決権をもつことはできない．協同組合は，その組合員から組合員債を集めることができる．この組合員債が一定の額（多数の協同組合の場合，2,000万リラ．労働者協同組合，および農産物加工協同組合の場合，4,000万リラ）を超えない場合は，その利子に対して，株式会社発行の社債と同じ税率が適用される．

税制の観点から，最も重要な要素は，利益が非分割準備金に積み立てられる場合には，課税が控除されることである．個々の種類の協同組合に対しては，さらに別の優遇があるが，これは零細企業一般に共通するものである．利益の利用に関しては，すべての協同組合に適用されている規則を報告しておくことが有益であろう．すなわち，一般に利益の20％は，いかなる場合に

も通常準備金(けっして組合員に分配することのできない準備金)に振り向けなければならない.残りは,組合員の払込出資金に対する配当としたり,(配当が郵便貯金の利子率を2.5％以上上回らない範囲で)利用高に応じて組合員に支払うことができる.あるいは,最後に,共済活動に使うこともできる.

ある種の形態の協同組合は,特別の規準根拠をもつという点で,特殊な性格を帯びている.

労働者協同組合の場合,組合員だけを雇用するようには義務づけられていない,という点を強調しなければならない.しかし,労働者協同組合が公共事業の契約に参加しようとする場合は,最低組合員数が25名で,また非組合員労働者が企業の全雇用人員の50％を超えてはならない.

労働者協同組合,とくに建設産業で活動する労働者協同組合にとっては,事業連合を通じた活動が,明らかにきわめて重要な役割を果たしてきた.実際,1907年の法律に基づいて発展してきた事業連合は,その推進企業が事業連合の(市場サービスをはじめとする)サービスを利用して,自らの成長を促進し維持することを可能にしてきたのである.

農業における協同組合活動においては,多様な形態の協同組合が並んで存在している.

それらのすべては,本質的には次の3部門が基礎となっている.
(1) 農業労働者によって構成される(賃借ないし自己所有の)土地の耕作のための協同組合
(2) 生産物の保存,梱包,精製,加工を目的として,組合員が自己の生産物を供出する協同組合
(3) 組合員に原料および機械を供給する協同組合

現在施行中の特別規準は,なによりも金融および信用上の便宜に関する問題を法制化し,これに適用されるものである.しかし,農産物および畜産物の加工を行う協同組合およびその事業連合で,加工過程でそれらの加工原料全体の半分以上を市場(ないしは非組合員)に依存する場合,このような便

宜が適用されないという事実を強調しておかなければならない．
　信用協同組合は，農村・職人銀行と人民銀行という，2つの範疇に区分される．
　農村銀行については，なによりも，全組合員の80％が農民と職人のどちらか，あるいはその両方を兼ねる者であって，農村・職人銀行の所在する自治体に居住（ないしはそこで自己の主要な経済活動を遂行）する者でなければならない，という点に留意すべきである．
　これらの協同組合は，通常の銀行機関と同様の活動をしているが，重要な制約に服している．取引を主として組合員との間で行わなければならないという点で，実際に，第三者との取引は集めた基金全体の25％を超えることはできない．利益の分配に関しても特別な制限が存在する．すなわち，その半分以上は正規準備金の増額にあてなければならず，その残りを組合員の間に（すべての協同組合に適用されている限度の範囲内で）分配したり，慈善目的のために積立てたり，あるいはそうでなければ，特別準備金にあてることができる，とされている．特別準備金によって生ずる財源は，協同組合に組織された組合員が利用するための，農業用の土地や機械器具の購入に使うことができる．
　それぞれの農村・職人銀行の活動は，一般に，主力店舗が所在する自治体に限定されるが，その近隣の自治体で営業することも認められている．
　しかしながら，農村・職人銀行は，これらの営業上の制限を受けると同時に，一定の便宜をも享受している．そのうちで最も重要なものは，義務的準備金制度に関するものであって，ここでは他の銀行機関に認められているよりも高率の配分が許されている．
　最後に，約15年間（1970年代と1960［1980 か］年代の前半），イタリアでは一般銀行の新設が禁止されていたなかで，一定の条件に服するかぎり，農村銀行の新規開店が認められていたという事実に注目しておくことが重要である．
　農村・職人銀行とは反対に，人民銀行は，いかなる種類の制約も規定され

ていなかったために，通常の信用機関に固有の，すべての各種業務を行うことができる．その主要な特徴は，人民銀行は協同組合に適用される規則に服するものの，企業資本を表わす株式の額は，銀行業務によって計上された価額全体を含んでいるという点にある．事実，多くの人民銀行の株式は，自由に流通しており，限定市場として知られる特殊な株式市場で取引されているのである．

最後に，住宅協同組合に関しては，分割所有に基づく協同組合と，非分割所有を見通した協同組合という，2つの異なるタイプに区分することができる．前者は，住宅の建設とこれにかかわる支払いが完了し，個々の住宅が各組合員に引き渡された時点で，存在を終える．後者は，反対に，所有権が組合員に与えられていないため，協同組合の形態で安定的に存続するが，その目的は，もっぱらその住宅の利用にある．さらに，現在の時限立法のなかには，特別の金融的便宜の可能性をともなう，経済的・大衆的な公共住宅の建設計画が含まれていることを強調しておかなければならない．しかし，こうした優遇と並んで特別の義務が課されている．そのうち最も重要なものは，国家の補助金を受けて建設協同組合が建てた住宅は，住宅の引き渡しから10年が経過するまでは，移転ないし譲渡することができない，という規定である．

3. 協同組合セクターの量的分析

3.1. 概況

イタリア経済のなかでの協同組合運動の地位を評価するためには，なによりもまず，現在活動中の協同組合の数，被雇用者数，およびその他の信頼できる情報を確定することが必要となるであろう．

利用できる資料からは，量的分析に必要な要素を正確に示すことができず，したがって，われわれは近似値と概算に頼らなければならない．この点を明らかにするために，表1では，各種の資料から報告された，協同組合数に関

する数字を示しておいた．真っ先に注目されるのは，現存協同組合数に関する数字がまちまちであることである．

しかしながら，利用できる情報の批判的評価に基づいて，1989年に活動中の協同組合の数を，およそ65,311と推計することができる．

表1 現存協同組合数

出典	ISTAT センサス(1)	労働省 協同組合総覧	労働省 協同組合決算書	財務省申告 黒字組合	財務省申告 全協同組合
1981	22,624(2)	88,383		51,793	56,662
82	—	93,671	82—87 63,672	57,721	61,142
83	—	96,802		—	—
84	—	98,353	83—88 79,750	61,786(3)	67,594
89	—	105,050	84—89 79,698	—	—

注：(1) 工業・商業・サービスセンサスおよび農業センサス（ISTAT, 1981, 1982）．
(2) 住宅協同組合を除く．
(3) われわれの推計．

表2 協同組合経済における被雇用者

出典	ISTAT(1) 1981	イタリア銀行 1981	CENSCOOP 1988
農業(2)	87,619	—	—
信用	44,203	45,675	59,630
工業とその他のサービス	230,435	—	—
計	362,435	—	473,000

注：(1) センサス（ISTAT, 1981）．
(2) 農業生産を除く．
(3) 推計．

被雇用者数については，利用できる一般的な情報が，きわめて不十分である．表2に示したように，利用できる数字は，81年の工業，商業およびサービスに関するセンサスに拠っている．より最近の年度については，一般的な情報は，信用部門に関するものがあるだけである．

この点を除いても，センサスの数字は完全なものと見なすことはできない．というのは，センサスは土地耕作のための農業協同組合や住宅協同組合をカバーしていないからである[2]．情報の基礎となっている条件を勘案すると，1989年の協同組合従業員数を概算する唯一の方法は，信用協同組合に記録されている雇用の成長率を，協同組合セクター全体の平均として検討することであろう．換言すれば，協同組合に従事した人員の総数に対する信用協同組合の割合が，1981年から88年の間，不変だと考えることである．この場合，協同組合の被雇用者総数は（ごくわずかの雇用を創出するにすぎない住宅協同組合と，土地耕作の農業協同組合は除いて），約473,000人という結果になる．

この概算に基づくと，協同組合の被雇用者は，1981年から1989年の間に，30％以上増加したものと見られる．比較対象としてイタリア経済全体のなかでの雇用の成長は，政府中央統計局（ISTAT）の全国統計によると，同期間に全体でわずか5％しか増加していないのである．

しかしながら，最近の数十年間の協同組合を特徴づける傾向について，より詳細な分析を加えることが可能である．表3は，協同組合数と被雇用者数の年間平均成長率を示している．

括弧のなかの数値は，協同組合全体に関するものであり，それ以外の数字は，住宅協同組合の実数である．政府中央統計局（ISTAT）の人口調査が示す数値と，他の資料から得られた数値を多少とも比較できるように，こうした表記をとった．

使用した資料によると，数値はまちまちであるが，以上のような平均的な年間変動傾向を検討することによって，概ね妥当な数値が得られるものと思われる．実際，協同組合の最大の拡大期が1970年代であることを相当確か

表3 協同組合および国民経済の成長率

	ISTAT(1) 産業センサス			労 働 省(2) 協同組合総覧				われわれの推計	財 務 省 (3)	
	1951 1961	1961 1971	1971 1981	1951 1961	1961 1971	1971 1981	1981 1989	1981 1989	1978 1981	1981 1984
協同組合数の年平均増加率	1.3	-1.3	6.4	4.6 (8.9)	2.4 (4.2)	6.4 (5.8)	4.1 (2.2)	6.0 (2.9)	(11.3)	(6.1)
協同組合被雇用者年平均増加率	3.4	0.8	5.7			3.3				
イタリア経済における年平均企業増加率	2.6	1.4	2.5							
同上,被雇用者年平均増加率	3.4	1.6	1.6				0.5(4)			

注:(1) ISTATの工業等センサスは,住宅協同組合または土地耕作の協同組合は含まない.
  (2) 協同組合総覧の数字は,住宅協同組合を除外している.他方,カッコ内は,協同組合全体についてのものである.
  (3) 注2 [?] を見よ.ここでは活動中の協同組合だけを考慮した.
  (4) ISTAT全国統計,官庁統計に基づく推計.

に立証することができる.すなわち,協同組合数の年平均成長率は,政府中央統計局(ISTAT)によれば6.36%,協同組合総覧によれば6.37%となる.これは,それに先立つ数十年間,とくに60年代の著しく低い成長率と対照的である[3]).

われわれの概算によれば,1980年代(1981-1989)には,伸び率の相対的低下(5.95%増)が起きた.にもかかわらず,最も重要な事実は,これも協同組合総覧の数字から割り出したものであるが,協同組合全体の成長率と住宅協同組合の実質成長率との間に,それぞれ+5.29%と+2.94%(協同組合総覧が示す数字に基づくと,+4.12%,+2.18%)という大きな差異が生じつつあることである.

それゆえ,この10年間,協同組合数の拡大は,1970年代と比べると低い率ではあるが,住宅協同組合を除いて,なおきわめて高い割合で続いているものと思われる.

雇用の変動に注目するならば，70年代における協同組合の拡大が，いっそう確証されるものと思われる．政府中央統計局（ISTAT）の数値は，被雇用者の年平均成長率を，1951－61年の時期が3.37％，60年代0.78％，70年代5.74％と記録している．80年代は，われわれの概算によると，成長率は，1年当り，約3.3％である．この変動を，イタリア経済全体に関する変動と比べるならば，第1に，各10年間の年平均成長率の変動について類似の趨勢が見られるとともに，第2に，それぞれの10年間ごとの成長率の水準については，いくつかの重要な差異が見い出される．

とりわけ指摘できるのは，次の諸点である．

—— 1950年代，協同組合の雇用は，基本的には，イタリア経済が記録したのと同一の成長率をたどった．一方，単位事業所数の面では，企業全体の成長が，協同組合の成長よりも1％下回った

—— 1960年代，雇用の面でも，企業数の面でも，全般的な成長の低下が見られたが，協同組合は，イタリア経済全体の成長率よりもいっそう低い成長率をたどった（協同組合の数は減少さえした）．

—— これに対して，1970年代には，被雇用者数と企業数の両方において，協同組合が，国民経済の成長率よりも高い成長率を記録した．この点については，イタリア経済全体の就業者の伸びが年平均1.61％であったのに対して，協同組合企業の被雇用者の伸びが5.7％であったことを見れば十分である．

—— 最後に，1980年代については，比較可能なのは，被雇用者数に関してだけであるが，いずれの場合も各々の数値は，それまでの各10年間のものと比べて均質ではない．にもかかわらず，われわれの概算によれば，協同組合の被雇用者数は約3.3％伸びている．他方，国民経済全体における被雇用者数の伸びは，官庁統計によると0.47％である．

したがって，70年代は，相対的にみて，イタリア協同組合のきわめて重要な成長の10年間であり，また，われわれの概算が今後発表される1991年

人口調査によって実証されれば，80年代においても，協同組合がいっそう重要な存在であったことが確認されよう．

しかしながら，協同組合がイタリア経済に占める比重は ―― 主として被雇用者数から測ることができるように ―― 年々上昇してきたものの，81年までは，3%に達することがなかったのである．とりわけ，51年から61年の間に安定していたその割合 (2%) は，71年にいったん低落 (1.87%) し，その後，70年代に記録された高い率の変動と軌を一にして，再び上昇を見せ，81年には2.79%に達した．われわれ自身が概算した雇用の成長率によれば，80年代末に，協同組合の雇用は，全雇用成長率の3%をわずかながら上回るものと推定される．

いっそう部分的ではあるが，協同組合の比重についての有益な情報を，納税申告書の数字から得ることができる．表4は，1978年だけに適用されたものであるが，法人所得税[4]の課税対象となる企業の事業高に関する数値と，平均所得額，および平均損失額の事業総額に対する比率を示している．

1978年における協同組合の事業総額は15兆2,270億リラに達し，申告された事業総額の5.6%に相当する．一協同組合当りの申告額は10億リラを下回っており，このことは，平均すると協同組合が小企業の範疇に属することを示している[5]．しかしながら，収益性のおおよその指標としてとらえる

表4 事業高 (1978) ―― 所得税 (IRPEG法人所得税) 申告

	事業高 (10億リラ)	企業平均 (10億リラ)	総事業高に 対する割合(%)	損失/事業高 (3)	所得/事業高 (3)
協同組合	15,227	0,837	5.6	1.8	6.5
会　社	231,032	1,976	84.9	15.3	3.8
公共企業体	15,198	25,935	5.6	316.8	8.6
その他	10,540	1,490	3.9	33.2	8.1
合　計	271,997	1,905	100.0	20.5	4.3

注：(1) 株式会社，有限責任会社，単純合資会社．
　　(2) ここでの申告は，商業活動を営む企業，団体および組織に限定した．
　　(3) 比率は平均数値間のもの．

ことのできる平均課税所得と平均事業高の比率では，資本主義企業よりも高く，また全申告者の平均数値よりも高いことがわかる．平均事業高に対する平均損失の割合は，協同組合で1.8％であり，表で見た他の申告者グループよりも明らかに低く，全申告者についての平均数値（20.5％）と比べてもきわめて低い．

このことは，まさに当時起こりつつあった，数字上の積極的な成果と雇用の拡大を裏づけており，70年代末には，協同組合が強さを発揮する条件が，経済的な意味でも現われていたものと思われる．これに対して，80年代については，協同組合の経済的達成を一般的に評価する上で利用できる有益な情報は存在しない．唯一利用できる数字は，80-82年のみについての，申告された損失と所得に関する税務上の数値である．

この数値全体を見ると，協同組合内部にある種の両極化が生じていることがうかがえる．事実，1980から82年までの間に，損失を申告した協同組合の割合（80年20％→82年23％）と，所得を申告している協同組合の割合（80年13％→82年の16％）と双方が上昇し，所得ゼロの協同組合のパーセンテージが減少している（67％→62％）．しかし，こうした傾向は，協同組合により強く現われているとはいえ，全申告者における傾向とも一致している．そのなかでも，申告者全体の所得総額に対する協同組合の申告所得額の割合が，78年の4.8％，80年の4.1％から，82年の5.6％へと増加していることが注目される．

3.2. 部門別分析

協同組合総覧によれば，イタリアの協同組合の構成は，以下のような数字で表すことができる．

まずなによりも，1961年以来，住宅協同組合の掛け値なしの優勢が存在し，89年で全協同組合の43％以上を占めていることである．

他方では，51年から89年までの間に，消費者協同組合の比率に顕著な低下が見られた（51年の約20％から89年の4.5％へ）．農業，輸送および漁

業の各協同組合が占める割合は，ほぼ固定したままである（89年において，それぞれ16.5％, 1.1％, 0.8％）．他方，労働者協同組合が占める割合は，大きな変動を特徴としており，1951年の31.9％から1971年の9.2％に低落して再び上昇し，89年には20.2％に達している．最後に，「混合」協同組合に分類される協同組合[6]は，市場シェアの点で，81年から89年の間に著しい成長を見せた（7％→12.6％）．

3. 2. 1. 住宅協同組合

1989年において活動中の住宅協同組合の数は，およそ28,400とされる[7]．もう1つだけ重要な数値を，81年の政府中央統計局（ISTAT）センサスから取り出すことができる．センサスによれば[8]，協同組合が所有する住宅戸数は62,605を数え，このうち63％が住宅の個人所有をめざす協同組合に，37％が非分割所有の原則で運営される協同組合に所属している．

81年センサスの対象となった全住宅戸数に対して，協同組合所有の戸数の割合は，1.19％である．住宅購入の手段としての，協同組合形態の影響力は，きわめて周辺的なものに思われるかも知れない．しかしながら，協同組合で購入した住宅が，ある年数がたつと，通常は個人組合員の所有に移っていく，という事実に留意しなければならない．言い換えれば，（全住宅戸数の89％を占める）自然人が所有する住宅のストックのうち，その一部は，元々，協同組合方式によって購入されたものであるということである．これに関連して，その建築時期との関係で，協同組合所有の住宅の比重に注目しておくことが，有益であろう[9]．この点からすると，建築時期が近年になるほど，その比率は高くなっているのである．

事実，76-81年の建築時期に関して，協同組合所有の住宅の割合は，4.89％にあたる．この事実は，家族が住宅を購入する手段として，協同組合が果たしている役割について，より現実的な認識を与えてくれるものである．

この点をおいても，住宅市場を覆った困難な諸条件により，住宅協同組合は1970年代後半以来かえって大きな活動へのはずみをつけたのではないか

という仮説を，あらかじめ排除することができないことは明らかである．

こうして，各年度の新築住宅戸数のうち，住宅協同組合が「コントロール」している需要の割合は，一般に，2％から5％までの間であったと推定することができよう．同時に，1980年代においては，年間に協同組合形態で購入された住宅戸数の割合は，5％以上を占めていたものと推定される．この推定は，81年から89年の間に生じた協同組合数の減少となんら矛盾するものではない．1協同組合当りの組合員数の面では，協同組合の規模の拡大が起りえたからである．

3. 2. 2. 農業における協同組合

1989年の農業部門で活動する協同組合の数は，約10,700に達するものと推定できる．いずれにしても，農産物の保存と加工の過程で，協同組合の存在は，きわめて重要な意味をもっているのである．

「農業生産部門」（土地耕作）においては，利用し得る資料によると，協同組合型の農場数は，1971年に1,982ヵ所，1981年に2,724ヵ所で，企業総数のそれぞれ，0.05％，0.08％に相当する．全農地面積では，協同組合型農場の割合はあまり高くなく，71年で0.36％，81年で0.92％にあたるにすぎない．最後に，81年については，耕作中の農地面積における割合を求めることが可能である．この点では，協同組合は全国合計の約1.02％を「カバー」していることが注目される．

こうした数字を評価する場合，イタリアでは農業の大半が（農場数と農地面積の両方の点から），個人農によって占められているという事実に留意すべきである．実際，農場の約99％は，自然人によって代表され，全農地面積の約90％を利用しているのである．

しかしながら，1971年から81年の10年間に，重大な変動が生じた．実際，この時期は，協同組合農場の数と，とりわけそれがカバーする全農地面積の拡大によって特徴づけられた．なによりも71年から81年にかけて，協同組合農場が37.4％増加し，他方，農地面積は約135％増加した．この増加は，

全体動向が，農場数（−9.37％）と全農地面積（−7.36％）の双方で減少を見せたことと対照的である．

加えて，この10年間に起きた変動が，他の企業形態と比べて，協同組合農場の平均規模をはるかに大きくしたことに注目すべきである．圧倒的に大きな規模をもつ公的企業は別として，81年の1農場当り耕作農地は，協同組合の58.28ha 対し，企業25.29ha，自然人4.33haであった．

「農業関連活動」に関しては，補助的活動（すなわち，生産物の購入，作物および家畜の販売，機械器具の利用など）を行うために，協同組合やその他の形態の連合組織に，さまざまの法人形態をとって参加している農家の数は，1981年で792,157戸で，全農業企業の24.2％であった．これらの農場の大半（51.8％）が参加しているのは，作物販売協同組合（ワイン貯蔵協同組合，協同組合製油所，果物・野菜の貯蔵・梱包のための協同組合など），または灌漑用水供給協同組合（38.6％）である．

これに次いで参加が多いのは，原料の購入のための協同組合（27.％），畜産物販売協同組合（13％），最後が機械器具利用協同組合（7.1％）である[10]．

政府中央統計局（ISTAT）のセンサスから，農業関連活動における協同（支援協同組合）の現状について，若干のデータを得ることができる．

該当する協同組合の数は，1961年の2,589から，71年の3,132，1981年の5,981へと増加している．協同組合の被雇用者数は，81年に78,128人に増加している．71−81年の10年間における持続的成長（協同組合で＋91％，被雇用者で＋84.6％）の事実そのものが，この部門における協同組合の地位の高まりを示している．実際に，企業単位数では1961年の10.1％から81年の20.9％へ，被雇用者では同じ期間に38％から55.2％へと増加している．同部門で活動する他の企業の状況と比べて特徴的なのは，1企業当りの平均被雇用者数が高いことである．81年で，協同組合が平均13.1人の雇用を記録していたのに対して，他の企業はわずか4.9人であった．この差異は，構造的にはなお重要であるが，少なくとも61−81年の20年間の経過のなかでは，徐々に縮小しつつあるように思われる．

農業部門で加工協同組合が果たしている役割についての明瞭な認識を得るうえで，参考になるのは，最近の政府中央統計局の調査（ISTAT, 1991）である．

ブドウ加工部門では，1988年に760のワイン貯蔵協同組合が368,667組合員（1事業所当り平均組合員485人）を擁して活発に活動している．協同組合貯蔵所でワインに加工されたブドウは，イタリア全体でワインに加工されたブドウ全体の50％にあたる．以上のように，この専門部門の協同組合は特別に重要である．

オリーブ加工部門で活動している協同組合は，同じ1988年で430協同組合，212,810組合員（平均495組合員）を擁している．この部門では，協同組合の重要性は明白ではあるが，それほど高いとは言えない．協同組合製油所でオリーブ油に加工されたオリーブは，オリーブ油用の全オリーブの17.3％にあたる．

果物・野菜の貯蔵・梱包部門では，534の同様の組織がある[11]．これらの組織の活動は，なによりも果物の貯蔵・梱包の面で重要であり（取り扱い農産物量は，全国の44.4％に相当），とくに柑橘類が重要である（20％）．野菜については，その取り扱い量は全国生産の8％強である．

最後に，畜産部門では，1988年で397の協同組合畜産農場，組合員37,221人，家畜258,832頭（1農場当り652頭）を擁していた．この家畜数は，イタリアで飼育されている牛および野牛の2.9％に相当する．牛乳の生産重量では，協同組合畜産農場での生産の割合は，全国生産の1.4％であった．

羊，ヤギ，豚を飼育する協同組合農場はかなり少ない．屠殺数において協同組合が占める割合は，牛（全国屠殺数の8.1％）と豚（10％）で大きいが，羊とヤギについてははるかに少ない（0.4％）．

最後に，「森林管理，狩猟，漁業部門」がある．このなかで最も重要なのは，疑いもなく，漁業である．漁業協同組合は，1981年で227協同組合，従業員7,709人を擁し，イタリアのこの部門全体の企業数の3.6％，被雇用者の29.4％に相当する．70年代に，全国レベルでのこの部門の被雇用者数の減

少（10.6％減）と軌を一にして協同組合でも被雇用者を減少させている（14.7％減）ことが注目される．

3. 2. 3. 工業，商業およびサービスにおける協同組合

1989年にこの部門で活動している協同組合の数は，およそ25,500協同組合と推定される．

なによりもまず，それぞれの経済部門によって，協同組合のタイプが明らかに多様である，という事実を考慮しておかなければならない．一般的には，次のように言うことができる．すなわち，建設産業を含めた工業部門では，協同組合が本質的に労働に基礎を置いている一方，商業では消費者と小売商の両方の協同組合があり，その他のサービスでは，労働者協同組合と個人生産者を代表する（小売商協同組合に類似した）協同組合の共存が見られることである．

部門の構造を判断するためには，協同組合形態の分類とはまったく別に，1981年政府中央統計局のセンサスのデータを参照しなければならない．センサスによれば，この部門には13,600の協同組合があり，このうち64％が，「信用，保険，対企業サービス」，「商業，小売店舗，ホテル」と「建設業および土木工学」の3つの経済部門に集中して，協同組合の全被雇用者の61.4％を雇用している．これらと同一の経済部門において，全国レベルの雇用は，44％を超えていない．国民経済の総計と比べた，協同組合の経済部門構成の違いは，本質的には，協同組合が製造業にほとんど存在しない（協同組合での雇用吸収率は11.34％であるのに対して，イタリア経済全体では36.53％）ためである．

協同組合の部門構成をさらに詳しく検討すると，専門化の度合いはいっそう顕著である．事実，協同組合の被雇用者の57％が，次の5つの専門活動に従事しているのである．

① 建物の建築，修復，メンテナンス（21.1％）
② 果物・野菜，牛乳および酪製品，肉，魚，菓子類の小売（6.4％）

③ 道路運搬 (4.1％)
④ 輸送仲介業 (9.1％)
⑤ 信用活動 (17.3％)

　イタリアの協同組合活動における特定分野への集中の高さは，初期のセンサスでも明らかに見出される構造的特質であるが，この傾向は時とともにますます顕著になっている．

　この経済部門における協同組合の比重を評価するためには，被雇用者の2.14％という，平均数字に留まらないことが必要である．なぜならば，特定部門への集中度が高いために，協同組合がはるかに高い地位を占めている経済活動分野があるからである．

　表5には，経済活動部門と，企業の全被雇用者に対する協同組合の被雇用者のパーセンテージに関する，最も重要なデータが示されている．これによれば，16の経済活動部門で，協同組合の比重が平均数値よりも高いことがわかる．なによりも，「その他の社会サービス」(30％)，「旅行代理店および輸送仲介業」(26％)，「信用機関」(12.9％) として知られる部門で協同組合が高い地位を占めている．

　しかしながら，経済の各専門部門において協同組合が占める地位は，当該部門そのものの比重によって測られなければならない[12]．この点を踏まえて，表5の第2列を見ると，協同組合セクターにおける最も重要な経済活動は，協同組合が多数の人を雇用している部門の活動に，かなりの程度，対応していることがわかる．すなわち，先にあげた活動部門に「小売商業」(そしてとくに食品および飲料) を加えた5部門である．

　こうして，協同組合の特定部門への集中がいっそう裏づけられると同時に，協同組合が存在する「適所」を見い出すこともできる．これは，経済全体を見た場合には，周辺的と見なしうるような部門である[13]．われわれが発展経過にまで踏み込んで検討するならば，協同組合が1960年代に実践的に行き詰まり，それに対して1971－1981年の時期に大きな前進を勝ち取ったことが想起されるべきだろう[14]．

表5 1981年度の協同組合の比重（％）

番号	ISTAT分類	部門	協同組合従業員／当該産業従業員	協同組合従業員／全イタリア企業従業員
1	17	給水，浄水，配水産業	2.69	0.002
2	23	非金属および採鉱産業	2.85	0.010
3	50	建設および土木産業	4.93	0.459
4	61	卸売業	2.82	0.138
5	64	食品・衣料・家具・家庭用品小売業	1.45	0.170
6	71	鉄道	2.98	0.007
7	72	その他の陸上輸送	4.13	0.118
8	73	河川，湖沼輸送	8.01	0.04
9	76	輸送関連活動	5.93	0.029
10	77	旅行代理店および旅行仲介	26.26	0.185
11	81	信用機関	12.91	0.345
12	83	金融・保険サービス	4.31	0.106
13	92	公衆衛生および墓地管理	9.68	0.079
14	93	教育	2.75	0.010
15	94	研究・開発	5.06	0.004
16	96	その他の社会的サービス	30.07	0.179
17	97	レクリエーションおよび文化的サービス	8.39	0.072
		合計	－	2.143％

　1960年代の成長率の低さは，なによりも「建設業」と「食品，衣料等の小売業」の活動部門の動向によるものである．前者は7,600人以上の，後者は約5,900人の被雇用者を減らしているのである．これに食品，繊維および木材産業での17.02％（1314人）の被雇用者の減少を加えなければならない．こうした否定的な結果を埋め合せたのが，輸送および信用部門におけるかなりの拡大であった．パーセンテージの上では，これらの部門で活動する企業全体が記録したよりも高い雇用成長率を協同組合はつくりだしたのであった[15]．

　より詳しくみると，輸送部門の協同組合（とくに輸送業と輸送仲介業）は，全国レベルのこの部門での発展と軌を一にして，まさに1960年代に発展・

強化をとげたと言えよう[16].

　1970年代には，就業者の面では，ほとんどすべての部門で，他の企業よりも高い率の拡大が協同組合に起こった．協同組合にとって状況が固定的ないし衰退的であったところでも，その他の企業におけるよりもその影響は微弱なものに留まった．したがって，協同組合の比重は，すべての経済部門で高まった．より詳しくみると，公的・私的サービス部門での比重が著しく高まった（0.62％から3.7％へ）．その意味で，協同組合の工業，商業，サービス部門への登場の時期は，70年代であったと言えよう（被雇用者で71年の2,500人から81年の23,500人へ）．これは清掃協同組合での増加（被雇用者で71年の2,021人から81年の9,000人へ）や，なによりも国家による独占の終焉にともなったラジオ・テレビ放送分野での協同組合の設立，ならびに演劇・映画等の娯楽分野での協同組合の発展によるものであった[17].

　それ以外にも，協同組合の比重の（1％を超える）著しい増加が，建設，輸送，信用部門において見い出されたのである．

　さらにもう1つの評価の要素は，協同組合の平均規模にかかわるものである．協同組合が一般に（従業員20人未満の）小企業クラスで生まれる傾向があることはすでにみた．しかしながら，1971年まで伸びていたその平均人数は，70年代にわずかながら減少した[18]. 50年代と60年代における増加が，さまざまな経済部門のほとんどすべてに及ぶものだとしても，70年代に起きた変化は，より多様であるとともに，建設業（71年の1協同組合当り42人から81年の27人に縮小）と輸送（1協同組合当り50人から29人に縮小）の両部門における急激な規模の縮小の影響を強く受けたものだった．

3.2.4. 信用・保険協同組合と消費者協同組合

　信用協同組合は，農村・職人銀行と人民銀行からなる．入手資料によって，1980年代の分析も可能であり，信用部門の活動における協同組合の比重についての重要なデータは，後掲の表6に示されている．

　1988年12月31日現在の企業数は852で，その大半は農村・職人銀行で

ある．しかしながら，農村・職人銀行のこのような普及ぶりを誤解してはならない．実際，農村・職人銀行は，一方では事業所単位があまり分節化しておらず（88年の支店と本店の比率は，農村・職人銀行で2：1，人民銀行で22：1，銀行制度全体では14：1である），他方，経済的地位の指標（従業員数，預金および投資）では，人民銀行の相対的な地位の高さが示されている．

信用協同組合総体の比重はきわめて高く，1988年には，全体で銀行部門の従業員の9％を抱え，全預金の23％を集める一方，投資の20％を占めた．加えて，71年から81年にかけて，信用協同組合は預金で9.5％，投資で約8％という，かなりの市場シェアを獲得した．

成長の点では，人民銀行に比べて農村・職人銀行の方がより急速であり，そのため先ほどの期間内に，農村・職人銀行が，信用協同組合の領域で優位を占めることになった[19]．

こうした農村銀行のより大きなダイナミズムは，預金と投資の両面に見い出される．資金集めに関しても，狭い圏域を単位に数多くの組織が配置されていることが有利となっている．こうした狭い圏域では，他の形態の貯蓄投資組織の競争力がずっと限定されていたからである．加えて，農村・職人銀行がより高い預金配当を行っていることを指摘しておかなければならない．これは，なによりも農村・職人銀行が保有を義務づけられている準備金の割合がより軽いためである．農村・職人銀行の投資は，預金よりも高いパーセンテージで増加した．だが，投資と預金の比率は，銀行制度全体の平均よりも低い状態が続いている．両者の比率の差は1971年で36％，80年でゼロと

表6 信用協同組合（全銀行に対する割合）

	銀行数		従業員割合(%)		預金割合(%)		投資割合(%)	
	1971	1988	1971	1988	1971	1988	1971	1988
信用協同組合	882	852	無回答	9.2	13.3	22.8	11.7	19.6
人民銀行	189	126	無回答	7.2	11.3	16.7	10.4	15.6
農村・職人銀行	693	726	無回答	1.9	2.0	6.1	1.3	4.0

なったが，翌年以降は再び拡大しはじめ，88年には35％までになった．

人民銀行については，1971-88年の期間に，本店数の減少（63減）と支店数の着実な増加が見られた．この変動は大部分が合併の進展の結果であり，人民銀行の事業規模の拡大を反映している．このことは，1支店当り平均従業員数（76年の13人から88年の17人へ増加）と，預金と支店の比率（インフレーションの影響を除くと，50％を超えた伸びを示している）の双方によって実際に裏づけられている．

人民銀行の一貫した地域ネットワーク化は，地域経済が提供する事業機会の制約から生ずるリスクを人民銀行が回避することを可能にした．

人民銀行はまた，投資と預金においても，銀行制度全体の平均と比べると，持続的増加を見せてきた[20]．他方，人民銀行が主に集中している北部諸州では，その市場シェアは，今や20％を超えているのである．

保険部門に関しては，1980年代についての入手データによっても，この部門の全企業に対する協同組合の比重はほとんど小さいことがわかる．事実，操業中の全企業180社のなかで協同組合の数は1951年に2であったものが1988年には1になってしまった．

共済保険会社も，なんら重要な変動を見せていない．88年の企業数は12であったが，これは51年よりわずか3社減っているだけである．

保険契約高の分析によると，平均して，生命保険部門よりも損害保険部門の伸びがずっと大きいことがわかる．

生命保険では，協同組合が重要な地位を占めていないことは明らかである．実際，その比重は，81年の0.05％から88年の0.73％に増加したにすぎない．このことは，保険協同組合が，それ以外でカバーできないような，ある種のリスクをカバーすることを主目的として設立されたことを考えれば容易に理解できるところであろう．

生命保険部門に比べれば高いとはいえ，損害保険部門での協同組合の比重も，なお低いままである．他方，共済保険会社の比重は，先ほどの全期間を通して5％であった．

表7 消費者協同組合

	ANCC (1)			FEDERCONSUMO
	1978	1985	1990	1989
協同組合数	645	503	431	1,230
店舗数	1,700	1,361	1,282	無回答
組合員数(1,000人)	…	16,447.7	2,263.3	無回答
従業員数	…	20,050	27,676	無回答
売上高(10億リラ)	739	3,960	7,448	2,200 (2)

注：(1) 消費者協同組合のみ．
(2) 数字は，2つの事業連合（Conitcoop －消費者と Sigma －小売）傘下の店舗の全事業高を表す．

こうして一見したところ，保険分野で協同組合が果たしている役割はとるに足りないものである，という結論を下せるように思われる．しかしながら，これらの協同組合と共済保険会社に加えて，協同組合運動が所有する4つの持株会社が存在することを忘れてはならない．このように「広義」の意味で協同組合の比重をみると，1981年から毎年その地位は上昇しており，保険料契約高で見ても，88年では損害保険部門で11.6％，生命保険部門で4.5％に達しているのである．

消費者協同組合に関しては，全国連合会（ANCCおよびFederconsumo）提供の数字によって，協同組合のこの重要部門についての明瞭な理解を得ることができる．提供されたデータが，消費者協同組合全体を表すものではなく，上記の2つの連合会に属する消費者協同組合だけを表示するものであることは言うまでもない．しかしながら，これらの協同組合は，売上高と従業員の双方で，消費者協同組合の重要な部分のほとんどを占めているので，これらの協同組合が記録した動向数字は，部門全体を大きく代表するものである．

入手資料によれば，1989年から90年の間に存在した消費者協同組合は，約1,661である．われわれの分析を（さらに別の資料をも利用できる）ANCC加盟の協同組合に限定するならば，協同組合数と店舗数において明らかに減

少を見せている(協同組合数では,78年の645から90年の431へ.店舗数では,78年の1,700から90年の1,282へ)一方,80年代後半に従業員数で著しい増加(7,600人超)を見せ,同じ期間に売上高をほとんど倍化したことが指摘できる[21].この最後の点に関しては,売上高が85-90年の期間に,実勢で平均,年率7.4%のペースで伸びたことが示されている.

しかしながら,消費者協同組合は,規模の面ですべて均一ではないという事実を考慮しなければならない.より詳しく言えば,消費者協同組合の市場シェアの80%以上(イタリアで販売される食品の約5%と推計される)は,わずか30-35%程度の協同組合によって占められているものと推計される.

表8 協同組合とイタリア経済

協同組合の種類	市場シェア(%)	年度
農業協同組合		1988
ブドウ加工	50.0	
オリーブ加工	17.3	
果物保存	44.4	
牛屠殺	8.1	
豚屠殺	10.0	
牛乳生産	1.4	
消費者および小売商の協同組合		1990
消費者生協食品取り扱い高	7.0	
住宅協同組合		1989
新築住宅への需要	5.0	
建設産業の協同組合		1981
被雇用者	5.0	
保険協同組合(1)		1988
損害保険契約高	11.6	
生命保険契約高	4.5	
信用協同組合		1988
投資	19.6	
預金	22.8	

注:(1) 協同組合所有の保険会社を含む.

3. 2. 5. 概　　括

イタリア経済の専門諸部門において，協同組合の最重要部門が占めている比重に関して，結論的に短い概括的な表［表8］を掲げておく．

4. 共済と非営利活動

4. 1. 概　　観

さまざまな形態の非営利組織に共通しているのは，それらが，個人的利益を最大化することよりも，集団的利益（時にそれが限定されたグループの利益に限られるとしても）となる財やサービスの生産を目的として，人の結合を基盤として設立されるという点である[22]．

ところがそのなかでも，財やサービスの供給者と，その財やサービスの受益者が一致しているかどうかという点で，根本的な区別がみられる．

供給者と受益者の範疇と，それらのありうべきバリエーションも明らかにすることによって，各種組織をその属している「市場」に基づいて，分類することができる（Gui, 1987）．

こうした分類によって，一方での構成員だけにサービスを提供する組織（共済組合）と，他方，対外的連帯の推進に門戸を開いている組織（人的要素と財産的要素のいずれが優先するかによって，社団または財団となる）が画定される．

したがって，その追求する目標は，市場や公共部門の働きによっては十分に充足されない集団的要求に応えることである．この意味で，共済とは，本質的に自分たち自身の団体内で資源やサービスを配分することを自らの任務とし，利潤の獲得のためではなく，弱者の要求や弱者の個々の代表者によっては実現できないような要求に配慮するために，市場で活動する1つの人的結合の方式である[23]．

他方，非営利団体とは，少なくとも一般的な定義においては，自らの団体

の構成員だけのためでなく，必要とする集団全体に対してサービスを供給するものである．

　法律的観点からみると，イタリアにおけるボランタリィな共済への法的規制は，1886年にさかのぼる（1886年4月15日付法律第3818号）．

　この法律で言及しているのは，今日ではまったく過去のものとなってしまった，労働者相互扶助協会という部類だけである．共済組織は，実際には，もっとさまざまな職業的および社会的範疇にかかわりうるものである．医療や年金，介護の分野への国家介入の拡張を特徴とする現在の時代においては，少なくとも相互扶助協会が最初に設立された時代と比べて，また，こうした形態の団体が追求する目的についての先ほどの考察に照らして，共済はその性格として，ますます公的社会保障制度を補完するものになっていくように思われる．

　この意味で，共済組織が今日登場する主要な領域は，次のようなものであろう．すなわち，国家医療制度が保証する介護サービスを補完する保健援助．強制保険が無効な分野ないし不十分であると思われる分野での，事故，障害および死亡に対する組合員保険基金の創設．雇用関係の終了時に，組合員に補完的給付を行うための基金の創設．組合員およびその家族の学校サービスや自主的訓練に関する補完的な補助活動の実行．組合員の文化，レクリエーションおよびスポーツなどにかかわる，言い換えれば社会的連帯にかかわる活動を実現ないし促進することを目的としたサービスの提供．

　しかしながら，広義の非営利部門のなかには，明快な規準でカバーすることができず，しばしば評価困難な領域がある．すなわち，その活動が広く社会全体に便益をもたらし，したがってまた，構成員の間だけの排他的内部関係があてはまらないような，すべての非営利団体の形態がそれである[24]．これにあてはまるものとして，以下のものをあげることができよう．すなわち，スポーツ・レクリエーション分野の要求に応えて，諸個人の生活の質を改善することを目的として取組む団体，教育訓練や文化の振興を目的とする団体，さまざまな範疇の周辺的な人々（移民，病人，薬物常用者，アルコー

ル中毒者，高齢者など）の再統合のための団体，平和擁護団体，環境保護に携わる団体，政党および労働組合団体である．

一般的にいって，これらは画定することがむずかしい領域である．それは，これらの組織形態が，固定的に定められた種類にかならずしも含まれていないからである（例えば，ここで言及した諸団体のなかには公的認知を受けているものといないもの，法人格をもっているものともっていないものが混在している）25)．

4.2. 量的側面

入手情報源だけでは，全国的規模での非営利組織の活動に関して量的分析を行うことは容易ではない．事実，イタリアで行なわれた大部分の実証的研究は，ほとんどが地方での状況に集中してきた．したがって，全国レベルで存在するデータは乏しく，あまり信頼し得るものではない．それはなにより

表9 総括表

	財務省		IREF	社会問題委員会
	1984	1984 (1978年対比%)	1989	[？]
非営利団体数	15,587	120.8		
商業団体	3,337	117.8		
非商業団体	12,250	121.7		
共済組合数	4,221	-22.8(1)		
商業団体	509	-74.4(1)		
非商業団体	3,603	8.6(1)		
共済および保険基金	319		200	
非営利団体会員数			9,523,000	
ボランティア数			3,746,000	
非営利団体所属者の対人口(18～74歳)比			24.0	
ボランティアの18-74歳人口比			9.4	

も非営利組織の変動が大きく,インフォーマルな運動であるためであり,より一般的には,さまざまに異なる非均質的な情報の照合が困難なためである.

こうしたなかで,非営利活動の全体規模を測定するうえで,われわれが依拠する情報源は,次のものである.すなわち,財務省法人課税収入統計[26],IREFがEURISKOと提携して1989年に行った調査(IREF, 1990),オリベッティ財団が90年に分析・出版した調査結果(Bassanini and Ranci, 1990),そして最後に,88年社会問題委員会報告(下院,1988)である.これらの資料から導き出される主要な結論は,総括表[表9]に示されている.

財務省の数字は完全に包括的なものではなく,そのために非営利組織の動向を過小評価しがちである[27].しかし重要な点は,これらの数字,実際の状況の最低限を示しているにちがいないことである.これによれば,84年に非営利組織と共済組合は,それぞれ15,587と4,112で合計21,699存在した.

全般的にみると,これら組織の大半(1984年で約80%)は,課税目的上,非商業事業体と見なされていることがわかる[28].

検討の対象となっている78年から84年の時期の動向を見ると,まずなによりも,唯一積極的動向を記録した慈善組織と共済組合を例外として,典型的なボランタリィ型相互扶助組織の数が減少(−33%)したことがあげられる.しかしながら,再び財務省のデータによると,この減少は,もっぱら常態的に商業活動を行っている共済団体の減少によるものであるという点に注目しなければならない.

他方,非営利活動全般に加えられるその他の諸形態については,相対的地位をますます高めながら,全般的に数を増加させたことが記録されている.実際,1978年の(全申告者に対して)2.61%という比重は,84年には3.50%に増加している.他方,共済は,この期間を通じて反対に,全申告者のなかでの比重を78年の1.96%をピークに1%にまで下げているのである.

1988年5月の補完的健康保険に関する国会社会問題委員会報告は,もっぱら企業基金と共済基金を(いずれも共済という概念に含めて)考察し,共

済基金が約 200 あるとしている.しかしながら,それらはサンプル調査によって得られた数字であり,実際にはこの調査が地域的観点から非常に少ないサンプルに基づいて行われたために,共済基金 200 という結果は,かなりの過小評価であったと思われる（財務省 84 年数えでは 319）.

この報告結果に従えば,共済基金を通じて健康保険の適用を受けている人の最低数は不確定ではあるが約 200 万人と推計することができよう.

現在の非営利活動の動向を評価するうえで最も重要な意味をもつのは,おそらく,団体への参加状況と各部門の比重に関するデータであろう.

IREF 調査によれば,1989 年に非営利活動に従事していた 18 歳から 74 歳までの人のパーセンテージは約 24％,絶対数で約 9,523,000 人であった.

これに関連して,これらの数字は,さまざまな形で非営利活動にかかわるイタリア市民の全体数を,どの範疇の活動に属しているかは問題としないで推計した,各項目の「公称」加入数であることを強調しておかなければならない.

この調査は,非営利組織への加入を決めた人が,すべてそれに積極的に参加しているわけではないことを示している.調査結果によると,より積極的な参加が見られるのは,スポーツ,文化,政党および社会援助団体であって,これらは,その性格からしてとくに熱心な参加を当然とするケースである.

活動しているボランティアの人数について,IREF 調査は,イタリアで約 3,746,000 人（18 歳から 74 歳までの人口の 9.4％,すなわち非営利組織の構成員の 39％）がボランタリィ活動に参加しており,また,参加者の 89％ は非営利組織の構成員であると推計している.

IREF 調査では,さらに,イタリア人が行ったボランタリィ活動の経済的価値を推定している.調査によれば,個人のボランタリィ活動への参加は平均週 6 時間（年間 40 週として）であり,したがって,時間当りの平均的価値が 14,000 リラ（85 年の専任のソーシャルワーカーの時間当り費用に相当）と仮定すると,ボランタリィ活動全体では,年間 14 億 7,200 万時間,206 億 800 万リラに相当するものと推計することができる.従業員数に換算すれ

ば，これは約92万人の労働者に匹敵する．

　ボランタリィ活動に携わる組織の数に関して，オリベッティ財団が行った研究は，その「最も広範な調査は1983年に労働省によって推進された」としている．この調査は15,000の組織を調べ，このうち半分について直接情報を集めたものである．直接調査した組織のうち3,385組織（48％）がボランタリィ活動を行っている．

　これに加えて，再びオリベッティ財団によると，地方ごとに行われた多くの調査から，さらに詳しい資料を得ることができる[29]．その調査結果では，ボランタリィ活動の規模が全国調査の推計よりもはるかに大きい[30]．

　ボランティアの数については，労働省調査が，89人に1人のボランタリィ労働者（1.12％の割合）がいるものと推計している[31]．

　明らかなように，われわれの利用できるデータは，さまざまの不均質な調査によっているので，ボランタリィ労働の全般的な測定について，一義的に明白な結果を得ることは困難である．しかしながら，入手情報に基づいて，イタリアにおける非営利組織の活動が力強く発展しており，その地位は今後ますます高まる傾向にあると言うことができるだろう．

5. 社会的経済の有効性にかかわる諸問題

　社会的経済セクターに属する事実を確定するために量的分析を行ってきたが，その場合の唯一の規準はさまざまな組織が採用した法的形態であった．
　現実には，法的形態が与えられさえすれば，当該の社会的経済組織の経済的なしたがってまた社会的な行動が，社会的経済組織としての目的，機能，および一般的目標におのずから合致するということにはならない．
　この観点からすると，社会的セクターに属するか否かを判断するのに必要かつ十分な条件は，法的形態にもとづいて社会的経済に属しうるとみなされる諸基準が，長期的に遵守されていることが確認できることでなければなら

ない．この諸基準とは，組織の目的，性格，および社会的目標にかかわるものである[32]．

これまでの考察は自明にみえるかもしれないが，にもかかわらず，それによって1つの重要な要素が明瞭に示された．すなわち，具体的な組織と社会的経済の概念が一致するかどうかの鍵としての社会的経済組織の特有の性格と目標の定義である．

この到達点に立って，次に取り組むべき問題は，社会的経済組織による自らが目的とする機能の追求と，社会的経済自身（およびその下位集団）の「有効性」の間につながりが存在するかどうかを，論理と事実の面から検証することである．

社会的経済セクターの各構成要素にかかわる有効性の概念は，それらのさまざまな組織が実行すべき社会的機能との関連で定義されなければならない．

これらの組織のうちのあるものについては，すなわち，いかなる営利目的ももたず，その構成員のためだけでなく，社会全体あるいはその一部のためにサービスを供給することを目的とする組織については，組織そのものの機能－目標が直ちに社会的な機能であると認められる．この場合，有効性とは組織自身の機能－目標を実行する能力であり，この種の組織の成長によって有効性を確認することができる．

しかしながら，これ以外に組織が追求する主要な機能－目標のなかに社会的機能の実行を直ちに認識できない場合がある．協同組合や，またある程度は共済組合が，それである．

この問題をより深く検討するためには，まず初めに，協同組合と共済組合に付与されるべき社会的機能を定義しなければならない．実際，公益的サービスを供給する団体とは違って，これらの組織の活動の便益は，直接的にはもっぱらその構成員に与えられるものである．ここから次のような問題点が生じてくる．協同組合や共済組合が達成した成果から直接的に利益を享受する個々の組合員の「私的」利益が，社会的機能を表現していると見なされる資格があるのかどうか，という点である．

まったく暫定的な答えではあるが，1つのありうる答えは，次のようなものである．すなわち，歴史的にみて，社会集団は特定の利益やその根底にある利益の増進（および充足）を，社会的に重要な事実として受け入れ，優先課題として表現するものである，ということである．

問題となっている協同組合や共済の場合，その社会的機能[33]は，これらの組織が次の2つの課題を推進しうる手段である，という事実の上に成立する．すなわち，経済的・社会的生産と再生産の分野における人間的要素の比重の増大，生産・交換過程への人々の参入・存続による経済的多元主義の達成である．これらの人々は，協同組合や共済組合がない場合には，投下資本の増加という基準に帰しえない社会的価値をもつ自分たち自身の才能や労働能力を自律的に提供する可能性を排除されてしまう人々だからである．

この意味では，構成員に直接の便益を生み出すことを主眼として活動しているような社会的経済組織の場合，一般的な規準によってその有効性の評価を単純に下すことはできないのである．むしろ，協同組合と共済を特徴づける多様な種類と形態を詳しく検討することによって評価がなされなければならない．

われわれは，4つの協同の形態をマトリックス化することを試みた．これは，それぞれの主要な機能－目標と，社会的機能，効率性と有効性の評価について考えられる非包括的で経験的な基準に対応するものである．もちろんこれは1つの例であり，提示した考察の「妥当性」を検証するためには，ここでの注記がさらに発展されられなければならないことをわれわれは十分自覚している．

実際問題としては，マトリックスのなかで分析した4つのケースに限っても，本格的な実証作業はまだこれからである．現在のところ，必要とされる情報がまだないことを考慮するならば，このことは明らかである．

しかしながら，次の点を銘記しておくことは有益であろう．すなわち，イタリアの経済・社会構造と先に提出したデータを踏まえると，ある種の協同組合形態（例えば流通および信用部門の協同組合）の有力な成長は，イタリ

マトリックス

形　態	目的−機能	社会的機能	効率性の尺度	有効性の尺度
労働者協同組合	a) 組合員1人当りの所得の最大化 b) 雇用の保障	a) 人間的要素の増大 b) 経済的多元主義の達成	1) 同部門の従来型企業の賃金稼得者と組合員の平均所得との比較／協同組合と同部門企業の付加価値の比較 2) 景気循環を考慮した雇用の安定性	1) 組合員の企業の会合への参加率 2) 組合員労働者と非組合員従業員との関係 3) 同経済部門の全従業員に対する組合員労働者の比率の増加
消費者協同組合	同品質の財の組合員向け価格の最小化（または同価格での質の最高度化）	生産者，流通業者から自立した消費者の立場からの経済的多元主義の達成	合理的な消費者は価格−質の点で利益を得る場合にのみ消費者協同組合を選ぶと仮定すると，効率性の基準は，1) 組合員の拡大率と，2) 人口に対する組合員の割合によって間接的に与えられる	1) 生産物に関する情報（価格,内容等）について(同規模)他企業との比較 2) 組合活動への組合員の参加 3) 市場シェアの成長率
農産物販売協同組合	組合員の販売価格の最大化	食品産業および卸売業に対する農業生産者の市場での地位強化を通じた経済的多元主義の達成	一般市場価格と協同組合の生産物の販売価格との比較	1) 全農産物に対する協同組合が販売した農産物の割合 2) 企業の会合への参加率
信用協同組合	a) 信用コストの最小化 b) 貯蓄配当の最大化 c) 資本供給の最大化	a) 経済的多元主義の達成 b) 資本供給のボトルネックの除去 c) 相対的に遅れた地域での現代的な支払い方法の導入	1) 銀行制度の他の部分との預金利子との比較 2) 銀行制度の他の部分との投資コストの比較	1) 投資の拡大 2) 市場シェアの拡大 3) 組合員の拡大

ア社会においてこれらの特殊な協同組合形態がもつ社会的役割（したがってまたその有効性）の現れとして考えられる，という点である．

同時に，保険部門やある種の生産部門における協同組合・共済組合の周辺的性格は，これらの形態がそうした特殊部門では適合的でないことを示すものであろう．

実際には，ここで行った観察をさらに突き詰めなければならないことは明らかである．（売上高，組合員数，平均企業規模などの面での）消費者協同組合の成長が，有効性の観点から重要な指標と見なすことができる一方で，信用協同組合の場合には，その解釈がより複雑であるように思われる．

一例として，著名なイタリア銀行重役によって行われた，農村銀行の活動に関する考察を引用することができよう（Fazio, 1987）．彼は「農村銀行のシステムがとった方向は」配当を高めて「自己資金の集積を拡大する方向であった」が，他方「投資が行なわれた条件は，銀行部門の平均と比べて，かなりのコスト高になっている」と指摘している．

このような行動は，信用協同組合の一方の主要目的（貯蓄への配当を最大化すること）とは矛盾しないが，信用政策当局の目的でもある，もう一方の目的（利用し得る信用を創り出し，コストを最小化すること）とは矛盾する．

以上の簡単な検討からも，社会的経済団体の有効性を測定するためには（そしてその場合における有効性概念の基本内容の画定に先立って），これまでの検討でごく簡単にふれただけの問題について，さらに検討を進めなければならないことは明らかである．

結　　論

これまで見てきたように，「社会的経済」という概念はイタリアの議論には欠落した概念である．にもかかわらず，一般にこの経済「セクター」に属すると見なされる団体は，イタリアのなかに大きく広がっている．

イタリア経済のなかでの「社会的経済」団体の比重を画定するために，わ

れわれは本論文において，こうした広がりを量的に示し，またその発展経過を検討するよう試みた．利用できるかぎりの資料によって，われわれは協同組合の現状をより明らかにし，非営利組織部門のいくつかの重要な数字を割り出すことができた．これによって，協同組合が過去20年間，特定の部門（いくつかの農産物の販売・加工，建設産業，流通および信用）できわめて重要な地位を占めながら，相当な発展をとげてきたことを確認することができた．さらに保険では，直接的な共済や協同組合の経験はきわめて周辺的であるが，間接的な経験，つまり協同組合所有の会社を通じた取り組みが重要であることを記した．

入手データによれば，共済事業は，ほとんど重要な意義をもっていない．他方，非営利組織の世界は測定の困難にもかかわらず，重要な意義をもっていると思われる．非営利組織についてさらにいえば，その持続性を測定し性格を分析する試みが行われたのは，つい最近のことであると言える．いずれにしても，こうした分析が始まったことは，この活動に対する国会の関心の高まりと合わせて深い研究に値する活動の発展が存在することを示している．

最後に，本論文の終わりの部分でわれわれは，今後の社会的経済に属する団体の活動を測定する諸研究のために，有効性の観点から基礎を据えようと試みた．

注

1) すべての協同組合が，国際協同組合同盟が述べているすべての規則を同時に遵守することを義務づけられているわけではない．なによりも人民銀行の場合，「1人1票」の原則が適用され，各組合員が保有できる資本の量も制限されているが，資本の価値は，他の協同組合とは違って，企業の価値を無制限に反映する．

2) しかしながら，とくに住宅協同組合の場合，協同組合の従業員の数はきわめて少ないものとみてよい．

3) これに対する唯一の反証は，1950年代（1951-61）に，極端に高い年平均

成長率（8.86％増）が，協同組合総覧に記録されていることである．しかしながら，この場合の拡大は，本質的には住宅協同組合の拡大によるものである．事実，住宅協同組合を考慮しないならば，平均成長率は4.61％にまで落ち，1970年代の6.37％を下回る．

4) IRPEG［法人所得税］は，事業に対する主要な所得税である．したがって，比較が成り立つならば，有効な概算的表示を得ることができることは明らかである．なぜならここで検討している企業の領域は，例えば，すべての合名会社を除外した部分的なものだからである．

5) このことは，1981年ISTATセンサスによると，1協同組合当り平均従業員数が約18人であるという事実が裏づけている．

6) 協同組合総覧における混合協同組合は，信用協同組合，およびさまざまなカテゴリーの組合員（例えば消費者と労働者）からなる協同組合をも含んでいる．

7) この概算は，1989年について，全体の中での住宅協同組合のパーセンテージに，われわれが概算した全協同組合数をかけて得たものである．組合員の数については，利用できるような信頼に足る情報はない．

8) 1981年に存在した協同組合の数は，約28,500と推計される．

9) 使用中の住宅のみを表示した．

10) 支援協同組合に参加している農場は，かなりの部分が中規模農場である．より詳しくいえば，上記の協同組合への参加は，農地面積20−50haまでの農場で一貫して上がり，それ以降は再び落ちる傾向がある．内部組織の型や，さまざまな会社規模を伴う販売市場を考慮するならば，こうした状況は容易に理解できるところである．

11) 534のうち，いくつが協同組合によって所有され，いくつが「その他の非営利団体」に属するかを，正確に確認することは不可能である．しかしながら，協同組合のパーセンテージが90％近いことは疑いない．それは，加工作業をも含めた共同作業所が592であり，そのうち531が協同組合所有，組合員115,215人だからである．

12) この場合，例えば，食品，衣料などでの「小売商業」にかかわる経済部門自体は，大きな比重をもっている．この部門での協同組合の比重が，協同組

合の平均的比重（1.45％）よりも低いことは明らかであるが，この部門は国民経済の中での雇用数という点できわめて重要であって（11.7％），そのため，この部門での協同組合の存在は，他の部門におけるそれよりも相対的により重要なのである（「その他のサービス」部門の0.01％に対して，0.17％．ただし「その他のサービス」のうち特殊な部門では，30％にも達する高い比重を示している）．

13) これにあてはまるケースは，例えば，従業員の23.9％が協同組合で働いている「ラジオ・テレビ送信」部門，あるいは「娯楽」部門（16.8％），あるいはまた既製服製造業（9.1％），タバコ産業（6.2％）である．

14) 1951年にさかのぼって詳しく進展状況を分析することは不可能である．この時期について現在確認できるのは，経済の他の部門と比べた協同組合の成長の低さが，なによりも建設産業における，協同組合数での40.6％という低落と，全企業平均の19分の1という従業員の増加率の低さの結果であったという点だけである．

15) 輸送部門では，協同組合の雇用が，1961年から1971年にかけて76.3％上昇した．ちなみに全企業では56.5％であった．他方，信用部門では，この増加率は協同組合で49％，全企業で46.3％に達した．

16) 従業員数で測った協同組合の存在の比重は，「輸送関連」部門で1961年から71年にかけて，3％から9％に，「輸送仲介業」では，26％から38％に上昇した．

17) この2つの分野で，協同組合の従業員は，1971年で463人であったが，1981年には5,000人に増加した．

18) 協同組合の平均規模は，1951年の従業員12.7人から，61年の15.5人，71年の21.1人へと拡大し，その後，81には20.1人に縮小した．

19) これは農村・職人銀行が，1971年以降，新規の信用機関設立に対する通貨当局の制限が解除された，唯一の企業カテゴリーであったという事実にかなりの程度よっている．

20) これに関連して，次の点を明らかにしておかなければならない．すなわち，人民銀行が，特別発行で，預金と銀行株を包含した複合的な金融商品を提供することによって，自己資本を拡大したこと．そして，このことが，ある場

合には，企業成長の道具と，有効な市場参入の手段となった，という点である (Padoa-Schioppa, 1986)．
21) 1985−90年の時期に，従業員が7,000人以上増加するとともに，それがもっぱらANCC加盟消費協同組合に限られたことは，協同組合の全従業員数に関する先の推計の妥当性を実証している．これに関連して，1981−89年の時期には約11,000人の増加が推計されていたことが思い起こされよう．
22) 私的性格をもった組織の，私的ないしは公的性格に関しては，あいまいさが残っていることは明らかである．しかしながら，私的タイプのシステムの上に活動していながら，公法によって法的地位を付与されているケースがある．その典型的な例はIPAB［公共援護慈善協会］である．このことは，さまざまな組織が取得している法的形態は，それらが社会的経済部門に包含されるかどうかを識別するために重要ではあっても，十分な規準と見なしうるものではないことを示している．
23) この点について，次のことをつけ加えることができよう．すなわち，共済組織は，社会的により弱い立場にある主体の，経済的・社会的性格をもった不慮の出来事（失業，病気など）の発生にかかわる費用を構成員の間で分割することによって，そのような出来事から発生する危険を，できるだけ少なくしたいという要求に起源がある，ということである．
24) これに関連して，IREFのデータ (IREF, 1990) は，インタビューを受けた583のサンプル団体のうち，70％が外部の主体にも利用を認めているのに対して，残りの30％が利用を構成員のみに限っていることを明らかにした．
25) 認可された社団の責任は，自己の資産を限界とするが，他方，無認可の団体の場合は，その団体を代表して活動する者が，第三者に対して，個人的，かつ無限に責任を負う．しかしながら，この区別は，あまり重要ではない．というのは，多くの集団的組織が，相当大きなもの（例えば労働組合）でも，通常，法的地位をもっていないからである．
26) 財務省が発行した財政資料は，1974年から84年までの時期をカバーしている．それ以降の年度に関しては，有益な資料を利用することができない．
27) 実際，これは，推計不可能なすべての脱税をカバーしていない．すべての共済組織が課税収益の提出を義務づけられているわけではないことは推測で

きよう．例えば，商業活動をまったく，あるいは，本当に時折にしか行わない団体は，いかなる所得も得ないか，あるいは，所得が，税金を支払うべき額に達しない場合，ならびに代替税として源泉控除される所得である場合の双方，またはどちらか一方の場合には，そのような申告の提出を義務づけられていない．

28) 商業活動は，副次的に行うことのできる活動や，組織の目標を達成するための単なる手段であったとしても，定款または設立文書の規定によって，団体の組織的目標の中に含まれている場合には，常に主要な目的を構成する．

29) なによりも，ミラノおよびモデナ両市，レッジョ・エミリアおよびピアチェンツァ両県，ロンバルディア州関連の調査を参照した．

30) ミラノ市だけで，IRS 調査は 300 の非営利団体の名前を確認する一方，少なくとも 600 以上の非営利団体が存在するものと推定している．

31) 地方レベルでは，IRS のロンバルディア調査が，州内に，住民180人に1人，計約6万人のボランティア活動家が存在すると推定している（しかしながら，この調査は，少なくとも2年間活動している，機構の整備された団体のみに関するものである）レッジョ・エミリア県では，ボランティア活動家が4,000人以上，つまり人口96人に1人の数であることが報告されている．

32) 長期的に，という点を強調されたい．とくに市場で活動する組織にとっては，それらの規準が決定的に損われない限りにおいて．

33) このこととの関連で，イタリア憲法第45条で「相互扶助目的を有し，私的な投機目的をもたない協同組合の社会的機能を承認し」たことが考慮されるべきである．

ベルギーの社会的経済セクター

ジャック・ドゥフルニ

　ベルギーでは，社会的経済の概念の普及はまだ序の口というところである．この普及はつい最近のことでもあり，そのうえこの概念はいくつかの特別な政治的な諸決定ときわめて強く結びついており，さらにワロン地域のみで普及している概念である．これらの政治的諸決定のなかでもっとも重要なのは，1988年12月にワロン地域行政府による「社会的経済とその必要事項の定義のための報告書準備」を目的とした「ワロン地域社会経済協議会（CWES）」[1]と名づけられた諮問組織の設立決定であることはまちがいない．同時に，社会的経済企業の創設とそれらの管理を支えるための「協議会支部」と呼ばれる十いくつかの連合機構に向けた補助金政策が実施された．
　1991年5月にワロン地域社会的経済協議会（CWES）により発行された「社会的経済セクターに関するワロン地域行政府への報告書」は，現在も近い将来においてもまだ輪郭がはっきりしないと思われるこの概念について述べているが，本論文はなによりもこの報告書を主要文献として利用している．しかし，われわれとしてはベルギー全体に拡大して社会的経済の問題を考えたい．したがってなによりもベルギーの社会的経済の理解を助けるような，ベルギーのいくつかの特別な事情に言及することからはじめたい．

1. ベルギーの特別な事情

　社会的経済の概念の輪郭づけに際しては，フランスの社会的経済の事例が主要な役割を果たしてきたし今後も果たすであろうこと，とりわけフランス語圏諸国や言語的文化的な類縁性を地理学的にもった地域に対して果たすことは確かである．したがって，社会的経済がワロン地域でまず最初に導入されたのは偶然ではない．新しいブリュッセル地域行政府はすでにこの方向に何歩か踏み出しているが，反対にフランドル地域は，オランダやドイツにならって，社会的経済に対してはほとんど関心を示していない．けれども，ヨーロッパ共同体EC委員会が社会的経済を認知していることから，フラマン地域においても，それが協同組合，共済組合，アソシエーション組織の真に共同のダイナミックさとはいかなくても，遅かれ早かれ一定の意識的対応をもたらすであろう．

　ベルギーではいずれにしても，社会的経済のこれら3つの構成要素たる諸組織間の関係とさらに各要素内の関係は，特別な諸要因のおかげで促進されている．すなわち，1つは主要各部門協同組合連合の間の統合化であり，もう1つは協同組合，共済組合，アソシエーションの主要組織による特定の政策集団としての連合体である．まず，協同組合の部門の統合化を見ていこう．例えば,社会主義系協同組合グループは,ベルギー協同組合連盟（FEBECOOP）に結集しており，銀行，保険，薬品販売，製パン，印刷，出版，建築などの分野を有する．一方，キリスト教労働者運動系の協同組合は，非常に多様な分野で展開されており，ARCOグループ（旧キリスト教協同組合全国連盟すなわちグループC）として結集している．この構造こそが，各種異なる部門の協同組合の間の接触を容易にし相互依存を強めているのである．

　またいささか特権的な諸関係も，協同組合，共済組合，アソシエーションの間で，政治的大家族というなかに存在している．例えば，ベルギーの北部

では南部と同様に,社会主義系の協同組合と共済組合は,FGTB労働組合[2]や社会党,社会主義者共同活動の支持者たちと一緒にやっている.一方,キリスト教系協同組合と共済組合は,CSC労働組合[3]やさまざまな社会・文化アソシエーション,キリスト者労働者運動と一緒にやっている.最後に,ベーレンボンドベルギー(協同組合連合会)は,フラマン地域の農業部門を組織し,またその有力なアソシエーションや協同組合のいくつかがフラマン地域社会キリスト教党の「支持者standen」の一部となっている.

このベルギーの社会経済の大部分を占める非常に政治的な枠組みが,政治面における重要権力者の交代をもたらす.けれどもそれはあまり有利な面ばかりとはいえない.ベルギー社会の「分立化」は実際には,政治的に属する集団が異なるために,活動が類似している社会的経済組織をしばしば分離させる社会学的な深い溝のようなものになっている.そのうえこうした政治的な帰属は,しばしば一般者にとって特定組織における真の協同組合,共済組合,アソシエーションの特性はなにかという認識を困難にせさる.結局,このことはまた,一方で政治団体に強く根を下ろした社会的経済企業と,他方で政治団体に属していないと自認する社会的経済企業との間の関係を複雑にしているのである.

2. 社会的経済の定義を求めて

これまでにベルギーの社会的経済[4]の概念化について別々のいくつかの研究が行われたものの,ワロン地域社会的経済協議会(CWES)においてこそ,この第3セクターの定義と明白な表現にいたる主要な作業が展開されたのである.事実,ワロン地域社会的経済協議会の審議は,なによりもフランスで展開された社会的経済のいくつもの取り組みによって導かれてきた.これらの議論は,2度の時期に分けて組織されたので,この2つの段階をざっと見ることで,ワロン地域での社会的経済の概念がどのように進展してきたの

かを理解できる．

　最初の段階では，ワロン地域社会的経済協議会は，社会的経済の仮の定義を採用し，各種機関に対して提出した．予備的な名称として使われたこの定義は，次のような用語であった．すなわち，

　「社会的経済は，連帯，自治，市民性の諸価値に基づく協同的（associatif）な形の経済活動により構成される．それらの活動は，以下のような諸原則に基づいて活動する企業，共済組合，アソシエーションによって行われる．すなわち，①民主的管理，②社会的目的性，③資本に対する制限報酬と利益の社会化，である」

　この定義のいくつかの要素を明確にし，簡単に説明する必要があろう．まず最初に，冒頭の文節とは反するが，私的経済活動をもっぱら重要だと定義しない．この性格づけは非常に重要である．ベルギーでは，社会的に恵まれない人々の立場に立った多くの経済活動が，社会キリスト教的環境のなかでは私的アソシエーションの枠組みにおいて行われている．一方，同じような分野の活動が，社会主義者の人々のなかでは，むしろ公権力に対する要求として（例えば，地方自治体の監督下の私法的アソシエーションの枠組みのなかで）行われている．

　この2つの潮流の一方のみを社会的経済であると認めたりしてあえて対立させないためにも，ワロン地域社会的経済協議会は，この点については沈黙を守るほうを選んでいる．この理由のため，また大多数のアソシエーションの財政の多くが公的資金によっているので，しばしばフランスですでに発展しているような，公的権力から独立しているという基準をもっていない．同協議会（CWES）はどちらかというと，詳しく説明することなしに，自治について多くを語っている．

　一方，社会的目的性という基準は非常に漠然としており，まさに同語反復である．しかし，営利目的がまったくないと明言することはきわめて非現実的だとおもわれるし，とりわけ，剰余金をつくり出す能力にその生存能力の大部分を負っている協同組合にとって，それは非現実的である．結局，第3

の基準は，初めから規制の少ない形で規定されることになった．すなわち，資本の制限報酬もしくは利益の社会化である．資本の制限報酬はベルギー法に規定された古典的な協同組合原則に基づいて，単なるご都合主義によって協同組合定款を採用した企業のなかから，「真の」協同組合を区別するものであった．利益の社会化は，どちらかというと社会資本をもたないアソシエーションや共済組合に向けられたものだった．この2つの条件が重なって出てきたことは，協同組合に対するきわめて強い過大な要求につながっている．

3. ワロン地域社会的経済協議会が採用した定義

数カ月の間，ワロン地域社会的経済協議会（CWES）は，定義づけのためいろいろな立場からの意見を集めて議論を続けた．これを基礎にして検討委員会に委託し，1990年3月に次のような公式を採択した．すなわち，

「社会的経済とは，主として協同組合，共済組合，アソシエーションといった企業によって遂行された経済活動から成るものであり，その倫理は次のように示される．
(1) 利潤目的よりも，構成員またはその集団へのサービスを究極目的とする．
(2) 経営管理の自治．
(3) 民主的決定の手続き．
(4) 収入の配分における，資本に対する人間と労働の優位．

ワロン地域社会的経済協議会は定義を簡潔にしようとしたため，望ましいすべての意味づけを1つの文章に表すことができなかったので，われわれとしてはこの定義を導くために，考察された諸原則の要約を試みた．これらの原則は，社会的経済の定義の運用法といったものである[5]．

第1に強調すべきは，社会的経済は本来的に経済活動の集まりであって，

その経済活動にはアソシエーションの主要部分も含み，経済のより古典的な意味に基づいて理解されるべきものである．すなわち，社会的経済は限定された資源を欲求の満足に合わせて割当利用することや，財やサービスの生産・流通・消費からなりたつ．同様に，その実行手段やその求められる要求と供給する営利的または非営利的サービスからすれば[6]，多数のアソシエーションが広い意味で経済活動体であり，富の生産と一般福利の増加に参与しているのは明らかである．しかし，この経済についての幅広い，しかし経済的には厳密な見解は，通常受け入れられている意味にはまったく合致せず，また1980年と88年のベルギー法でのベルギー共同体の文化的社会的促進に関する地域経済事業体の定義にもまったく合致しない．

なるほど協同組合，共済組合，アソシエーションの3大形態は，社会的経済セクターについてアプリオリにもっともふさわしい構造を確定するのに都合のよいものである．しかし，協同組合でない会社でも，もしこれらの基本諸原則を尊重するならば，社会的経済の一部になることができる．逆に，多くの協同組合が，その法的形態をただ運営上や財政上の有利さのためだけで選択しており，これらの協同組合は実際上，社会的経済となんの関係もないものである[7]．

結局，冒頭の公式にある真に改革者的な要素だけが，すなわち，社会的経済に特有の倫理への確信こそが，社会的な価値や規範を考慮することなしに（生物学，医学，経済などの）規準が独立して発展していく危険を人々が再び見いだしているところの1つの時代において，なによりも自らを正当化する．商売倫理（ビジネス・エシック）が資本主義に道徳的な威光を与えているのだという多くの議論が，時としていささか安易に行われているのに対して，社会的経済は常に経済のまさに中心に倫理要請を明記しており，人間を尊重する企業の実践を推進しつつ，公益も考慮にいれているのである．この非常に倫理的な意味が，社会的経済を無報酬の労働の大部分を動員することのできる唯一のセクターとしているのである．

社会的経済の倫理といえる4つの原則を見ていこう．

3.1. 利潤目的でなく,構成員またはその集団にサービスすることが究極目的

社会的経済の目的のより厳密な表現は,その目的が企業活動自体にあり,企業がもたらす利益や権力にあるのではないということである.このように,その活動の目的として,相互保障組織(共済組合),よりよい質と価格の財とサービスの生産や取得(消費者・利用者協同組合),企業のメンバーのための雇用創出(労働者協同組合),失業中の若者に対する職業訓練(職業訓練企業),さらには会員や特定の人々に対する各種利益サービスの提供(アソシエーション)がある.しかしこの種の理念は,社会的経済企業はその活動の性格からして(広い意味で)その構成員または他の人々にサービスをするのであり,財政的利益を求める道具ではないと考えれば,もっと理解しやすいかもしれない.補助金といった特定の形態をあてにできない企業にとって,必要な利益を得ることは,この場合,企業のサービスを実現する手段であって活動の主要動機ではない.

3.2. 経営管理の自治

経営管理の自治は,まず財とサービスを生産する社会的経済を公的権力から区分することにある.公的権力は民主的選挙に基づきまた公益を追求しているとみなされているので,その経済活動は社会的経済の主要規準に合ったものだと思われがちである.事実,公的権力には,すべての自主連合的(アソシエティブ)なダイナミックで本質的な活力をもつ自治が一般的に欠けている.しかしながら,特定の状況では,公的事業とりわけ地方自治体の事業は,法律面と財政面で十分自治的な構造が適用されることがある(例えば,社会援助公共センターによってつくられた非営利アソシエーション).この場合,それを社会的経済に所属させることはまったく妥当である.

3.3. 民主的決定の過程

決定の過程における民主主義は,「1人1票」の協同の中心原則にさかのぼる. この原則が, 協同組合, 共済組合, アソシエーションといった一定の規模を越えない企業において実際上配慮されていると見なすならば, この原則の大規模企業における影響力は, どちらかと言えば, 定款上のものとして現れる. したがって, この原則は適用はむずかしいが適用を目指すべき規範として現れており, ある特定の場合には, 組合員にとって最後の訴える手段なのである.

3.4. 収益配分においては資本より人間と労働が優越する

この原則の公式化はあいまいに見えるかもしれないが, この公式化は社会的経済企業の内部における非常に多様な実践を都合よくカバーできる. すなわち, 資本に対する利子制限による配当, 労働者間または消費者組合員間での剰余金の全部または一部配当, 準備積立金の将来投資のための充当, 社会事業を通じた直接割当金などである. さらにこの公式化は例えば協同組合が自らの資金を増加させようとして, 十分魅力的な配当を資本に与える必要性を認めることを妨げるものではない.

ワロン地域社会的経済協議会で採用されたこの定義は, 結局のところ, 国内レベルでは 1990 年 12 月に「社会的経済と国境なきヨーロッパ市場の実現」の意見書に基づいて経済中央会議に受け入れられている. これにより, 繰り返して言うが, 仮に社会的経済の問題がフランドルで何の関心も引き起こさないとしても, 国内レベルで現実的に有効性をもっていることは見てとれる.

4. ベルギーの社会的経済の構成部分

さて, ベルギーの社会的経済セクターが何であるかの基準が明らかになっ

たので，次にあげる区分の企業がこれらの基準に対応するかをより具体的に見ることにする．実際，それら企業のすべてを引用するのは容易ではないので，ワロン地域社会的経済協議会がまず提案している3大区分に基づいて企業をグループ化しよう．協同組合，共済組合，アソシエーションの各区分の内部で，もっとも特徴的な企業の種類を次のように細分化できる．

4.1. 協同組合

協同組合目的[8]にまったく関係ない協同組合がたくさんあることはすでに述べた．実際上，全国協同組合協議会（CNC）[9]の加入規準に合った協同組合とこれら協同組合に類似した企業しか社会的経済の一部となっていない．まず初めに，キリスト教協同組合運動と伝統的社会主義協同組合運動を構成している企業，あるいはベーレンボンド協同組合連合会に依存している企業があてはまる．これらの間でもっとも重要なのは，貯蓄信用部門と保険部門である．この2つの部門には，キリスト教系協同組合としてCOB（ベルギー労働者協会）とLAP（人民保険）があり，社会主義系協同組合のものとしてCODEP（旧預金コープ）とPS（社会互助会）がある．ベーレンボンド系にはCERA（ライファイゼン中央金庫）とABB（ベルギーベーレンボンド保険）がある．

協同組合はまた薬品販売部門において活発で，同部門の従業員数の10%，販売高の約20%を占める．「共済の家」が社会主義系協同組合運動と結びついており，共済組合のなかではもっとも大きい．一方，キリスト教系運動は，どちらかというとESCAPOやEPC（シニイ人民経済体）を通じて行われている．EPCはまた，小売販売部門での最後の消費協同組合であったが，1991年11月にルイ・デルエーズ[10]という私企業グループに譲渡されてしまった．

ベルギーにはまた農業協同組合がたくさんある．もっとも多いのがフランドルのベーレンボンドに結びついたもので，農業専門家全国連合やワロン地域ベルギー農業連盟に加盟している．ここではむしろ，農業経営の川上，川下で多くの活発な活動を展開しているAVEVEグループを紹介すべきだろう．

同一の名前をもつこの本部は，先述の人民保険（LAP）とベルギーベーレンボンド保険（ABB）と同様に株式会社である．しかし，LAPとABBがベーレンボンドから統制されているのと同様に，AVEVEは協同組合団体によって統制されている．

農業協同組合は，これまで穀物分野と現在再編中の酪農分野で重要な位置を占めている．農業セリ市場協同組合，園芸協同組合，農業機械利用協同組合，相互扶助共済協同組合，研究相談事務所協同組合など，さらに他の活動分野を含めた広い範囲のサービスがベルギーの農業の大部分を覆っている．

最後に，これらのすでに古い一定の規模をもつ企業に対して，さらにここ15年間につくられた従業員20名弱規模の200から300の協同組合をつけ加えることができる．全国協同組合協議会（CNC）がこれらを統合しようとする関心は薄かったものの，これらは西ヨーロッパのあらゆる所でわずかながら出現している真の新しい協同組合の実例を示している．建築，印刷，農業製品といった伝統的分野でも多くが，財のサービスや知識のサービスを提供している．注意すべきは，これらの「新しい協同組合」は，主としてワロン地域で導入されているが，一般的に言って利用者協同組合というよりも，労働者協同組合であるということである．というのも，これらの協同組合は自分達の雇用をつくり出そうとする人々によって設立されるからである[11]．

4.2. 共済組合

ベルギーでは共済組合の活動には，主として2種類がある．第1は強制的社会保険制度による保険金の満期払戻し給付金の給付を行うものであり，もう1つは任意保険とそれに多かれ少なかれ結びついた保険サービスである．このどちらを重視するかで，社会的経済に対する共済組合のかかわり方がまったく違ったものとして現れる．

まず任意保険から見ていこう．これは自営業者向けの「小保険」型自由保険で，追加型自由保険（ALS）と呼ばれているものと，社会保険者の90％が加入しており強制保険制度では準備されていない各種サービスを提供する

補完型自由保険（ALC）とがある．また共済組合が直接間接的に運営している多数の社会医療活動がある（療養所，保養所，精神的健康快復施設，憩いの家，バカンスセンター，在宅看護サービス，在宅保育など）．これらの活動の一部しか補完型自由保険とは特定的に結びつけられないが，これらはすべて社会的経済の視点で同じやり方で分析されている．実際，共済的活動のこの側面は，社会的経済に十分に対応したものであり，また提供される財やサービスの多様性によって，自主管理に関係したものを含んでいる．

共済組合の活動のもう1つの側面は，1945年にベルギーの共済組合が強制的社会保険制度に統合されてから以降，よりデリケートな運動上の問題をもっていることである．共済組合は世間的には半公立機関としてみられ，全国病人身障者保険協会（INAMI）と社会保険との仲介者（代理業）的な役割を果たしている．けれども，ワロン地域社会的経済協議会（CWES）は，多くの理由でこれらを社会的経済のなかに統合的に含めることを決めた．

まず初めに，歴史的にみて現在の共済組合の大部分は，19世紀を通じて設立された社会的経済の本質的な形態の1つを具現化していた多様な相互保障会社の推進から生まれた．それは当初の組織をつくった創設者たちの原則を否定するようなものではなく，むしろ国家をして自分たちの公共サービスの使命を委託するようにさせたという点で，共済組合の妥当な成功であった．共済組合主導の大きな扇のなかで，強制保険はこの活動の非常に大きな一部として位置づけられ，また補完型保険はそれらの延長として新しい需要をカバーするものとして位置づけられなければならない．さらに，公的権力による窮屈な統制にもかかわらず，共済組合は今日までかなり非中央集権化された構造を守ってきた．すなわち，全国連合会は地方連盟により構成され，地方連盟はまた多くの単位共済組合を地元レベルで組織している．結局新しい法律は，非集中化の度合いを減じさせたが，また共済組合の責任と自主管理を増進させたというのも確かである．

もしEC経済社会委員会報告（1986）に従うとすれば，社会的経済のなかの共済組合に，ベルギーで活動している共済保険団体（アソシエーション）

のいくつかをさらに追加しなければならない．これらは主として共済保険会社連合会と保険共同金庫に組織されており，とくに労働災害保険をカバーしている．しかし，これらから公務員共済組合SMAP[12]のような公務員だけの組織は除外しなければならないことは確かである．

4.3. アソシエーション

　社会的経済の区分化は，アソシエーションの分野にかかわるときにずっと複雑になる．第1の問題は，非営利目的アソシエーション（ASBL）の法的形態に関するものである．すなわち，この法的範囲はあまりにも広すぎるので，実際は利益追求目的の活動や非常に集中化された権力構造を隠すことができる．続いて，アソシエーションのうち社会的経済の所属が当然なほどに十分な経済的関与をしているアソシエーションを切り離す必要がある．なるほどアソシエーションの経済的性格は非常に広い意味で解釈せざるをえないが，なによりもその経済的次元を明確化しなければならない．

　フランスでは，アソシエーションにおける給与支払を，たとえそれがパートタイム労働者に対するものであれ，指標とすべきだとの提案がある．またむしろ，行政によるアソシエーションの付加価値税（TVA）支払のための登録を指標として提案する者もある．他の一部の者は，これらの基準はあまり厳密でないので，指標とするにはほとんど役に立たないと見なしている．ワロン地域社会的経済協議会（CWES）はこの点で，非常に実用的な方法を採用している．新味のない議論をするよりも，ワロン地域社会的経済協議会では，この件に関するフランスの経験から教訓を積極的に引出してさらに先にすすめたいと思って，現在のところアソシエーションの単純で便利な分類を行うほうがよいとしている．

　具体的には，ワロン地域社会的経済協議会では少なくとも当初，F.ブローシューレネの提案したアソシエーションの分類法を受け入れた．この分類ではアソシエーションを奉仕提供（Prestations）のアソシエーション，影響力（influence）のアソシエーション，集まってなにかをする（rencontre）アソ

シエーションに区分している．これに基づけば，たとえこの区分が独断的なところがあるにしても，奉仕提供のアソシエーションのみが，すなわち財とサービスを生み出すアソシエーションだけが，明確に社会的経済の部分となる[13]．さらにワロン地域社会的経済協議会は，フランスの調査の方法を真似して国立統計経済研究所（INSEE）と協力しながら，社会的経済の国内統計をとっている．この点で，もし近いうちにベルギーまたはワロン地域の社会的経済組織を正確に再調査することになれば，解決しなければならない数多くの問題に重要な1つの方向性を示すことができるだろう．

奉仕提供のアソシエーションに示される活動分野はきわめて多様であるが，いくつかの主要区分ができる．すなわち，保健分野，社会分野（保健関連以外），教育と訓練，文化，スポーツ，レジャー，旅行と観光記念物保護，さらには開発協力分野などである．各分野を広い範囲で見ていくべきではあるが，ここでは社会的経済の広範な分野を概観するだけで，アソシエーション企業のいくつかの事例を列挙するにとどめることにする．すなわち，「黄白十字架」，「国境なき医療団」，職業教育学校，障害者共同作業所，生涯教育センター，地域テレビ，文化会館，発展協力非政府組織，「モンド・オクスファーム商店網」，「相談所」と呼ばれる社会的経済支援アソシエーションなどがある．ここではきら星のごとくあるアソシエーションのなかから特定して引用したわけではない．

しかしながら，アソシエーション企業のいくつかのタイプは，社会的経済の内部にあるよりもその境界線にずっと多くあることは確かである．例えば，非営利アソシエーションの定款をもつ多くの診療所は，それ自体としては利益追求をしていないが，患者を儲けの対象としている医者の活動基盤となっている．まったく別の例では，スポーツクラブが教育活動やレジャーの提供者と見なされているが，これらの一部はむしろ単なる「出会い（rencontre）のアソシエーション」に含まれる．これらが社会的経済の微妙な把握のための，またこの新しく出現したアソシエーション分野について，より厳密な調査をするための補完的ないくつかの理由となるものなのである．

5. 社会的経済の統計

　ベルギーの社会的経済セクターの数量的規模を正確にみるのは簡単ではない．現時点で社会的経済企業の体系的な統計一覧表は実のところ存在しない[14]．したがって，社会的経済の規模を推定する唯一の方法は，自分で統計に1つずつ重要な数字をつけ加えて枠組みをつくっていくことである．われわれがやってきたのはもっぱら，そうした各企業または企業グループについての雇用数，組合員数，事業規模の調査であった．またときどき活動の地域的拡散数値についても調査している（例えば事業所配置数）．

　主要な連合会に加入している企業やそれ自体で大規模な企業については，一般的に統計数字はつかみやすい．問題は，そのほとんどが大きい組織に加入していない協同組合やとりわけアソシエーションについて非常につかみにくくなることである．協同組合については，われわれは以前のいくつかの推定数字を新しく並べ直した．協同組合全国協議会（CNC）が公認しているがFEBECOOPとARCOグループに加盟していないすべての協同組合にも調査用紙を送付した．

　アソシエーションについては，カリタス・カトリカにもフランス語圏保健制度協会（AFIS）にも属していないものについての唯一の統計出所源は，国立統計局がベルギー調査官報に基づいて実施した非営利アソシエーション（ASBL）に対する簡単な調査（1990）である．ただしこの調査は，1988年末の非営利アソシエーションの数字について，大まかな活動区分における分布と州ごとの分布について行ったものにすぎない．この統計以上にアソシエーションがどのくらい経済活動しているかを知ることのできる数字はない．またもし多くの非営利アソシエーションが，実際活動をしていない時に，どこの分野にも表れない多くのアソシエーションの数字が示されずに，公式に消えてしまうくらいなら，数字は減ってもいいから残っていたほうがいいと

考えるとすると,推定は大ざっぱであるが容易にできる.

　社会的経済におけるアソシエーション分野の統計数字がこのように大きく欠けていたために,ワロン地域社会的経済協議会(CWES)の要請に応じて,ベルギーのアソシエーションを改めて適用拡大しようという広範な再調査をわれわれは行った[15].

　まず最初にこの調査の主要点を簡単に説明しよう.第1段階では,各種データを最大限集めた.まず活動の大項目(雇用,予算,組合員数)の調査票を,社会団体録に記載されている700のアソシエーションに送付し,そのうち約3分の2が必要な回答を寄こした.一方,非営利アソシエーションと単なるアソシエーションの徹底的な調査[16]を,ヘルブ自治体(住民15,000名)と,今日リエージュ市に統合されたロクールの古い自治体(住民6,000名)という2つの特定の地域について実施した.これら自治体のアソシエーションについての調査統計は,十分正確に作成された.結局,調査により特定した活動分野について各種の小さな数字がたくさん並んでこの2つの調査ができあがった.

　地域レベルの全体的な推定のため,この非常に細分化された数字を直すために,数字を比較できるように,2つの非常に異なった方法をとった.提示されたアソシエーションの最大数字を基にして,まず第1に,9つの分野に分けてアソシエーションごとに賃金労働者平均数(フルタイム),平均予算,平均会員数を計算した.この平均数に統計局(INS)[17]が出した数字に基づいて算出した各分野のワロン地域のアソシエーションの数をかけて,ワロン地域全体の初めての推定数字をだすことができた.第2の調査は,ヘルブ市とロクール市に対してのみ行われた.2つの地域では,数字は平均値ではなくて絶対値であり,単にこれらのヘルブ市とロクール市とワロン地域の住民総数に基づく比例算による地域規模を出した[18].

　この2つの方法では,アソシエーションの年間予算によって取り組まれた活動の規模も雇用も驚くほど結果が同じになった(偏差5%).一方,いくつかの分野で数字の相違が大きかったものでは,2つの推定数字の平均をと

ることにした．結局のところ，アソシエーションの数については，統計局(INS)はワロン地域には約21,000の非営利アソシエーションがあると推定し，一方ヘルブ市とロクール市の調査結果では，非営利アソシエーションと単なるアソシエーションとで23,400という数字を引出している．

ワロン地域のアソシエーションの調査結果を，現在のベルギー全体についてあてはめてみると，全体として多かれ少なかれワロン以上にアソシエーションが盛んな所はベルギーにはないと断言できる．さらにベルギーの社会的経済を構成するアソシエーションについては，表1の下3分の1に推定数字を出した．同表では，同じく協同組合と共済組合の大区分についても示している．続いて，表2から表6まででそれらの全体数字を，主要協同組合企業や共済組合企業別にして，補完的な変数によって互いに関連づけ完全なものとした．

表1の数字によれば，ベルギーの社会的経済の構成部分である協同組合は，雇用数34,000名以上，事業高約2億6,500万ベルギーフラン，銀行預金高1兆1,700億ベルギーフランとなっている．一方，共済組合は雇用数11,500名，支払高4,230億ベルギーフラン（保険加入者への払い戻しと運営費用）となっている．アソシエーションの経済規模についての調査数字は雇用数約209,000名，全体予算は約2,590億ベルギーフランと推定されている．アソシエーションのこの2つの数字については，慎重に見なければならないが，過大視しているとしてもそれほどはしていないだろう[19]．したがって，ベルギーの社会的経済全体数字を推定するならば，雇用数は25,500名を上回り，国内雇用数のおよそ7％になろう．

しかしながら人員面での動員については，アソシエーションにおいてしばしば重要な，無報酬（ボランティア）労働が忘れられているようである．C. ジャンビエ(1990)は，エルブ市とロクール市では，約5,000名の無報酬奉仕者[20]が週平均3時間の労働を提供していると計算している．これらの無料労働時間の総計は，ヘルブ地域のフルタイム労働人口の約210名分，ロクール地域の75名分に相当する．これはそれぞれの地域の稼働人口の3.2％と2.0％

表1 ベルギーの社会的経済（1990）

	構成員	従業員	事業高(100万ベルギーフラン)
1. 協同組合	1,623,330	34,113	1,436,989 (5)
内訳			
貯蓄信用	1,060,000 (1)	8,215	1,169,741（預金）
保険		7,139	41,307（保険料）
流通			
薬品	455,060	2,937	15,292 (C. A.)
農業製品	48,270	7,249	108,564 (C. A.)
食品流通	(2)	573	2,085 (C. A.)
その他(3)	(60,000)	(8,000)	(100,000) (C. A.)
2. 共済組合	5,907,124	11,475	423,355（支出）
内訳			
キリスト教系	2,654,409	4,979	178,381
社会主義者系	1,653,641	3,626	132,673
専門職系	919,938	1,400	63,745
自由主義系	408,882	640	29,463
中立系	270,254	830	19,093
3. アソシエーション(6)	(4)	209,100	259,080（予算）
内訳			
社会および社会医療			
（病院を除く）	1,400,000	101,600	54,900
病院	－	35,900	110,500
専門職団体	2,056,000	44,200	65,400
教育	1,464,000	11,700	11,000
文化	399,000	10,700	9,200
観光環境	285,000	1,230	770
スポーツ	1,350,000	1,840	3,700
レジャー	862,000	550	1,700
開発	6,100	610	770
宗教活動	12,300	770	1,140
社会的経済総計	(4)	254,688	2,119,424 (5)

注：(1) 主要な3つの協同組合団体のそれぞれは，基本的に同じ構造をもって，信用・保険会社を（直接に）統制している．
(2) EPCの会員を薬品業界に含めている．
(3) 推定値．
(4) 多数が複数加入しているので統計は正確でない．
(5) この統計はいろいろな理由で実体より膨らんでしまっている．とくに貯蓄信用協同組合の預金高によって膨らんでいる．他の協同組合，共済組合，アソシエーションの事業高の数字はほぼ実体どおり．
(6) アソシエーションの数字は1989年調査のもの．

にあたる[21]．国内全体について，この2つの比率を加重平均してあてはめてみると，国内活動人口の2.8%とになり，大きなボランティア労働を有していることになる．換算するとフルタイム労働者115,000名分ほどになる．

表2 貯蓄信用協同組合 (1990)

企　業	支店数*	従業員	預金高**
ライファイゼン中央金庫 CERA[1]	1,029	4,488	601,036
ベルギー労働者協会 COB[2]	640	3,422	525,026
旧預金コープ CODEP[3]	46(+72独立支店)	305	43,679
計	1,715(+72)	8,215	1,169,741

注：＊主要でない独立系店舗は除かれている．　＊＊単位100万ベルギーフラン．
(1) CERA の資本は地方の 397 の単位協同組合金庫よって87%保有されている．組合員数 420,280 人．
CERA は基本的にフランドル地方に展開しているベーレンボンド農民運動の銀行である．
(2) COB(ベルギー労働者協会)の資本は，持株会社 ARCOFIN S. C. によって68%保有されている．同社は逆に，組合員 639,400 人の ARCOPAR 協同組合（キリスト教系）によって54%の株を保有されている．
(3) CODEP の資本は社会党系協同組合運動である P. S グループのトップである P. S. 保険協同組合によって87%保有されている．

表3 貯蓄信用協同組合 (1990)

企　業	支店数	従業員*	預金高**
ベーレンボンド保険 ABB[1]	10	1,562(+1,300独立社)	20,474
社会互助会 PS[2]	14	3,033	13,802
人民保険 LAP[3]	6	854(+390独立社)	7,031
計	30	5,449(+1,690)	41,307

注：＊臨時資格で営業している独立系会社は除く．　ABB については従業員に支店の人員は含まれない．　＊＊単位100万ベルギーフラン．ABB と PS については，保険部門での本店と支店の合算数字．
(1) ABB (ベルギー・ベーレンボンド保険) は MRBB (ベーレンボンド・グループの主要組織で設立した持株会社）の100%子会社である．
(2) PS (社会互助会）は，主として社会主義系組織による協同組合である．
(3) LAP (人民保険) の資本は，キリスト教系グループの持株会社である ARCOFIN 協同組合によって82%保有されている（COB）を見よ．

表4 農業協同組合 (1990)

協同組合	単位組織数	組合員数	従業員数	事業高*
乳業(1)	20 (36事業所)	20,000	3,200	48,000
セリ市場(果物, 野菜, 花)(2)	17	14,000	850	25,500
AVEVEグループ(3)	±450事業所	10,000	2,380 (±404独立会社)	26,000
その他の協同組合				
農業専門家組合に結合している協同組合(4)	10	3,000	350	8,100
ベルギー農業連盟に結合している協同組合(5)	28	520	22	434
ベーレンボンドに結合している協同組合	14	750	43	530
計	90	48,270	6,845	108,564

注:＊単位は100万ベルギーフラン.
(1) 乳業協同組合中央会は20施設をもつ14組合がまとまっている.牛乳加工はワロン地域の主要協同組合によって行われており,1990年以降ノルマンディー乳業連合会のフランス協同組合に統合された.
(2) セリ協同組合はベルギー園芸セリ売り連合会に加盟している.
(3) これらの数字はAVEVEグループ企業体のものである. AVEVE社はベーレンボンドの食品流通販売業の中心である. 275地方部門(110は1991年の再建後)に約1万人の,厳密には協同組合員ではない組合員が顧客として加入している. AVEVE社は穀類,飼料,肥料,種などの売買を行っている.その資本はベーレンボンドの持株会社のMRBB(60%)やABB(38%), CERA(2%)が保有している. AVEVEグループはまた農業開発の各分野の10以上の子会社をもつ.
(4) これらの協同組合の中でもっとも重要なのはINTERAGRI(販売高30億900万フラン)であり,多国籍企業のMATON投資社が主として統制している.
(5) これらの企業の20あまりは,共同で機械を利用している協同組合である.

表5 薬品販売協同組合 (1990)

協同組合	事業所数	組合員数	従業員数	事業高**
共済の家	173	230,000	1,124	5,433
ESCAPO	14	16,500	130	2,087
シニイ人民経済	80	43,425	369	1,849
リエージュ人民薬品	70	第2種協同組合	218	1,071
ベルビエ人民薬品	37	第2種協同組合	242	830
庶民薬品	36	26,000	145	698
フォールト・ゲント	24	45,237	138	589
フォルツォク・メヒレン	19	21,765	139	585
フォルクスマハト・メヒレン	20	***	86	414
フォルツォク・ハセルト	11	15,057	64	365
ソブガルド	15	57,078	91	301
その他の薬品販売協同組合(9組合)	34	***	191	1,070
計	533	455,062	2,937	15,292

注：＊薬局には眼鏡店併設などは入れていない．＊＊単位は100万ベルギーフラン．＊＊＊不明数字．
(1) 基本的にESCAPOの活動は医薬品の卸売業である．各種薬問屋協同組合はベルギー薬局協同組合連合会(OPHACO)に結集している．

表6 共済組合 (1990)

種類	単位組織数**	連合会数	強制保険加入者数	従業員数	強制保険向け支払高*	補完保険向け支払高**
キリスト教系共済組合(1)	607	33	2,654,409	4,979	170,057	8,324
社会主義系共済組合(2)	123	21	1,653,641	3,626	128,713	3,960
専門職業系共済組合(3)	182	21	919,938	1,400	60,840	2,905
自由主義系共済組合(4)	225	13	408,882	640	28,352	1,111
中立系共済組(5)	368	18	270,254	830	18,256	837
計	1,505	106	5,907,124	11,475	406,218	17,137

注：＊単位100万ベルギーフラン，＊＊1988年の数字．
1990年7月13日付法（1991年1月1日施行）は，共済組合の法的範囲を規定している．多くの単位金庫は同法の定めた最低規模を満たすために，施行以後，合併を余儀なくされた．「共済」という用語は連合会の名称に残った．

6. 社会的経済の優先的必要事項

　活動規模でも労働規模でも，社会的経済セクターはベルギー経済においてすでに重要な位置を占めている．しかしながら，その展開はさまざまな障害にぶつかっており，主としてそれらの特殊性が認められず，金融，財政，法人格その他の直接的間接的に関係する手段が考えられ適用されるさいに，ほとんど配慮されていない．こうした理由によって，ワロン地域社会的経済協議会（CWES）は社会的経済の組織の適切な特徴を明確にしようとして，社会的経済の優先的必要事項のリストをつくりはじめた．

　ワロン地域社会的経済協議会がなによりもその最初の2年間調査してきたのは，主として2つの理由に基づく協同組合の諸問題と必要事項であった．第1に，社会的経済セクターのなかにある組織のすべてを，とりわけ，多種多様な活動を含んでいるアソシエーション部分について徹底的に調べることのむずかしさが時が経つにつれて分かったこと．第2に，地域政府の政策に最も依存しているのが協同組合であり，これについてはワロン地域社会的経済協議会の報告書がでている．共済組合は実際上は自分たちの大事な問題を中央政府と交渉していること．一方，アソシエーションの大部分の要求は，むしろ地方自治体の権限に属する事柄に関連している[22]．

　ワロン地域社会的経済協議会による社会的経済の発展推進提案は，いくつかの大きな基本軸の周りに再編された．全部については触れず，軸となるそれぞれについて最も重要な点を簡単に検討する．

6.1. 調整諸機構

　—— 新しい組織は，ワロン地域の専門的な活動体として，社会的経済に関連した政策のなかでつくられるべきであろう．その主要な使命は，財政，教育，

調査などの分野を展開できるような諸手段を管理することであろう．

—— ワロン地域社会的経済協議会（CWES）は，より恒常的な規則をもち，これに統治されるべきである．その主要目的は，社会的経済セクターのとりわけ政治的な中継点となり，代表を政治のなかに確保することである．ワロン地域社会的経済協議会はまた，州政府行政との一定の共同関係を確保することである．

6.2. 財　　政

—— なによりも各地域の公権力に対して，社会的経済の財政問題に関する会合組織をつくることを要求し，そこで社会的経済セクターの発展支援に可能な財政パートナーのすべてが参加する．これらの議論の際に，1つには既存制度の最良の利用方法を明確にし，もう1つは，新しい財政手段の実行可能性について研究することが大事であろう．

—— 既存の制度に関するものについては，経済発展のための各法制によって規定された地域的支援制度を利用できるようにすること．それが公認協同組合の系列協同組合にも，さらには専門教育企業（EAP）のようなその経済活動が中小企業と同じであるような特定のアソシエーションにも拡大されること．

—— 保証に関しては，短期融資が投資計画に対して行われるように，ワロン地域保証基金に関する政令と通達の修正が必要であろう．

—— 新しい諸制度に関しては，新しい若い協同組合の自主資金づくりを容易にするためには，ワロン州の行政府が協同組合参加基金を理想的に設置しなければならないだろう．この基金は，これらの協同組合企業がより伝統的な金融源から得ることができるまで，資本出資金および貸付金の形で開始資本を与えることになろう．

6.3. 幹部と理事会

—— ワロン地域の行政府は，各種の形態を利用して社会的経済企業を支援

し，地域の公的権力によって専門的経済的研究に対する補助金がある場合，その20%を補助するようにすること．

—— ワロン地域の行政府によるにせよ，行政府が設立したまたは承認した機関によるにせよ，助言組織が設置され管理されるべきである．企業の「新設」や「振興」の段階で，外部の助言サービス機関に支払えるような財政支出権が付随していること．

6.4. 法的側面

—— 労働者協同組合に対して法律が適用されないことによる問題の解決が優先されるべきである．というのも，ベルギー法では賃金労働者である労働者によって自主管理される協同組合はつくれないからである．

—— 協同組合全国協議会（CNC）への加入によって，よりひきつけるような優遇措置が与えられ，協同組合原則の観点が強化されることが望まれる．

—— 非営利アソシエーションの定款は，特定活動のための財政や中小企業と同形態のアソシエーションに関しては問題がある．そのうえ，アソシエーションの税制度は複雑なので，各種解釈が可能となっている．これらの問題は適切な解決策が実行されるように，中期的にさらに妥協策の検討を深めなければならない．

結論として，ワロン地域社会的経済協議会（CWES）の報告書は，社会的経済の理解を推進するための多くの提案を含んでいるばかりでなく，独自の統計や，管理者のみならず組合員に対する教育プログラム組織や社会的経済の特殊性に関する理解も含んでいる．

結 論

たとえ社会的経済企業が将来において，部分的にこれまで述べた諸問題にどういう回答をするにしても，それらの企業自体はすでにベルギー経済のな

かで考慮すべき現実の存在となっていることも確かである．経済的な側面があまり評価されていない状態にあるアソシエーションに対する認識が前進するにつれて，社会的経済の重要性はなおいっそう明確になるだろう．

　事実，社会的経済にかかわる本質的な疑問は，協同組合，共済組合，アソシエーションの重要性やその発展にあるというよりも，真の第3セクターの存在とその明確化にある．言い替えれば，ベルギーにおけるこのような社会的経済の開始は，いくつかの国々とヨーロッパレベルに対すると同じように，中期的に見てより大きな一貫性と結集力を生み出すと同時に，伝統的な私的ブロックと公的ブロックの2つのいずれにも属さないというだけの事実によって結合した，異種混合体として実際上みなされている第3セクターという大きな認識を生み出すであろう．本章の1節で，われわれはすでにベルギーの事情の特殊性に言及したが，これはこのような社会的経済の進展にとって有利でもあり不利でもあるが，また別の要素についても同じように言うことができる．

　否定的な要素として，とりわけ信用と保険分野また農業生産の川上と川下において，いくつかの大きな協同組合企業の本質が弱体化していることを強調しなくてはならない．これらの協同組合の経済上や財政上の絶対要請は，国際的競争と結びついてますますきびしくなり，彼らの行動の俗化をもたらし，その関心がより直接的に社会的であるところの共済組合やアソシエーション的な組織から，彼らを遠ざけてしまっている[23]．ベルギーの状況に即せば，共済活動の集中化と旧来からある地方金庫の大部分が消滅したことは，共済組合のアソシエーション的な活動の積上げと本質の認識について足を引っ張るものになるだろう．アソシエーション的な組織網については，その活動分野の多様性のみならず，その理念的および字義上の断層もきわめて大きい．たしかに多くの活動領域でそれぞれのたくさんの分野別の連合会が存在するけれども，アソシエーション活動全体を集めて糾合するような場所は現在のところ1つもないのである．

　この困難にもかかわらず，その他の要因が第3セクターの認識を容易にす

るだろう．第1には，ワロン地域社会的経済協議会（CWES）それ自体の存在であり，その最近の仕事は評価できる基礎をもっている．この動きの未来を予想するのはむずかしいが，それが行き詰まらないようにその活動と影響力が強まるように備えるべきである．第2に，分野間同士のアソシエーションのグループ再編が，失業解消計画の縮小反対闘争で結合した多様なアソシエーションの間で実現していることである．それらはアソシエーションの全体的統合と代表性の場所づくりに貢献できるだろう．同じように，アソシエーションの次第に強まる経済的側面は，アソシエーションをその最新の表現において[24]協同組合運動に近づけている．

結局なによりも90年代初めの社会・経済情勢は，明白に「市民社会」を前面に押し出し，その推進と基礎組織の再編をもたらしている．新自由主義の波に支配された約10年間の後に，いわゆる「非商業 non-marchand」セクターは信用を獲得し，またより大きな注目が得られているようである[25]．営利活動をも含む社会的経済は，アソシエーションとは混ざらないにしても，この新しい動きを利用するにちがいない[26]．

本論文の初めに示そうとしたように，第3の大きなセクターの構造化という方向は決して否定されるべきものではない．しかし，協同組合，共済組合，アソシエーションの共同の推進力が，社会的経済につきまとっている遠心力を打ち破ることができるかどうかは，時の経過が明らかにするだろう．

注
1) 1989年3月に同協議会は発足した．
2) ベルギー労働総同盟．
3) キリスト者労働組合総連合会．
4) キリスト教共済組合全国連盟会議報告書（1986），M. A. Saive と C. Trois-fontaine の CIRIEC 調査（1987），ワロン・オルターナティブによる社会的経済報告書（1989）を参照のこと．
5) これらの意見はワロン地域社会的経済協議会（CWES）によってワロン地域運

営委員会報告書に組み入れられた.

6) 営利的財とサービスとは,少なくともその生産コストに見合った価格で売られることと理解される.非営利的な財とサービスとは,無料か生産コストとは無関係に供給されるものである.この場合,コストと価格の相違は,補助金,会費,寄付による市場以外の資金により埋め合わされる.

7) つい最近まで,協同組合の定款は,より柔軟で要求のきわめて少ないという主たる性格をもっており,そのうえ,協同組合原則をたまにしか尊敬しない創設者たちの手に法制化を委ねている.

8) ベルギーにとってのこの独自のパラドックスは,有限責任会社(SPRL)の設立最低資本が25万ベルギーフランから75万ベルギーフランに引き上げられたときに際だったものになった.つまり,協同組合規則では,最低資本は法により強制されるので,中小企業を設立したいときに,しばしば協同組合の法的形式を選ぶことになり,その形式に合致しない逸脱した事業を行うことが多かった.協同組合規則のこの過度に寛容な性格づけは,1991年に法律により廃止され,それ以後協同組合の資本額は有限責任会社の資本金額に合わされることになった.

9) 加盟規準は次のとおり.すなわち,自由意志加入,総会での投票権の平等または制限(同一人物による代理投票分を含めて10%以上の投票権保持の禁止),総会による理事,監査委員の指名,資本への制限利子(現行8%),組合員への割戻し.

　1991年新法が実施されることにより,協同組合の多くの種類のなかで「出資参加型協同組合」が「1人1票」原則の尊重と剰余金の分配に対する協同組合原則に近い規則を要求される唯一のものである.「真の」協同組合とは「出資参加型協同組合」規則によってまちがいなく明らかになるだろう.

10) 未だに社会主義系協同組合でもキリスト教系協同組合でも,他の分野ではきわめて地味な規模でやっているのを見いだすだろう.労働運動による協同組合の全体像については,G. Ansion et F. Martou (1988) の文献を参照のこと.

11) 常に「無からの」設立ではなくて,だいたいは,労働者たちが閉鎖の危機に直面した自分達の企業を協同組合形式の下で買い戻し再取得するのである.

トゥルネー近郊のエール織物会社の事例が特徴的であり，現在200名以上の人間が働いている．これらの新しい協同組合全般については，他の論文 (Defourny, 1988) を参照のこと．
12) 公務員共済組合SMAPには，また協同組合形式でつくられている純粋に自治体相互間のものが数多くある．したがって，これらを公的セクターに所属しているとはほとんど見なせない．
13) 多くのアソシエーションが同時に第1と第2の区分あるいは第1と第3の区分に関係していることを留意しておくべきである．
14) M. A. Saive と C. Troisfontaine による調査 (1987) およびキリスト教共済組合全国連合の調査 (1986) がベルギーの社会的経済の概略的な統計を示しているが，これらは今日言うところのセクター概念とはいささか異なった範囲で調査している．しかも，これらの調査は協同組合と共済組合については比較的正確であるが，アソシエーションについてはほとんど数字が示されていない．
15) この作業はある論文 (J. Defourny, 1990) のなかで示され，ついでCWESの報告書 (1990) に記載されたが，F. Henrar と C. Janvier の協力によるものである．
16) 詳細については C. Janvier (1990) を参照のこと．
17) したがって，アソシエーションの分野別はワロン地域とベルギー全体について設定された．
18) したがって，計算の基礎としては，ロクール市とヘルブ市がアソシエーション活動についてはワロン地域全体を代表しているとみなした．
19) おそらく専門的アソシエーションの諸区分については過大評価しているが，それにしても社会的経済の基準がどのくらいの比率で適合しているのかは決定できない．
20) 異なる多くのアソシエーションで同一人がボランティア労働を提供しているために，重複計算されている．
21) この比率は，M. Le Net と J. Werquin の各国調査に基づく指標 (1985) と対比できる．すなわち，アメリカでは活動人口の4％，イギリスでは3％，カナダでは2％．

22) アソシエーションはむしろ重要事項を各州政府に依存している．十数年以来の失業解消計画では，多くのアソシエーションが失業者の完全補償に取り組んできたが，この支払のほとんどあるいは大部分を公的権力から引き出している．
23) ベルギーは他の一部の国よりも共済組合の競争状態は少ない．
24) 80年代の「新しい協同」はむしろ雇用創出または保護を目的とした小規模の労働者協同組合の出現と，また小規模のアソシエーション的比重の強い利用者協同組合の出現とみられている．
25) その意味するところは，非営利組織の守り手である社会キリスト教党とエコロジストが1991年11月の選挙で勝利した結果が評価されているということである．
26) 事実世間では，非商業セクターは実際すべてのアソシエーションを含み，またそれらの大部分が営利活動を行っていると理解している．

市場，福祉国家，社会的経済セクター
―― デンマークの事例

ヨハネス・マイケルセン

　協同組合，共済組合そして「非営利組織」はともに社会的経済セクターについて実際的な定義をするうえでの構成要素である（Defourny, 1990）．これらの組織はデンマーク経済のなかでたいへん重要な役割を演じている．しかしながら，社会的経済とレッテルを貼ろうが貼るまいが，制度的にいえば，デンマーク経済のなかでこれらの組織が1つの明確なセクターとしては認識されていない．それに代わって，これら3つの形態の組織は，それらが活動する業界のなかのそれぞれの構成要素とみなされている．

　協同組合，共済組合，「非営利組織」に共通する側面への関心は限られているとはいえ，その関心はさまざまな具合に現れている．これらの組織それ自体の間にはある程度の緊張があり，異なる種類の協同組合の間，例えば生産者協同組合と農業協同組合との間や，協同組合と共済組合との間にも緊張がある．この共済組合は，農民や労働者のもっているセクト的な利益と対立する一般大衆への召使いであると自らをみなしている．

　社会的経済セクター概念に含まれるこれらの組織形態に共通する側面について，政治家や一般大衆はむしろあいまいな認識をもっている．この2つの集団，つまり政治家と大衆の態度は，これらの企業のもっている非営利的指向や民主的構造に一般に好意的であるが，同時に他方では，商業活動と民主的目的との結合の有効性については疑問を表している．

こうした状況はデンマークの社会科学者にも一般に共通してみられるが，近年変化がおこってきている．協同組合研究を第1の目的として，1979年に，小さな調査研究班がつくられた[1]．さらに，最近の2つの理論的な展開によって道が開かれ，デンマーク経済におけるこれらの組織形態の役割に広く関心がよせられている．第1の展開は，制度派経済学全体のなかで理論的関心が大きくなったことである．その結果，ここでいう社会的経済セクターの組織形態と比較して，資本に基づいた会社が経済的，組織的に優位であることを強調する分析が出てきている．

第2の理論的展開は，分権化，民営化，民主化を通じて，デンマーク福祉国家モデルをいかに発展させるかに関心が高まってきていることである．分権化，民営化，民主化という方法は，協同組合，共済組合，「非営利組織」のもっている組織形態と密接に関連しており，その事実があるために，科学者はこれらの組織形態を国家のかかえる現在の問題の解決策とみなしている．

これらの組織の経済効率にたいして経済理論が下した否定的評価と，これらの組織がデンマーク経済のなかでもつ大きな経済的意義との間にはパラドックスがある．他方，これらの組織がデンマーク経済の管理という問題を解決する潜在能力をもっていることへの理論的関心もある．そのために，私は，1つの理論的方向のもとに種々の組織を分析してみる価値があると考えている．このパラドックスのゆえに，議論は，いかに経済活動を管理するかという問題に集中することになる．

主流の経済理論に従えば，国家もしくは市場によって経済が管理されていることになる．本稿で述べる組織の活動は，国家もしくは市場による経済管理というモデルにたいしていくつかの問題を投げかけている．だがしかし，第1にそのモデルは，現実のうえでは個々の国々のもつ背景のもとでそれぞれに国家と市場との組み合わせがあるという事実を示しており，したがって，「社会的経済セクター」のために残される余地もそれぞれ異なることにもなる．このような考えに基づき，デンマークの社会的経済セクターについての以下の説明では，まず，デンマークでの国家と市場との全般的な関係を簡単

に描き，ついで，スカンジナビアでの社会的経済セクター研究への理論的アプローチをいくつか示すことにする．

1. デンマーク福祉国家

　スカンジナビアの福祉国家諸国のなかにあって，国家と市場との組み合わせによりデンマークは特異な位置にある．これらの国々は一般に発展した市場経済を特徴としているが，その市場経済は，政治的行為者と市場に基礎をおく組織的行為者との間で広範に繰り広げられる交渉を通じて管理されている．さらには，失業や，健康，病気などの個人的な福祉問題は国家ないしはその他の行政府によって集団的に解決されるべきであるという認識が，スカンジナビアの福祉国家諸国の基本的な特徴となっている．その方法は，市民個々人への所得移転や，病院，学校などの福祉機関の公的所有である．

　公的支出は，かなりの程度まで，所得税や付加価値税，その他比較的比重の小さな税によって賄われている．その結果，デンマークはEC諸国のなかでももっとも所得税・付加価値税の比率が高く，デンマーク総税収の85％にものぼる．と同時に，他のヨーロッパ諸国では福祉サービス供給がかなり重要な役割を果たしているが，デンマークでは，福祉政策や課税政策により，社会的経済セクターに残された分野でのサービス供給を行う余地はほとんどない．

　行政府が工業生産に関与する程度は限られており，また同時に他方では，もっぱら非介入主義的な産業政策をとり，産業への国家補助の水準は低い．これがスカンジナビア福祉国家のもう1つの側面であり，とくにデンマークはそうである．むしろ，いろいろな産業内組織や労働市場における諸組織と国家との協力によるか，もしくは民営部門の組織それ自体によって産業政策が実施されるという一般的原則のうえに成り立っている．そのため，協同組合や共済組合，「非営利組織」などのように，福祉部門の外側にある組織にと

ってやりうる余地が残っているのである.

　なによりも，デンマークの協同組合，共済組合，「非営利組織」は，他のヨーロッパの同類と比べて，福祉問題解決のための余地が小さい．だが，より市場指向的な活動をする可能性はある．デンマークでの福祉問題が「社会的」と分類されているために，社会的経済（économie sociale）あるいは「社会的経済セクター」といった用語を使ってこれらの組織を描くのは都合が悪い．それにかえて，これらの組織を「協同組合」および「協同組合に類似した組織」と呼ぶ．したがって，本稿では以下，「協同組合」という用語をしばしば社会的経済セクターと同義語として用いる．しかしながら以下にも示すように，協同組合を「社会的経済」という用語を科学的に使って，デンマークの協同組合実践を理論的に解明をする．というのも，特定の社会的経済グループが協同組合組織のなかで主要な役割を演じているからである．

2. 社会的経済セクター分野への理論的アプローチ

　協同組合，共済組合，「非営利組織」はそれぞれに異なる法的構造をもっているが，組織的・機構的にみればいくつかの共通する特徴をもっている．この共通する特徴はこれらの組織が国民経済の一部分であるということと関係している．さらに，これらの組織のどれもが純粋公共経済にも純粋市場経済にも属していない．というのは，それらはどれも行政府や私的投資家によって経営されているわけではないからである（Nilsson, 1991）．デンマークの，そして一般にスカンジナビアの諸条件のもとで，それらに共通する特徴を要約すれば，これらの組織すべての所有がある種の会員制に基づいていると明白に特徴づけることができる（Stryjan, 1989）．

　協同組合の間で会員制がもっている求心性は理論的に大きな影響力をもっている．ベィガー（1992）は，この会員制が一方での協同組合，共済組合，「非営利組織」と，他方での社会運動との間に密接な関係をつくり出していると

いう事実をとくに強調している．社会運動が制度化することもあろうし，そうでない場合もある．かりに制度化するとしても，いくつかの選択肢がありうる．

　ポイントは協同組合の設立が社会運動の選ぶことのできる制度的な選択肢の1つにすぎないということであり，その他にも，ロビー組織，政党，産業内組織や専門職業団体のような利益団体を選ぶこともできる．言い換えれば，社会運動からでる要求は，国家の行政府や市場で活動する企業のような，社会運動の外側にいる活動者にまず向けられるのである．社会運動が自らの企業や運営組織をつくることによって自らの要求を達成しようとするのは，2次的にすぎない．ニルソン（1991）は，協同組合が政府の失敗，もしくは市場の失敗，あるいはその双方の失敗にたいする反動であると述べ，上記の事柄を概念化している．

　議論をもう少し深めてみれば，国家と市場とは近代社会を支配する2つの制度として概念化されることになるかもしれない．おそらく市民は，投票者として，あるいは顧客として，それぞれにこの2つの制度に要求を突きつけることになる．2つの制度とも，需要供給の相互作用のコストと利益とを計算して動いている．難点は，2つの制度が個々の市民の手の届かない力によって支配されていることにある．というのも，行政府の見える手と市場の見えざる手の双方とも，基本的には，マクロ社会的な機能をはたしているからである．対照的に，協同組合は基本的にはミクロ社会的機能により近い．

　社会運動（したがってまた協同組合）は，国家および市場の外側にある市民社会，言い換えれば質的に幅広く人々の生活の基礎となっているものに密接な関係をもっている[2]．だから運動や協同組合にかかわっている人々を単純に計量的な方法でとらえることはできない．ベィガー（1992）はこの事実をきわめて重視し，協同組合を制度的に設立する場合の基本的な理由とみなしている．このようにして，協同組合や協同組合に類似した組織が社会それ自身の単なる表現であると同時に，他方での国家や市場は社会を代表して機能する外部制度であるという事実があり，その事実は民主主義や利潤分配（な

いしは利潤制限）というロッチデール原則やその他の一連の協同組合原則を単に説明しているだけである．

このように，社会運動がそれぞれにとる制度的形態は，一方での市民社会と他方での国家および市場の諸制度との間のさまざまな媒介機構とみなすことができる．これらの制度的形態の多くは程度の差はあれ国家に影響を及ぼすことに力が向けられるが，他方，協同組合は特定の商品やサービスにたいする要求を満たすこと，すなわち，市場に影響を及ぼすことにとくに精力を注ぐのである．そのことが，協同組合が公的企業と私的企業の双方と一緒になって機能することのできる理由である．

さらにいえば，協同組合の管理がなぜ複雑であるかの理由も明らかとなる．すなわち，投票数とか貨幣で換算した総需要などのように，国家や市場のもっている計量的な意思疎通の制度に協同組合は全面的に依存することができない．また協同組合は組合員がおかれた社会的状況を質的に評価することにこだわらざるをえない．国家や市場が市民社会の物的（経済的）再生産を外部的な諸関係をつうじて管理する制度であるのにたいして，協同組合は市民社会の物的再生産の管理に貢献するとともに市民社会によって管理されると考えられているからである．

以上のようにして，協同組合と協同組合に類似した組織は社会問題の1つの解決策にすぎないということが明らかとなる．これらの社会問題は市民社会のなかで明らかとなり，社会運動の形成へと結びつくこともある．そうなれば社会運動が国家や市場にこの問題の解決を迫ったり，あるいは社会運動自らが問題を解決することさえありうる．社会運動が自ら問題を解決する場合には，商品やサービスの生産にかかわる問題は協同組合や協同組合に類似した組織をつうじて解決される．

協同組合をつうじて問題が解決されるとすれば，自分たちの組織をつくるという問題の克服をいとわないほど重要なニーズ（必要）を社会の特定部分がもっているからにちがいない．そのことは機会費用の問題として概念化されることもある（Nilsson, 1991）．協同組合を組織化する純利益が，比較的

に非効率な公的組織や私的組織の費用，あるいは組織が存在しないことの費用と比べてプラスであれば，協同組合が設立される[3]．

　理論的な論議の結論をいえば，社会的経済セクターを構成する主体は社会運動に依拠しており，それらの社会運動は，協同組合の所有者であり利用者＝組合員でもあるという周知の二重の関係をともなう会員制をつうじて，所有制度を形成している．協同組合企業は公的組織や私的組織との連携もありうるし，国家もしくは市場によって解決するという問題にたいする固有の解答とみなされもする．

　国によって国家と市場との結びつき方が異なる結果，社会的経済セクターは社会が異なれば違う役割を果たすことになる．デンマークでは，福祉サービスは社会的経済セクターで小さな役割を果たすにすぎないと考えられているというのがその意味である．というのも，このセクターはデンマーク福祉国家の中心的な活動の一部にすぎないからである．他方，人々が基本的利害をもっている商品やサービスの市場向けの生産は，より重要な役割を果たすと考えられている．

3. デンマークの社会的経済セクターの法的，制度的定義

　デンマークでは誰でも協同組合を設立することができ，国家やその他の行政府の許可を必要としない．法律のうえで協同組合は，（a）取引を通じて組合員の経済的利益を高めるという目的をもち，（b）投下資本量ではなく取引量に応じて利益配分するものと定義されている．これらの特徴は協同組合一般法によって公に規定されているのではない．金融やエネルギー，住宅といった特定分野の協同組合だけがかなり細かく規定されているにすぎない．さらに税法が組合員と協同組合との経済的関係の一部について規定している．

　このようにデンマークでの一般的な法的状態は裁判所の決定の結果に基づいている．原則的にいえば裁判所は所有者責任の形式に基づいてさまざまな

所有形態を区別している．協同組合では組合員は有限責任の場合もあればそうでない場合もある．

無限責任制の協同組合では，債権者は無限責任を組合員に配分するよう組合に申し入れなければならない．このように協同組合企業もしくは協同組合に類似した組織は常に一種の法人と同じであり，そこに協同組合と合名会社とのちがいがある．合名会社では債権者は1人の共同経営者だけを頼っていればよいであろう．というのも，その共同経営者は他の共同経営者の負債にたいして責任を負っているからでもある．有限責任会社法（フランス語ではSA/Sarl, ドイツ語ではAG/GmbH）の規定によれば，有限責任制の協同組合のなかでも，投下資本量に応じてではなく組合員の取引量に基づいて利益が配分される企業にはこの法律が適用されない．

さらに法的慣行では，組合員数がいつも変動し，企業としての負債弁済能力も変化するのが協同組合の特徴である．加えて1人1票の原則に基づく民主的手続きや形式的に定められた責任機関が，常にというわけではないがしばしば協同組合には見受けられる．

最初の会社法が協同組合を除いて1917年に成立して以降，協同組合の法律上の定義についての議論は事実上なかった．協同組合は民主的に組織され，しかも他の有限責任会社とは異なって国民経済の安定化要素となってきたというのが，協同組合に関する法律を定めなかったいつもの理由であった．成功はしなかったが，86年に，ある法案作成委員会がほとんどの協同組合に適用する公的資本基金の創出を制定しようとした．

法的な定義とならんで，協同組合の定義には純粋にイデオロギー的な判断規準もある．デンマークの3つの中央組織が国際協同組合同盟（ICA）に加盟し，程度の差はあれICA原則を支持した．それらのうちの1つの組織には農業協同組合が，もう1つには消費者協同組合が加入しているが，第3の組織には社会民主党が支配する労働運動と連携をとっている会社が入っている．第4の組織は公式的にはなんらイデオロギー的な規約をもっていないが，60年代後半の集産主義，環境保護主義のイデオロギーに立脚した企業を組織し

ている．これらの組織すべてがさまざまな産業や部門の企業をつつみ込んでいる．これらの組織のなかでの中心的な議論はいつも，経済効率と組合員参加の双方を達成するために必要な組合員民主主義の実施方法についてであった．

　イデオロギー的に定義される組織はすべて社会運動と理解されている．その中心となる2つの運動のうち，1つは農民運動であり，19世紀半ばあたりに形成された．もう1つが19世紀末に形成された労働運動である．消費者協同組合はそもそもこれら2つの運動の統合した部分であったが，1973年にその双方から分離した．最後に，集産主義に基づく企業はオルターナティヴ運動の一部であるが，とくに学生やホワイトカラーの間にみられる．

　これらのイデオロギー的な組織が運動のうえでもっている方向は，ICAのもっているような協同組合の価値の実践にたいしてではなく組織機構の機能化にたいして関心を集中させるという事実に現れている．例えば，農業協同組合が農民の利益を満たしつづけているかぎり，協同組合原則からの逸脱も許されるかもしれない．その場合，役員会などの構成についての特定の要求が農民の利益を確保することにもなる．

　イデオロギー的な組織の外側にある多くの協同組合や協同組合に類似した組織，例えば相互保険会社や貯蓄銀行，住宅組合のなかで，同じような組織形態の開発が進行中である．したがって，デンマークの協同組合での問題は，意思決定過程への利用者＝組合員の参加にあるのではなく，むしろ，さまざまな利益集団や社会集団の代表に集権的な意思決定権力を振り分けることにある．

　その結果，協同組合内での意思決定過程はますます集権化される一方，協同組合の背景となっている組織の理論的な根拠についての理解が近年低下しつづけている．今日，いくつかの大規模な協同組合は意思決定過程によって特徴づけられるのではなく，意思決定者が社会のどの集団を代表しているかによって特徴づけられている．社会的集団の区別が現在流動的になっているため，いくつかの大規模協同組合を資本制企業に組み替える道が開かれてき

ている．

4. デンマークの社会的経済セクターに関する統計

　デンマークでは協同組合や協同組合的企業について法定された強力な定義がないために，どの企業が社会的経済セクターに属し，どの企業が属さないかについての決定に実際上かなりの問題が生じている．行政府の公式の承認による法律上の形態が具体的になっていないから，その形態を登録することはむずかしい．だがそれ以上に，先に述べた理論的な意味で，協同組合が法律のうえでなんらかの企業形態をとることがいつ実現するかという大きな難題がある．さらには，社会的経済セクターの構成要素である企業とそうでない企業とを実質的に区別することも，多かれ少なかれ困難である．なぜならば，それらの企業内部でのやり方に対する評価によって，その区別がかわるからである．以下の統計は，社会的経済セクターについてそれぞれ異なった定義を用いる3つの資料に拠っている．ここでの結論は不完全な情報に基づいているが，ある程度著者の判断にも拠っている．

　デンマーク統計省からの公式の情報が第1の資料であり，表1に掲げている．この情報は付加価値税登録に基づいているが，金融部門の全企業とサービス部門の大半を除いている．協同組合の雇用と組合員数についての公式統計がないため，総売上高の情報だけが入れられている．

　公式統計の不完全さを示すために，この統計を第2の資料，つまり南ユトランド大学センターで進められている私的な調査研究プロジェクトの結果と比較する（表2参照）．この私的な記録は表1の公式（付加価値税）記録に基づいているが，その公式記録は，存在しないと思われる単位を省いたり，付加価値税記録にはふくまれない企業，とくに金融部門の企業を加えたりすることによって変わってくる．

　公式記録に追加するものの多くはこの2つの記録の間にある定義のちがい

から生じている．この問題は，私的な合名会社と「非営利組織」，そして協同組合の間にある法的なちがいととくに関係している．さらに，協同組合ないしは社会的経済セクターに関する国家の全般的な政策がないために，たとえなんらかの事業単位が協同組合もしくは非協同組合に誤って分類されても当局にとってはさほど重要な問題ではない．

その私的記録では，法的に狭義の協同組合をふくめるだけでなく，組織的にみて広義の協同組合と特徴づけることができる事業単位をすべてふくめることが意図されていた．したがってこの私的記録は，協同組合の公式定義を満たす単位と，組織的定義だけを満たす単位をふくんでいる．組織的定義だけを満たす単位のなかには利用者＝組合員もしくはICA会員による経営もふくまれる．そのなかには1つの大きな例外があり，住宅協同組合（付録の第6グループ）が公式記録からも私的記録からも除かれている．

第3の資料はこのセクターの企業それ自身とその企業の傘下組織である．その結果については付録の数字にも示してあるが，表3にまとめてある．場合によっては，この表から組織の組合員数や従業員数，規模についての情報を得ることが可能であるが，それはそれぞれが属する特定市場での占有率から測定することができるからであった．しかしながら，エネルギーや水といった公益事業など，わりあい重要な部門のいくつかがふくまれていないという意味で，この情報は不完全である．

4.1. 全般にかかわる統計

社会的経済セクター（の金融を除く部門）でみられる最近の展開に関する公式統計は表1に示されている．このセクターに属する企業総数は一定でかなり少なく，付加価値税登録単位総数の1％以下である．しかしながらそれらの企業はかなり大規模であり，登録された総売上高に占めるシェアは1979年も89年も10％以上にのぼっている．この社会的経済セクターは主要な業界すべてにわたって広がっている．もっとも，金融を除く部門では，公益事業（エネルギーや水），卸売業や小売業，製造業において，このセクターが

表1 デンマーク協同組合事業公式登録（付加価値税決算）1979年および1989年（事業単位数，登録販売高，主要産業(ISIC分類)付加価値税登録販売高に占める協同組合のシェア）

部門	単位数		総販売高に占める協同組合シェア(%)	
	1979	1989	1979	1989
1. 農業など	300	379	0.2	0.2
2. 鉱業など	—	1	—	—
3. 製造業	325	156	13.7	15.0
4. エネルギー・水	1,794	1,955	30.5	31.5
5. 建設	47	53	0.6	0.6
61. 卸売業	522	425	13.1	11.7
62. 小売業	297	131	19.8	18.4
63. レストラン・ホテル	166	206	1.0	0.6
71. 運輸など	58	81	1.2	2.0
92, 94-95. その他のサービス	176	357	0.5	1.8
全産業	3,784 (1.0%)	3,744 (0.9%)	11.4	11.0

出所：Statistical Yearbook Denmark, 1981年および1991年．

とくに重要さを増してきている．

表2には金融部門の241単位にかかわる追加的情報を入れてある．この表でもっともはっきりと分かることは，公式記録が全業種をつうじて協同組合および協同組合に類似した組織を30％以上も少なくみていることである．ほぼ全業種でその差が同じ方向，つまり公式記録が少ないものとなっている．情報が欠けているために，総売上高見積りの程度もあいまいである．

エネルギー・水部門で公式記録から除かれているのは新しい風力発電協同組合であるが，現在この協同組合は全発電量の約2％を発電している．卸売業および小売業では事業単位数だけがしばしば記録から除かれているが，売上はふくまれている．製造業では，とるに足らない市場占有率だけしかない

市場，福祉国家，社会的経済セクター —— デンマークの事例　237

表2　デンマーク協同組合事業 —— 1987年公的登録と1986-87年の私的記録との対比（主要産業毎の事業単位数）

部門	単位数		差
	公的登録	私的記録	私記録－公登録
1-2. 農業，鉱業など	378	203	-175
3. 製造業	179	212	33
4. エネルギー・水	1,890	1,997	107
5. 建設	48	73	25
61. 卸売業	418	460	42
62. 小売業	143	902	759
63. レストラン・ホテル	236	190	-46
71. 運輸など	86	148	62
81. 金融など	241	516	275
92, 94-95. その他サービス	255	576	321
総数	3,874	5,277	1,403

出所：Statistical Yearbook Denmark, 1989年, および南ユトランド大学センター．

　労働者協同組合は記録のうえで省略されている．ただし，2つの大きな過少評価がみられる．1つは公式統計にはふくまれない建設業の労働者協同組合が市場の約5％を占めていることである．いま1つが，まだ市場占有率は不明であるが（多分無視できるが），「その他のサービス」部門で多くの労働者協同組合が登場していることである．
　表1に示されているように，協同組合はいくつかの業種に活動を集中させる傾向にある．その姿は表3で補強されている．いくつかの組織が500万人に落ちついているデンマーク総人口のかなりの部分を組合員として抱え，大きなバラつきがあるとはいえ全体として11％の市場占有率を占めるという姿がそこに現れている．
　社会的経済セクターはとくに農産物の加工と流通で強い．というのは，農業協同組合が乳製品と豚肉加工品でほぼ100％の市場占有率をもち，他の農

表3 デンマーク社会的経済セクター (1987)
(組織形態ごとの事業単位)

	事業単位数	販売高 (100万DKK)	組合員数	従業員数	市場シェア(%)
非金融部門					
消費者協同組合(食品)	824	24,569	1,063,876	18,299	24
農業協同組合	188	92,365	153,404[1]	39,440	47-97
生産協同組合(労組関連)	258	5,077	n.a.	最低7,544	n.a.
金融部門					
協同組合銀行	37	50,621[2]	141,000	3,664	約12
貯蓄銀行	93	119,457[3]	n.a.	n.a.	28
相互保険	110	6,059[4]	n.a.	n.a.	約24
信用組合	2	約120,000[5]	n.a.	n.a.	約80
福祉サービス					
補完的健康保険	1	658[4]	933,048	n.a.	約100

出所:付録をみよ.
注:1)重複組合員, 2)残高, 3)預金, 4)保険料, 5)流通債券, DDKはデンマーククローネ.

産物でも47%から97%の占有率をもっているからである.これらの企業は強い輸出指向をもっており,肉類,豚肉加工品の70%,バターの60%,チーズのほぼ80%が輸出されている(統計年鑑,デンマーク,1991).消費者協同組合は成人人口の約半数を組織し,24%(消費者協同組合が所有する非協同組合方式の小売店を加えれば31%)の市場占有率をもっている.

金融部門でも社会的経済セクターの企業はたいへん強い.信用組合は個人の住宅建設に融資するための債券を販売している.1987年には市場の約80%を占めていたが,最近まではこの組織が法律に基づいた実質的な独占体であった.同時に87年には,2つのタイプの銀行が銀行業部門の約40%を占めていた.保険市場では相互保険会社が約24%を占めていた.しかし,金融部門でのこうした状況は,規制変更の結果,近年劇的に変化している.もっとも大きい協同組合銀行や貯蓄銀行,相互保険会社のうち何社かは,資本に基づく会社に組み替えられ,多分まもなく信用組合も後につづくであろう.

付加価値税によって確定された市場総売上に基づく統計数字を見ると，社会的経済セクターの市場占有率は10％に近いが，80年代後半には，その数字は金融部門を加えても，もっとも低い部類の評価と思われる．さらに，さまざまな組織の組合員組織率は農民でほぼ全員，消費者では全体の40-50％にまでのぼる．

最後に，すでに述べたように，社会的経済セクターが福祉サービスの分野にはないに等しいということを表3が示している．この表にふくまれている唯一の福祉サービスは社会的経済組織によって100％供給されている．加えて，住宅協同組合が貸間の17％，賃貸施設の41％をまかなっていることが付録に示されている．

4.2. デンマークの「非営利組織」

以上の統計は他のヨーロッパ諸国の協同組合や共済組合の統計とほぼ一致しているといえる．しかし，社会的経済セクターの枠組みのなかでデンマークの「非営利組織」を分析するのは大問題である．というのは，デンマークの諸条件のもとで社会的経済セクターでの「非営利組織」が何を意味すべきなのか不明確だからである．デンマークでは協同組合に「非営利組織」とレッテルを貼ることもできるであろうが，そうしてみても法的，経済的にはなんらの影響もない．他方，デンマークの多くの「非営利組織」は経済行為をする組織であるが，単なる経済行為者それ自身ではない．したがって，以下では「非営利組織」についてのかなり古い2つの研究からいくつかの主要な事実発見を示すことにするが，それは，これらの研究がデンマーク的な意味で，すなわち，政治的領域と関連させて「非営利組織」を強調しているからである．

国際的な文脈のなかでデンマークはしばしば「非営利組織」の国と特徴づけられてきたが，それは「2人のデンマーク人が出会えば必ず『非営利組織』をつくる」からである．それゆえにデンマークの「非営利組織」の全体図をもし描くとすれば地図に余白がなくなるであろうが，そう言ってしまっては不適切でもあろう．デンマークの成人人口の90％が「非営利組織」もしく

はその他の組織の会員であり，73％が2つ以上の組織の会員となっていることが，1979年に公表された研究で示された．専門職業組織が会員の大部分を包摂している．つまり総人口の52％，18－67歳人口の75％が専門職業組織の会員である（Institute of Political Science, 1979）．

ネオ・コーポラティズム理論が政治的意思決定に与える組織的影響について研究するプロジェクトの一環として，1975年にデンマークの組織地図が作成された（Buksti, 1980）．この研究は全国的に活動を展開する公式の自発的な組織に焦点をあてている．特定の歴史的，地理的，行政的理由やその他の理由により，全国組織が対象とならない場合には，この研究では地域で活動を展開する組織をとりあげている．

要約すれば，この研究が発見したのはデンマーク全体で1,946の「非営利組織」であり，そのうち122が地域組織であった．これらの「非営利組織」のうち63.6％が経済的目的，生産の目的にまず向かっており，残りはさまざまな福祉問題，あるいは技術的科学的な性格をもつアイデアや情報へと顔を向けていた．それぞれのタイプの組織の会員数は特定されていないが，その範囲は示されていた．賃金所得者の組織のうち48％が会員1,000人以下であり，20％が会員10万人を超えていた．使用者組織のうち26％が10社以下からなり，500社を超えるものは10％であった．

経済的な指向をもつ労働者組織や使用者組織は，経済的資源，管理資源の点でもっとも強力な組織である．これらの組織の20％以上が1975年の年間所得が少なくとも100万クローネであった．25人以上の管理職をかかえる組織をほとんど見いだせなかったのもこれらの組織であった．他方，1975年には全国組織の60％が1人の雇用もしていなかった．それらの業務は選挙で選ばれたボランティアによって行われるか，もしくはこの研究が対象とした組織の連合体および中央組織によって遂行されていた．

必ずしも大多数とはいえないが，デンマークの全国組織は行政府と接触している．しかし定期的な接触をしているのはこれらの組織の4分の1にすぎない．当然のことではあるが，接触がもっとも激しいのは，一方の行政府と

他方の産業内組織もしくは労働市場内組織との間である．

5. デンマークの社会的経済セクターの発展史

　上記の統計は歴史過程の結果であり，その歴史は19世紀半ばからはじまっている．デンマークの社会的経済セクターの歴史のなかでは，なんら特別の理論的発展は実質的になかった．デンマーク協同組合の偉大な人物たちは，とくに2つの社会階層，つまり農民と労働者の社会的地位を高めようとしてきた人々であった．彼らの考えでは，協同組合は実際的な自助の手段として有効であり，資本主義社会の帰結のいくつかを緩和するのである．

　協同組合が生まれて間もない頃，協同組合運動の外側にある程度の息吹きがあった．労働者たちは国際社会主義運動に頼り，一部の農民たちは19世紀のデンマークの哲学者，N. F. S. グルントヴィグ師の思想に基づいた協同組合活動を展開した．この哲学者は人民自身の高校（Folkehojskoler）での教育を通じて得られる人民（つまり農民）の自助の必要を力説した（Bjoern, 1988）．

　デンマークの農民たちは比較的早くから（18世紀末の農業改革までには）絶対主義的拘束から解放されていたし，産業資本主義もデンマークではかなりゆっくりと（19世紀後半に）発展した．デンマークの協同組合はこうした社会変化への反応として登場しており，金融資金や大衆の資金を動員し，現代のデンマーク社会建設の重要な基礎となった．

　現在デンマークの社会的経済セクターはやや復権してきている．農民や労働者ほどには凝集していない他の社会階層も，目下，初期の協同組合哲学の諸要素を現代社会に再度植えつけようと努めている．

5. 1. 農業協同組合

　18世紀の農業改革によって農地の個人所有と貨幣経済が導入された．農民たちは自分のお金を守り，コミュニティでの農業と社会の発展に資金を供

給するために，早くから金融機関を発展させた．その結果，多くのコミュニティやあらゆる県で，19世紀半ば以降，貯蓄銀行や抵当信用組合，相互保険会社など，いくつかの金融協同組合が存在した．

このようにして農民たちは都市の弱小資本家を農村から遠ざけていた．都市の資本家にたいする農民の反感は政治権力にたいする闘いの一部であった．その闘いは1900年頃農民に有利に終結した．

19世紀末の農業の経済的な危機によって，デンマークの農民たちは作物の育成から家畜の生産に転換した．その転換の1つの方向は，乳製品や屠殺場，卸売用の店舗などのように，加工や卸売で農業協同組合を設立することであった．こうした展開の一部として消費者協同組合が農村で広がりはじめた．ここでも再び農民たちは都市の資本家の提案を拒否した．この拒否は一部，農民の自治と自助への望みによるものであったが，それのみならず将来所得を考えてのことでもあった．

農産物を加工する協同組合企業が農村に新しい技術を導入した．新しいエネルギー・水供給技術が導入されたとき，協同組合方式を再度利用することをつうじてその技術は急速に地方に広がった．国家やその他の行政府の補助金がなくとも，農村のコミュニティはこのようなやり方で自らの経済的生存と経済的進歩の可能性を高めた．

20世紀の20年代末には，デンマークの農民たちは農村の経済生活のほぼすべてを協同組合方式で組織した．こうした経済生活は農民や農村の人々の所得への関心を満たしただけでなく，特定の利害をもつサービスを農民やコミュニティに与えたり，社会的な利害関心やその他の非経済的利益を満たすことによって生産条件を確保するなど，実際的な類いの利益をも満たした．

第2次大戦以降，農村の構造も集権化されつつあり，デンマーク経済全体における農業の地盤沈下とともに農業協同組合制度はバラバラになってきつつある．農民協同組合運動の新たな要素となっているものは，農民や農業協同組合，さらにはその他の農民組織にさえもサービスを提供する企業である．デンマーク経済では農民協同組合が依然重要な要素であるが，とくに大規模

農業協同組合では活動範囲が変わってきている．というのは，そこでは所得にたいする農民の関心により高い優先順位がつけられているからである．このように変動してきた経緯は，つねにデンマーク農業協同組合の特徴となっていた強い輸出指向の結果であるともいえる．とりわけ，乳製品や豚肉加工品ではデンマーク農協が世界市場で大きな役割を果たしているからである．

5.2. 労働者協同組合

19世紀半ば以降，デンマークの労働者たちは初期資本主義のもとでの生活条件に反抗して小規模の協同組合を組織しはじめた．これらの協同組合のうちいくつかのものはブルジョワジーの慈善事業からはじまっているが，19世紀末までには労働者たちが自力でそれらを引き継いだ．初めて長続きすることのできた先進的な試みは，私企業製品の価格の高さや品質の悪さに反発して，パンやミルク，ビール，燃料といった基礎的商品を生産する新工場を設立することであった．

デンマークでは1900年頃，決定的な労働争議がおこった．その結果，とりわけ建設業で協同組合が設立された．その設立目的は，一般的には雇用と労働条件の確保であり，争議を組織した者たちを雇い入れることであった．同時に，消費者協同組合や住宅組合を組織することによって，労働運動は生活条件の改善に着手した．これらすべての企業は個人会員に依拠していた．

初めて政権の座についた1924年以降，社会民主党（＝労働党）は政治的にきわめて重要となった．それ以降，労働運動はより良い生活条件の確保を求めて国家や労働組合にいっそう目を向けた．その結果，基礎健康保険などの協同組合事業のうちいくつかはおおむね国家政策のための機関となった．表3で述べられている補完的な健康保険が歴史的に労働運動となんの関係もないことはふれておくに値いする．もう1つの展開は労働運動に起源をもつ協同組合住宅が，目下のところ，国家の補助金によってかなり支配されていることである．

その後，労働運動が運動それ自身と組合員とにサービスを提供する協同組

合企業を組織した．とくに第2次大戦以降，次第に，個人会員制が労働組合やその他の労働運動組織による所有にとってかわられてきている．資金の不足と個別企業内での自治の要求とにより，労働運動が所有する企業を中央集権化しようとする試みがいくつか失敗している．

現在，労働運動組織は協同組合内での所有権をほぼすべてもっている．労働者協同組合がもっている最近のはっきりとした目的は，デンマーク労働運動の全般的な政治的（社会民主的）展望を支援することである．

5.3. 消費者協同組合

デンマークの消費者協同組合は1つの中央組織，FDBのもとに連合している．すでに述べたように，今日の消費者協同組合は農民協同組合と労働組合とに歴史的起源をもっている．1973年までは2つの別々の中央組織があった．1つは農民の消費協同組合であり，いま1つは労働者の消費協同組合であった．またこの2つのタイプの消費者協同組合は別々の原理で組織されていた．つまり，かつての農民の消費者協同組合は個人加盟の地域別会員制に基づいた自治組織であり（付録1b），かつての労働者による消費者協同組合は消費者協同組合連盟（FDB）が所有し，労働者個人はFDBに加盟する組合員であった（付録1a）．こうしたちがいは現在小さくなりつつあるが，そのちがいの希薄化を，古い社会階層の「協同組合熱」が消えつつあるなかで，消費者にみられるように，より分散的な新たな社会集団にとって有利な方向に向いている全体潮流のもう1つの兆候と考えることもできよう．他方，「協同組合熱」の消失は，今日，消費者協同組合が少しでも収入を上げようとする場合に陥る困難の理由の1つともなっている．

5.4. 集産主義運動

協同組合の歴史的起源は産業資本主義の初期段階と関係していた．集産主義運動は現代の福祉国家的資本主義を基礎としておこっている新たな展開の例としてもっとも強烈である．

集産主義的な協同組合のうちのあるものは，職場での自治をつうじて仕事の満足を得たいという望みにだけ依拠しており，それらは生産やサービス，文化生活の領域での従業員所有の会社である．別の集産主義的な協同組合は，仕事での満足を得ようとする努力をより広いもの，つまり協同労働や共同住宅をふくむ生活全般での満足と結びつけている．さらに他の協同組合は環境の要求に応じた生産の必要を強調しており，エコロジー農業などをふくむ環境保護運動と関係をもっていることもある．集産主義的な協同組合は農民や労働者以外のさまざまな社会集団をふくんでいる．

　こうした集産主義的な協同組合が登場する歴史的背景には，一方での商品市場や金融市場による社会関係管理の強化と，他方での国家による強力な社会関係管理の進展とがある．市場や国家の見えざる力から生まれるよそよそしさや疎外感を味わう個人が，集産主義的な協同組合結成の引き金をしばしば引いてきた．専門職のホワイトカラーの一部にこうした感情がしばしば見受けられる．

　現代の福祉国家的資本主義の進展は，古典的産業資本主義がつくった社会階層を犠牲にして，ホワイトカラー従業員の数を増大させることとなった．そのことが，政治生活のみならず経済生活においても，民主主義を求める政治的意識を高めた中心的要因だと考えることもできる．こうした民主主義への欲求は，私的組織や公的組織での自らの従属的立場にたいする一部のホワイトカラーの反動であると考えることもできる．

　このように，集産主義的な協同組合は，初期の協同組合と同じ現実の経済的必要に基づいているのではない．それらは何にたいする反動であるのか．それらを一部のホワイトカラーの反動だとみなすことができる．すなわち，自らの労働条件や生活条件にたいする権限の喪失への抵抗である．場合によっては，こうした新たな社会集団の構成員は農民や労働者といった階層のなかに同盟者を見いだしてきた．

5.5. 結　論

　さまざまな社会階層は，19世紀半ば以降，協同組合方式を利用して自らの経済的社会的条件を改善してきた．農民たちは都市と対立して農村の経済をつくり上げた．労働者たちは使用者と対抗して自らの立場を強めようとしてきたし，また消費者としての条件を改善したり，自らの産業内組織や政治組織をつくり上げようとしてきた．消費者は私的商人に対抗して自らの立場を強めようとしてきた．最後に，とくに分散的なホワイトカラーの集団は自らの労働条件や生活条件の質の向上に努めている．

　農民協同組合や消費者協同組合の成功がデンマークの社会的経済セクター全体の構図にはねかえるために，これらの協同組合がもっとも決定的に重要な種類だと思われる．対照的に他の2つの種類の協同組合の目的や活動範囲は分散的であると思われ，それゆえに，労働者協同組合における住宅供給と集産主義運動における文化的活動を除けば，それらは社会的経済セクターの全体構図に決定的な影響を及ぼさない．

　上に述べたこれら4つの運動を取り囲んで，1の大きな組織分野が存在し，これらの運動と間接的に関係をもっている．金融機関のみならずエネルギーや水の協同組合は，かなりの程度まで，農村での農民協同組合，都市での労働者協同組合の組織化の副産物である．しかし，それらの協同組合が農民や労働者のみの役に立ってきたのではなく，コミュニティ全体の役に立ってきたため，またある種の公的規制にしばしば反映されているように，これらの協同組合は他とは異なる組織的地位を得てきたのである．いうまでもなく，農民や労働者がこの協同組合の発展の初期段階で重要な役割を果たした．

　農民協同組合や労働者協同組合が，程度の差はあれ，社会の権力にたいする政治的経済的闘いの一部であったとみなすことができる．他方，協同組合が公的規制の強化と特定市場の不適当な発展とにたいする代替策，補完策として利用されてきたことを，これら2つの運動を取り囲む諸組織がはっきりと示している．協同組合が生まれたときまだ金融市場は未発達であり，エネ

ルギーや水の供給についても未発達であった．このどちらの活動も産業の発展や資本家の発展にとって欠かすことができなかったが，国家や市場の領域の外側で，つまり協同組合で資源を動員した結果，それらが十分なまでに立ち現れてきたにすぎない．それゆえに，EC単一市場が導入されるようになると，市場および国家がそれなりに効果的なやり方で自らの活動を展開するうえで十分な力をもつようになるだろうから，もはや協同組合は過去ほどには必要でないと考える仮説を述べることもできよう．

6. デンマークの社会的経済セクター企業にたいする公的，私的競争相手

　エネルギーや水，その他の公益事業部門，文化サービス部門のなかでは，社会的経済セクターの企業が地方公営や国営の企業と共存している．金融部門では国の規制によって社会的経済セクターの企業と営利企業とが区別されている．この規制は社会的経済セクター企業の金融活動を制限しているだけでなく，リスクが大きいと思われる事業をこれらの企業が行うことも制限している．他の部門での社会的経済セクター企業は私的営利企業と競争している．

6.1. 公的「競争相手」

　デンマーク地方行政の歴史は公益事業部門の組織的二重性の拡大の歴史である．過去においてはいくつかの地方都市が国王から特権を与えられ，公有の形態で公益事業を行っていた．農村では住民がこうした事業の供給を自力で組織しなければならなかったが，必ずしも協同組合によって実施されたわけではない．
　ラジオやテレビなど，広範囲にわたる現代の公益事業は，国家独占，もしくは（ときに協同組合方式の）地方局に放送免許を与える自治体の独占であ

る．公的な規制を受ける（政府認可の）企業が電話網を組織しているが，この企業は一部が国の所有であり，利用者の管理を受ける部分もある．

デンマークの行政府は公益事業での企業経営を規制することによって統制力を高めてきた．公的に権威づけられた独占だけでなく本来の独占によっても，また価格政策や大規模投資への規制によっても，公益事業の構造は硬直化している．

市の行政機関および協同組合双方の地域での指導者たちは，あらゆる分野で合同の統括組織をつくって国家と規制条件について交渉してきた．このこととあわせ，ある組織形態を誤って大幅に用いる例があまりなかったため，さまざまな組織が混在して公益事業を行う構図が生き残ることができている．

この部門の協同組合への公的支援が最近の事件で脚光を浴びている．歴史的な理由により電力会社は公的な規制を受ける会社という法的形態をとった．この会社は多額の準備金を築きあげたが，1989年に個人投資家のグループが資産強奪を目的として敵対的乗っ取りを試みた．消費者たちはたいへん心配して，人々を動員し，ついにはこの会社を純粋の協同組合に変えてしまった．この過程で公的な買収の可能性が論じられたが，消費者たちはそれを拒否した．

文化部門は，すべてとはいえないがかなりを公的資金に依存している．そのため，この部門では二元的状況が生まれている．文化部門で活動する人々の態度はほとんどが協同組合の組織化に好意的である．

公的な直接補助金の受け手としてデンマーク住宅組合があり，そこに行政が住宅建設に関する全面的独占権を与えているという事実にもかかわらず，これらの住宅組合を公的「競争相手」というタイトルで扱うのがいちばんよいかもしれない．賃貸アパートの建築についてだけでなく，かなり公的規制を受ける借地借家制度に統合された部分としても，地方と国の行政府は住宅組合を利用している．住宅組合の協同組合としての地位は法律によって定められており，行政が求める公共の正当性とよく合致しているように思われる．過去20年にわたって，住宅協同組合によるもの以外，賃貸用の住宅はほと

んど建築されてこなかった．歴史的理由により，住宅組合の中央組織は労働運動が抱える協同組合の中央組織に加盟しており，後者の中央組織はICAに加盟している．

6.2. 社会的経済セクターの金融企業への規制

金融部門はデンマーク経済の私的部門の1つであるが，非協同組合だけでなく協同組合も公的機関の規制の枠組みのなかにおかれている．協同組合にたいする特別の規則によって，協同組合は，伝統的にリスクが多いと考えられている取引き，例えば，株式市場での取引きをする権能を最近まで制限されてきた．さらに，金融を拡大する必要があるにもかかわらず，金融協同組合は株式市場から資本を調達する権限を与えられていない．

そもそも協同組合方式の金融機関をつくった理由は，資本市場での突発的なリスクから預金を守り，地域での資金供給を確保することであった．これらの機能は組合員自らの管理により守られたが，1920年代からは主に法律によって守られている．

最近まで，法的規制は貯蓄銀行やその他の金融協同組合の拡大の方法になんらの制約も課してこなかった．しかし1973年以降，ECが金融部門の規制緩和に着手した．その規制緩和が協同組合金融機関内での資金供給拡大の必要を生み出した．その結果，規制の変更が現在進んでおり，非営利機関から営利指向の私的機関への協同組合金融機関の変貌が可能となっている．とくに大規模な協同組合がこの機会の利益を享受している．

協同組合金融サービスの伝統的市場は，農民や公務員，その他賃金所得者との小口の金融取引きである．第2次大戦以降，この市場での競争が激しくなった．それは貨幣所得が増えた賃金所得者が社会の大きな部分となってきたからである．したがって，協同組合金融機関と商業的金融機関の顧客の違いは完全に消えたわけではないが小さくなりつつある．

規制と市場とでごく最近おこった変化の結果，金融部門では協同組合と非協同組合との間で合併の波がおこっている．既存の規制により制約を受けて

いた貯蓄銀行や信用組合，相互保険会社，あるいは農業協同組合と提携する市中銀行でさえ，いまや，普通の市中銀行と合併し，EC 単一市場からの挑戦に対応している．全国的な金融の利害が，地域社会の利害や，伝統的に弱者と考えられてきた社会階層の利害よりも優先されてきたように思われる．

6.3. 私的競争相手

私企業と直接競争しているデンマークの労働者協同組合は，それぞれの業界の取引きにおいてはほんのわずかな割合でしかない．現在のところ，労働者協同組合の経済的社会的な力量は，市場から私企業をなにほどかでも追い出せるようなものではない．それどころか，労働者協同組合は通常の営利指向にたいする強力な矯正者であるようにもまったく思われない．

農民協同組合は彼らの限られた領域でよくやっている．農産物の加工や流通では農民協同組合はほぼ独占に近い．しかしながらその独占は古典的な寡占競争に近い．少数の大規模な協同組合は相互に競争しあっており，農民全体の経済的利益を犠牲にして個々の協同組合の利益に気を配ることを追求している．投資家にとって収入の見通しが限られているため，これらの市場に私企業が参入しても魅力的であるとは思われない．

農産物の卸売部門の状況もこれに似通っている．EC 共通市場の農業政策や農民の急減によって，卸売市場は停滞がつづいている．2つの全国規模の農業協同組合が卸売市場の半分を占めており，相互に激しい競争をしている．それぞれが農民の経済的社会的利益をもっとも配慮していると主張している．こうした関係が，売上げの大きい農民の側にとくに好都合な価格状態をもたらしていると思われる．

農産物の卸売市場の残り半分は大手の私的な卸売企業が占めている．この卸売企業の所有者および国際的な化学産業がつくる化学製品の販売を確保するために，これらの企業の活動があるように思われる．協同組合と非協同組合との間の構造的な変化により集権化がいっそう進んできたにもかかわらず，第2次大戦以降，農産物の卸売市場の境界はむしろ変化しなかった．

農民協同組合が農民の所得を最大にし農民の利益を守る方向をよりいっそう目指すことは，あらゆる農民協同組合の重要な前提条件であると思われる．事実，農民協同組合は自らの事業がもっている経済以外の実際的な側面の多くを軽視しつづけてきた．したがって，農民協同組合や社会は，卸売業での協同組合の仕事と非協同組合の仕事との区別をつけることがむずかしくなっているのかもしれない．

ごく最近，農業協同組合で起きていることは，私的な機関投資家（私的保険会社，賃金所得者年金基金など）との共同所有制の導入である．現在までのところ，これらの合弁事業はリスクの大きい国際プロジェクトの何件かに及んでいるにすぎない．しかし，農民は農作物の第1次加工や流通の独占を事実上ほぼあきらめている可能性があり，とくに屠殺部門がそうである．

中心となる日配品市場で私的企業との競争が広がってきているため，消費者協同組合は，この10年間，最低の所得しか得られないという問題を経験している．消費者協同組合は，製造業や問屋など，中心市場の外側にある活動を切り捨てることによってこの問題を解決してきた．

同時に，消費者協同組合は個人経営の商店を買収することによって小売り市場のほぼ3分の1のシェアを全体で維持してきた．消費者協同組合運動のなかで新しく生まれた部分が利用者＝組合員による管理をいささかも受けないために，消費者協同組合がふつうの私的企業への道を歩みだしたかのようである．消費者管理は将来ごく形式的な意味で運用されるだけとなるかもしれない．

6.4. 結 論

協同組合を維持発展させるために必要な，現実的，経済的な根拠の範囲は今世紀を通じて狭まってきている．市場経済が進展し国家による規制の取り決めが広がったために，20世紀を通じて，とくに第2次大戦以降，国民経済の広い分野で協同組合企業を求める現実的な理由が少なくなってきている．一般に，デンマークでの社会的経済セクターの主要な部分すべての最近の動

向をみると，将来は，表1から表3に見てとれるよりも意義の小さい地位にいたると思われる．

　ある一定の公益事業や安価な住宅を合法的に効率的に生産し配分するためには，行政府が協同組合を必要とすることもありうる．しかし協同組合が唯一の解決策ではない．くわえて，協同組合はすべて国家の規制を受けており，その規制が組合員管理を制約している．金融部門では，国内および国際的な資本市場の発展と拡大とによって，商業的事業のもつリスクからふつうの人々のお金を守るという初期の風潮が次第に後退してきている．非協同組合と直接競争する部門では，協同組合は事業政策に関する組合員の意思決定を犠牲にし，次第に商業主義的な利益指向に道を開きつつある．

　協同組合の凋落をさらに説明するならば，それは組合員がもはや協同組合に関心をもっていないことであろう．一方で，さまざまに組織された社会階層に代わって国家の行う規制に組合員は慣れはじめてきており，政治への影響力行使の方法も知っている．他方では，商業主義的なマーケティングが，商品やサービスにたいする農民や消費者，労働者，大衆の需要を適切に満たすことができるということを，組合員が受け入れているように思われる．政府の失敗や市場の失敗が，伝統的な社会的経済セクター部門の中心部分で少なくなってきていると思われる．

　協同組合の導入以降，デンマーク社会の構成が変化してきていることを理解すれば，もっといろいろな説明ができる．農民や労働者といった明確な社会集団が少なくなってきている一方，分散的なホワイトカラー専門職の集団が多くなってきている．農業協同組合や労働者協同組合はもはやほとんど社会運動として認識されていない．その結果，これらの協同組合は狭い意味での農民や労働者とは異なる人々に組合員を頼っており，組合員の変化を経験しているまっただ中にある．ホワイトカラーの利益はかなり拡散しているため，こうした変化に対応することはむずかしいであろう．集産主義的協同組合の登場に示されるように，21世紀への世紀転換期以降の社会環境の変化を反映したあらたな出発が必要であろう．

7. 今日のデンマークの社会的経済セクター特有の貢献

　デンマークの協同組合は，もともとの意図のように，農民，労働者，消費者の現実の要求を満たそうと今も努力している．資本制企業での状況に反対し，特定の活動にかなり熱心に取り組むことにそれが現れている．これと同じやり方に，あらたな協同組合運動の特徴が示されているかもしれない．貨幣的な観点で組合員の所得を向上させても十分でないということが協同組合にとって決定的だと思われる．というのは，特定の取引き分野に協同組合企業が存在すること，商品やサービスの質にたいする要求などが同様に重要だからである．
　しかし，現在の状況は逆説的である．協同組合が自らの活動の貨幣的側面，所得の側面により大きな関心を寄せているように思われるのと同時に，経済生活の質的な面や現実的な面への注意が薄れた結果おこってきた脅威にたいして，エコロジーなどの観点から，政治的な諸勢力や「草の根組織」の諸勢力が関心を集めはじめている．さらに，経済生活での民主主義の広がりを求める要求が全般的にはあるが，集権化や公的規制，私的競争，組合員参加の欠如などにより協同組合内民主主義が消滅しつつあるのと平行して，民主主義への要求が大きくなっている．
　デンマークの経済的社会的福祉への社会的経済セクター特有の貢献は以下のように思われる．
　① 現在農民協同組合内部や公益事業分野でとくに強調されているが，社会全体の福祉にプラスとなるような実際の経済的利益に配慮して，さまざまな社会集団の経済的社会的利益を追求すること，
　② 市場経済のなかで効果的な民主的管理の可能性を示すこと，および，
　③ 国家や市場に内在する見えざる抽象的な力によって発展する社会のなかで，現実の経済目的を満たすことにかかわりつづける場合に生じる困難を

示すこと．

　まず第1に，伝統的な取引部門でおきている古い大規模協同組合の凋落のなかに，デンマークの社会的経済セクターの将来をみることができるかもしれない．第2に，民営化への要求の結果として，また行政にくらべてよりすぐれたサービス供給の結果として，文化サービスをふくむ個人サービスの分野や広義の公益事業分野でみられるような，新たな真の協同組合への進化を期待することもできよう．第3に，賃金所得者年金基金は，あらゆる部門の企業，すべての法定企業に対する積極的な投資家としていっそう重要となろう．デンマークの賃金所得者基金の活動は高まってきており，その活動によって，協同組合の伝統的な利用者＝組合員に代わって，利用者＝所有者としての賃金所得者による新たな民主的管理への道が拓かれるかもしれない．

比較分析の要約と展望

　デンマークでは，社会的経済セクター（économie sociale）の考えは一般的に支持されていない．その理由は，「社会的」という言葉がデンマークではおおむね福祉国家の責任である福祉サービスと関係しているからである．しかしながら理論的な領域では，協同組合や共済組合，「非営利組織」の存在やその実際の活動を説明するうえで，社会的経済セクターという考えが十分に役立っているかもしれない．というのは，社会的経済という考えがこれらの組織の重要な面を特徴的に示しているからである．すなわち，これらの組織は，特定の社会的経済的な集団もしくは社会的集団，社会的経済的な利益もしくは社会的な利益を目的と手段として運営されているからである[4]．

　デンマークの協同組合や協同組合に類似した組織はあらゆる業種や産業に及んでいる．国民経済にたいする協同組合の主な貢献は，国民経済の中心部分の発展をリードし安定化させることであった．その貢献は，国家の規制や市場の諸力をつうじて得ることのできる取引き条件よりも安全な条件を確保

することによって可能であった．金融機関やエネルギー供給の発達など，工業や資本家の発展の重要な前提条件を豊かにするうえで，社会的経済セクターが社会の上層部分において多大の貢献をした．さらにこの社会的経済セクターは，基本健康保険など，いくつか福祉国家の基礎を敷いた．社会の下層部分では，社会的経済セクターが食品の小売りや住宅供給での市場の発展に大きな修正を加えた．また，社会的経済セクターの企業は農産物加工を高い国際水準にまで高め，そのことによってデンマーク農民の経済的状態を改善し安定化させることができた．最後に，社会的経済セクターを構成する部分のいくつかは国民の生活条件や労働条件にかかわる実験を行っているのである．

　住宅供給やある種の文化活動の例外はあるが，デンマークの社会的経済セクターの企業は公的助成なしで運営されている．それどころか，行政府との交渉を経た後に協同組合のもっている安定化効果や修正効果が現れることがこれまでしばしばあり，そうでなければ資本制企業との純粋な競争の結果そうした効果が現れるのである．以上のことが示すのは，経済環境の変化に適応する柔軟さと能力の高さである．

　第2次大戦以降，福祉国家は市場経済のとてつもない拡大とともに発展してきた．市場経済の拡大に柔軟に適応する社会的経済セクターの解答は集権化であった．それがときには組織と組合員との関係をそこない，ある程度まで，組合員の欲求不満をもたらしている．協同組合が「単一市場」という国際的な挑戦と直面すれば，このダメージが深刻な弱点を露呈することになるかもしれないが，それに対処するためのイニシアティブがいくらか発揮されている．

　金融部門では，国際化と成長という強い野望をもついくつかの組織が，社会的経済セクターでの組織的な確立を放棄して資本制企業に転換した．しかしその他の部門での協同組合は，組合員の利益を考慮すれば必ずしも必要でないと思われる資本集約的な活動を協同組合組織からはぎ取ることによって，組合員との強力な関係を再建しようとしているかのようである．消費者協同

組合は製造部門を売り払い，小売りの販路網を強化している．農業協同組合は研究開発や集中的な輸出マーケティングなどのリスクの大きい部門を売却すると同時に，農民との組織的な結束を強めようとしている．エネルギー部門では，協同組合はもはや発電所を所有できない状況であるとの見通しをもっている．

このようにして，デンマークの伝統的な協同組合は未来からの挑戦にたいして生き残ることができるように思われる．しかしながら，①市場競争の激化，②デンマーク市場での行為者と政治権力との交渉の意義の低下の結果，社会的経済セクターは今日よりも小さな規模に終わる可能性がある．だが，市場経済の国際化が，地域，地方，全国それぞれにおいて，新たなリーダーシップを引き起こすことになるかもしれない．とくに，デンマーク福祉国家をヨーロッパ大陸型の福祉体制に統合するという現在の問題が，デンマークの社会的経済セクターのなかに新たに福祉を担う部分をつくりだすことになるかもしれないのである．

比較の観点からいえば，市民社会に内在する諸力の相対的な大きさに基づいて，現在のデンマーク社会的経済セクターの状態を説明することができるかもしれない．デンマークは文化的には比較的均質な社会である．言語や宗教，人種に関して地域間に大きな対立はない．市民社会はこれまでのところ，おおむね社会的経済に即して結合している集団，すなわち，農民や労働者といった社会的経済的にはっきりとした集団から主に構成されている．このことに加えて，地域社会が代表するような農村の利益と都市の資本家の利益とのあいだにある伝統的な対立をみておく必要がある．

したがって，1つの労働運動，1つの農民運動についてだけ語ることが可能であり，ある程度までは1つの消費者運動について語ることもできる．その理由は，農民も労働者も消費者としての利益の領域では競争しあうよりもむしろ協力しあうことができたからである．さらに国民はデンマークの国民経済的利益についてコンセンサスの意識を強くもっており，いままでのところ，この国民経済的利益は社会的経済組織と深刻に対立していない．その理

由の一部は，都市の資本家の利害関心が比較的弱いためである．

以上の全体的な結果を述べるならば，他のヨーロッパ大陸諸国，とくにEC諸国に比べ，デンマークの農民は自らの利益を代弁する政党をとおして農業政策に大きな影響力をもってきたうえ，協同組合をつうじて農業経済に大きな影響を与えてきた．このことと並んで，デンマークの労働者階級は社会民主党政権と社会民主主義的労働組合とをつうじて福祉政策にたいする大きな影響力を獲得してきた．デンマーク国家の福祉政策はもともと労働者がはじめたいくつかの仕組みに基づいている．デンマーク国民の全般的な合意があったため，資本の利害関心の弱さと相俟って，程度の差はあれ私的市場から切り離された金融制度や公益事業体制をつくり上げることが可能だったのである．

さらにデンマークの社会的経済セクターの組織は一般に，イデオロギーや政治に基づくよりもむしろ現実主義的に運営されている．社会的経済セクターに属する組織すべての目的は，あらゆる利用者に門戸が開かれた会員制に基づき，利用者＝組合員の利益にかなうような明確な活動をすることである．公共企業が解決すべき問題の解決を国家が協同組合に委ねることが可能であった主な理由の1つがそこにある．協同組合ではプラグマティズムがあまり発展せずにいるが，そしてその現象はとくに労働者協同組合のなかにみられるが，そうした協同組合においては経済的に生き残るという大問題がある．他方このプラグマティズムは，現在，いくつかの組織が資本制企業に転換している理由となっているように思われる．

デンマークの社会的経済セクターは「単一市場」という新たな国際環境に適応する能力があると思われる．しかし伝統的な活動領域ではその規模は縮小することが予想される．将来は，協同組合以外の経済的活動者（とくに資本に基づく活動者）との間で行われる製品・サービスの売買という基本的な業務の周辺に，市民社会の諸集団を組織すべきだと思われる．市民社会でのこうした展開と並行して，個人課税にほとんどを依拠したスカンジナビア・モデルの福祉国家をEC内でも維持すべきだという将来課題の結果として，

福祉サービス（幼稚園，学校，失業者雇用）の分野に新たな組織が生まれてくる可能性がある．

付録　デンマーク社会的経済セクターの構成要素

1　消費者協同組合

ⓐ

—名　称	FDB
—法的地位	非営利組織（FDBはデンマークのすべての消費協同組合（下の1bをみよ）の連合であるがFDBが所有する店舗の個人組合員もふくむ）．
—部　門	卸売部門および小売部門（食品および非食品）
—協同組合の性格	協同組合構造＋ICA会員
—事業規模（販売高100万デンマーククローネ，1987年）	15,451
—有給職員数	11,905
無給職員数	n. a.
組合員数	602,800
—市場シェア（%）	15.2

出所：FDB.

ⓑ

—名　称	Brugsforeningsbervægelsen（823単協）
—法的地位	個人会員による非営利組織
—部　門	小売部門（食品および非食品）
—協同組合の性格	協同組合構造＋ICAの間接会員
—事業規模（販売高100万デンマーククローネ，1987年）	9,118
—有給職員数	6,394
無給職員数	n. a.
組合員数	461,076

市場，福祉国家，社会的経済セクター —— デンマークの事例　　259

　—市場シェア（％）　　　　　　　　　　　　　　　　　9.0
　出所：FDB.

2　農業協同組合
　—名　称　　　　　Andelsbevaegelsen（188 単協）
　—法的地位　　　　協同組合，ほぼ個人農民による
　—部　門　　　　　卸売部門および農産物加工部門
　—協同組合の性格　協同組合構造＋ICA の間接会員
　—事業規模（販売高 100 万デンマーククローネ，1987 年）　　92,365
　　　　（金融部門：残高 100 万デンマーククローネ，1987 年）　50,623
　—有給職員数　　　　　　　　　　　　　　　　　　　　　　n. a.
　　無給職員数　　　　　　　　　　　　　　　　　　　　　　n. a.
　　組合員数　　　　　　　　　　　　　　　　　　　　　　　n. a.
　—市場シェア（％）　乳製品および豚肉加工品　　　　　　　90
　　　　　　　　　　その他　　　　　　　　　　　　　　　14−70
　出所：Danske Andelsselskaber.

3　生産協同組合（労働者協同組合）
ⓐ
　—名　称　　　　　Arbejderkooperationen（258単協）
　—法的地位　　　　多様：多くは個人有限会社（仏語の Sarl：独語の
　　　　　　　　　　GmbH）．各単位は個人会員や労働者の連合，（社
　　　　　　　　　　会民主主義的）労働運動組織をふくむこともある．
　—部　門　　　　　種々の生産および（金融・非金融）サービス
　—協同組合の性格　ICA の間接会員．ICA 原則の実施はさまざま
　—事業規模（販売高 100 万デンマーククローネ，1988 年）　　5,077
　　　　（金融部門：残高 100 万デンマーククローネ，1988 年）　13,030
　—有給職員数　　　　　　　　　　　　　　　　　　最低 7,544
　　無給職員数　　　　　　　　　　　　　　　　　　　　　　n. a.
　　組合員数　　　　　　　　　　　　　　　　　　　　　　　n. a.

―市場シェア（％）　　　　　　　　　　　　　　　　　　多様
　　出所：Det Kooperative Fællesforbund.

ⓑ
　　―名　　称　　　　Kollektivbevægelsen（単協数不明）
　　―法的地位　　　　多様：多くは共同出資ないしは個人有限会社(仏語のSarl：独語のGmbH)．いくつかは非営利組織もしくは協同組合．多くは組合員が従業員であり加盟が個人もしくは集団となっている．
　　―部　　門　　　　各種の生産およびサービス（とくに文化活動）
　　―協同組合の性格　ICA原則に近い集産主義原則がとられることも多い．従業員組合員をふくむ管理．
　　―事業規模　　　　　　　　　　　　　　　　　　　　　　n. a.
　　―有給職員数　　　　　　　　　　　　　　　　　　　　　n. a.
　　　無給職員数　　　　　　　　　　　　　　　　　　　　　n. a.
　　　組合員数　　　　　　　　　　　　　　　　　　　　　　n. a.
　　―市場シェア（％）　　　　　　　　　　　　　　　　ゼロに近い
　　出所：著者の調べ．

4　金融協同組合および金融「非営利組織」
ⓐ
　　―名　　称　　　　Sparekasser（93単位）
　　―法的地位　　　　法律に基づいた設立
　　―部　　門　　　　貯蓄銀行
　　―協同組合の性格　非営利組織
　　―事業規模（貯蓄高100万デンマーククローネ，1987年）　119,457
　　―有給職員数　　　　　　　　　　　　　　　　　　　　　n. a.
　　　無給職員数　　　　　　　　　　　　　　　　　　　　　n. a.
　　　組合員数　　　　　　　　　　　　　　　　　　　　　　n. a.
　　―市場シェア（全貯蓄高に占める割合，％）　　　　　　　27.9

出所: Danmarks Statistik.

ⓑ
- 名　称　　　　　　Andelskasser (36単位)(上のタイプ2に含まれる)
- 法的地位　　　　　法律に基づく協同組合
- 部　門　　　　　　協同組合銀行
- 協同組合の性格　　法制化された協同組合＋ICAの間接会員
- 事業規模(貯蓄高100万デンマーククローネ, 1987年)　　　2,543
- 有給職員数　　　　　　　　　　　　　　　　　　　　　　n. a.
　無給職員数　　　　　　　　　　　　　　　　　　　　　　n. a.
　組合員数　　　　　　　　　　　　　　　　　　　　　　　n. a.
- 市場シェア(全貯蓄高に占める割合, %)　　　　　　　　　0.6

出所: Danmarks Statistik.

ⓒ
- 名　称　　　　　　Kreditforeninger (2単位)
- 法的地位　　　　　法の下の「非営利組織」
- 部　門　　　　　　抵当信用
- 協同組合の性格　　法制化された協同＋債券販売会社による間接管理
- 事業規模(全流通債券額100万デンマーククローネ, 1987年) 120,000
- 有給職員数　　　　　　　　　　　　　　　　　　　　　　n. a.
　無給職員数　　　　　　　　　　　　　　　　　　　　　　n. a.
　組合員数　　　　　　　　　　　　　　　　　　　　　　　n. a.
- 市場シェア(%)　　　　　　　　　　　　　　　　　　　　約80

出所: Danmarks Statistik.

ⓓ
- 名　称　　　　　　Livsforsikringsselskaber (3単位)
- 法的地位　　　　　法の下の相互生命保険会社
- 部　門　　　　　　生命保険

―協同組合の性格　　法制化された非営利組織，組合員による管理
　―事業規模（保険料100万デンマーククローネ，1987年）　　　　1,006
　　―有給職員数　　　　　　　　　　　　　　　　　　　　　　　n. a.
　　　無給職員数　　　　　　　　　　　　　　　　　　　　　　　n. a.
　　　組合員数　　　　　　　　　　　　　　　　　　　　　　　　n. a.
　―市場シェア（全保険料に占める割合，％）　　　　　　　　　　11.5
　出所：Danmarks Statistik.

ⓔ
　―名　　称　　　　　Skadesforsikring（107単位）
　―法的地位　　　　　法の下の相互保険会社
　―部　　門　　　　　生命保険以外の保険
　―協同組合の性格　　法制化された非営利組織，組合員による管理．少
　　　　　　　　　　　数はICAの間接会員
　―事業規模（保険料100万デンマーククローネ，1987年）　　　　5,053
　　―有給職員数　　　　　　　　　　　　　　　　　　　　　　　n. a.
　　　無給職員数　　　　　　　　　　　　　　　　　　　　　　　n. a.
　　　組合員数　　　　　　　　　　　　　　　　　　　　　　　　n. a.
　―市場シェア（貯蓄総額に占める割合，％）　　　　　　　　　　26.6
　出所：Danmarks Statistik.

5　追加的な健康保険組合

　―名　　称　　　　　Sygeforsikringen Danmark（1単位）
　―法的地位　　　　　法の下の相互保険会社
　―部　　門　　　　　追加的な健康保険
　―協同組合の性格　　組合員管理による非営利組織
　―事業規模（保険料100万デンマーククローネ，1987年）　　　　　658
　　―有給職員数　　　　　　　　　　　　　　　　　　　　　　　n. a.
　　　無給職員数　　　　　　　　　　　　　　　　　　　　　　　n. a.
　　　組合員数　　　　　　　　　　　　　　　　　　　　　　 933,048

―市場シェア（％）　　　　　　　　　　　　　　　　ほぼ100
　　出所：Sygeforsikringen Danmark.

6　住宅協同組合
　　―名　　称　　　　　Almennyttige boligforeninger（632単協）
　　―法的地位　　　　　デンマーク住宅法の下の協同組合
　　―部　　門　　　　　賃貸住宅
　　―協同組合の性格　　組合員管理による非営利組織．ICA の間接会員
　　―事業規模（売上高100万デンマーククローネ，1987年）　　n. a.
　　―有給職員数　　　　　　　　　　　　　　　　　　　　20,000
　　　無給職員数
　　　組合員数　　　　　　　　n. a.（1990年：425,000 アパート）
　　―市場シェア（アパート総数に占める割合，％）　　　　17.4
　　　　　　　（賃貸アパート総数に占める割合，％）　　　41.7
　　出所：BOligselskabernes Landsforening.

注
1) 著者もこの研究班の一員である．
2) 国家や市場の制度世界に対立する生活世界というハバーマスの考え（1981）を参照．マイケルセン（1991）は，個々の所有構造のなかで繰り広げられる制度と生活世界との相互作用に関するハバーマスのアプローチをさらに展開している．
3) この議論は Furubotn & Pejovitch（1972）や Williamson（1985）などのアングロサクソン系の制度派経済学者の間では標準的な議論であり，彼らは私的投資家によって管理される会社に比べて協同組合の方が機械費用が大きいと説明している．彼らは（信用）市場の失敗がありえないことを前提としているが，この議論では人々を納得させることはまったくできない．アングロサクソン系の制度派経済学と対立する議論については Stryjan（1989）を参照のこと．

4) これまで述べてこなかった経済理論分野での国際的な展開がこれらの理論の現在的な意義を明らかにしている．すなわち，経済構造の道義的判断やその他の非経済的側面に関する経済理論上の関心が大きくなっていることである．それらの理論はここで議論している社会的経済セクターとかなり似かよった考えをとっている．例えば，こうした理論的関心は，アメリカに基礎をおく「国際社会的経済学推進学会（SASE）」の結成などに現れている．

オーストリアの社会的経済

ステファン・オルバン, ロベルト・シェディヴィ

　社会的経済の概念はオーストリアではまだ広く普及していない．研究者たちはもっぱらフランス語の表現を使い，ドイツ語の「Sozialwirtschaft, 社会的経済」は用いられていない．そのようなわけで，われわれとしては国際的な次元での，とりわけラテン語圏諸国における議論に引き続き注目している．
　オーストリアの社会的経済は，連帯という特別倫理を自認する完全な1つのセクターを構成しているのではない．とりわけアソシエーションについては，現在のところまったく別枠に留まっており，わずかな調査しかされていない．しかしながら，「共同経済 (Gemeinwirtschaft)」の意味では，各種の協同組合の間や特定の協同組合と共済組合の間で，伝統的なつながりが存在する．非常に競争的な市場の枠組みにおいては，共同経済だからといって自分たちの競争力と生存を確保するのに必要な努力を社会的企業と公益企業が免除されるわけではない．

1. オーストリアの社会的経済セクター定義のための基準（原則と規則）

　フランスが率先している定義に従うならば，社会的経済セクターとは，協同組合，共済組合，アソシエーションを含む．しかしそのように理解された

社会的経済についての研究はオーストリアにはほとんど存在しないので，われわれとしてはむしろオーストリア統計中央局（統計センター）の「非農業経済地域調査」の統計分析を基にして，オーストリアの社会的経済を概観することにする．

オーストリアは，われわれの知る限り，1976年以来，公式統計に公益経済の項目を定めているヨーロッパ唯一の国である．公益企業の確定は，CIRIECオーストリア支部（オーストリア公共経済企業研究所，VOWG）と統計中央局との恒常的協力の下で行われている．この共同作業はCIRIECオーストリア支部の主導で生まれた．

これらの統計は，農業部門を除くすべての分野の「企業事業所」（監督団体組織は含めず）に関するオーストリア統計中央局による定期調査によって補正されている．しかしながら，この調査の基本的な設定枠には，これまでのところ「非営利」型のアソシエーションは含めていない．統計の分類は，所有形態別と，専門区分に基づく主要活動分野別に行っている．したがって，以下の統計は大まかな区分による概算値でしかない．

われわれとしては，統計に基づき，企業を区分8（公益協同組合），区分9（その他の協同組合），区分0（その他の社会的経済）としている．

2. 公益の協同組合

この区分のなかに，1873年オーストリア法に基づく協同組合と，アソシエーションと，明確に公益的性格をもつ公益企業をまとめている．公益（共同経済性）に奉仕する企業の使命は，「公共経済共同経済連合会に加入する」ことで示される．もう1つの法的基準がこの区分の企業の確定のために適用される．それは1979年の住宅セクター公益法における「共益」という基準である．

実際上，この区分には2つの企業種類がある．1つは，あらゆる種類の消

表1 公益の協同組合（1988）

協同組合数	334
労働者数	22,961
投資額(1,000シリング)	5,916,023
事業高(1,000シリング)	48,281,961
利益(1,000シリング)	10,114,625

費協同組合とそれらが株式の少なくとも50％をもつそれらの系列会社である．もう1つは，住宅建設に従事し，かつ監査団体（Prüfungsverband）の会員でもある公益企業である．

公式統計では，この分野の1988年の数字を表1のように示している．

消費協同組合がこの区分のもっとも重要な構成部分であることは確かである．1978年以降，消費協同組合の95％以上がオーストリア消費協同組合連合会（Konsum）に加盟している．残りは約20ばかりの小さな消費者協同組合であり国内西部の山がちの地域にある．

オーストリア消費協同組合連合会とその生産系列会社は，1988年には816,350人の組合員と19,148人の従業員，事業高266億オーストリアシリングであり，食品小売産業の20％を占めている．

ここでは，オーストリアの消費協同組合の進展と現在の役割をたどることが目的ではない．この2つのテーマについては，ブラツダとシェディヴイの論文（1989）がその一部をたっぷりと割いてオーストリアについて言及している．しかしながら，オーストリアのセルフサービス店の先駆者であり全国展開をしているこれらの企業では，近年競争と効率が強調されており，公益の使命はいささか2次的なレベルに下がっていると言わざるをえない．むしろ1990年以降に実施された根本的な改革により，なによりも消費協同組合はその競争力の強化を目指している．この改革については，さらに90年と91年の各6月末から7月初めの決算時，さらに91年の秋の決算時にジャーナリズムで大いに議論された．

実際，自らは持株会社の役割を果たして，株式会社や有限責任会社の形で

組織した多くの子会社を管理するという中央協同組合の考えが受け入れられているようである．公益の問題は，事業剰余金を配当するということが起きる場合のみ考えられるようである．このような剰余金をつくり出すことが，さしあたり，組織再編中の企業の主要目的である．

　一方，住宅公益法に基づく住宅建設部門は，競争にはあまりさらされておらず，どちらかというと国家による補助金を受けている保護部門である[1]．1989年に同部門は13,747の住宅を建設し，そのうちの42％は協同組合によるものであった．現在オーストリアにある住宅の約4％が協同組合により建設されたものである．

3. その他の協同組合

　（1873年法に規定される）協同組合の大部分は，公益セクター（共同経済）とは見なされずに，むしろ私的セクターと見なされている．これらの協同組合は「その他の協同組合」という項目に入れられる．これには信用協同組合（ライファイゼン，人民銀行），工業協同組合，購買販売協同組合，農業製品加工協同組合がある．しかし，農業製品協同組合は，厳密な意味では，非農業経済統計局による数字には入っていない．実際，この統計数字からは，農業活動，自営業，公的行政部門（これらはオーストリアの雇用数である300万人の約3分の1を占める）が除外されている．この「その他の協同組合」の項目内にはまた，先に示した「監査協会」の会員でない住宅建設協同組合はほとんどいない．

　協同組合の法的形式は，協同組合の2年ごとの義務的検査を4つの監査団体（Prüfungsverbände）によって実施されていることに関して，4つの大きな協同組合組織の間で常にインフォーマルなつながりをもとうとしていることに役に立っている．4つの監査団体とは，「ライファイゼン連合会」，「コンスム連合会」，「オーストリア協同組合連合会（もっとも古い組織）」，「公

表2 「その他の協同組合」(1988)

協同組合数	1,627
労働者数	48,205
投資額(1,000シリング)	4,382,404
事業高(1,000シリング)	136,997,578
利益(1,000シリング)	27,515,752

共建築・住宅・団地連合会」[2]である.

オーストリアの協同組合全体の雇用数は, 1990年には79,919人にまで増加しており, これはわが国の雇用全体の2.8%にあたる.

ライファイゼングループ協同組合と人民銀行グループ協同組合は, 信用分野で非常に勢力をもっている. 1989年のオーストリアの信用協同組合は次のように分布している. すなわち, 工業部門への金融総額の13.2%, 生産中小企業向け貸付の38.2%, 農業部門への貸付の73.6%, 商業部門への貸付の23.5%, 運輸部門への貸付の33.5%, 観光業部門への貸付の38.4%.

「その他の協同組合」区分のうち, まちがいなくもっとも重要なのはライファイゼングループである. 1988年末に同グループの従業員数は48,324人であり, そのうち金融部門が19,272人, 商業部門が14,985人, 酪農部門に11,019人であった. 純粋に農業だけの人数もこのなかに含まれているが, その数字はきわめて小さい. 90年にライファイゼングループは, オーストリアの協同組合総数2,481 (1970年には4,376協同組合があった) の84.4%を占め, 組合員総数395万人のうち51.3%を占めている. 重複勘定を差し引けば, 協同組合員は人口の47%を占めるが, 「協同組合意識」の度合はこの驚くべき数字の高さに釣り合っておらず, しばしば弱体化している.

ここでライファイゼン協同組合グループの歴史をたどったり, その現在の役割を説明することはしない[3]. 若干それらを描写するのみにとどめる. 労働者運動によって強く刻印を刻まれている消費者協同組合に比べて, 地方のキリスト教のどちらかというと保守主義の運動から発しているにもかかわらず, この巨人ライファイゼンは消費者協同組合とは友好関係を持続している.

表3a　オーストリアの協同組合連合会

	1970		1980		1990	
	協同組合数	%	協同組合数	%	協同組合数	%
ÖRV(1)	3,854	86.0	2,939	86.0	2,094	84.4
KG(2)	74	2.0	47	1.5	49	2.0
ÖGV(3)	355	8.0	290	8.5	222	8.9
GBV(4)	194	4.0	136	4.0	116	4.7
計	4,477	100.0	3,412	100.0	2,481	100.0

表3b　オーストリアの協同組合連合会の組合員数

	1970		1980		1990	
	組合員数	%	組合員数	%	組合員数	%
ÖRV(1)	1,504,306	53.0	2,028,204	53.0	2,156,117	55.3
KG(2)	490,879	17.0	820,000	21.0	813,400	20.9
ÖGV(3)	720,641	25.0	791,000	20.5	660,814	16.9
GBV(4)	136,920	5.0	216,000	5.5	270,355	6.9
計	2,852,746	100.0	3,855,204	100.0	3,900,686	100.0

出所：FOG Wien, J. Brazda.
注：(1) ÖRV＝オーストリアライファイゼン連合会（農業，信用）.
　　(2) KG＝コンスム連合会（消費協同組合その他）.
　　(3) ÖGV＝オーストリア産業協同組合連合会（信用，商業，生産，その他）.
　　(4) GBV＝オーストリア公益建設住宅連合会（建設，住宅）.

　消費協同組合が1934年から38年にかけてかかわっていた労働運動が禁止されたことで重大な困難に陥っていたときに，その解体を防ぐためにライファイゼングループは自分たちの庇護の下に消費協同組合を迎え入れた．
　近年，ライファイゼングループは，古典的な私的企業の論理を重視している．ヨーロッパ単一市場が実現する方向で，現在比較的保護されている製粉業，酪農業，さらにライファイゼンが現在力をいれている金融業といった分野に規制措置がとられることに鑑みて，グループに対する私的企業化の方向

がまちがいなく迫られるであろう．

「社会的経済」の枠組みはほとんど進展しそうにもない．「その他の協同組合」（スポーツ製品購買協同組合，織物協同組合など）の区分にまとめられた協同組合の多くは，社会的経済のなかではまったく認められていない，制限された組合員グループの商業利益といったものをとりわけ目指しており，どちらかというと米国のケンタッキーフライドチキングループのようなフランチャイズ協同組合と似たものを目指しているのである．むしろヘルマン・シュルツェ—デリッチュの理念の遺産を引き継いでいる「オーストリア協同組合連合会」に所属する協同組合が重要である．1988年末にこのグループの財政部門には，（人民銀行）協同組合の従業員数3,989人がおり，また株式会社となっているそのなか央銀行も勘定に含めるならば，従業員数は4,458人となる．また，オーストリアでは数少ない労働者協同組合もいくつか含まれる「協同組合連合会」の統計によれば，非金融部門は4,786人に達する．

4. その他の社会的経済

さて，最後にその他に残った，しかし関心を引く活動区分，すなわち「その他の社会的経済」を見よう．

この区分に属する基準は次のとおりである．すなわち，資本の最低50％が社会的経済の事業体に属する非個人的企業であり，区分1から区分9に分類できないものである（区分1から区分9は，協同組合ばかりでなく，国家や州，地方自治体の事業所や出資金を含んでいる）．

この区分には，次のようなすべての活動が実際上入れられている．すなわち，オーストリア労働組合連合とその多数の系列団体，労働経済銀行，オーストリアテレビラジオ局，共済組合，その他連帯に基づく組織，政党団体，宗教組織，さらには商工会議所など．したがって，事業活動に比例してこのセクターの広さと重要さを推測できる．

表4 「その他の社会的経済」の区分

全体		
	1983	1988
企業数	100	148
労働者数	15,239	18,087
投資高(1,000シリング)	1,613,104	2,619,564
事業高(〃)	15,789,966	26,682,033
利益(〃)	8,418,076	14,548,929
部門別		
民間保険		
企業数		62
労働者数		8,019
投資高(1,000シリング)		1,150,105
事業高(〃)		8,106,780
利益(〃)		5,784,339
健康保険		
企業数		4
文化,娯楽団体		
企業数		2
社会サービス・法人		
企業数		6
労働者数		3,268
投資高(1,000シリング)		530,242
事業高(〃)		6,454,952
利益(〃)		3,138,579

　そしてまたこれが非常に異種のものが集まったセクターであって，各構成団体は自分たちが共通の枠のなかに属しているという意識はほとんどないが，しかしまた同一の統計のなかに属していることも強調しなくてはならない．

　社会的経済全体のなかで，共済組合は非常に重要であるが，オーストリアの人口の大部分は「共済組合」という言葉の意味をおそらく知らないと言わざるをえない（ドイツ語では"共済，Wechselseitigkeit"とか"相互性，

Gegenseitigkeit"と呼ばれるものはとても難解な日常的でない言葉である）．オーストリアにおける保険の記念すべき歴史的登場は最近であり，そのうえ共済組合は私的保険会社からはほとんど区別されていない[4]．P. U. レーナー（1988）は，共済組合セクターは固定保険料と内部組織のために株式会社を推進していると断定している．むしろ逆に，生命保険の分野では，利益配当については本質的に共済組合の考えが株式会社に導入されているといえる．問題はその配当の集中する過程であることは，すでに1846年に歴史家のA. マシウスの指摘しているところである．

　もっとも大きな共済組合保険会社であるウイナー・ステティシェ社（1988年の従業員数 3,922人）は，最近になって，1992年以降はその活動を子会社である株式会社に委託することを決定した．しかしながら，市場の要請に対応するための最善策として出されたこの決定は，共済組合がグループの持株会社として留まる以上，おそらくグループ全体の基本的姿勢を修正するものとはならないだろう．

5. アソシエーションの経済的役割

　ジャック・ドゥフルニは最近の研究（1990）のなかで，現代社会におけるアソシエーション的なボランタリィ労働の経済的重要性を指摘した．オーストリアについても同様の事柄を掘り起こすことができるだろう．実際，ボランタリィ労働とその発展の可能性は，すでにクリストフ・バデル（1980, 1985）によって強調されている．

　われわれは社会的経済の非商業的活動に関する統計数字を提出する状態にはない．しかしながら，バデルのいくつかの結論（1985）によれば，高齢者介護，父母会，幼児遊技センター，学校，環境保護などの社会セクターにおけるボランティアの経済的重要性を指摘できる[5]．バデルは，オーストリアのボランタリィ労働の規模について推計調査を進めている．そのために彼は，

各種職業別に雑用時間の配分についての調査をはじめ，そのなかでボランティアを，他人のために提供する金銭支払を受けない労働として定義している．この調査ではまた，ボランティアを非営利組織（例えばカリタス慈善協会）とインフォーマルボランティアに区別しているが，その境界線はぼんやりしている．全オーストリアの16歳ら70歳までの4,000人のサンプル調査を基にして，バデルは回答者の50％以上の人々が無報酬労働を提供しており，その平均時間は週7時間にもなっていると述べている．社会サービスは最大部分のボランティアを動員しており，この社会サービスの枠内においては，非常に機構化された諸組織の外側でボランタリィ労働はとりわけ活動している．

　バデルは，オーストリアの16歳から70歳までの人口270万人以上が広い意味でのボランタリィ労働を行っていると結論している．もし最大限説をとるならば，130万人が社会サービスを行っており，約200万人が近隣の相互扶助組織に参加している．バデル自身はこの数字は非常に底上げされている数字だとみている．一般におそらくボランタリィ労働を実際の提供数よりも多く推定する傾向がある．しかし，たとえ先ほどの数字の半分以下と見なす最小視する仮説をとるにしても，その数字はやはり実際より高いものになろう．またバデルは，ボランタリィ労働の規模はオーストリアの全潜在労働力の14％から20％と結論している．

　多くの研究者がこの分野に取り組んでいるが，さしあたりオーストリアでは社会的経済の支柱としてのボランタリィ労働の重要性はいうまでもないし，またこの傾向は間違いなく増進するだろうことは確実である．

表5 分野別の社会的経済 (1988)

	事業所数	雇用数	投資高 (1,000シリング)	事業高 (1,000シリング)	利益 (1,000シリング)
エネルギー・水道供給					
カテゴリー8	—	—	—	—	—
カテゴリー9	16	78	18,794	107,556	71,328
カテゴリー0	4	104	30,103	116,382	79,125
内, エネルギー供給					
カテゴリー8	—	—	—	—	—
カテゴリー9	16	78	18,794	107,556	71,328
カテゴリー0	3	G*	G	G	G
生産工業中小企業					
カテゴリー8	43	2,182	172,090	4,372,928	1,068,751
カテゴリー9	262	10,283	835,104	29,230,955	3,569,541
カテゴリー0	27	3,146	434,813	5,379,194	1,864,613
内, 食品生産					
カテゴリー8	31	1,834	158,014	4,212,098	944,524
カテゴリー9	142	7,842	713,590	27,088,099	2,739,449
カテゴリー0	1	G	G	G	G
酒・タバコ生産					
カテゴリー8	3	G	G	G	G
カテゴリー9	18	320	25,709	492,272	186,131
カテゴリー0	1	G	G	G	G
林業・製材業					
カテゴリー8	—	—	—	—	—
カテゴリー9	7	65	1,938	90,570	28,184
カテゴリー0	1	G	G	G	G
印刷業					
カテゴリー8	1	G	G	G	G
カテゴリー9	—	—	—	—	—
カテゴリー0	13	1,756	113,638	2,159,939	990,383
出版業					
カテゴリー8	—	—	—	—	—
カテゴリー9	—	—	—	—	—

(つづく)

	事業所数	雇用数	投資高 (1,000シリング)	事業高 (1,000シリング)	利益 (1,000シリング)
カテゴリー0	8	431	11,667	628,603	36,829
機械製造業(非電機)					
カテゴリー8	—	—	—	—	—
カテゴリー9	69	1,318	39,003	873,529	356,732
カテゴリー0	—	—	—	—	—
輸送機械製造					
カテゴリー8	—	—	—	—	—
カテゴリー9	17	390	6,130	283,042	102,574
商業・倉庫業					
カテゴリー8	56	15,531	414,483	26,595,362	4,323,595
カテゴリー9	314	13,248	917,463	82,100,507	4,939,697
カテゴリー0	5	282	5,579	351,305	68,599
内, 卸売業					
カテゴリー8	3	G	G	G	G
カテゴリー9	297	12,977	915,472	81,878,784	4,877,180
カテゴリー0	—	—	—	—	—
小売業					
カテゴリー8	53	G	G	G	G
カテゴリー9	16	G	G	G	G
カテゴリー0	5	282	5,579	351,305	68,599
情報産業					
カテゴリー8	—	—	—	—	—
カテゴリー9	17	G	G	G	G
カテゴリー0	8	312	8,968	1,349,500	121,120
内, 情報					
カテゴリー8	—	—	—	—	—
カテゴリー9	4	97	6,127	55,074	30,164
カテゴリー0					
金融・保険業					
カテゴリー8	184	4,816	5,309,754	16,677,387	4,579,804
カテゴリー9	996	24,040	2,586,094	25,213,050	18,792,575
カテゴリー0	94	10,884	1,607,440	12,967,782	9,433,514

(つづく)

	事業所数	雇用数	投資高 (1,000シリング)	事業高 (1,000シリング)	利益 (1,000シリング)
内, 金融業					
カテゴリー8	3	G	G	G	G
カテゴリー9	984	23,798	2,479,988	24,487,767	18,578,915
カテゴリー0	10	1,943	143,283	3,415,435	2,837,673
私的保険業					
カテゴリー8	1	G	G	G	G
カテゴリー9	—	—	—	—	—
カテゴリー0	62	8,019	1,150,105	8,006,780	5,784,339
不動産業					
カテゴリー8	180	4,735	5,308,758	16,608,848	4,528,784
カテゴリー9	12	242	106,106	725,283	213,660
カテゴリー0	22	922	314,052	1,545,567	811,502
社会・公的サービス業					
カテゴリー8	—	—	—	—	—
カテゴリー9	3	G	G	G	G
カテゴリー0	6	3,268	530,242	6,454,952	3,138,579
総計					
カテゴリー8	334	22,961	5,916,023	48,281,961	10,114,625
カテゴリー9	1,627	48,205	4,382,404	136,997,578	27,515,572
カテゴリー0	148	18,087	2,619,564	26,682,033	14,548,929

注: G 統計公表されず.

表6 オーストリアの相互保険会社

種　類	会社数		市場占有率 (%)							
			生命保険		損害事故		健康		全体	
	1980	1989	1980	1989	1980	1989	1980	1989	1980	1989
共済組織	17	13	26.25	21.60	18.80	19.56	70.61	67.16	26.67	25.65
国内共済組合の子会社	14	18	31.96	42.93	22.43	21.50	18.37	20.05	23.86	27.55
外国共済組合の子会社	1	3	—	0.24	0.06	0.18	—	—	0.04	0.18
社会的経済全体	32	34	58.21	64.77	41.29	41.24	88.98	88.98	50.57	53.38
民間保険会社	16	26	34.66	35.23	54.72	57.63	11.02	11.02	45.29	45.95
外国民間保険会社の子会社	16	10	7.13	—	3.99	1.13	—	—	4.14	0.67
私的セクター全体	32	35	41.79	35.23	58.71	58.76	11.02	12.79	49.43	46.62
総計	64	69	100.00	100.00	100.00	100.00	100.00	100.00	100.00	100.00

出所：P. U. Lehner, Wener Stadtische Wechselseitige Versicherung.

注

1) Brazada-Schediwy（1991）を参照のこと．
2) Ruppe の論文（1970）参照のこと．
3) これについては Patera における E. Weissel の貢献を見よ（1986. p. 257 以降）．
4) Rohrbach の編集した論文集（1988）を参照のこと．
5) ボランティアのこうした重要性がキリスト教系運動出身のみずからボランティア活動にかかわっている研究者たちによってもっとも強調されていることは興味深い．

第Ⅱ部　北アメリカ

アメリカ合衆国における「社会的経済」を求めて
——1つの提言

チャールズ・P. ロック, マーク・クラインディンスト

　本論は，アメリカ合衆国で「社会的経済」として知られうるものを，定義するとともにその記述を試みるものである．それは，政府の統制を受けておらず，利益と個人の富裕に重きを置く通例の私的セクターは包含しない，ある経済セクターである．まず，アメリカ合衆国においては「社会的経済」という用語がほとんど使われることがないことに留意しよう．したがって，われわれは多少用心深く，ある経済組織がこのオルターナティブなセクターの仲間となりうる場合，それは何によるのか，その定義づけを試みる．ついで，この提起した定義にしたがって，合衆国における現実の組織類型を吟味する．第2節では，合衆国の社会的経済を構成するであろうさまざまな協同組合，非営利企業(non-profit corporation)，およびその他のコミュニティ組織あるいは会員制組織についての統計的記述が，可能なかぎり総合的に試みられる．第3節では，なぜこれら特定の構成要素が存在するのか，なぜそれらのあるものが経済的に大成功してきたのか，その理由を論じる．結論の前では，他の国々との，およびそれらの国々の社会的経済との簡単な比較をする．

1. アメリカ合衆国における社会的経済という観念

われわれはまず、アメリカ合衆国において、異なる理解と用語法が存在していることについて述べる（1.1節）。ついで、社会的経済諸組織の特徴を定義し（1.2節）、さらにそうした定義を満たしうる組織類型の主要な型を検討する（1.3節）。最後に、社会的経済にかかわる価値と実践という点で、アメリカ人の抱く関心と態度について述べる（1.4節）。

1.1. アメリカ合衆国における「社会的経済」という用語の現在の使われ方

「社会的経済」という用語は、アメリカ合衆国ではきわめてまれにしか使われない。例えばフランスで理解されているのと同じ意味で使われることはほとんどない。他の意味あいにおいては、この用語（あるいはそれに関連する用語）は存在する。それらの用語を見いだせるのは、ほとんどアカデミックな社会科学者のなかだけである。

「社会的経済」という用語は、「厚生経済学」の同義語として、さらには応用経済学の同義語としてすら使われてきた。同時に、ユダヤ＝キリスト教的な伝統による倫理的な次元をともなった経済分析である（*Review of Social Economy*）という形で使われてきた。またある学者の使用法では、これは経済学的な分析、社会学的な分析、また倫理向上を目的とする分析、の混合物だとされてきた（Bruyn, 1977）。ごく最近では、一群の社会科学者が応用社会科学への新たなアプローチとして「社会経済学(socio-economics)」を使うようになっており、そのことは、実証主義的な社会科学に含意されている価値を明示的にうたうことを意味する。

1.2. アメリカの社会的経済の基準——定義づけの模索

これまでの議論が明らかにしたように、「社会的経済」という用語は、ア

メリカ合衆国で使われることはほとんどなく，使われるときもかなり異なった意味あいで使われている．この本の他の部分と整合性をもたせるためには，定義を借りるか，あるいは創りだすかしなければならない．ここでは後者を選ぶこととし，現存の制度に拠るだけでなく，将来の開発も含めることができるような形で「社会的経済」の定義づけを試みたい．また合衆国の特殊な条件を念頭におきつつも，ヨーロッパにおけるこの語の使用法から離れないよう努めよう．合衆国経済における社会的経済という側面の輪郭を描いていくうえで一助となるような一群の基準をわれわれは開発し，同時に，それを「標準的な」経済から分離する．結果的には，合衆国におけるこの語の新らしい用法をわれわれは提案することになる．そのことを通じて，社会的経済の諸部分が自分たちの間における共通の土壌を見つけだすことを希望している．目下のところ，これらさまざまな組織，制度の間における類似性は一目瞭然とは確認されていないからである．

はじめの3つの基準（経済活動，正規の組織，自治）は，他のほとんどの経済単位から社会的経済組織を分けるものではなく，単に社会的経済組織の境界線を明らかにしているだけである．後の3つの基準（人々へのサービスという目標，民主的統治，社会志向性）は，より複雑な性格を示している．これら3つの基準，およびその各々に含まれる副次的基準こそは，典型的な私的会社や政府系企業から社会的経済制度をもっとも明確に分かつ点で，決定的な特質となっている．それらは，社会的経済の経済的性質を「社会的」と特徴づけるよう動機づけうるものである．

　第1基準——ある経済活動に従事している組織である．

　この基準が意味するものは，われわれが論じているのが，物資およびサービスの生産，分配，消費，あるいは財政活動に従事している組織である，ということだけである．これらの組織は，その経済的側面を通じて人間の福祉のために活動することを志向する．経済学者によっては，ほとんど全ての人間活動を経済学のなかに含めるよう範囲を拡げたがるかもしれないが，ここでは，「経済的」という用語の日常的用法に限定している．すなわち，これ

らの組織は，宗教的組織でも党派的政治のための組織でもない．

　第2基準——法制に基づいて正規に設立された組織である．

　これらの組織は，法に基づいた——ごく小規模で財政の限られたほとんどの組織に毎年の税の還付申請を求める合衆国連邦税法には少なくとも基づいた——組織上の正式な地位を備えている．またほとんどの組織が，50以上の各州ないし準州において存在するさまざまな組織上の地位に応じて，自ら法的に登録することになる．

　第3基準——自治組織である．

　これらの組織は，政府の直接的統制から免れている．したがって，「私的セクター」のなかにあるとみなすこともできるであろう．これらの組織は，経済における独立した統治単位である．その決定は，政府機関によるものであれ，営利企業という私的なものによるものであれ，上から命じられることはない．

　だからといって，これらの組織が束縛から免れているということを意味するものではない．他の私的セクターの企業とまったく同じように，組織は政府の押しつけるさまざまな規制と税制上の要求に直面している．同様に，ほとんどの場合，経済上の著しい競争という束縛に直面しており，そのことが自由な組織として生き残る点で悪い影響を与えるかもしれない．

　第4基準——組織としての第一義的な寄与は，人々およびまたは公共の福祉のためにサービスすることである．人が財産よりも優先される．

　この目的についての一般的な宣言では，複雑な点がいくぶん隠されてしまう．したがって，より明確にするために，この基準を3つの副次的な部分に分けて，この基準の厳密な意味を明記する必要がある．

　（a）　この組織は，相互のサービスおよび（または）一般の公共福祉の促進に寄与する．

　（b）　この組織は，財産権よりも個人の権利が優先することを認める．

　（c）　この組織は，公共的および社会的目的，とりわけ権利と機会に対する市民の平等という考えを，補う．

第5基準――組織内部の統治は，民主主義と参加という価値に依存している．
（a） やがては完全に民主的な組織となることを切望するか，あるいは少なくとも
（b） それにふさわしい労働者，メンバー，市民を内部の統治に着実に参加させることに依存する．

第6基準――連帯，協同，民主主義を志向し，個人の自発的な選択に基づくような外部環境にたいして，社会的志向性をもつ．

1. 3. 前記の基準に基づき，アメリカ合衆国における「社会的経済」の候補として含まれうるもの

先に提案した基準に従った場合，合衆国の社会的経済として記述しうる一連の組織をカバーするような単一の法令はない．のみならず，基準の根源にたって，6つの基準を厳格かつ完全に求めたならば，合衆国の社会的経済として残る組織は，ほとんどなくなってしまうであろう．われわれは，もっと柔軟なアプローチを用いることにし，ある組織の目的，その法的ないし慣習的構造，組織としての実践についての全体的な特徴を測ることに努めよう．

われわれが言いたいことは，かりに個々の社会的経済の属性が，このセクターに含まれるすべての要素という点では同一でないとしても，提起した合衆国の社会的経済には組織としての明白な特徴があるということである．われわれが，合衆国の社会的経済の構成メンバーとして明確に含まれると提起した諸組織は，いくつかの特徴点で，政府系機関・企業からも，伝統的な私的で投資家の所有する利益目的の企業からも，区別される．われわれの社会的経済の定義に含まれる特徴を数多く備えているかもしれないにしても，社会的経済の構成員としては境界線上にあるとみなされる他の組織は，伝統的な企業や政府の事業とより多くの共通点をもつ傾向がある．本論文の後段（2節）で各組織の形態をさらに論じるにあたって，社会的経済の範囲に含まれるかどうか不確実な組織形態の場合は，その度ごとにきちんと注意したい．

表1 社会的経済を分別するための基準の提案

基準	社会的経済 —————————→
1 組織の制度化の程度	インフォーマル…………フォーマル
2 活動形態	非経済的……………………経済的
3 組織としての自立の程度	従属的………………………独立的
4 組織としての関与の程度	
(a) サービスの目標	支配的な個人のみ……互助／構成員……社会
(b) 権利の優先度	不動産………………………動産
(c) 社会的な思想 　　　——権利と機会の平等—— 　　　とのかかわり	矛盾…………中立……………補完
5 内部統治	
(a) 構造	独裁制…………募頭制…………民主制
(b) 内容	官僚制………………………参加制
6 外部志同性	
(a) 類似目標を 　　　掲げる個人・組織 　　　について	利己的………………………利他的 個人主義的…………………連帯主義的 競争的………………………協調的
(b) 可能的構成員への 　　　要求について（帰衣の程度）	義務的………………………任意的
(c) 構成員になる 　　　ことの申し込みについて	閉鎖的／排他的…………開放的／内包的

　以下の議論は，なにか気ままで不正確にアプローチするかのようにみえるかもしれない．そうした批判に分があると認めてもよい．にもかかわらず，アメリカ合衆国の社会的経済の輪郭を提示する現段階においては，これが最善の手続き方法であると思う．こうして入門段階で網を広く張ることにより，合衆国の社会的経済の可能的構成機関のいずれをも置き去りにしないことを望むからである．とはいえ，それによって後で——より厳密な議論と討論を

通じて——合衆国の社会的経済の境界外に置いたほうがより適切であることが明らかになる組織のいくつかをも含んでしまうかもしれないのだが.

　こうしたことを念頭におきながら，次にわれわれは，合衆国における社会的経済の主要な要素を概観し，そのそれぞれについて一般的な論評を加えたうえ，類似した一群の機関に重なりあう名称を適用したことに由来する用語上の困難を解くことを試みたい．最初に協同組合と疑似協同組合を取り上げる．ついで，集団的なサービスの提供において政府が大きな役割を果たすことに対する反感が少ない他の開発国に比べると，いささか奇妙なまでに大規模な非営利セクターに目を向ける．そして，これら2つのグループ分けのどちらにも含まれない諸組織を簡単に検討する．

1.3.1. 協同組合と互助経済組織

　米国の協同組合はおおむね，組合員の相互経済利益を主な目的とし，独立しており，法制に則って設立された企業である．いくつかのセクター（農業，消費者金融，漁業，労働者，利用者など）については，協同組合企業に対する特別の法制上の規定が，ある場合には全ての州で，ある場合には連邦レベルで，また時にはいくつかの州だけに存在する．総じて協同組合は，組合員にたいして利益を供給するために結成されるが，ある種の形態の利益については非組合員顧客も組合員と同等に取り扱うよう求める，そうすれば報奨を与えることにしている税制もある．こうした場合の組合員の利益とは，購入した商品ないしサービスの価格を引下げること，協同組合を通じて販売した商品の価格を引上げること，購入者ないし販売者へより良いサービスを提供すること，雇用の機会を提供すること，それ以外の方法では手に入らないか搾取的な独占企業によってしか供給されないような商品ないしサービスを入手できること，さらには協同組合の統制に組合員が参加できること，などの形をとることになる．

　協同組合法は，財産権について，少なくとも一定の制限を設けようとする傾向がある．時には，協同組合に提供した資本の規模または形態にかかわり

なく，1人1票という制約が組合員には課される．利益（企業によって生み出された余剰）は通例，「愛顧(patronage)」，つまり各組合員が協同組合を利用した割合に従って配分される．「愛顧」は，協同組合を通じて購入ないし販売された商品とサービスの貨幣価値によって測ることができる．例えば，消費者が小売協同組合から購入したものの貨幣価値や，農民や小規模業者が購買販売協同組合を通じて購入あるいは配達したものの貨幣価値，信用組合における貯蓄高，あるいは労働者協同組合に対して提供した労働時間，などで「愛顧」は測ることができる．

組合員は，合衆国の協同組合においては個人であることが多いが，時には協同組合，個人ないし投資家の所有する事業体や他の組織が組合員であることもある．一般的には組合員が権利として組合の財産権を支配するが，近年，とりわけ大規模ないし事業志向型の協同組合では，利益のより大きな部分を財政に振り向けることにいっそうの注意が払われだしている．協同組合は一般に，すべての市民に平等の権利と機会があるというアメリカ的なイデオロギーを共有してきた．だが，協同組合によっては，著しく差別的な実践をしてきた例もいくつか見られる．

協同組合内部の統治は，通例，1人1票制という規則を基礎になされている．このことは一般には，企業の統制において個人が同等の政治的権利を有することを意味する．組合員が個人ではない，あるいは財政にたいする貢献の違いに応じた統制権についての特殊な規定を一定程度設けている場合には，この限りではない．だが，これについても，法律である種の協同組合がそうすることを禁止している州がある．

協同組合は，高度の民主主義と参加を実現しているものから，多数の不活発な組合員を抱えた非常に官僚的なものまで多岐にわたっている．『フォーチュン』誌による合衆国の500の大企業のリストのなかには，農業協同組合が12以上含まれている．

協同組合への加入は任意である．協同組合の種類によっては，組合員となる資格を備えその可能性のある者すべてに対して加入を公開するという政策

を全然とっていないものもある．そうした政策は，場合によっては協同組合（例えば労働者協同組合）の存立を危うくさせうる．既存の組合員（あるいは理事会）が，希望者を新組合員として受け入れるかどうか，とくに投票しなければならない場合もある．他の場合には，ほとんどの消費者協同組合と農業協同組合でそうであるように，希望者には自動的に組合員資格が与えられている．

協同組合のあるほとんど全ての経済セクターでは，組合の集団的利益のために活動する全国連合会が協同組合によって設けられている．これら全国連合会の事務所は通例，情報センターとして，また協同組合のための州および連邦レベルの政治的ロビイストとして活動している．これらの組織は，有利な法を新たに制定することを求めるほか，利益を目的とし投資家が所有する企業の連合体を代表するロビー・グループからしばしば攻撃を受けている協同組合に対する特別の制度を維持しようと，きわめて活発に動いている．

すべての協同組合連合体は普通，全国連合体事務所と単位協同組合から役員を集めて全国——時には州——的な年次大会を召集する．また全国連合体のなかには，教育・調査活動を推し進めたり，協同組合の新規設立を希望する人々や，そのセクターにおける協同組合についてさらに学びたいと希望している人々に対して助言や情報を提供しているものもある．包括的な組織としては，全セクターの構成員を受け入れている全国協同組合事業連合「National Cooperative Business Association」があり，協同組合の総代表として，また連邦レベルのスーパー・ロビイストとしてワシントンで機能している．同連合は月刊紙「*Cooperative Business Journal*」も刊行しており，同紙によって協同組合のあるすべてのセクターの開発が追跡され，異なるセクター相互を結ぶ共通利益という感情が醸成されている．

協同組合における外部志向性のあり方は，きわめて多様である．同種の既存組織に対して示される利他的，連帯的，協同組合的態度の水準からすれば，さらには新しい同種組織の設立援助活動の点からしても，ある組織が社会的経済かどうか定義するうえでの基準に，多くの協同組合は確かに適合してい

る．開発途上の新しい協同組合を調査・援助するという点で多大な寄与をしている協同組合連合会も国内にはいくつかある．だが，多くの協同組合はごく内部志向的で，自分たちの成功のためには大いに動くが，協同組合思想の拡大とか，ことに協同組合運動全体を財政的に支えることに参加するという点では，まったく不活発である．実際,「*Cooperative Business Journal*」には，初期の運動を鼓舞したかつての協同組合思想が衰えたことを嘆く意見記事がしばしば掲載されている．

およそ合衆国の成人人口の半分，すなわち家族の数よりはるかに多い割合の人々が，なんらかの種類の協同組合組織に属している（同一個人が複数の組合の組合員になっているため，正確な数値は確かにはわからない）．いくつかの経済セクター，特に農業の購買販売，消費者の金融では，とりわけ協同組合は重要である．ときには，協同組合のために特に，連邦レベルで法制や税法制度がつくられた．なかでも重要なのは,（a）条件をいくつか満たした場合の連邦法人税の免除,（b）いくつかの協同組合にたいする反トラスト（反独占）法の除外,（c）連邦段階の規定を受ける信用組合にたいする特別の銀行規定・制度の創出,（d）農村部における電気・電話協同組合にたいする特別の財政措置,（e）農業省内部における農業協同組合を取り扱う特別部局の設置,（f）連邦政府から資金を得て，協同組合設立およびコミュニティ総合経済開発を促進することのできる農村開発組織を州レベルで設立するために，最近になって法律が制定されたこと——などである．

州レベルでも協同組合事業のためにさまざまな努力がなされ制度が設けられている．全ての州に，協同組合事業の設立を認める組織法がある．また各州では少なくとも，公有地を下付された大学内の農業カレッジに，農業およびその他の協同組合を担当する専門家が1人以上いるのが普通である．州によっては，さらに緻密な活動を繰り拡げている．例えばウィスコンシンでは，協同組合専用の研究・普及・情報センターが特別に設けられている．センターは，協同組合だけを扱った2万冊以上の書籍をとり備えている．

1.3.2. 非営利組織

合衆国における社会的経済のメンバーとして提案したい第2の主要な組織グループは，非営利組織である．通常の使用法において「非営利」とは，単にその組織が資本主義投資家グループの利益のために利潤追求をしないことを指す．法的には，「非営利」という用語は特別の地位を有してはいないが，連邦税務当局の規約，連邦税務法（IRS 第501条 c）では，税務上，特別な地位を認められた諸組織を一括する言葉でもある．この地位を認められた場合の主な特典として，連邦法人税を免除されることがあげられる．所得税の免除措置は，特定の要件を満たした他の事業体にたいしても適用されるが，これに該当する他の事業体の数は，大変な数にのぼる（100万以上）非営利組織の数に比べると少ない．

合衆国でこの非営利としての地位を認められた組織は，さらに2つのグループに分けることができる．「慈善」非営利（IRS code 501 c (3) および (4) のいくつかの企業）と「非慈善」非営利組織である．これら2つのグループの間での（慈善非営利によりよい条件を認めている税法上の地位の違いを別にして）主な違いは，慈善非営利の目的に社会サービス志向性があるのに対して，その他の非営利は比較的メンバーがはっきりしているグループに互助的な利益をもたらすことを目指すということである．加えて，2つのグループの違いがわれわれの提起する社会的経済の基準の1つの特徴（個人対互助対社会的目的）と照応することから，これら非営利の2つのタイプを別個に取り扱うこととする．

ⓐ 慈善非営利――公益慈善と私的財団

非営利のなかでもこのタイプは所得税を免れることができるのみではなく，これらの組織に寄付をした個人ないし企業は，納税にあたってその額を所得から差し引くことが認められている．また，贈与された遺産には，不動産税や贈与税がかけられない．さらに公益慈善組織と財団の間には，税金に関連して差が設けられている．前者が，一般公衆へのサービスにその収入の大半を直接的に使用するのに対して，財団は寄付，したがってふさわしい計画の

ために資金を与えることで間接的に公共の目的に奉仕するだけだからである．さらに財団のなかでも，その収入のほとんど全てを「慈善事業の運営」に使う財団を「非運営」の財団から分かつという区別がなされている．

　これら慈善非営利組織は，税務登録された非営利組織のなかでその半分をわずかに下回る程度を占めている．ここで注意すべきは，教会，あるいは総収入が連邦税務局（IRS）の定めた値に達しない組織は，税務登録を求められない点である．これらの非登録組織を加えた場合には，上記の分類による非営利組織にさらに数十万がつけ加わることになるであろう．慈善非営利組織のなかで（雇用とか出費の点で）影響力があるのは，病院およびその他の健康関連企業，教育機関，社会福祉組織，文化的企業，研究機関，法律関連事業などである．これらの組織が位置するそれぞれのセクターでは，そのほとんどで営利企業と政府も事業を営んでいる．

　慈善非営利組織は，別の名称で呼ばれることもある．これらの組織の相当な部分が自ら名乗る「独立セクター」というのも，そうした名称の1つである（これには，いくぶんか混成組織としての特徴をもつ大規模な連邦税務法第501c(4)項該当企業で，どちらかといえば互助利益を目的とする，したがって，次に説明するカテゴリーに属する，いくつかの組織がつけ加えられる）．この「独立セクター」のなかの非営利組織の多く（ことに大規模なもの）は，20年近く前に，情報収集，普及，政治的ロビイスト活動を目的として全国連合会を組織した．過去10年間，同連合会は，連合会と同じ名前を冠し，独立セクターの諸側面についての情報を載せた学術的な定期刊行物を出してきた．このグループとおおよそ同じメンバーはまた，その社会的な目的を認められて，しばしば「博愛（philanthropic）」組織と呼ばれている．日常的な用法で「博愛組織」とは，ある種の公的ないし私的利益のために資金を提供するあらゆる主体（したがって，利益目的の事業も含む）のことを指しうるだけに，この用語には注意しなければならない．別の著者は，独立セクターよりわずかに広い範囲の非営利の名称として「第3（セクター）のアメリカ」を使っている（O'Neill, 1989）．

慈善機関のなかの別のグループも，やはり自らの呼称をもっている．また部分集合としての自分たちを他の非営利組織から区別するために，しばしばより限定された用語を使用する．その場合は，（a）組織の目的と実践によるか，（b）自分たちがとりわけ奉仕する一般公衆のなかの特定の副次的グループに名称をつけるか，（c）組織自らの特徴ないしメンバーによるか，（d）私的な営利目的の事業と政府機関から自らを区別する——ことなどによる．そうした場合の名称の具体例は，これらの組織が何を志向しているかを示している．それらは，コミュニティ開発企業・組織，近隣自助組織，コミュニティ活動グループ，ボランティア組織，アソシエーション，コミュニティ自助組織，非政府組織（NGOs），援助供与財団，公私パートナーシップなどである．税務上の規定により，公益慈善活動の地位を認められたものに税制上の特典が追加されることで，これらの非営利組織は区別されている．

ⓑ その他の非営利組織——非慈善・組合員志向ないし互助的な組織

非営利セクターのなかでもこの部分にはきわめて多様な組織体がある．この領域を規定した税務規定（IRS 規定のなかの 501 c(4)およびその前後）は，完全に組合員志向的で，組織全体に対する所得税が免除されることによって組合員が間接的な利益を得るという点を除けば，伝統的な利益追求方式によっても組織されえたであろうようなクラブとならんで，組合員に依拠しながらより広い公衆のために奉仕する組織について述べている．

これら非営利組織のなかには，退役軍人組織，住民団体，従業員互助会，スポーツ・レクリエーション・クラブ，労働組合，職能組織，商業会議所，葬祭組合，社交友好クラブ組織，その他，アメリカ的生活のほとんどすべての局面にかかわるさまざまな組織が含まれている．なにか問題があるか目的があれば，アメリカ人は一緒になって組織し，資金を集め，十分な資金を集めることができれば，組織として納税申告をし，非営利組織として税務登録リストのなかに加わるのである．

ⓒ 提起した社会的経済の基準からみた非営利組織

多くの点で，これまで述べたような非営利組織の2分化は，合衆国税務規

定による人工的なものである．にもかかわらず，組織の目的という点での社会的経済の基準からすると，ある意味をもった区別の仕方である．非営利組織は，一般公衆への奉仕を志向する（慈善グループ）か，あるいはメンバーの相互利益を志向する（もう１つのグループ）という目的をもっている．この一見すると明白な線引も，非営利組織によってはメンバーに一定の利益をもたらすだけでなく，同時に一般公衆の利益にも奉仕する性格があるということがわかると，それほど確かなものではなくなる．

　明白な線引がある程度までできるのは，政府の統制下にある機関および利益目的の投資家志向企業と，単一のグループとしての非営利組織の間でだけだろう．だが，研究者によっては，この境界線すら，さらに詳しく調べてみるとあいまいになると主張する．例えば，互助組織を注意深く調べてみると，これらの組織のあるものは利益目的の合名企業と交差するような特徴をもっていることが明らかになる．共済保険組合グループのなかには，合名企業ときわめて類似したものがあり，ときには単に規模が大きかったり，剰余が生じた場合に法人税をかけられないようそれを利潤のなかに入れないよう処理しているだけであったりする．

　非営利組織の領域全体をみる場合には，われわれが提起した社会的経済の基準の多くに依ることで，より適切に考察することができる．いくつか事前の注意をしたうえで，しばらくの間，これらの基準に目を向けて，それら１つ１つと非営利組織との関係を吟味してみよう．

　第１には，われわれが考察しているのは，正式に組織された非営利組織だけだという点である．数百万にのぼるインフォーマルな市民ボランティア組織があり，それらはしばしば非営利組織と特徴を共有している．これら小規模なグループに対してはさまざまな名称があてられており，そのなかには例えば，自助グループ，市民行動グループ，大衆組織，ボランティア組織，近隣ないしコミュニティ連盟，オルターナティブ組織，新しい世代による諸組織などがある．このほかいくつかの名称が，法に従い登録された非営利組織とインフォーマルな組織の両方にあてはめられている．両方のグループとも

用語法はまちまちで，時には合衆国内の地域を越えて違った使われ方をしており，同じ地域内ですら規則的な名称の使用法がされているとは限らない．

前に述べたように，インフォーマルなグループのなかで成功した組織は，しばしば規模面でも財政面でも，税務当局から非営利組織として正式に認定されるための手続きをするところまで成長している．これら一群のインフォーマルな組織を除外せざるをえないと決めたのは，現実的な問題があるからである．十分な説得性をもつほど厳密かつ全面的に，経済に占めるその数やウエイトを測定する方法がまったくないということだ．その多くのものは，なんらかのサービスを提供するという意味では経済的だが，しばしば予算がまったく無いか限られた不定期的なもので，組織の基礎となっていることが多いボランティア労働の時間が勘定に入れられていなかったりする．

われわれの論じている非営利組織とは，比較的，明瞭な経済的役割をもったものである．慈善非営利組織の大半は，私的な利益追求事業と政府機関の両方からの競合に直面する活動に従事している．したがって，その全体的な志向が道徳的，精神的で，主として経済以外の側面から考察することのできる目的をもった教会は除外する（ただし，教会が関係する非営利事業体，例えば病院などは含める）．また，その主たる目的が公的な決定とか権力に影響を及ぼすことにある党派的な政治グループ・組織も除外する．これら2種類の組織とも，非営利組織を対象とする規定条項によっては税務当局に登録されていない．というのも，教会は憲法によって連邦レベルの課税対象からは除外するとみなされており（教会と国家の分離条項），明白な党派的政治グループにたいしては公的利益という範疇を利用した税務特権が認められていないからである．したがって，われわれが関心をもつ非営利組織としては，これら教会や党派的政治グループ，インフォーマルに組織された数百万の非営利グループを除いた，約100万の組織ということになる．

これら100万の非営利組織の大半は自治的な組織で，その統治にあたっては，直接的な政府ないし投資家の統制を免れている．だが，数多くの慈善非営利組織，特に財団は，一定の個人および企業に対して，特別な関係，ある

いは組織運営にあたっての部分的な統制権の付与を認めている．のみならず，非営利組織の財政まで考えると，その自治の質はそれほど明確に独立したものとはいえない．

慈善非営利組織は，その収入の大半を社会的経済セクターの外部の組織源に頼っている．主要な慈善非営利グループのすべてが，合衆国連邦政府の資金にかなり頼っており，それらは，社会サービス非営利組織（50％以上），コミュニティ開発非営利組織（40％以上），非営利病院およびその他の非営利保健機関（35％以上），非営利独立教育・研究機関（20％以上），その他芸術・文化活動にかかわる非営利組織（10％以上）などとなっている（Salamon in Powell, 1987, p.104）．財政面でのこの従属は，連邦政府がこれら非営利グループによって進められている活動，さらにはその目的すらも決定づける直接的な手段をもっていることを意味する．政府は資金の入手を制限することが可能だから，財政的に従属している非営利組織は連邦政府の指示を受け入ざるをえなかったり，財政削減の可能性，あるいは実際に一定の削減に直面せざるをえないのである．この財政をテコとする方法は，連邦政府の特定の要求に50の各州を従わせようとする場合に連邦政府の役人や機関が使うのとまったく同じ手口である．

内部的な決定が外部の影響を受けて左右されるという同様の問題は，多額の，あるいは多くの割合の資金（とりわけ定期的に必要な）を特定の私的企業体ないし個人に頼っている慈善非営利組織のなかでも起きることがある．私的セクターの及ぼすこうした影響力は間接的なものであり，個々の非営利組織ないし非営利グループによってさまざまであるため，これを明確に一般化することはできない．

より直接的な影響力は，しばしば各非営利組織の組織規約や内規から及ぼされることがある．組織規則を制定する点で，非営利組織は大幅な柔軟性をもっている．これらの文書によって内部統治の構造や手続きは定められ，文書は法的に有効である．したがって，統治構造はほとんど独裁的から，より数の多い寡頭的，相対的に民主的で近づきやすい理事会，さらにまれには完

全に民主的な組織まで，さまざまでありうる．理事会の新規メンバー選出にさいして，既存の理事会がそのすべて，あるいはほとんど，ないしは十分な数を選出できるような権限を与えられているため，特定の利害グループが支配的多数を恒常的に確保できるよう実質的になっている規約や内規は珍しいことではない．こうしたことから，非営利企業の組織権力の中心－理事会－は，仲間うちで選出しあった者（さらには特定の個人）による寡頭制になっているものから，理事会が構成員あるいは組織運営に利害をもち合理的に規定されたグループによって選出される相対的に民主的な構造のものまで，さまざまである．

同様に非営利組織は，厳格で官僚的なものから，参加的で柔軟な統治システムまで広い範囲にまたがっている．これについては，さらに研究することが必要である．非営利組織の規模と官僚的厳格さとの間には確かに相関性があるものの，完全な相関とはいえない．

われわれはさきに，非営利組織の組織としての寄与について論じた．非営利組織の目的は互助的ないし社会的である．個人の権利（私的統制される財産に連動しない統治）が，非営利セクターを支える者の財産権を支配する．一般的には，非営利組織の財産は，組織を統制する者によっては専有されえない．だが，会員制の非営利組織では状況はそれほど明確ではない．

個別利益をめぐり問題があったことを示すもう１つの兆候（非営利にとっては一般的である）は，税務当局が「お手盛り取引」を防止するための規則を公布せざるをえなかったことにうかがえる．組織を統制する個人が過剰な利益を得るという例は，常にみられてきた．ある種の非営利組織（例えば財団）は，私的利得というこの種の問題がより起きやすいようにみえるため，連邦税務局（IRS）あるいはその他の連邦ないし州当局によって厳格に規制されるようになってきた．

大半の慈善非営利組織には，権利と機会の平等という社会的理念をあからさまに補完する組織としての関与と目的がある．会員制および互助的な非営利組織の場合は，グループとしてより多様である．その多くは，気心の知れ

た個々人の友愛グループ，あるいは同じ職業範疇に属する人々によって組織されながらも，社会的な目的を補完的に追い求めている．またあるものは，一般公衆にほとんど注意を払うことなくメンバーの利益を追いながら，社会的理念というものに対してはいくぶんか中立的な立場をとっている．だが，これらの組織のなかには，単に税金上の特典という非営利組織の立場を享受するだけで——メンバーにはおそらくなんらかの形で奉仕したとしても——特権的，差別的，不平等な態度と実践を促してきたものもある．

　われわれが知るかぎりにおいて，非営利組織とその価値についての全面的かつ体系的な研究はない．政治学と社会学の分野では，最も豊かで力をもったアメリカ人の間における一般的な権力関係に焦点をあてた研究が存在する．こうした研究（例えば，財団とその公開政策論議のための議題設定，資金の豊富な非営利「シンクタンク」あるいは研究機関と公開政策のための政策論議）は，いくつかの非営利組織について周辺的にかかわっているだけである．

　非営利組織は過去20年間，その相互の間で外部志向性を発展させてきた．非営利組織自身の間で利害グループ化と組織化が生じた．非営利組織はますます相互利益を認識するようになっており，いまではさらに定期的に，公の議論に非営利組織にとって望ましいような影響を与えようとしている．

　おおかたの場合，非営利組織は活動や経費削減実践についての情報を共有しており，その相互間の競争は利益追求企業との間に比べると激しくないようにみえる．にもかかわらず，外部資金をめぐる競合は相当に激しい．ここ数十年来，こうした資金の規模と見通しが重要であったことから，経済学者たちによって新な研究連合集団すら創設されることになった（ASGE, Association for the Study of the Grants Economy）．

　非営利組織の会員（組織の従業員以外で実際に会員制がとられたとき）は，ほとんど常にボランティアである．通例，会員になりそうな者が実際に互助組織に加入せざるをえなくなるのは，提供される利益を利用したいと願う時だけである．慈善非営利組織は普通，会員グループというものをまったくもたない．正式に組織の会員になるかどうかにかかわりなく，公衆に奉仕する

からである．会員制になっている場合，非営利組織はすべての会員になりそうな者に対して開かれている（包括的）のが普通である．といっても，時には平等の扱いという原則に反しても，申し込みをさせて既存会員に審査させる閉鎖的なもの（例えばクラブなど）も多い．

　要約するならば，非営利組織というものは，組織の一種類として，われわれの提起した基準の大半の範囲に跨がっている．われわれの提起した社会的経済の範囲内であれ外であれ，非営利組織を厳密に分類しようとするならば，さらなる研究を大量に積み上げることが必要となるであろう．そうした研究の多くは必然的に，ある特定の非営利組織を調査し，組織による寄与の厳密な性格，内部統治の構造と内容，財政と統制の相対的自立性，さらには他の非営利組織と可能的構成員に向けられた特殊な外部志向性などを厳密に見極めることを含むことになるであろう．こうした研究は，単一の研究者あるいは単一の研究チームの手にすら余ることを，非営利組織の数は教えている．そうした完全な分類（それができるものとして！）のためには，さらなる時間が必要であろう．

1.4. アメリカ合衆国の社会的経済という概念と理念に対する反響 ——学術研究，政治の世界，一般公衆の間において

　前にも述べたように，「社会的経済」という用語には，フランス語圏やヨーロッパにおいて使われているほどの意義はない．本節では，社会的経済という単一の用語について論じるのではなく，われわれの基準に内在する価値，あるいはアメリカの社会的経済の主要な制度群としてわれわれが提起したもの——協同組合，非営利組織，コミュニティ開発組織，その他——をめぐる状況について議論したい．確かに，「社会的経済」という用語の理念とそこに内包された理念に対しては，生活のさまざまな側面から反響が寄せられてきた．それは，単に用語の使い方が違ったからである．だが，不明瞭さを残さないためにも繰り返そう．「社会的経済」の語を使うことで，直ちに理解されるものではないのだと．

1.4.1. 研究上および学術的な関心

学者の世界では,「社会経済学(socio-economics)」(1.1節参照) という用語およびそれに関連した用語がときどき使われることがある．だが，それは本論文で使われるのとは異なる意味合いにおいてである．協同組合と非営利組織については，規則的な調査をしている一定数の学術研究者たちがいる．

社会的経済の構成要素としてわれわれが提起したさまざまな組織についての研究は，きわめてバラバラに進められている．時に研究者は，他の学問分野の学者によって，また社会的経済の別の側面を主題として，ある理論的ないし実際的問題が同じような形ですでに扱われてしまっていたかもしれない（ときには数十年前に），ということを「再発見」することもある．このことが，社会的経済を単一の存在として認識することに実際的な合理性があるのはなぜか，を説明する1つの理由になっている．

協同組合についての研究の相当部分は，農業協同組合についてである．この場合，研究は2つの場所に集中している．連邦政府には，農業協同組合局があり，年ごとにデータを収集し，研究プログラムを規則的に進展させ，普及活動を進めている．ここを中核とすれば，その外側ではもっぱら各州の主要農業大学で研究が進められている．ほとんどの州でこれらの大学は当初，100年以上前にはじめられた連邦政府からの公有地払い下げ計画によって設立された．農業協同組合と農村協同組合に対する関心は，これら農業技術学校の学術計画と改良普及分野の両方においてみることができる．

多くの州では，しばしば大学に依拠した消費者経済学プログラムに，消費者協同組合に関心をいだく学者がいる．住宅協同組合と住宅計画は，都市・地域計画学科における学習研究の1つの焦点になっている．

労働者協同組合，従業員持ち株制，年金基金，決定過程への従業員参加についての研究は，州立大学における産業労働関係研究を中心になされる傾向があった．学術研究のなされる大きなビジネス・スクールでは，従業員持ち株問題，従業員参加計画，社会問題投資基金などはすべて，周辺的な関心しか集めなかった．最近になってビジネス・スクールは，これまで以上の注意

を非営利組織に向けはじめた．とりわけ広く読まれている『ビジネス・ウイーク』誌が非営利組織の経営者についての経営特集号を組み，これらの経営者から私的な営利企業セクターは多くのことを学びえると編集者が示唆してから，そうなった．エール大学は，そのマネージメント・スクールと部分的に連携しながら，非営利組織だけの特別プログラムを組織した．

公共政策大学院は，その大部分が非営利企業であるさまざまなコミュニティ開発組織と重なりあう関心を抱いている．同様に公衆衛生学科も，当然ながら非営利の医療組織と保健協同組合に関心をもっている．コミュニティ開発組織と社会サービス非営利組織は，いくつかの学問領域において，また国内にあるさまざまな種類のプログラムによって，研究されている．

歴史的，あるいは偶然の理由から，さらには１人ないしそれ以上の特定人物の業績によって，いくつかの大学が社会的経済についてさまざまな側面から研究する重要なセンターとなった．マディソンのウイスコンシン大学は，協同組合活動についてのそうしたセンターの１つである．コーネル大学には，私立と公立の混合大学として，ニューヨーク州立農業カレッジ，州立産業労働関係スクール，市計画スクール，その他が併設されている．同大学は，従業員所有・参加およびさまざまなタイプの協同組合についての研究の中心となった．ボストン・カレッジには，われわれの提起した社会的経済諸機関の多くが直面する問題に主な焦点をあてたプログラムがある．その他，数多くの特別プログラムが，きわめて分権化された合衆国の学術世界に存在している．この国では中等教育後の非政府系大学・カレッジのほとんどが，非営利事業体そのものであることからすれば，社会的経済機関や問題を扱うプログラムがさらに増えることを期待することすらできるであろう．

1．4．2．政治の世界と一般公衆の間で

繰り返しになるが，「社会的経済」という特殊な用語それ自体は，一般公衆によっても政治の世界でも使われることはない．われわれの提起する社会的経済では，一部においてであれ組織としてであれ，自らを呼ぶのにこの言

葉を使ってはいない．単に言葉を使っていないからといって，一般公衆や政治の世界が別にこの言葉に反目しているわけではない．とはいえ，社会的経済の基準たりうるものとして示された価値そのものは，アメリカ的生活における一般公衆と政治の世界にかかわっているのである．

ボランタリズム，協同，物質的な成果を希望あるいは期待しない社会奉仕，自助は，いずれも重要であるとともに広く受け入れられた価値である．これらのいずれか，あるいはすべてについてのなんらかの解釈が，しばしば政治家や異なる人生を歩む人々から表明された．ほとんどの教会（変化しつつあるとはいえ，アメリカ的な伝統はいぜんとして圧倒的にユダヤ－キリスト教である）は，人の信念の表明としてのコミュニティへの奉仕を説いた．カレッジや大学への志願に際しては，ほとんどいつも志願書に従事したボランティア活動やコミュニティ活動について記入する特別の欄が設けられ，若者たちがボランティア活動に従事して成果を収めたことが期待される．

ジョン・F. ケネディの有名な就任演説の一節（国が諸君に何をできるかではなく，諸君が国に何をできるかを問え）は，いまなお絶えず引用され，言い換えられている．彼が創設した平和部隊——政府の管理するボランティア組織——は，30年後にも生き永らえ，80年代前半に事業を削除しようとしたレーガン政権の試みに対しても，さほど困難なく生き延びた．同様の歴史をもち，合衆国内で奉仕するVISTAも生き続けており，その外にも，たとえば退職したビジネスマンが他の人々に奉仕するSCOREや，引退したジェネラリストが引退後もボランティアとして活動し続けるための組織などが創設された．ブッシュ大統領ですら，「千の灯」というボランティア活動の比喩によって，そうした価値を知っていることをうかがわせている．なかには，ブッシュがそう言うのは，多く信念によるというよりは連邦政府による財政の裏づけを提起することを思いつくことさえできないからだ（というのも，赤字予算と議会の同意を得られないから），と非難するものもいる．

政治家や政府も，サービスとして寄与する組織を支える利点を認識してきた．税法によって，すべてのカテゴリーの組織は連邦および州税から免除さ

れてきた．税法上，慈善非営利組織はその目的とするところがより利他的であることが認められており，収入のあるいかなる組織も税のうえで最大限の特典を与えられている．非慈善の互助非営利組織は，慈善非営利組織の享受する税特典の一部しか認められておらず，組織の価値という点ではより低いランクづけをされているかにみえる．協同組合は，多かれ少なかれ，会員制非営利組織と同等の特典を認められている（実のところ，協同組合によっては，両方の組織に該当するものがある）．

政府は，これらの組織についていくつかの点を認識しているように思われる．これらの組織がメンバーあるいは社会に奉仕していること，特定の個人だけに利益をもたらすことは組織の運営目的を構成しないということ，そして公衆へのサービスという点ではこれら私的な非営利組織のほうが政府よりもよい仕事をしうるということである．

非営利組織が営利目的の企業のように振るまう——例えば，営利目的の子会社を設立する——と，私的企業やその影響下にある政治家から攻撃を受けることになる．最近になって，ある種の非営利組織は「関連のない事業収益」については税の免除を受けられないという裁定がくだされた．営利企業との競争で成功しすぎた協同組合についても，同じ現象が生じる．銀行は，協同組合方式で組織された信用組合を排撃し，信用組合が収入税の免除を受けていることに憤慨している．大規模でしばしば大きな成功を収めている農業協同組合も，1922年に初めて認められた反トラスト法の適用除外を取り消そうという絶えざる企みにさらされている．かりに組合員の受けている利益が大きすぎるとみられた場合には，政治家によってそうした条項が削除される可能性が高い．これは1980年代に牛乳生産協同組合について，もう少しで起こりかけたことであり，90年代にもなお起こりえることである．

一般的にいって，アメリカでは社会全体が，社会的経済の基準に盛りこまれた価値を大きく支えている．世論調査がいつも示すのは，アメリカ人が政府とか大企業にたいしてほとんど愛着をもっていない，ということだ．こうした反感は，左派の有権者にも右派の有権者にもみいだせるところである．

また世論調査が示すところでは，成人の半数がなんらかのサービス分野で定期的にボランティア活動に従事している．制度を通じた実践としてはあまり目立たないとしても，機会の平等にたいする深い信頼がうかがえるのである．

社会的経済価値に対するアメリカ人の強い共感にもかかわらず，これと矛盾するような伝統も同時に存在する．個人主義が広くいきわたり，競争すること，また経済競争の勝利者となることは，国民的英雄として祝福されることを意味しうる．私有財産というイデオロギーはとりわけアメリカ的なものとされ，合衆国の多くの人々にとって，「所有」した以上は，社会的責任を考慮することなく，その所有したもので何をしてもよいことを意味するべきだ，とされているのである．

2. 合衆国の社会的経済セクターとその周辺にある組織の内容と統計

本章では，われわれが先に規定したような社会的経済の諸要素と考えるアメリカ経済における正規の経済組織について，ほぼ包括的な統計的説明を試みる．まずわれわれが考える構成基準をすべてあるいはほとんど満たす諸組織からはじめる（2.1節）．次に構成基準にそんなにぴったりと合わない諸組織を検討する（2.2節）．これらは，正確に定義されたアメリカの社会的経済にはっきり含まれるというものではないであろう．最後に（2.3節），現在見てとることのできる社会的経済の全体について統計概要を表で示す．

2.1. 社会的経済に含めることのできる組織

2.1.1. 協同組合（非農業）とコミュニティ開発組織に関連する信用組合とその他の金融機関

ここでは信用組合，コミュニティ開発基金，全国協同組合銀行の数字について示す．これまでのところコミュニティ開発銀行とコミュニティ開発企業

体については，伝聞的な情報しか入手できていない．これらの組織についてのより詳細な様子については，クリス・ガンとヘイゼル・ガンの最近の本(1991)を参照のこと．

ⓐ 信用組合

信用組合とは，すべての組合員＝預金者によって民主的に統制されている信用協同組合である．信用組合は，1934年の連邦信用組合法とその後の改正法に基づいて，連邦信用組合として登記することができる．信用組合はまた，多くの州で少しずつ違う法律に基づいて，州信用組合として登記するという選択もできる．信用組合はしたがって，全国信用組合局（NCUA）またはそれに並行した各州所管当局によって統制されている．信用組合の90％は連邦政府によって（登録者保証基金 NCUIF によって）保障されており，全国信用組合局のきびしい条件に従わなければならない．残りの信用組合は，州レベルの基金により保証されている．信用組合は，連邦法人所得税と，通常は州レベルの法人所得税が免除される．

信用組合は，その組合員からだけ預金を預かることができる．しかしながら，数十年前に設立されている一部の特別枠の信用組合，すなわち，経済的に衰退した地域に置かれなければならない「コミュニティ開発信用組合(CDCU)」は，貧困層向けのサービスを提供し，その預金の20％までを NCUA の特別許可分で埋めることが認められている（ときにはさらに特例が与えられる）．

信用組合は，主として消費者貸付を行い，また事業目的に対しては20％以上の貸付は認められていない．この種の貸付は連邦検査官によりきびしく監査され，一般的に定期監査も80年代後半の貯蓄貸付業界の崩壊からくる溢出効果により，近年きびしく頻繁に行われている．

信用組合業界は，非常に良好に資本を増やしており，信用組合業界の調査によれば，普通銀行サービス総額の約半分のサービス額を提供している．金融市場に流動資金を投入する地域的第2種信用協同組合と同じような全国的な連合サービスグループ（CUNA）がある．また，各信用組合に教育とその他のサービスを提供する州単位の信用組合連盟がある．各信用組合の理事会

資料1 信用組合（1990）

信用組合数	14,400
全商業銀行，貯蓄貸付銀行対比	87%
コミュニティ開発信用組合数	200
信用組合の従業員数	60,000人
組合員数	6,000万人
政府登録信用組合	(4,000万)
州登録信用組合	(2,000万)
ボランティア労働者数（推定）	250,000人
預金と資本	2,200億ドル
全預金資産対比	4.0%
商業銀行対比	5.5%
貯蓄銀行対比	10.7%
消費者向け貸付負債	1,130億ドル
全米消費者貸付対比	13.0%
商業銀行，貯蓄銀行貸付対比	7.0%
信用金庫の市場占有率	
消費者貯蓄比	6.3%
自動車ローン比	16.6%
消費者分割払負債比	12.1%
信用組合資産の全所帯負債（抵当含む）対比	5%

出所：*CUNA Annual Report*, 1990;*Coop Business journal/*, 8/87, 3/91 & 8/91; ACE News, Sping 1986;*CDCU Report*, 1989;*Businessweek*, 18/12/89, pp.112-13;*Economist*, 31/3/90, p.78;*Wall Street Journal*, 1/2/86; NCUA *Annual Report*, 1990;*Statistical Abstract of the U.S.* 1990.

やその他の委員会に選出された組合員は，臨時支出以外のいかなる金銭的報酬を受け取ることも許されない．したがって信用組合は，多数のボランティアに依存している．信用組合は，自分たちに事務所スペースを無料提供してくれる資本主義的企業や公的機関としばしば結びついている．米国の信用組合の3分の1には，フルタイムで働く従業員がいない．

　❺　コミュニティ開発貸付基金（CLFs）

　この組織をここで取り上げるのは（その一部は社会的経済の構成員として

は問題があるかもしれないものの),社会的経済の基準をほとんど満たしているコミュニティ開発貸付基金（CLFs）の上部組織による統計数字があるからである．この上部組織,すなわちコミュニティ開発基金全国連合会（NACLF）は,これらの各基金の大手組織のほとんどを組織している．最初の貸付基金会員支部は 1969 年に設立された．NACLF によれば,今日,全米に数百の貸付基金支部が広がっている．

コミュニティ開発貸付基金は,信用組合に対して有利な立場にある．というのもそれらの貸付基金は金融機関として規制されていないために,信用組合よりもよりフレクシビリティがあり,より高い危険性のある貸付を行うことができるからである．同貸付基金の活動のほとんどは住宅資金貸付で,第2番目が事業向け貸付である．貸付基金のほとんどはいまだにきわめて小規模である．近年,NACLF とその前身の連合会は,毎年定例情報会議を開催したり新しい貸付基金組織を設立したりして,既存の貸付基金の間での情報交換をすすめている．

Ⓒ 全国協同組合銀行（NCB）──非農業向け

全国協同組合銀行は,1970年代末に,議会立法によって設立認可と当初の資金が提供されて,80年代初期に稼働を開始した．もともとは全国消費者

資料2 NACLF加入のコミュニティ開発貸付基金（CLF）(1991.12)

	推定値
CLFの数	40
CLFの資本	7,300万ドル
CLF（1969）開始以後の数字	
建設住宅累計数	14,000
創設雇用累計数	3,700
他の借入基金累計	6億5,000万ドル
CLFの成長率（1980年代後半）	10% p.a.

出所：マサチューセッツ州スプリングフィールドのNACLFへの調査,1992年1月．
注：NACLFではその他に賛助会員や非会員のCLFが数百あるとみている．

協同組合銀行と呼ばれていたが，後にこの名前に改名したのである．設立案は1930年代にさかのぼり，当時の全国協同組合連合会の会員によるものであった．この銀行は，貸付対象としてふさわしいとみなされるどの非農業協同組合に対しても（というのも農業協同組合はすでに農家信用制度に加盟しているので）サービスを提供している．この銀行は，借り受け諸協同組合（組合員数による比例配分に部分的に基づいて）によって選出された理事会をもつ第2種協同組合である．この銀行ができてすぐに，レーガン政府は，政府予算の議論に基づき，この銀行をなくそうとした．しかし強力なロビイ活動と議会内の何人かの重要人物の手助けによって生き残った．

　この銀行は政府が基金を出し統制する組織としてはじまったが，1980年代の終わりには，立ち上がり時の連邦基金の長期返済について協定を行って，完全に独立した．この銀行はすべての種類の協同組合のさまざまな用途に対して貸付を行ってきている．トム・コンディットの9年にわたる会長時代に，同銀行はその資本基盤を固め，いくつかの系列と子会社を拡大し，そのことによって資金運営が柔軟なものとなって，より広い範囲の金融サービスのために追加的な借り入れ資本の利用ができるようになった．

　ⓓ　コミュニティ開発企業，コミュニティ開発銀行，コミュニティ銀行持株会社

　この3つとも比較的最近できたものである．コミュニティ開発企業（CDCs）は1960年代後半に連邦予算から資金を得てはじまったし，コミュニティ開

資料3　全国協同組合銀行（NCB）

全資産（1990.12.31）	4億8,870万ドル
（1989.12.31：4億3,000万ドル）	
純収入（1990）	
（1989.12.31：1,440万ドル）	1,270万ドル
NCBの機関投資家による協同組合抵当貸付の購買累計	5億ドル

出所：「NCB報告書」1991年，「NCB年次報告書」．

発銀行は70年代半ば以降著しく展開しており，コミュニティ開発銀行持株会社はもっと最近のことである．これらの3つの種類の組織はいくぶん異なった由来をもつものの，経済事情の悪いコミュニティでの経済開発というこの3つの組織の戦略には，多くの共通の特徴がある．これらの組織は，自分たちがいるコミュニティの代表になろうとしている．できるところはどこからでも資金を得ようと努めているが，たいていは自分たちの基金のほとんどを非資本家投資家たちに頼っている．

コミュニティ開発企業にとって最初の10年間は，公的基金が，主要な財団からの資金とともに重要だった．もっと最近では，コミュニティ開発企業は，より社会的な責任をもった投資運動と結びついて，流動資金をコミュニティ開発目的のために使用している．これらの組織は経済開発計画の諸施策を通じて広い社会的目標を追求している．すなわち，社会経済的基盤整備計画，事業開発，住宅などがその中心である．これらの組織の多くが，法律的には非営利であるが，定款や内規に多様な統治機構のいずれかを適用した企業としても存在できる．これら組織の数や事業活動の規模についての正確な数字はつかめていない．ガン夫妻(1991, pp. 69-73, 89-95)によるこの種の各組織についての素晴らしい簡明な記述がある．

2.1.2. 消費者協同組合

消費者協同組合には多くの種類がある．ここでは，経済規模，提供するサービスの革新的な手段の重要性，その他の特徴などに関して，もっとも重要なものだけを取り上げる．その他の消費者協同組合については，定義と入手データを簡単に述べる．消費者協同組合とは，事業の出資者＝組合員により統制されているものである．

ⓐ　電気供給協同組合と電話供給協同組合

これらの消費者協同組合は，政府が設立に手を貸し，事実は今日でもそれを支える財政当局に対して政府が助成金を出し続けているという特殊性をもつ．1936年に，わずか10%の世帯にしか電気が供給されていないような地

資料4　電気供給協同組合（1989）

協同組合数	903
組合員数	1,070万人
収入	220億ドル
協同組合の市場占有率	
全電力消費対比	7.6%
キロワット対比	10.4%
消費者使用電力対比	10%

資料5　電話供給協同組合（1989）

協同組合数	241
組合員数（加入者）	113万人
収入	7億8,500万ドル
従業員数（1984）	28,700人
協同組合の市場占有率	
電話事業従業員対比（1984）	4%
電話会社数対比（1986）	17%
全米電話事業収入対比（長距離，業務用含む）	1%

出所：Farmer Cooperatives Statistics, 1989, USDA, table 18; Statistical Abstract of the U.S. 1989, USGPO, sect. 18; Forbes, Aug.9, 1991.

方に電力をもたらすことを支援するための貸付機関として，地方電気局が議会特別法により設立された．

　1949年に地方電気局は，電話サービス供給組織に対する貸付を行うことを認められた．1971年に電話資金調達のための特別銀行が，農業局のなかに設立された．今日では，農家のほとんど100％が電気と電話の両方の供給を受けている．

　ⓑ　保健医療協同組合

　1930年代と40年代にはじまった保健医療協同組合のいくつかは今日も存在している．これら初期の保健医療協同組合はアメリカ医療協会のブラック

リストに載せられたが，最高裁で勝訴してその存続が認められた．70年代と80年代に保健費用が循環的上昇をするにつれて，保健医療協同組合もいささか拡大した．

その運営機構についての規定はさまざまである．すなわち，消費者による統制，職員と消費者の共同統制などである．保健医療協同組合は，保健医療の取り組みと組織的な機構のいくつかの分野での革新の先駆となってきた．保健医療のサービスを供給する側が人々の健康維持に努めるような刺激を与えた前払い制で固定費用方式という考え方は，これらの協同組合ではじまったのである．この方式については，1973年に特別法ができて，他の（非営利，営利）保健組織（HMOs）に急速に広がった．保健医療協同組合はまた，施設を共同でもったり，設備，機器，薬の購入のための第2種協同組合を設立する際のリーダーとなっている．

アメリカ国内の劣悪な医療サービス下にあったり無保険の人々や低所得層の人々に対する保健医療を行うその他の種類の保健組織がある．これらの診療所の多くは，コミュニティのさまざまなグループを広範に代表する者たちと診療所の職員自身から構成される理事会をもったコミュニティが所有している．これらの特徴は保健医療協同組合と共通している．

資料6 保健医療協同組合（コミュニティ診療所を含む）(1990)

協同組合数	20
組合員数	100万人以上
市場占有率	
全医療機関（診療所含む）対比	3%
組合員の全米人口対比	0.4%
ワシントン州における協同組合占有率	8%
(Group Health of Puget Sound)	

出所：National Cooperaive Business Association, Wash.D.C., interview, 1990; *cooperative business Journal*, 11/88; NCB Bank Notes, II : 1991

資料7　コミュニティ診療所

非営利のコミュニティ所有医療診療所数	800＋
患者数	500万人以上
患者の全米人口対比	2.0%
患者の全米保険未加入者対比	10-15%

出所：資料6に同じ．

資料8　学生協同組合（1980年代央）

住宅協同組合の数	109→140
組合員数	10−20,0000人
小売・信用・その他協同組合数	58→80
組合員数	80−110,000人
過去10年間の組合数・組合員数の成長傾向	減少

出所：NCBA *Coop Facts and Figure*, 1989, *Cooperative/Credit Union Dictionary* 1987; NCBA, 1989; Hoyt in Cobia, 1990; Coop Systems Group in Changing Work, 1983.
注：学生協同組合の数は、定義と出所が異なるために他の統計との整合性はない．

❸　学生協同組合

　学生が統制している協同組合の起源は，1930年代の「オールドウェーブ（古い波）」に遡る．アン・アーバーにあるミシガン大学がその生誕の地とみなされている．全国組織である北アメリカ学生協同組合連合（NASCO）はいまだにそこにある．協同組合住宅供給と学校用品書籍販売がその主要事業であった．

　「ニューウェーブ（新しい波）」が60年代後半に登場し，また70年代にとりわけ住宅供給と食品購入が登場した．75年に学生が運営する最初の信用組合が設立されて，つづいてさらにいくつか設立された．これらの協同組合の発展は歴史的には数十の大学に集中しており，また学生たちが卒業してしまうのでその継続性はいつも危い局面に立たされる．大学当局が継続のための機構をつくり出すことに協力している場合は，結果としてずっとうまくい

っている．現在，新しい学生協同組合を復活させるいくつかの試みがあり，北アメリカ学生協同組合連合ではより広範な活動をするために西海岸事務所を開設した．

ⓓ 消費者所有小売業協同組合

消費者食品協同組合の数は近年減少を続けている．理由の1つは，巨大な営利スーパーマーケット・チェーン店が，低マージン大量販売で登場してきたためである．これにはまたほとんどの食品市場での売り手寡占化がともなっている．消費者食品協同組合はまた1930年代と60年代の「オールドウェーブ」と「ニューウェーブ」とともに発展した．

食品協同組合はいくつかの地域に今もあって，主に3, 4の種類がある．スーパーマーケットストアは，大きな店舗面積と専門経営陣をもっていて，

資料9 消費者製品協同組合（1980年，80年代央）

1980年代央
　消費者製品協同組合数　　　　　　　　6,897
　組合員数　　　　　　　　　　　　1,700,000人
1980年推定数字
　消費者協同組合数（大半が食品小売業）　3,805

	数	組合員数	売上高
		(10万人)	(100万ドル)
卸売店	70	—	80
大・中規模店舗	40	3.1	630
小規模店舗	160	7.0	160
注文方式クラブ	3,000	2.5	260
計	3,805	12.6	1,230

アメリカの最大消費者協同組合：
　「レクレーション・イクイップメント・インターナショナル」
　　組合員数　　960,000から1,500,000人
　　従業員数　　1,100人

出所：1980：Coop System Group, in *Changing Work*, 1984；mid-1980s：Hoyt, in Cobia, 1989
　（from Ingalsbe）； REI：*Wall Sreet Journal*, 21/8/85； *Cooperative Business journal*, 5/1991.

ときにはチェーングループ化している．出資参加型協同組合店舗は小規模で，販売高は通常100万ドル以下であって，しっかりしたボランティア労働に支えられ，自然食品を強調している．食品協同組合は，自然食品市場の20％を占めていると公言している（『協同組合ビジネスジャーナル』1991/5）．全国協同組合銀行は，「自然食品協同組合」を支援するために特別貸付事務所を開設した（NCBDC 『協同組合企業』1991）．第3の種類として，食品購買クラブまたは注文制協同組合は，通常は有給従業員をもたず，また特定の施設も倉庫ももたないようなものである．これらはもっとも数が多いがまたもっとも短命でもあり，特に大学町やその他の人口移動のきわめて高い地域に多い（Sommer, et al., 1983）．

　1980年代に，全国協同組合銀行がスポンサーとなって行った調査では，世帯の25％が協同組合の組合員であった．その他の種類の小売業消費者協同組合としては，書籍，おもちゃ，眼鏡，薬品，家具，衣料，暖房用燃料油などの多種の販売業がある．おそらくきわめて成功した最大の消費者協同組合は，100万人以上の消費者にリクレーション製品を販売している電話郵便通信販売協同組合である．これが消費者協同組合の一番手である．

　❺　消費者サービス協同組合とその他の協同組合

　そのほかにたくさんの消費者統制のサービス協同組合がある．事業の一例としては次のようなものがある．コンピュータの利用者に対するテクニカルアドバイス（およびソフトウエア）の提供，サマーキャンプ，埋葬葬儀業，

資料10　消費者サービス協同組合（1989）

協同組合の種類	数	組合員数	売上高
			（100万ドル）
保育園	540→1,700	42—70,000	30
ケーブルテレビ（1980）	76	15,200	1.3
葬儀・埋葬	160	350,000	78

出所：NCBA, 1989 ; Coop Systems Group, 1983.

デイケアおよび保育園，地方ケーブルテレビサービスなど．

2.1.3. 労働者協同組合とその他の民主的な管理構造をもつ労働者統制事業

ここでは，企業内の労働者によって統制され所有されている生産会社にふれる．またこの統制（かならずしも法律的に所有していなくてもいいが）が適切に民主的でなければならないという前提がある．利益分配や所有権が不平等のままであっても，民主的な労働者統制企業をつくることは可能である．こうした方式についての議論は，他でより詳細に行われている (Rock, 1991, Ellerman, 1991)．これらの企業の一部には，民主的なコレクティブまたは協同組合の組合員でない労働者が存在する．この場合は雇われた労働者という区分をつくり出すので，部分的に民主的な企業と呼ぶことができよう．完全に民主主義的であるとは，すべての労働者が，1人1票制が優越する統治制度下にあることでなければならない．ここでは，労働者の大多数がこうした構造の一部であるような企業を検討する．

一部の営利私企業では，労働者が資本の多数を所有しているとしても，統

資料11 民主的労働者所有企業（1989）

企業数（推定）	1,200
全米企業対比	0.03％
全従業員数	10,000－25,000
全米従業員対比	0.01％
企業における労働者＝社員の比率	80－90％
労働者が株式の過半数をもち，多数の労働者に比較的平等な配当をしているESOPs（従業員持株制度）の企業数（上記の企業を含む）	150
このうちESOP企業の比率	1.5％

出所：Source: Rock, 1991；*Statistical Abstract of the U.S.* 1990.
注：この数字は各種統計から引きだしたものである．これに関するRock(1991)による表を参照のこと．1989年には1万以上のESOPがあった．多数派である労働者が所有する（平等の株式配当）ESOP企業についてのこの数字は，上記の民主的企業の最低数を示す．

制権が非常に不公平に配分されている（極端に言えば，1人の労働者が会社全体を握っている）ことがある．われわれとしては，労働者が（株式支配の点で）所有者として多数派を占めていないような従業員所有制や，統制権（投票権）の配分が株式所有権や雇われた労働者の存在などによってきわめて不平等になっている多数派労働者所有制については検討の対象としない．これらその他の従業員所有制については後で論じる（第2.2節）．

アメリカでは民主的労働者所有企業はいろいろな分野に存在する．それらのなかには，本屋，タクシー会社，出版，食品店，レストラン，建設業，法律サービス会社，診療所，筏輸送業，トラック輸送業，織物業，さらにその他いくつかの大きな製造業——鉄鋼会社も1社——などがある．これらの企業の大多数は零細企業である．この種の協同組合の展開は，アメリカの歴史を通じていくつかの波として現れている．もっとも最近の「波」では——1970年代初め以降——アメリカ史のなかでもっとも多くこの種の会社が設立された．その数は1,000以上に達してから横ばいとなっている．

2.1.4. 自営農生産者協同組合——農業協同組合

アメリカの農民は独立した事業者である．農民達は共同して，協同組合をつくり自分たちの相互利益を守っている．農民達が協同組合をうまく設立するために，主として連邦と州による農業における協同組合開発推進政策が力になっている．農務省には連邦農業協同組合局がある．そこでは情報の収集と土地改良業務を行っている．同様の土地改良業務の部局がすべての主要農業州に存在する．農業協同組合は1920年代以降，独占禁止法の主要規定が適用免除となっている．自治的な（しかし政府基金の助成を受けている）農業信用制度は，その協同組合銀行を含めて，初めのうちは連邦政府による資金援助を受けていた．もっとも最近の農業危機に際して，この制度の一部は1980年代の半ばから後半にかけての資金補充と整理統合によって「救済」された．

農業協同組合の事業規模やさらには全国的な市場占有率でさえ増加してい

資料12　農業協同組合（1989）

個別協同組合数（全種類）	4,799
組合員数（全種類）	4,130,000人
事業高	870億ドル
純事業高（協同組合間取引は除く）	711　〃
純収入	19　〃
全資産	293　〃
全米農業供給販売対比	28％
協同組合に加盟している農民比率	78％
組合員	66％
非組合員出資者	12％
上位100協同組合の事業高占有率	55％
出荷（加工、製品化、販売）協同組合	
出荷に携わる協同組合数	3,183
事業高	600億ドル
純事業高（協同組合間取引は除く）	530　〃
農業産品の全輸出占有率	28％

各製品の占有率（％）	協同組合の販売高比	全米市場対比	全米輸出対比
乳製品	35	78	-
穀物・大豆	27	33	15(穀物)
野菜	15	17	32(果物)
果実・果物	1.6('89)	17	41
家畜	6.4	8	-
綿	3.8('89)	33	25

購買（農業資材販売）協同組合

協同組合数	3,531
事業高	255億ドル
純事業高（協同組合間取引は除く）	166　〃
全米農業資材販売対比	26％

各製品の占有率(%)	協同組合の販売高	全米市場対比
石　油	29	44(農業)
肥　料	20	44
農　薬	9	29
飼　料	23	16
種	3.5 ('89)	15

出所：Agric. Coop. Service, *Famer Cooperative Statistics*, 1989, 12/1990 ; Cropp/Ingalsbe in Cobia, 1989 ; *Cooperative Business Journal*, 11/1987, 10/1989.

注：　一部の農民はいくつかの協同組合に加入しているので，組合員数は重複を含む．供給，出荷，サービスの各協同組合の数は，複数業務をしてる協同組合があるので，全体数ではない．数字は実際には異なる種類の協同組合を含む．金額は1989年のもの．占有率は1986年の数字．Farm Credit Systemの数字は含めていない．

るにもかかわらず，農民協同組合の数はこの数十年間で着実に減少している．これら協同組合の農民組合員の数は，農業全体における農民数の減少とともに急速に下向いている．農民の大多数は，1つまたはそれ以上の協同組合に所属しており，農民の4分の3は協同組合を利用していることになる．協同組合には主として3つの種類がある．すなわち，販売と加工，購買（農業資材），農場用役である．さらに，農村信用組合，酪農畜産経営協会，それに連邦政府により推進された水利協同組合などがある．

2. 1. 5.　商業協同組合——独立生産者協同組合と商業者所有協同組合（非農業）

商業協同組合は急速に成長している協同組合である．自営業者が共同して協同組合をつくり，物品の販売購入を行い，共同して宣伝をし，フランチャイズ会員との交渉を行い，施設を生産や物品や業務のために共同使用し，販売取引を行うものである．この種の協同組合は，将来，重要な事業活動分野になると全国協同組合銀行はみている．これらの協同組合は（行政が協同組合を設立したのも含めて），組合員である企業が自分たちの相互利益のために統制している．これらの協同組合の組合員は，数百万ドルの売上の企業や銀行から，協同組合的所有をしている小さな小売店で自分たちの品物を販売

している個人職人まで多岐にわたる．他の協同組合をも含めて事実上，いかなる形の法人組織も組合員になることができる．規模，組合員の中身，経済活動などがこのように多様なために，これらの協同組合の包括的な数はきわめて不確定である．それらの数値と組合員の推定数値は驚くほど多様である．

　これらの商業協同組合は，経済の幅広い分野にわたっている．商業サービス協同組合には次のものが含まれる．すなわち，通信社（AP連合通信），銀行向け手形交換会社，商品取引所，不動産仲介業，信用調査所，電信花配達業（FTD），運輸配達業，健康サービス保健相談，教育サービス業その他がある．

資料13　商業者所有協同組合

工芸品小売協同組合	組合数	200
（Hoyt/Cobia）（1980央）	組合員数	25,000人
食品小売店協同組合		
(a)推定(NCB)(1991)	組合数	40
	販売高	250億ドル
(b)推定(NCBA)(1989)	組合数	500
	組合員数	100万人
(c)推定（他の食品業も含む）	組合数	587
（1980央）	組合員数	89,000人
水産業協同組合（1980央）	組合数	102
（Coop/CU　Dictionary）	組合員数	10,000人
（Coop Systems Group）(1980)	販売高	45,000万ドル
全米カーペット協同組合(1991)		
全米床材小売業を代表する組合員		
組合員数　1984	10人	開始期
1989	38〃	+52店
1991	200〃	+300+店
金物小売協同組合(1990)		
全米金物小売業対比		62％
上位6協同組合売上高		42,3000万ドル

出所：National Coop *Bank Notes*, 1990, 1991; NCBA,1989; *Coop/Credit Union Dictionary*, 1987; Coop Systems Group, *Changing Work* 1983.

商業購買協同組合はもっとも多様である．この種の協同組合には次のものが含まれる．すなわち，卸売り協同組合，薬剤業，ハードウエア（エース，トルゥ・バルュー，コウスト・トウ・コウスト，アワオウン，サービスター，Ｖ＆Ｓバラエティの各社），材木・建築資材，パン製造，ソフトドリンク瓶詰め業，自動車部品供給，靴製造，魚介類販売，医師，歯医者，石油小売業，その他がある．

個々の契約加盟店（フランチャイズ）の所有者たちが，品物を仕入れたり，他のサービスを揃えるために，しばしば協同組合をつくることがある．フランチャイズ加盟店協同組合には，ケンタッキー・フライドチキン，オービイズ，ダンキン・ドーナツなどのチェーン所有会社が含まれる（これを協同組合がフランチャイズ権を手に入れ，協同組合の子会社としてそれを経営する場合と混同してはならない．この例としては農場経営協同組合やマイダス・マフラー・チェーンがある）．ある例では経営危機にさいして，各フランチャイズ店がフランチャイズ元から全営業権を買い取るために協同組合を設立した（現在のストロウ・ハット・コープ・コーポレーション）．

われわれが提起している社会的経済に関連させて言うと，この種の協同組合は，他の多くのものよりもっと問題をはらんでいる．農業協同組合と同様に，その組合員の大部分は小規模経営者である．しかし常にそうであるとはいえず，そのことがある問題をはらむことになる．すなわち，大きな営利企業が純粋に手段として協同組合を設立した場合，その大きな営利企業を社会的経済に含めるべきかどうかということである．協同組合となって事業は容易になるだろうが，事業をするこれらの組合員たちは，他の伝統的な協同組合の価値をほとんど共有しないだろう．かくして，こうした協同組合グループのすべてを社会的経済に含めることは，社会的経済についてわれわれが提起した定義に関してまだ解決されていないような問題を引き起こすことになる．

2.1.6. 住宅協同組合，コミュニティ土地信託，借家人管理公共住宅計画

これらの住宅供給方式はすべて，建物または住宅地域がそこに住む居住者

によって民主的に管理されているという特徴を共有する．居住者＝組合員＝所有者が，住宅協同組合の管理機構を統制するのである．コミュニティ土地信託は，土地（ときにはその他の共同資産）が協同組合あるいは居住者個人の資産権利とは別個のものであることに特徴がある．言い替えれば，土地はコミュニティ全体の信託物（おそらく永代所有権）となっている．これは資産評価制限の徹底した形式である（すなわち，近隣の資産評価基準に基づいて価値が増大する）．そこでは借家人（借り主）が借家人管理方式により日々の管理制度を運営する．この場合の違いは，共同住宅は公的財産にとどまるということである．

住宅協同組合は，各種の協同組合運動の歴史をもつ大都市のごくわずかいくつかに集中している（住宅協同組合の組合員の4分の1をニューヨーク市だけで占めると推定する者もいる）．この他住宅協同組合は，大きな大学があるなどで協同の伝統がある小さな町にも集中している．

さまざまな住宅協同組合がある．「市場価格コープ」は，株式（組合員株式プラス居住権または所有権）を完全市場価格で販売し，また同様の方法で転売することを認めている．「限定持ち分コープ」は，所有者＝居住者が協同組合の権利（居住権）を売るときの評価額も，または新規購入組合員が支

資料14 住宅協同組合（1980年代）と借家人管理公共住宅計画（1990）

住宅協同組合数（推定1980年代）	700－2,000
戸建て住宅数（推定，1989）	600,000
住宅協同組合組合員数（推定，1980年代後半）	550,000 → 1.5
全米住宅対比（推定）	0.5%
全米協同組合銀行の住宅抵当額，(1986－90)	54,000万ドル
借家人管理公共住宅計画数	13
公共住宅計画（13,000）の占有率	0.1%
民営化された借家人管理計画の数	1

出所：Coops-*Cooperative Business Journal*, 5/1991 ; NCBA, 1989 ; Hoyt, in Cobia, 1989 ; NCB *Bank Notes*, Ik/1991, p.6. Tenant-management-*Wall Street Journal*, 30/1/91,A. 12.

払う金額に追加される価格も制限するという方式をもっている．この方式をどう使うかによって，協同組合住宅の価格は周辺の住宅よりも低価格に抑えることができるだろう．これにより「入手可能な住宅」がつくり出され維持されている．

　賃貸住宅協同組合は，所有者＝投資家から住宅を借り受け（長期），ときには購入するものである．居住者たちが協同組合として運営する．「相互住宅協会」は，非営利団体であり，住宅開発と運営を行うためにつくられた．たいていこうした協会は居住者たちが所有しているので，協同組合の民主的な内部運営機構を真似ることができる．補助金受け入れ協同組合は，政府や非営利（またはその他の）金融支援組織からの助成を受けているものである．高齢者住宅協同組合は，高齢市民に対する特別な方策をもつものである (Cooperative Business Journal, 4/1989).

　新しい取り組みとしては低所得世帯向けの公的供給住宅の促進がある．借家人が管理する公的住宅事業計画には，政府供給住宅も含まれ，借家人に日常の運営が公式に委譲されている．この方式は一部の行政機関によって，これらの住宅の最近の民営化の第一歩として推進されている．これまでのところ，民営化されたのはたった1つの建物だけである．この種の組織は行政に依存したものではあるが，ひとたび借家人たちが住宅管理をはじめると，かれらは十分な自主的経営権を行使する．

　これらの公的住宅事業計画の借家人たちがたいていは非常に貧乏なので財政的依存をしているのだ，というのは正しくない．借家人による建物の購入は，通常それなりの補助金に頼って行われざるをえない．現在の米国住宅都市開発長官は，最近，連邦議会から基金を引き出そうとしたが，その法案は公的住宅事業計画に対してなんらの貸付財政措置をつけることなく通過してしまった．皮肉なことに，この法律は全国入手可能住宅法と名づけられた．

　コミュニティ土地信託は，（建物の個々の居住者や住宅開発のために）土地を効果的に市場から引っ張り出す，制限資産所有協同組合という強力な形態である．これらの信託は過去15年間に主として盛んになった．その数は，

一部にはこのような非投機的な住宅の金融上の問題，さらにはこの所有制度構造の新奇さによって，限定されたものになっている．

住宅業界筋では，協同組合住宅開発向けのいくつかの新しい取り組み，とりわけ既存住宅の転換を含めた取り組みが進むとみている．将来可能性のある住宅協同組合には，貯蓄貸付銀行の崩壊とそれにともなう破産によって放出された住宅の使用や，全国にある軍事基地の閉鎖にともなう「平和配当」の一部としての住宅の使用，さらには民間営利の移動住宅団地が協同組合に転換するものなどが含まれる．いくつかの州（例えばフロリダ州）では，移動住宅団地の居住者に対して，移動住宅団地が売却されたときの優先購入権を与えている（NCB *Bank Notes*, 6-7/1991）．

2. 1. 7. 共済組合と「混合型」協同組合

相互保険会社は，その起源をアメリカにおけるヨーロッパ移民の植民地時代に遡ることができる．現代の相互保険会社の起源は，主として農村や農業協同組合運動に結びついている．これらは正式に法律的な協同組合ではないが（ほとんどは事実上の非営利組織），サービスを提供している顧客やその他の者に所有されている．これらの所有者とは，消費者，他の協同組合，そして協同組合運動と密接に連携している企業などである（Hoyt, 1989）．加入者がリスクを分散することを相互に保険会社は認めている．一般的に，これらの相互保険会社は消費者のニーズに大いに応えるものとして，伝統的に保険業界において商品改革のリーダーであり続けてきた．過去において，相互保険会社はより社会的な意識をもった組織であり，組織の多くの古いリーダーたちは協同組合運動出身である．

その1つである「ネーションワイド」はアメリカで4番目に大きい保険会社であり，他のいくつかも全国的な大保険会社である（国際的救援機関であるCAREは，元々は現在の「ネーションワイド」社の社長の指導により，協同組合的事業として開始されたものである）．全国規模あるいは地方規模で稼働している非常に大きな共済組合とは別に，主として多くの地方レベル

の農家火災保険会社がある．いくつかの州には，他の共済組合と共通点をもった相互貯蓄銀行がたくさんある．

　混合型協同組合は，互いに利益が鋭く相違する混合した組合員制度をもつ協同組合をいう．この協同組合は，企業の経済的利益に関してより統一された組合員制度をもっている伝統的な協同組合とは区別される．消費者，経営陣，労働者が全て，協同組合のなかで権力を分けあい，互いに企業の運営に役割をもつ．この節ですでに取り上げた協同組合の種類のなかには，協同組合も個人も組合員になれるものがいくつかあるが，たいていはそこでの経済利益は合致している．混合型協同組合は，短期的には非常に異なった各々の利害をもっている．消費者は協同組合に対して低価格を要求するだろうが，一方，労働者は反対に自分たちの労働に対してよりましな報酬を望むだろう．われわれの知る限り，これらの混合型協同組合についての包括的な統計数字はないが，以下のような例がこの種の組織の構造的特徴のいくつかの可能性を示しているだろう．

　最近解散する直前に，バークレイ食品協同組合は，消費者＝経営者と労働者＝株式所有者の双方からなる協同組合によって，共同管理するための再編を決定ししてた．結局のところ，この調整はこの協同組合の経済危機になんらかの効果をもたらすにはあまりにも遅すぎた．もう1つの，ノースカロライナにある（自然食品）協同組合は，従業員と消費者が同等の基盤に立って統制するものとして設立された．3つめの混合型協同組合はコープ・アメリ

資料15　相互保険会社（1980年代央）

相互保険会社数	2,000
出資者／所有者数	1,800－2,000万人
全米市場での占有率	
総保険加入者対比	6％
火災保険会社対比	15％

出所：NCBA, 1989 ; *Coop/Credit Union Dictionary*, 1987 ; *Statistical Abstract of the U.S.* 1990

カで, オルターナティブ企業に対する情報提供と通信販売を行っている. ここでは雑誌 (*Building Economic Alternatives*) と年4回の注文カタログを発行している. カタログに載せる企業には基準を設けている. すなわち, 非営利または協同組合であること, または従業員所有制あるいはコミュニティ志向型であること. 製品または製造過程に特徴があること (すなわち, エコロジー的な意味で). 例えば, カタログには中米の低収入の工芸協同組合の製品が載っている. コープ・アメリカは, 3つの異なる組合員グループから選ばれた6名の理事会をもつ. そのうち2名は4万名の消費者＝経営者組合員のなかから選出され, 1名は400名の生産＝販売会社組合員から, そして残りの3名の理事は, そこでフルタイムで働く15名の従業員組合員から選出される (*Cooperative Business Journal*, 8/1987).

2.1.8. 社会志向型 (慈善) 非営利組織と互助的・組合員利益制非営利組織

他の節 (1.3.2.) で論じたように, われわれは非営利組織を「慈善」グループと「非慈善」グループに区分している. まず初めに, 組織の目的の第1が一般公衆に奉仕するという慈善的非営利組織について検討する. われわれはこれらを, 妥当に定義された (そしておそらく限定的な) 組合員または顧客の利益を優先することを目的とする第2グループ (「非慈善」) 非営利組織とは区分している. この2つの非営利組織グループから, われわれはすべての特定化された宗教組織を除外しているが, それはわれわれの定義からすれば, 社会的経済の一部になるべき組織は, 経済活動を第一義的に行う組織だと限定しているからである.

この部門を明かにするのにいくつかの説明が役に立つ. これに関する区分は免税組織 (ここでは非営利) に関する連邦税務局 (IRS) の連邦税法501条(c)が関係する. われわれが区分した第1のグループ (慈善, すなわち社会志向型の非営利) には実質上, 連邦税務法501条(c)(3)にかかわるすべての組織と, 501条(c)の他の段落に法的に規定されている一部を含む (Simon, 1987を見よ). 第2のグループは, 連邦税務法501条(c)に含まれる他のほと

資料16 非営利組織（推定）（1980年代初め）

	社会志向型非営利	相互利益非営利
組織数	375,000	470,000
財団数	25,000	—
有給従業員数	550万	50万
全米対比	5.4%	0.4%
全サービス業対比	8.3%	0.8%
全サービス業,私的セクター対比	11.2%	1.0%
収入	1,520億ドル	
支出	1,510億ドル	
賃金と給与	1,000億ドル	
ボランティア労働の価値	520億ドル('80)	80億ドル('85)

出所：Simon, in Powell, 1987; *Statistical Abstract of the U.S.* 1990; and own calculations.
注：組織数は1980年または1984年のもの．雇用数と金額は1982年のもの．税務署や連邦機関が集めたデータは，不確かで定義がむずかしいので使用していない．これらの数字からはIRS連邦税務局に未登録の非営利は除外している．その理由は所得基準以下のもの（ある定義によれば，約100万から150万組織あると推定，Boyte）が除外されており，また複合課税対象の組織を1つにしか数えていないからである．また教会に組織されている非営利が含まれているのに，教会／信徒団（教団は除く）自体（約30万から35万と推定）は，われわれの社会的経済の定義に基づき除外している．社会志向型非営利は，1980年代初期以降，年間5から10％増加していると言われる（表では約50％増加している）．

んどすべての組織を含む．いずれの場合も——慈善・社会志向型組織と非慈善・相互扶助型組織というわれわれの区分によって——社会的経済についてのわれわれの略図がつくれる．読者は，われわれの4番目の基準が組織的行動の連続性にそって3点を区分していることを想起していただきたい（個人，相互扶助，社会的）．

❶ 社会志向型非営利組織

これらの社会福利型非営利組織は，いくつかのサービス部門に集中している．すなわち，主として医療，教育，社会サービスである．なんといっても最大のものは医療サービスであり，社会福利型非営利セクターにおける労働者の半分以上を占めている．非営利組織は総合病院の半分以上，病院支出の3分の2を占めている．アメリカの労働人口の約3％が非営利医療機関で働

いている．このように規模が大きい理由は，事実上，他のすべての西側先進国と違って，アメリカには国家的な保健制度がないという事実に少なからずよっている．これらの医療非営利組織の管理制度は非常に多様であり，理事会が教会，コミュニティ，その他の団体により統制されている場合もある．

教育と研究は，雇用の点で非営利組織の第2番目に大きいグループである．教育の分野それ自体においては，非営利組織は地方政府や州政府の教育機関によって縮小化されている．小学校レベルでは，アメリカの約1割の生徒が私立の，大半は教会とつながっている非営利組織の学校に通っている．高等教育では，約5分の1の学生が私立の大学に通っており，そのほとんどは非営利である．大学院教育では，ほんのわずかの学生が非営利の学校に行くのに対して，学生の3分の1は営利の私学の大学院に行く．残りの大学院は政府が運営している．アメリカは私学の高等教育の長い伝統をもっていて，もっとも名声のある大学のいくつかは私学（そして非営利）である．

これらの学校のほとんどすべてが私立で，教会に関係していない組織のため，政府の助成金や寄付金その他の資金に自分たちの財政危機を乗り越えるために頼っており，政府はこれらの学校を統制するために財政力を利用できる．

社会志向型非営利組織の第3番目に大きいセクターは社会サービスであり，

資料17　社会志向型非営利の種類

	医療	教育・研究	社会サービス	コミュニティ開発
従業員数 (1,000人, 1982)	3.1	1.2	1.0	n. a.
賃金・給与 (10億ドル, 1982)	46	16	8	2以下
民間労働者対比 (%)	69	94	82	n. a.
連邦予算からの収入の比率＊(%)	36	22	55	43
非営利の全米サービス対比＊＊(%)	44	18	56	5

出所：Powell, 1987; *Statistical Abstract of the U.S.* 1990; and own calculations.
注：＊　これらの比率はすべて，レーガン時代のものが欠落している．連邦予算が価格インフレとサービス拡大に対応継続することをしなかったためである．社会サービスとコミュニティ発展に対する連邦基金の比率は，鋭く落ち込んだ．
　　＊＊　セクターの全米サービス対比は，雇用と支出によって計算している．

保育のデイケア・サービス，家族・個人サービス機関その他がある．このことは，同程度の個人所得をもつ他の国々ではたいていは純粋に公的事業であるような事業を，寛大とは言えないアメリカ福祉国家が行うときに，明らかに民間団体を好むということとやはりつながっているのである．これらの非営利組織は政府に大きく依存しており，その基金の半分近くを，通常は社会福祉事業に補助される政府計画を通じて政府から取得している．

　この補助金は，これらの非営利組織の自主性に影響を与えている．すなわち，政府はこれらの基金の使途のみならずその配分方法も規制している．政府の支出は，全非営利組織の収入の約3分の1に達している．政府支出の約30％から40％は非営利組織に流れており，その4分の3が医療サービスのみに支出されている．この支出の多くは，非営利組織の収入項目のなかで販売として記入されている．というのも，通常政府計画は該当する個人に対する特別サービスについて支払われるからである．

　社会志向型非営利組織はまた芸術，娯楽，博物館，動物園といった他の分野も含んでいる．低所得者層向け法律相談所も，これらの非営利組織の1つである．この種の非営利の最後のものは，寄付金助成財団であり，現在約3万団体存在する．これらのうち上位1,000団体で全財団資産の4分の3を所有する．上位100団体で約半分の資産を所有し，全財団の3分の1の寄付を配分している．一部の論者は，これらの財団の一部は理事会の入れ替えがなく，一般の株式会社よりも民主的でない運営をしている，と批判している．彼らは，財団はしばしば私物化された会社だと批判している．一部の財団は，少数の親密な仲間集団または単一家族だけの手に統制を委ねるような法人定款をもっている．事実，一部の財団は，一般公衆に対してよりも，特定の地盤や組織に対して助成をするためにつくられている．とはいえ，これは公衆の眼が大規模財団のようには届かないような小さな財団に多くみられる傾向である．

　❻　互助型または組合員利益型非営利組織

　この分野の非営利組織には，非常に多様な組織が含まれる．これらには，

退役軍人会，レクレーション・スポーツクラブ，職業団体，農民団体，任意の雇用者福利（相互保険）団体，葬儀団体，体育協会，商業連盟，補助的失業保証基金，友愛組織，社交クラブ，団体法律相談機関，近隣保護安全協会，労働組合，従業員福利計画基金，教員年金基金，その他が含まれる．言うまでもなく，これらの組織の管理機構もまた多様である．多くはきわめて民主的で参加的であるが，一方，理事会が自分達で新理事を選んでしまうようなものもある．いくつかの組織では，組合員に対するサービスや福利を通じて，私的で個人的な利益すなわち営利を提供する．別の一部の組織は，組合員に商売の機会を与えつつ，その一方でときたまいくつかのコミュニティ社会事業に取り組んでいる．つまるところ，これらの非営利組織のすべてを社会的経済に含めるかどうかは，さらに検討が必要である．これらの組織数がわかっていても，結論には時間がかかるであろう．

ⓒ ボランティア労働，家庭フィランソロピィ，非営利組織

活動の社会的価値の基準の1つは，人々が物質的な報酬や補償なしにそれに費やす時間の量である．アメリカにおけるボランティア労働は，長い伝統

資料18 アメリカのボランティア労働（1965-1987）

	1965	1974	1981	1985	1987
14歳以上の比率(%)					
年間なんらかのボランティア労働をした者	18	23.5	52(47)	48	45
宗教組織で					45
教育で		29			
医療で		24			
社会サービスで					20

出所：1981-87, *Statistical Abstract of the U.S.* 1990；1965-1981, Jencks, in Powell, 1987.
注：データはギャラップ調査による．ただし1965年は労働省，1974年は連邦ボランティア局（当時の平和部隊）のACTION調査による．これらの数字からボランティアの数字を引き出すのは危険だとJencksも指摘している．独立セクターはこれらの数字を現在収集しており，より信頼のおける出所源になっている．

をもっており，重要な国民的資産として大衆的に歓迎され続けている．ときにはこれを政府の無策の免罪に使う政治家もいる．

　成人人口の約半分が，いくつかの組織でボランティア活動をしている．もっとも有力なのが教会での活動である．第2に重要なのは，非営利公益組織での活動である．ボランティアは非営利組織にとってきわめて重要である．ボランティア労働の総額は（といっても，もちろん特定労働の市場価格ではなく，手当ての全国平均で計って），慈善非営利組織の年間収入の25％余り，すなわち，非営利組織で雇用されている者の賃金総額の半分にもなると推定されている．

　人々が社会福祉非営利組織の活動で示す価値のもう1つの指標は，個人フィランソロピィである．1980年後半においては，世帯の約70％が自分たちの収入のなにがしかを寄付している．その金の半分が教会に，残りの多くが社会福祉非営利組織に行っている．寄付を世帯収入比率としてみると，個人フィランソロピィは世帯収入額とは反比例しているようである．

　ボランティアや個人フィランソロピィの統計数字の大半は，自己回答調査に基づいている．慈善団体に対して寄付をする場合，個人や会社では収入から課税控除対象（特定非営利への）寄付として明記されるので，統計数字はいっそう多くなる．しかしながら，白色申告者に対する標準控除があるために，納税者のわずか45％が，実際にその所得申告で控除記載しているにすぎない．ボランティア労働の場合，労働が多様なため各推定総額は非常におおまかである．まちまちな数字になったのは，ボランティアの総数とそれに対応する金額的価値を計算するときに推定式をいくつかつくる必要があったためでもある．

2.2. アメリカの社会的経済に含められそうな組織

2.2.1. 従業員持株制度（ESOPs），労働者の経営・政策決定参加，利益配分制度

ⓐ　従業員持株制度（ESOPs）

従業員持株制度は，長文の「従業員退職収入補償法（ERISA）」が議会を通

過した1970年代初め以降，急速に拡大した．この法律は，従業員福利と年金を定めている．同法の制定は，従業員の年金方式に対する会社側の頻繁でひどい濫用がきっかけとなっている．同法では強力な福利方策の一部として，従業員持株制度を数節規定している．このESOP制度を取り入れた会社に対しては特別優遇税制が適用される．

従業員持株制度は，1970年代以前にも長年存在していた．この制度は1920年代に広がっていたが，その後29年の株式市場崩壊により，労働者の間で評判が悪くなった．にもかかわらず，この制度は比較的小数の企業のなかで従業員の年金基金の形態として存在し続けた．74年のERISA法とその後の修正規則は，他の企業がESOP方式の下で持株制度を開始するための強力なインセンティブをつくりだした．他の多くの先延べ的な（退職してからのみ貰える）給付金方式と同じように，ESOP採用の会社は税金控除が認められる．

しかしながらこうした給付金方式の通常の特徴に加えて，もし会社がESOPの財政のために資金を借りるならば，貸付金に対する利子分を控除できるばかりでなく（すべての貸付金に該当），貸付金元金の返済金も控除できる．さらに銀行のこうした貸付金は，銀行自身が貸付金返済収入を一定比率で控除できる．過去15年間で，その他のESOP設立推進刺激策もなされた．この間，ESOPs制度を取り入れた企業数も非常に増加し，同時にこの制度で利益を被る従業員数も増加した．

❻ 経営や政策決定への労働者参加

先に論じたように（第1.3.3節），労働者の参加は最小形態から最大形態まで幅がある．経済界全体を通じて多くの会社でこのような制度を設立する試みが最近行われている．数十年にわたって，さまざまな利益分配方式がいくつかの投資家統制が私企業で行われてきた．この15年ほどでそれが広くいきわたることになった．アメリカの経営者たちが利益分配制度を設立しようとする動機の1つは，世界市場における日本企業の成功例である．日本企業の成功に対して頻繁にもち出される説明の1つは，その有名な品質管理でと試みた．皮肉なことに，この品質管理方法の考え方は，第2次大戦後に日

資料19 従業員持株制度(ESOPs)労働者参加計画，利益分配計画 (1989)

1. 参加型企業： 　ある程度労働者が意思決定に参加している会社(全種類)	数10万
2. 利益分配計画： 　全米の利益分配計画の従業員対比 　全米の利益分配計画企業の数（課税対象）	16% 1939： 37 1959： 20,204 1979：261,261 1989：442,771
3. 従業員持株制度(ESOPs)： 　ESOP の数 　全米株式会社対比 　全米市場における ESOP の事業高対比 　労働者が株式の50%以上を持っている ESOP の数 　労働者が50%以上の株を労働者が持ち，また株以上の直接投票権を持つ ESOP 　労働者が50%以下の株を持ち，利益配分も労働者間で比較的平等な ESOP 　ESOP に参加している労働者数 　ESOP の全米労働力対比 　ESOP の従業員が持つ株式総額 　＝アメリカで公開株取引における ESOP の株式総額比 　1989年の ESOP 上位10社の貸付金	10,300 0.3% 15% 900−1,500 360−600 150 1,130万 10% 1,200億ドル 4% 80億ドル

出所：利益分配は Coates, 1991；その他は Rock, 1991(労働者所有会社の 50%と推定してるのは疑問)；貸付金（1989年は大きな合併が行われた）と市場占有率は *Wall Street Journal*, 11/2/89, Klinedinst and Nissan, 1991.

本を訪問したアメリカ人の生産管理専門家によって日本に広められたことである．だが，日本人の方は，アメリカで普及し確立した方法をまねているのだと，まったく信じていたのである．

　❸　利益分配制度

　従業員参加のもう1つの形式は財政的参加である．利益分配制度は過去20年間に急速に成長した．この制度は，単に企業の経済的収益をなんらかの方

法によりボーナスとして従業員に支払うというものである．その支払総額は収益率により変化する．利益分配金額は，明確な基準に基づくか，あるいは年度末収益がでた後に経営陣が専決するかである．後者の方法がもっともひんぱんにみられる．この種の制度は，それを実施している私的の，個人的所有の，あるいは投資家所有の利益志向型企業の目的や構造に関したその他の側面のいずれかを変更するということには必ずしもなっていない．

2.2.2. 社会的責任投資基金と労働者年金基金

ⓐ 社会的責任投資基金

1980年代には，投資に適用される社会的責任基準が非常に急速に嵩上げされた．もっとも有力なのは，排除すべき企業を決めるための引算型「審査」基準である．企業や投資家を積極的に基金に引き入れようとするための足算型「審査」基準はあまりない．投資基金――株式証券とその他証券――は，特別基準に基づき投資したいと考えているすべての投資家（個人および機関）に対して，ほとんど適合するよう設立されてきている．

これらの基金のいくつかは1980年代以前に存在したが，この10年間で，この種の投資の総額は眼に見えて伸張している．これらの事業は少数の経営陣がはじめたものであるが，現在では，投資の規模も大きくなり，多くの老舗の投資会社でさえ自分達の特別「社会基金」をもっている．投資目的に関する社会的基準の相違を除いては，ほとんどの基金は他のもっと伝統的な投資基金と自分たちを区別するような内部運営条項をもっていない．一部の投資グループは，非公式な業務関係を基金運営グループ内にもつか，または，投資家が理事会を選ぶことで意見を表明できるより正式な方式により組織される．しかしながら，後者は非常に例が少ない．

ⓑ 年金基金と社会的または互助的福利投資

1970年代の終わりにアメリカの長期的経済成長の鈍化が顕著になってくるにつれて，また構造的変化により，製造業における古くからの安定した高賃金の雇用を何百万人も首切りしはじめるにつれて，労働組合は組合員たち

を代弁する新しい方法を探しはじめた．事業主たちが，労働組合から逃れるため，またより緩い法律規制の優遇を得るため（工場生産を）南へまた外国へ移転するかと思われた．

1970年代末になって，ランディ・バーバーとジェレミイ・リフキンの本『北は再び立ち上がる』が現れた．著者たちは，「資本の逃避」と戦うために年金基金の積極的な使用と，伝統的な経済基盤を失いつつある北の産業国家における投資のための財政を準備することを主張した．80年代の初めに，アメリカの大労働組合連合会である AFL－CLO は，労働組合の年金基金の研究を行い，そこでは組合員年金基金の運営を助ける権利のために労働組合による団体交渉が強調された．

一部の労働組合は，過去に会社または経営者組織との団体協約があるため，年金基金の理事会（または管財人）に代表者をすでにもっていた．とはいえ，ほとんどの労働組合もまた，組合員の年金資産の管理を分かち合うために交渉するための法的可能性（と権利）をもっていたのである．過去において，

資料20 アメリカの社会的責任投資基金と年金基金（1991）

最低1検査基準(たいていは3,4基準)をもつ投資の市場価値　1984	400億ドル
1991	6,250　〃
全米の投資基金対比	5－8％
年金基金	
全年金基金の市場価値	2兆5,000億ドル
年金基金資格をもつ労働者比率	60－65％
労働者あたりの平均年金額	35－40,000ドル
年金基金所有株式の公的取引資産対比	20－25％
年金基金額の公的取引資産対比	40　〃
年金基金所有の債権の全米企業・政府債権市場対比	40　〃
引算型社会的責任基準方式の年金基金投資	5,000億ドル
足算型基準年金基金投資	50億－100億　〃

出所：Barber, 1992; *Social Investment Forum*, 1992.
注：社会的責任年金基金投資と一般の社会的責任基準を持った投資との間には非常な修復がある．これらは1991年末の推定数字である．

おおかたの労働組合は，実際に年金理事会に代表をおくるための交渉をしなかった．1980年代を通じて，いくつかの労働組合は交渉をはじめたが，すでに年金理事会に参加していた労働組合は，それまでとっていたきわめて消極的な投資スタイルを変更しようと考えはじめた．投資決定の新しい目標が検討議論され，次のような特別の基準が加えられた．すなわち，労働組合員の住んでいる地域コミュニティにおける住宅融資，労働組合員が雇用されている会社への投資，反労働組合的な会社の忌避などである．

年金運営に関する諸法律は，年金管理者に対する委任については，きわめて厳密で慎重である．レーガン政権下の労働省長官は，労働組合が運営していた年金基金の専務理事を，基金を不当に投資配分していたとして，その投資が実際には100％の利益をもたらしたにもかかわらず，訴えた．年金基金の「前向き」投資（すなわち，現在引退者としてではなく労働者である労働組合員に，利益をもたらす投資をめざす追加的な足算型「審査」制度に類似している）は，きわめて制限されている．引算型審査制度の適用は非常に盛んだが，その基金規模は年金基金全体の約20％である．年金基金の投資の将来は不確定である．しかし，これらの全体規模それ事態がなんらかの経済的な影響をもたらすことは明らかである．

2.2.3. 共益団地住宅またはマンション住宅

この住宅方式では，居住者は通常個人的にその住む住宅を所有しているが，いくつかの共同財産を近隣と共同して所有している．この共同部分は，全居住者が使用できる．これはこのような共益団地住宅のすべてに共通な特徴である．いずれもこのような特徴をもっているが，「コンド」（コンドミニアムの俗称），地域共同住宅，片親家族住宅団地などといったいろいろな名前で運営されている．

これらの住宅団地のそれぞれが独自の運営方式をとれる．ここでは，居住者組織に限定して論じているが，もちろん他の方式もあるだろう．過去において，運営機構には非常な柔軟性があったが，その濫用（すなわち，資産管

理者などによる私的利用) があまりにも多かったので，いくつかの州では，起こりうる法律上のごまかしを制限するために，特別共同住宅法が制定された．

以下に見るように，すべての問題がこれらの法律で排除されるわけではない．居住者は，個人の住宅に関して規則を定めるばかりでなく，コミュニティの財産についても統治することが要求されよう．これは通常，「住宅所有者協会」に加入し，居住者による運営体制を設立することで実施される．ほぼ民主的な統治体制があっても（例えば，各戸は住民理事会選出のための1票をもつ），どのようにコミュニティを運営していくかについては，居住者の間で大きな不一致がありえる．住宅団地の定款にもよるが，規則の中身は，融通がきいたりあるいは強制的であったりする．ともかく，ある論者はこうしたものを「プリバトピア（私権の場所）」と呼んでいる．これは，論者によれば，私的なコミュニティ（または少なくとも，コミュニティにおける多数者）が，外界とその問題から自らを切り離し密封しようとしているという意味である．このコミュニティの私物化により，まず価格差別が行われる（ある場所の住宅価格はひどく高い）．

第2に，コミュニティ内の規則により，好ましからざる活動に制限を加え，そうした可能性のある居住者を排除する規定を設ける．例としては，旗の掲揚の禁止，ペットの禁止，幼児のいる家族の排除，特別民間警備費用の請求などがある．こうした特別な住民規則を，行政がこれに似た法律の合法性や正当性を守ることが困難なときでさえも，しばしば裁判所は承認する．かくして，これらのコミュニティは，よりきびしい規制を制定することができる．

資料21　共同利益開発または集合住宅（1980年代後半）

全米の共同利益開発(集合住宅)の総数	1960：　　数百
	1989：125,000
全米の郡市町村自治体数（1987）	38,933
その他の地方自治体数(学校区と「特別区」)(1987)	58,974

出所：CIDs-McKenzie, 1989 ; *local govenments-Statistical Abstract of the U.S.* 1990.

というのも，法律では，これらのコミュニティを，何を誰を排除するか勝手にできる権利をもった，私的財産の1つの大きな共同所有とみなすことができるからである（McKenzie, 1989）．

これらの共益住宅団地は，わずか30年前にはまれであったが，現在では非常にたくさんある．事実，自らの私的統治機関をもつこのような住民組織の数は，アメリカの（公共）地方自治体下にある一般の組織の全数よりも多い．またわれわれの社会的経済への関心にとって皮肉なことに，これらの住宅団地は，住宅協同組合と多くの共通点を分かちもっているが，ほとんどの場合，その他の住民にコミュニティの門戸を開くことを支援するという協同組合の価値を分かちもっていないことである．むしろこれらの共益住宅団地は，自分たちの自治と自主管理を，排除のために，また他の人々が生活機会を拡大することを妨げるような使い方を一般的にしていることである．これらの共益住宅団地の特殊な一部が，われわれの定義する社会的経済の一部になるかどうかは，つまるところ，彼らの自治と自主管理で彼らが何をするのかという問題になる．明らかに，これについては1つ1つの事例をそれぞれ見ていかなければならない．

2.3. アメリカの社会的経済の統計概要

われわれはここでアメリカ全体の社会的経済とその周辺について見ていくことにする．全体として社会的経済はすべての経済活動において大きな占有率をもっている．

3. 社会的経済全般について

社会科学者たちは，協同組合——とりわけ農業協同組合——をこの数十年間研究してきている．非営利組織は，わずかこの20年間の集中的な研究の主題にすぎない．協同組合と非営利組織を除いて，この論文で論じている組織

のほとんどは20年に足りない研究対象である（多くの組織がわずかその長さしか存続していないということになる）．さまざまな理論的仮説が，われわれの言う社会的経済の明確な，あるいはそれほどはっきりしていない構成要素を明らかにしようとしてきた．一部の者はこれについて明確な回答を得たと公言している．にもかかわらず論争は継続しており，この構成要素あるいは社会的経済の広い企業範囲について，満場一致で受け入れられる説明は存在しない．われわれはこれらの論争をここでは取り上げない．

社会的経済の一部の組織形態は，非常な経済的収益を上げており，急速に全国に広がっている．別の各組織は，一部しか成功していないが，伝統的な企業の傍らで生き残り続けている．また別の各組織は，ほんの一時栄えて，それから急速に経済の場面から消え去った．ある場合には，いくつかの似たような企業が元気よく登場したが，結局他の地域に拡大することに失敗した．おそらく多様性が，社会的経済のさまざまな分野と組織の開発のパターンについて言うことのできる最大の通則概念であろう．

うまくいっている社会的経済組織について若干検討した後に，われわれはアメリカの社会的経済の特徴を理解するために重要だと思われる一連の歴史的，制度的要素を論じる．これらは，ここで見直された特定の組織の設立についてのいくらか満足のいく説明にもなろう．あとの節(3.2.)で，アメリカの社会的経済と他の主としてヨーロッパ各国のそれとの比較を簡単に行う．

3. 1. 社会的経済の成功組織の要因

社会的経済のなかには，成功したセクターがいくつかある．協同組合のなかでは，信用組合，農業協同組合，電話サービス協同組合，電力供給協同組合，そして多くの経済手段によって成功している独立事業の協同組合がある．相互保険会社もまた長年にわたり業績をあげている．社会志向型の非営利組織において，その主要な構成要素（医療，社会サービス，教育，コミュニティ開発基金）は，それぞれ私的営利的企業を，その下請けの一部を除いて，全体として傘下に入れている．またこれらの別のいくつか（すなわち，寄付金

表1 アメリカの社会的経済の概要

組織	数	会員数	労働者	事業高	市場占有率(%)
社会的経済					
信用組合	14,400	6,000万	60,000	2,200万ドル	13
貸付基金協同組合	40+	n.a	60e	7,300万ドル	―
協同組合銀行	1	400+	―	49.000万ドル	―
電気供給協同組合	903	1,070万	―	220億ドル	10
電話協同組合	241	113万	28,700	78,500万ドル	4
医療協同組合	20	100万+	30,000e	―	3
非営利コミュニティ診療所	800+	500万+	―	―	10
学生住宅協同組合	110	10,000万	―	―	―
学生小売協同組合	60	80,000万	―	―	―
消費者協同組合					
商品販売	3,800	200万+	10,000e	―	1.5e
サービス	800+	―	―	―	―
労働者協同組合	1,200	12,000e	15,000e	―	―
農業協同組合	4,799	413万	―	870億ドル	28
商業協同組合	390-930	―	―	40-100億ドル	5-62
住宅協同組合	700-2,000	50-150万	―	―	0.5
相互保険会社	2,000	1,800万	―	―	6-15
社会的非営利：	375,000	n.a	550万	1,500+億ドル	n.a
医療			310万		44
教育			120万		18
社会サービス			100万		56
コミュニティ開発			―		5
互助利益非営利	470,000	―	50万		5-100
社会的経済の境界にあるもの					
ESOPs	11,000		1,130万		
労働者参加	500,000+		2,000-5,000万e		
利益分配	442,771		2,000万		
社会的年金投資基金	50e			6,250億ドル	
共同利益開発	125,000	500万e			

出所：各組識に関する記述(2.1.1から2.1.8を見よ).
注：「e」はおおよそその推定.「+」は引用数字よりも多いと思われるという場合.
　　「―」は入手不能,「na」は該当なしのもの.

財団，コミュニティ開発基金）においては，この支配権はほとんど行使されていない．というのも，これらの活動の多くはほとんど利益を上げる機会がないからである．互助的で組合員制志向型の非営利組織は，一般にその活動分野で大きな位置を占めている．多くの場合，それらは既存の唯一の組織形態である．

社会的経済は，農業やサービス分野では有力であるが，製品製造業，とりわけ耐久製品製造業や採掘業では（いくつかの労働者協同組合を別として，また ESOPs，利益分配型企業，労働者参加企業といった周辺的な社会的経済の動きを除いては）非常に弱い．

いくつかの要素が，アメリカの社会的経済における諸組織の成功的な展開のために重要な役割を果たしてきたと思われる．第1に，人々は，組織のオルターナティブな形態が可能であり，経済的にも生存可能であることに気がつく必要があった．多くの協同組合の形態が，移民や来訪者たちによって外国からアメリカへもたらされた．例えば，フィンランドの移民は，消費材小売店舗と木工労働者協同組合の開発に重要な役割を果たした．信用組合の考えは，ドイツ出身者たちによってケベックにもたらされ，その後，ケベック信用組合運動の創設者であるアルフォンス・デジャルダンの支援によって国境を越えて入ってきた．

新しい組織形態がアメリカで最初に現れた場合で，それがニーズを明白に満たすことができるときに，まれに非常に急速に普及したものがあった．公認されていない農民協同組合は，19世紀末に伸びてきた巨大独占企業との戦いを支援した．より多くの公認された農業協同組合運動は，組織的にはこれらの闘争によって成長した．教会とその他のフィランソロピィ組織は，自助組織やコミュニティ支援組織の設立を支援してきており，その一部は社会志向型の非営利組織の原型となって，さらに発展し今日も継続している．

歴史的にまた今日的に適切だと思われる第2の要素は，こうした考えを広め新しい経済組織の開始時の費用の多くをまたはすべてを事実上統制する支援機関の存在である．これは協同組合運動の大部分において非常に重要なこ

とである．ボストン百貨店の大立て者であるエドワード・ファイランは，その資金力で1909年以降，アメリカ中に信用組合を普及するのに決定的な役割を果たした．高等教育において，特に19世紀を通じての私的な非営利大学の普及は，当時「辺境」であった地域へ儲かった金をつぎ込んだグループによって推進されたものである．会衆派は，このようなグループの1つで，南へ西へと，地方のフィランソロピィ慈善家を探し回り，彼らのうち最高の金額入札者の名前を大学につけることにして，互いに入札させた．これらの大学の多くはその後，今日見られるように，独立的で非宗教色の非営利組織に発展している．

他の場合，支援機関は連邦政府や州政府，地域自治体であった．農業協同組合，消費者電力供給協同組合，電話協同組合は，連邦寄付金を貰っている．これらの協同組合に対して，金融制度，補助金貸付，従業員教育や幹部教育の情報などは，すべて連邦政府が準備している．各州もまた，教育計画や普及事業を通じて協同組合を支援している．

社会運動組織もまた，社会的経済組織を創設し存続するための重要な要素である．このことは，これらの組織を形成する波のようなサイクルの説明の1つとなるだろう．農民グレンジ［消費者と直接取り引きする農民組合］やその他ポピュリスト運動，20世紀初頭の進歩的運動，1930年代と60年代の急進主義は，社会的経済組織の特別な遺産をそれぞれ残した．

支援組織はまた，社会的経済組織の維持のために重要であった．実際，この論文で言及したすべての種類の組織には，それぞれ部門ごとの全国連合会がある．複数セクターにまたがる支援組織も同様にある．これらの組織は会員組織の支援をするばかりでなく（しばしば新しい組織の設立支援を行う），情報を集めて普及し，会議を開催し，広報活動を行い，連合会の担当者を選出し，もっと重要なこととしては，会員組織のために有利な法制を守り推進するために，ロビイ活動を行うことである．

法律的な待遇は，これらの組織にとってきわめて重要である．多くの種類の協同組合にとって法人として特定の法的地位を認められることは，裁判所

による法的待遇を確かなものにするための助けとなる．労働者協同組合にとって特別法がないことが，その数の少なさの説明になろう．一方，過度に特定された法人規定法は，社会的経済組織にとってぴったりするような新しい構造を展開するのに足手まといになるだろう．既存の法律は，企業が生き延びていかねばならない経済環境のなかで，その構造をより良く転換しようとすることの妨げになりうるのである．

　税金の取扱いはもう1つの重要な要素である．実際，社会的経済組織のすべては原則的に連邦法人所得税が免除されている．このことはすべての非営利組織にあてはまるが，しかし，収入が「関連のない」事業活動または補助金からでているときには，すべてに適用されるわけではない．協同組合は，多くの場合法人税を免除されるが，非組合員と事業取引をして金を稼いだ場合などは適用されない．

　社会的経済に属すかどうかはっきりしていない構成要素（すなわちESOPsや年金組織）でさえ，実際上は免税される．というのもそれらは会社組織ではないので，税金は彼らの個人所得となる配当金にのみ降りかかるからである．社会的福祉非営利組織については追加的な税制優遇がある．農業協同組合もまた独占禁止法の適用を除外される．これらの全国連合会のロビイ活動機構は，現在のところ非常に活発であり，信用組合や非営利組織の所得税免税が，彼らの競争相手である各営利業界による猛烈なロビイ活動の標的になっている．

　各種の社会的経済組織の創設と支援に関して最後に指摘される要素は，生産――すなわちサービスまたは製品をつくりだす――の可能性を生みだす直接的な公的私的財政支出である．これらの支出は，医療，社会サービス，教育，コミュニティ開発基金，その他経済分野の非営利組織にとって決定的である．これらの領域で，非営利組織は，非政府組織のサービス全体の3分の2以上をカバーしている．連邦政府は，政府基金を営利企業によるサービスへの支払にあてることに，これまで反対していない．しかし相対的に，これらの分野にはほとんど競争相手の営利企業がいない．医療では，精神病院や個人病

院に営利企業がある．教育では，職業教育（商業学校，特別訓練学校など）に多く営利企業がある．1つの説明として，思っていたようなサービスを営利セクターがつくりだすことのできなかった分野での「市場の失敗」があげられる．この説明には，これらの「市場」が——他の国々では政府が直接関与している——適切な私的利益の機会を用意していないこともつけ加えられる．アメリカでは政府は間接的に関与できる．非営利組織を自治体サービスを行うのにも利用できるだろう．これらのアメリカの非営利の社会志向型組織の多くは，少なくとも現状では事実上赤字企業である．公的および私的寄付金によって，これらは現状において稼働し続けている．

かくして，営利の投機的投資家は，こうした市場には追加の補助金でも貰う可能性でもなければ，参入しそうもない．職業訓練学校で公的補助金が登録学生数に応じて寄付や貸付の形で入ってくる場合は，投資家は参入するにちがいない．なんらかの特定の種類の患者を治療するので公的資金を得ているいくつかの医療組織に対しても同様である．営利企業がこれらの補助金を利用できないとき，営利企業はたいてい市場で競争できないし競争しようとしない．

繰り返しになるが，非営利組織の設立と存在について別の理論的な説明は可能である．そうした議論はまだ学者や活動家の間で進行中であり（Powell, 1987のいくつかの論文を参照のこと），またきっちり見ていくのには，すでに長くなったこの論文の範囲を越えるだろう．

3. 2. アメリカの社会的経済の国際比較

われわれが示したアメリカの社会的経済の大部分は，それに対応したものが各国にある．多くの類似した協同組合運動も外国にある．協同組合の理念は，人々とともに国境を越えた．アメリカはさまざまな移民を抱え，またそれに付随した多様な理念にあずかった．アメリカと外国が類似するもう1つの理由は，数十年前からの協同組合の国際化である．国際協同組合同盟は，理念と実践を世界中に広めている．それでもなお，この共通の展開にはいくつ

かの相違点がある．

　西ヨーロッパ諸国の農業セクターの大方は，少なくとも市場占有率において，同等互角の大きさの協同組合運動をもっている（Cobia, 1989, p. 86）．農業協同に関する研究の主要教科書にも全米農業協同組合サービスのトップの話が載っている．彼はヨーロッパの協同組合（主として農業）は，いくつかの点でアメリカのそれとは異なっていると強調している．すなわち，(i) いくつかの国（例えばデンマーク）では協同組合は無限責任である．(ii) しばしば組合員資格は，農民によりも農場に付帯する．(iii) しばしば1つの製品だけを取り扱う協同組合がある．(iv) 組合員教育にいっそうまじめである．(v) 製品の販売に関して頻繁に組合員と固定契約を行う．協同組合間での競争はほとんど許されない．(vi) よりしばしば市場販売の面で垂直的に統合化されており，特定製品に対する全国組織がある（Hoyt, 1989, pp. 86-87）．

　アメリカの信用組合運動は，どこにも増して，貸付の種類が制限されているようである．消費者貸付が主で，事業貸付にいく比率はきわめて小さいし，ほとんど個人貸付の形で行われている．アメリカの消費者協同組合に関する研究者の多くはこうした制限を嘆いている．ヨーロッパの消費者協同組合，とくにスウェーデンのそれは，アメリカがもっと協調的で支援的な公的政策を協同組合の発展のためにとることができるはずだという一例を示している（Ralph Nader et al. 1985）．

　アメリカの労働者協同組合の数は，イタリア，イギリス，フランスに比べて少ない．アメリカの他の協同組合のほとんどと違って，労働者協同組合には全国組織がないし，いくつかの州を除けば，州連合会もない．これは数が少ないためでもあるし，また情報が欠けているためでもある．1980年代まで，労働者を対象にした協同組合法をもっている州は少ししかなかった．今日でさえ，アメリカの労働者協同組合の全体数字はあまりはっきりしていない．

　アメリカの社会的経済にはいくつかの特徴がある．第1に，非営利セクターの規模とその活動（支出と雇用で計る）の最大部分が，社会福利の提供にあり，他の発達した経済分野にある社会福利の場合は，たいていは直接的に

州政府の機関によって提供されている社会福利であるという事実がある．非営利の医療，教育，社会サービス，コミュニティ開発基金活動の規模と内容は，いささか独特である．第2に，非営利セクターにおける会員組織の数は，他の国々のそれに比べるときわめて大きい（教会と政治組織は除く）．これは，定義，法的方式，特に税法の違いがあって，アメリカでは（所得申告）登記が特に免税要求のために必要であるためである．この点でアメリカの非営利組織は，ずっと簡単に数えあげることができるだろう．

第3に，いくつかの組織は独特である．全国協同組合銀行は，1980年代に著しく成長したが（とはいえその組織者たちが期待しているほどではないが），非農業協同組合だけを対象としているものである．この全国協同組合銀行(NCB)は，もともと州政府が資金を出し設立したものであるが，現在は独立して組合員が統制している．80年代を通じて拡大し，各種協同組合の金融面を革新している．その将来計画は非常に広範で熱心なものである．

コミュニティ貸付基金は，アメリカのもう1つの特徴で，どこの国にも見られないものである．コミュニティ土地信託は，民間住宅市場から土地売買を行うことを目指しているもので，これも独特のものであるが，そのコミュニティ的な理念としては，デンマークの共同住宅運動といくぶん類似している．年金基金の管理に労働組合が参加するというのも独特なものであり，少なくとも資本市場に関与するこれらの私的で半集団的な年金基金の規模は巨大である．

アメリカの社会的経済について言うべき最後の特徴は，その分権的性格である．協同組合と非営利組織は別々に全国連合会に組織されているものの，多くの協同組合と非営利組織は加盟していない．これらの全国連合会には，加盟してしかるべき組織の多くがなぜかしら入っていないのである．さらに，全国連合会は一般的に，なんについてであれ加盟組織に対して権限をもっていない．多くの会員は，困ったときや連合会内の組織区分や種類を破壊するような法律が適用されそうになるときだけ，連合会に舞い戻るのである．

これらの特徴はまた，アメリカの労働運動においても同じくあてはまる．

AFL－CLOは，ほとんど大きな全米（または国際的）労働組合を網羅しているが，その傘下の労働組合に対してはほんの少ししか権限がない．AFL－CLOは各全国労働組合を入退会させることができるが，厳守のための強制力がほとんどない政策を提言することしかできない．このことは，ESOPs，労働者参加計画，利益分配制度などのある企業に対する労働運動のあり方がきわめて分権化されており，個々の労働組合から全国レベルに至るまで著しく多様化されているということを意味する．

結　　論

われわれはアメリカの社会的経済に結びつけられるような構成要素について見てきた．今日，社会的経済という用語はアメリカではほとんど知られていない．この用語の意味は，ヨーロッパとカナダ，主にこの2つの大陸のフランス語圏のコミュニティの主導と努力によって広まりつつある．「社会的経済」セクターに含まれる諸組織に必要な特徴について，なんとか正確な定義をする必要があるというのが，われわれの動機であった．それは，アメリカにおいて，この用語あるいは類似の用語が別の意味で使われていたからである．さらには，過去3年間にわたりわれわれが共同で進めている国際的作業グループでの進行中の議論に関連したわれわれの考察から出された結論でもあった．

われわれの定義は読者にとってはなじみの薄いものであるかもしれないので，われわれとしては，大きな組織グループについて，それらが基準にどのように合致するのか，どのようにずれるのかについてくわしく言及してきた．次いで，われわれは，時間と統計資料に制限があったものの，社会的経済に含まれるべき諸組織の特徴を規定し計量化しようとした．さらに社会的経済の周辺にいくつかの組織を含めることができた．最後にわれわれは「成功した」これらの組織の起源について簡単にふれ，いくつかの理由づけをした．われわれが当初の目的に成功したかどうかは，読者の判断にまかせたい．

アメリカでは別の人々もまた，われわれの定義した社会的経済の基準といくつかの共通の特徴をもった経済領域を定義しようとしている．一部の人々は，「市場と国家を超えた」実践と諸制度について語っている（Bruyn & Meehan, 1985）．別の人々は，経済方向づけにおける「オルターナティブ」としての「第3セクター」を主張している（Gunn & Gunn, 1991, pp. 107-109）．どのような用語が受け入れられるにしても，われわれとしてはこれらの組織は，個別の現象としてのみならず，統合された全体として注目に値すると考えている．

その類似性ばかりでなく，その相違の効果を明確にし評価づけすることが必要である．そしてより重要なことは，おそらくわれわれは，これらの組織を1つの独自なセクターとして合わせて研究することによって，既存組織の改良や，新しい諸組織のよりよい制度を構想することや，またおそらくわれわれの一部にとっては，アメリカの社会的経済についてのわれわれの提案基準にひそむ諸目標への取り組みを通じて，経済生活全般を改良するための知識をわれわれが獲得することができるということである．

カナダ・ケベックの社会的経済
―― 知られていない概念だが重要な経済的現実

ブノワ・レヴェック, マリークレル・マロ

　社会的経済はケベックではほとんど知られていない概念ではあるけれども，その概念がカバーするさまざまな構成要素は，その規模ばかりでなく，経済構造や社会計画に占める位置においても非常に重要である (Lévesque, 1989). 実際，ケベックの住民によって実施されている経済は，3つの柱で構成されている．すなわち，国営企業，協同組合，そして土着の資本主義的企業である．さらに，領土が広く人口が散在していることから，地域や地方の発展という課題が，コミュニティ企業や協同組合に有利に働いている．同じように，大都市一般住民地区では，男女市民によるアソシエーションやグループが，福祉国家による社会サービスを補完したりあるいは代替となるようなサービスグループの増加に貢献している．つまり，社会的経済の概念はあまり知られていないにしても，社会的経済につながる企業は，ケベックに見られるものであるばかりか，明確な諸特徴をもちたいと願っている社会にとっても戦略的な位置を占めているのである．

　さて，この論文は3つに分かれている．第1には，社会的経済の概念について言及する．すなわちその適用，定義の基準，制度的な関連，およびこの概念が占めるより重要な位置を瞥見する．第2には，われわれは，協同組合，共済組合，アソシエーションといった，社会的経済の確定的な構成要素の類型と統計を提示する．第3には，われわれは，あまりはっきりしない不確定

的構成要素についても同じく統計を示す．これらのものとしては，コミュニティ企業，労使同数企業（労働組合セクター），公的機関と協定を結んだ企業（国家セクター），経営出資参加企業（資本主義私的セクター）がある．この図式に基づきつつ，われわれはシリエック（CIRIEC：公共経済・社会的経済・協同組合経済研究情報国際センター）の社会的経済検討グループによる統計を大いに参考にしている．なお，統計数字は1989年のものを参考にしていて古いので，数字がある場合は90年度にも言及する．

1. 社会的経済の概念

1.1. 概念の適用

「社会的経済」という表現は，ケベックではほとんど使われていない．この表現は主として一部の研究者や特定のコミュニティ関係者によって（Favreau, 1989；Fontan, 1990；Lamoureux, 1991），コミュニティ経済発展や地方発展の枠組みにおけるコミュニティ企業や新しい協同組合を規定するために使用されている（Lévesque, 1979）．宗教団体や一部の聖職者たちが，かつてないほどの失業や増大する不平等を生みだした経済に関連して，人間主義的で倫理的な関心を表明するときに，時としていささかなりともこの概念に言及している（Pelletier, 1985a, 1985b）．

具体的には，社会的経済という表現は，伝統的な協同組合を指し示すためよりも，新しい協同組合と，コミュニティ企業やオルターナティブとわれわれが言うところのアソシエーション的な企業を示すときに使用される．言い替えれば，社会的経済という表現は，まず第1に，経済的要請と社会的要請を調和させる企業を，また地方自治体の活発さと，したがって，市民の参加やまた直接関与する労働者たちの参加になによりも基づいた企業を示すために使用される．たしかに，ヨーロッパとりわけフランスの影響の下に，社会的経済という表現は，協同組合，共済組合，アソシエーション企業という3

つの構成要素を表すために使用されているが，ケベックでは「集団の成果」(コレクティブ・リアリゼーション）として知られるいくつかの企業を構成している周辺的な構成要素も忘れてはならない．

ところで，社会的経済の概念は，社会キリスト教の伝統を通じて19世紀の終わり以降登場したが（Derroche, 1983, 1991），ケベックでも長い歴史をもっている (Malo, 1991)．実際，1888年以降，フランス系カナダ人たちは，聖父教会フランス支部より支援を受けて，フレデリック・ルプレ学派の思想を普及させるために，モントリオールにカナダ社会的経済学会を設立した (Trépanier, 1986, p. 300)．1906年にデジャルダン人民銀行を設立したアルフォンス・デジャルダンは，ルプレの思想に影響されていたので，「彼はルプレにより創刊された雑誌『社会改革』を1898年以来購読し，パリの社会的経済学会の会員になり」，さらに数カ月後，「彼はモントリオールのカナダ社会的経済学会への加入も申請した」(Poulin, 1990, p. 79)．

社会的経済の概念は，いくつかの研究が一定の追跡をしたものの，その後忘却の淵に沈んだように見える．また1940年には，政治社会経済に関する農民向けの講座もあった(Filion, 1943)．同じように，教会の社会的教義の普及のなかで，53年に「社会的経済の基本方向」(Clément, 1953)という題名のパンフレットが人民社会研究所から出版された．この場合，社会的経済への言及は，教会の社会教義に対する，とりわけ回勅［1891年，教皇レオ13世の資本主義を批判した社会的回勅レームル・ヴァールムなど］に対する具体的な適用をめざす1つの意志として現れている．これらはすべて経済自由主義への批判と1930年代に確立された社会コルポラチズムの枠組みのなかに含まれることである（Martel et Lévesque, 1987)．

自由市場の調整力の衰弱と共産主義を導くことになる国家主義の恐れに直面して，「人々は，まず分野ごとに，ついで全体的または総体的に，資本家と労働者がいわゆる共同的関係をもつ総体的な労使同数組織に，経済の機能を統治させること，危機を引き起こす主要原因である浪費と過剰設備を避けるための生産計画を確立すること，給与と労働条件と同時に労働者の社会保

障を決定すること,などのすべてを託したほうがよいと考えた」(Angers, 1976, p.746).

こうして,1970年末から80年初めにかけて,いくつかの出版物や行事(討論会など)のなかで示されたように,社会的経済の概念が再び戻ってきたのである[1].この回帰は,1つには,新しい形の協同組合やアソシエーションの多様な出現と,もう1つには,経済が生産性や利益ばかりに集中することを拒否する思想の流れ(もちろん少数派であるが)の出現(例えばエコロジー運動や教会での議論)とも軌を一にしている.こうした社会的経済への関与は,同じく,ケベックの大学人とヨーロッパの大学人の間での交流や意見交換の活発化とも軌を一にしている.この流れのなかで,社会的経済の概念は,協同組合人とケベックの大学人との出会い,とりわけ大学人によって何度か取りあげられてきた.このように,協同の全般的な枠組みのなかで,協同組合の指導部は協同の基盤を拡大し,同じ仲間の企業や,ケベック人の資産によって設立された企業や,集団的な運営をしている企業を探し出すことにだんだんと力を入れているようである.経済的ナショナリズムの増大と,なによりもケベックの主権の強化という展望が,社会的経済のさまざまな構成要素の間でのこの統合関係を好ましいものにしている(Lévesque, 1991a).

しかし結局のところ,経済的表現としては,社会的経済はほとんど使用されておらず,社会的経済の各構成要素は,全体として統合化されたものとして性格づけされるよりも,各構成要素として特定化されたものとして,もっぱら理解されている.したがって,社会的経済と同じようなものとして使用されている表現には,ⓐ 協同組合経済,協同組合セクター,協同組合運動,協同組合企業,協同組合的性格をもつ共済組合.ⓑ コミュニティ経済[2],オルターナティブ経済,コミュニティ企業,自主管理企業,経済的コミュニティ的発展,非営利組織.ⓒ 第3セクター,第3の道.ⓓ たいへん希ではあるが,非公式経済(Ross et Usher, 1986)などがある.

1. 2. 社会的経済セクターの定義に利用できる基準（原則と規則）

ケベックでは，社会的経済を規定する基準のようなものは存在しない．というのも社会的経済は，全体として制度化された存在ではないからである．しかしながら，その各構成要素には，それらを定義する原則と規則をもった法規がある．この点で，少なくとも3つの法規の区分を示すことができる．すなわち，協同組合，共済組合，アソシエーション的企業をそれぞれに規定する法規である．

1. 2. 1. 協同組合

協同組合については法制がきっちりとしていて，この法律に則ってつくられた企業だけが協同組合を名乗ることができる．協同組合法の第3条では，協同組合を次のように規定している．協同組合とは「共同の経済的社会的要求をもち，それらを満たすために，協同組合活動規則に合致した企業を経営するために協同する人々が集まった団体」である．

法第4条では7つの協同組合活動規則を規定している．すなわち「① 協同組合への組合員の加入は，協同組合が提供するサービスの利用や協同組合に対してサービスの提供の可能性がある場合に行われる．② 組合員は，その所有する組合資本がいくらであろうとも，1人1票の権利しかない．組合員は代理投票をできない．③ 組合資本に対する利子の支払は制限される．④ 協同組合の清算時に組合員自身の間で分割できない準備積立金の設置．⑤ 準備積立金や，各組合員と協同組合との間で実行された取引に比例した組合員への準備金や払い戻し，割当金に対する赤字徴収や剰余金配分．⑥ 組合員と協同組合との間の，また協同組合間の協同の推進．⑦ 組合員，経営陣，従業員に対する協同組合教育．

協同組合法には，各協同組合セクターに関して各々1つの章がある．しかしいくつかの部門に関してはあまり厳密でない．例えば，住宅協同組合の場合は2つの条文しかないのに対して，労働者協同組合の場合は非常に多くの

条文がある.そのうえ,貯蓄信用協同組合の場合,貯蓄信用金庫法(Roy, 1989)という特別法がある.しかし,この法律はそれまでに確認された協同組合の活動規則をまとめたもので,一般協同組合法が330条であるのに対して593条もある.

1.2.2. 共済組合

共済組合は保険法に従う.しかし,共済組合は,ケベック憲章またはその他の地域の憲章に従うことができる.ケベック金融機関検査協会が出している保険会社年報のなかには,多くの対人保険や損害保険の共済組合があるものの,名前だけいわゆる共済組合というのがほとんどである[3].逆に,相互扶助的性格を保持している数少ない共済組合は,実際上は協同組合に似ていて,ケベック協同組合協議会(CCQ)にも参加している.

1.2.3. アソシエーション [非営利] 企業

アソシエーションにぴったりにつくられた法律は存在しないし,ましてや企業活動をしているアソシエーションについてはなおさらである.ケベックで登録されているアソシエーションは,しばしば会社法の第3章を利用している.アソシエーションについては,カナダ団体法の第2章が連合する機会を与えているものの,連邦レベルで登録しているものは非常に少ない.いうまでもなく,多様性と異質性がアソシエーションの主要な性格である.しかし,ケベックのアソシエーションの間には,なんといってもいくつかの共通の特徴がある.実際,「アソシエーションは非営利であり,(規定する法律が異なっているにしても)似たような組織(総会,理事会)をもっており,そこでは法によって多くの要素が既得権として認められており,運営も特別である」(Jolin, 1991, p, 35).

一部のアソシエーション的企業はまた,「コミュニティ企業」,ときとして「オルターナティブ企業」と呼ばれている.これらの企業は,会社法の第3部に基づいて,また会社法の第1部を基礎にした協同組合法に基づいて設立

される. 後者の場合, これらの企業は, 株主たちが自分たちに適用することを決めたいくつかの規則によってはコミュニティ企業とみなされることになろう. コミュニティ的経済の発展にかかわる主要な人々の議論では, コミュニティ企業とは,「人々の主導により, 人々の創造性により生まれた」ものとして規定され, 集団のために, 社会的目的を経済的目的と両立させつつ, 経済的影響をもった有用な事業活動をつくり出そうとするものであり, また実現すべき計画の周りに人々が集まり, 集団的なやり方を目指す」ものであり, また「まずもって会員により確認された要求に応えようとするものであり」,「法的枠組みと民主的な参加の構造 (1人1票) を重視するものであり」,「経営管理に会員の参加を重視するものであり」,「その構造と実践のなかで, 差別と抑圧を排除しつつ, 社会的正義の諸価値を推進しようとするものであり」,「有形無形の資産を集団化しようとする」ものである (コミュニティ発展に関する地域シンポジウム議事録, 1986, p.246).

1.3. 制度的な枠組み

いかなる制度的な枠組みをも, 社会的経済という表現は完全に言い表していないし, またいずれの枠組みも自らをそう規定しようとも思っていないだろう. コミュニティ企業の一部の推進者は, この社会的経済とは片隅に追いやられているマージナルなものと同義であろうというもっともな理由から, この表現を使うことを躊躇している. モントリオール南西経済社会振興協会 (RÉSO) の専務であるナンシイ・ニームタンは, 最近次のように述べている.「われわれとしては, 自分たちをどう表現するかはいつも慎重だったし, 社会的経済という言葉は使用していない. われわれは社会的経済の概念よりも経済的社会的価値を強調する. というのも社会的経済は, 大同団結を呼びかけるわれわれにとってはマージナルな概念であるからである (Lévesque et Côté, 1991, p.154)」. そうは言うものの, 彼女は協同組合の法規定やその他の法律規則に基づいたものについては,「それはヨーロッパで見られるようなものとは非常に異なった形であるが, 一種の社会的経済が発展している」

と認めている．

協同組合，同業組合，コミュニティ企業の幹部たちが，社会的経済という用語から自ずと思い浮かべるのは，ケベック州における3つの現実である．すなわち，1. 経済的・社会的目的をもっている企業を推進することによる地域や地方の発展．2. 環境問題，労働者の参加，コミュニティへの貢献といった社会的問題を資本主義企業が引受けるように導くパートナーの新しい形態．3. 経済的価値と社会的価値と定義上のすりあわせをはかろうとする協同組合の法的あり方．

1. 4. 社会的経済は明確な概念か

政治的側面としては，公的機関は，政治家と同様に，社会的経済の概念をまったく理解していないと思われる．世間一般でもこの表現はほとんど見られない．とはいえ，地方議会や協同組合的団体，明確な社会問題に取り組む経済的参加のための雇用フォーラムといったマスメディアを通じて，この表現がよく取りあげられている．そのうえ，ケベック統合問題に関しては，一般的に協同組合，同業者組合，コミュニティグループ，またケベック市の未来について憂慮している資本主義的企業の一部の代表者たちが関心をもっている．結局，これらの動きは世間一般では目立たないが，さまざまな企業が共通の関心を共有しているということがはっきり看取できる．

つまり，まずは科学的側面で，この社会的経済という表現は，たとえその利用がいつも周辺的なものに留まるとしても，もっとも使われている．社会的経済という表現は，雑誌『協同組合と発展』にもときどき登場し，またこれをテーマにしたジャック・ドゥフルニ(1991)の論文も掲載された．また，学問的な取り組みや実践的な取り組みの間の関連を追求するいくつかのシンポジウムのなかでも言及された．こうしたなかで，社会的経済の構成要素としては，アンリ・デローシュが定義したように(1983, 1991a)，一般的には次のものが採用されている．

すなわち，1. 協同組合企業．2. 共済組合企業．3. アソシエーション的

企業と4つの周辺的構成組織. 4. 自治体企業. 5. コミュニティ企業または民衆企業. 6. 労使同数企業（労働提供する労働組合がある場合）. 7. 出資参加的企業. 同じく，クロード・ビィエンニ（1986）が説明しているように，「協同組合的方法が，これらの明確な特徴に関連して1つの枠組みを示している」．要するに，これらの構成要素の全体と周辺的な構成要素は，ケベックにおいては，経済ナショナリズムの影響下に新しい参加形態の探求のための全体を構成することができるだろう．

2. 区分と統計数字

2.1. 確定的な構成組織

2.1.1. 貯蓄信用協同組合[4]

デジャルダングループはその組合員数ばかりでなく資産によってもケベックの協同組合セクターでもっとも重要な成功を納めている．

ⓐ 組合員数，管理職数，従業員数．

デジャルダン運動の人民経済金庫は，ケベックにおいて4,505,696人の組合員をもっているが，1988年から90年においてケベックデジャルダン人民経済金庫連盟に加盟している3地方のフランス系金庫の各連盟を加えれば約500万人の組合員となる．デジャルダンでは約35万人の協同組合組合員が事業に従事している．選ばれて管理職になっている組合員は18,796人である（そのうちケベックに17,352人）．

デジャルダンはケベックで最大の雇用組織である．給与支給総額は約10億カナダドルである．同運動の協同組合や企業体における雇用総数は38,405人にもなる（そのうちケベックに36,486人）．さらに，間接的雇用が10万人あると推定される．

ⓑ 事業活動，販売高，地域浸透率

人民金庫と貯蓄金庫は，次のような一連の金融サービスを行っている．す

なわち，貸付業務（個人クレジットマージン，企業向け保証・貸付など），貯蓄・投資業務（教育預金，終身預金，年金貯蓄登録制度など），自動化サービス（直接預金，カード利用，銀行間取引），補完的サービス（約20種類：旧ビザカード，新ビザゴールドカード，電信振込など），保険業務（事故保険，自動車保険，貯蓄型生命保険，旅行保険など）．金庫連合会は異なる分野について各金庫にサービス提供している．総連合会を支えている6つの会社は，一方では中央金庫，保険基金であり，他方では協会，財団，国際開発会社（国際協同組織）そしてデジャルダン歴史協会である．結局のところ，20余りの子会社が4つの大きな投資会社の傘下に組織されている．それらはデジャルダン投資会社，デジャルダン金庫不動産会社，デジャルダン金庫サービス会社（保険，カード取扱い，支払など），そしてデジャルダン金庫貸付会社で，これは保険分野の子会社を統括している（後述の保険部門を参照のこと）．

デジャルダングループの総資産は481億カナダドル［以下ドルはカナダドルの意］で，次のように分かれている．不動産約673万ドル，貸付金3,835万ドル，固定資産100万ドル，その他210万ドル．資産のほぼ全体（90％）が協同組合セクターによるものであり，それらの資産の約90％は貯蓄と信用事業活動でつくり出されており，残りはデジャルダンの「企業」セクターによる．さらに，デジャルダン投資会社（SID）による長期投資は，1億5,250万ドルにも増加している．SIDはケベックにある10いくつかの企業の共同出資者である．このなかに「キュリナル」があり，その子会社である「トランプラン2000」は，さらに10いくつかの小さな会社に投資している．中央金庫は資産41億ドルをもっており，預金の45％は外部からのものであり，1992年末には50％以上を超えることを目標にしている．デジャルダン国際開発会社は1,000万ドルの投資計画をもっている．

間接的な事業活動については，デジャルダンは次のような分野に対して重要な貢献をしている．すなわち，コミュニティサービス，教育，経済活動，レジャー・スポーツ，社会福祉事業，リゾート．全体として，単位組織，金庫，連盟，子会社，連合会などが「社会的取り組み」に使う費用は1,930万

ドルになる．金庫は社会のなかでのさまざまな取り組みの整備のために長年にわたり社会コミュニティ基金を準備し，剰余金から支出している．しかし，新貯蓄信用金庫法による制約があり，わずか11％の金庫がこの基金に金を出しているにすぎない．なお同時に，一部の連盟は投資基金を実施している（また設立しようとしている）．

ケベック東部の発展を支えるために，ガスペジーとイール・ド・ラ・マドレーヌの各デジャルダン人民金庫は，デジャルダン投資会社とケベック預金投資金庫と一緒に，地域投資基金の設立のために動いている（1991年で500万カナダドル）．類似の基金がサゴナイーラク・サンジャン地域向けに設立されている．これらの基金は他の地域の要求と需要によって倍加すると思われる．

ケベックの預金銀行部門でデジャルダンは次のような市場占有率をもっている．

個人預金	34.2％
農業貸付金	54.8％
住宅貸付金	38.1％
消費貸付金	30.9％
商業・工業貸付金	23.1％

デジャルダンはそのほか3つのケベック市場において重要な位置を占める．

動産割引仲介業	50.0％
生命保険	1位
総合保険業	3位
信託	4位

また，金庫の組合員の52％は，同時に他の金融機関とも取引きを行っている．1990年だけでも，デジャルダン金庫の約10万人が自らの金庫の協同組合資本に出資して（終身貯蓄制度RÉPCC），税制優遇（年金貯蓄制度REÉR）を受け，また終身貯蓄からの利益を得ている．

近年，デジャルダングループは人数，業務の種類，資産高，市場占有率の点で「ケベックの金融機関の第1位」となった．こうして，デジャルダンは1989年のカナダの金融機関のまさに第6位を占めている．とはいえ，同年におけるカナダの銀行の第1位は，デジャルダンの3倍の資産をもっているものの，世界第57位であることを考えれば，国境を越えた場面でのデジャルダンは，世界的には小さな巨人でしかない．

　ケベックだけについて言えば，デジャルダン金庫はすべての他の銀行機関を全部合わせたくらいの営業所をもっている．ネットワークはケベック全域を例外なくカバーしており，675の自治体においては，デジャルダンは唯一の金融機関となっている．営業所の分布は次のとおり．1,329の金庫，315支店，1,010の窓口．さらにケベックすべての地域に分布している約6,000のPOS管理店舗（TPV）や5,000人以上の業者がデジャルダンの直接支援サービスに加盟しており，デジャルダン金庫グループはカナダのもっとも大きな信用カード支払ネットワークを現在もっている．外国については，デジャルダンは国際金融機関として，現在55カ国以上に375の提携銀行をもっている．そのうちヨーロッパには130の銀行がある．近年，デジャルダンはヨーロッパの社会的経済セクターの各金融機関との協力協定に署名した．さらにデジャルダン国際振興会社は，アフリカ，中南米，アンチル諸島など多くの国に進出している．

ⓒ 法制と社会的経済の帰属

　新貯蓄信用金庫法は1989年に発効し，デジャルダン金庫グループの（株式資本）子会社の再編を，4つの有価証券会社の形で認めている．各金庫は有価証券会社の株主であり，投票権つき株式を有し，連盟は各金庫に等量の株式を割当てている．

　ケベック協同組合協議会（CCQ）によれば，協同組合の3原則とは（決定）権力への参加，資本への参加，そして収益への参加である（CCQ, 1974）．原則と規則と各協同組合法（協同組合法と貯蓄信用会社法）との整合性は，非常にうまくいっている．ICAの6原則に基づいたケベック協同組合法のな

かの 13 の規定で示されるように,「ICA の協同組合原則はケベックの法制の重要な根拠となっている」(Noël, 1989. pp. 295-297).

2.1.2. 金融関係以外の協同組合[5]

1989 年において,ケベックでは 1,875 の協同組合が稼働しているが,これらは大きく 3 つに区分できる.すなわち,生産者協同組合,消費者協同組合,労働者協同組合である.

ⓐ 協同組合法制

ケベックでは,協同組合法(全 300 条)は 1983 年から施行されている.同法は,63 年の協同組合アソシエーション法にとって代ったもので,これ自体も同業協同組合法(1906 年)と農業協同組合法(1908 年)[6]を引き継いだものであった.協同組合法は 10 年ごとに見直しが予定されている.93 年に向けて,見直し作業がすでにはじまっている.その見直しテーマとしては,準備積立金の分配,優遇株式(出資証券)の発行,外部資本供給者の管理機関への代表参入などである(Lapierre, 1991, p. 32).

会社法や合資会社法に基づいて登録された株式会社(いわゆる会社)の存在は,協同組合セクターにおいては新しい現象ではないが,その重要性が増大していることは確かである.協同組合は,主として財政的な理由から,非協同組合的な定款に頼っている.すなわち,資本を増やすために協同組合員でない投資家を引きつけようとするのである.しかし,こうした問題点以外に,協同組合セクターの指導機関は,会社である非組合員との商行為を含んだ事業活動を次第に構造化しつつ,また組合員が実行する事業活動のためにも協同組合構造[7]を保持しようとしているようである.

ⓑ 各分野と事業活動規模

カナダの統計区分[8]に従えば,金融以外の協同組合は 17 の活動区分に分けることができる.後で示す表に見られるように,「生産者協同組合」のセクターはその資産,売上高,従業員数が大きい.これは比較的もっとも集中したセクターである.逆に「消費者協同組合」はその組合員数と企業数が大

きい．このセクターはあまり集中化されていない分野（食品，住宅，教育分野，葬儀）で活動している．「労働者協同組合」は企業数，組合員数，資産，事業高いずれについても周辺的な位置を占めているにすぎない．

　金融関係以外の協同組合のほぼ全体（99％）は中小企業である．しかしながら，事業規模と資産規模は，大規模協同組合とさらに巨大な協同組合に集中している．資産内容では，大規模協同組合は全体の資産の46％を保有しているものの，協同組合数全体のわずか0.9％を占めるにすぎない．また売上高全体の73％を占めているが，数としては全体の1％にすぎないのである．農業食品協同組合の分野は，傘下の製造企業や小売企業（主として農業協同組合連盟すなわち「ケベック連合協同組合」）を含め，最大の協同組合事業となっている．

　ⓒ　賃金労働者数，ボランタリィ労働者数，組合員数

　従業員数では，農業協同組合分野が首位で，その次は消費協同組合分野である．総賃金高は27,035名の従業員に対して5億ドル強（正確には528,775,000ドル）である．農業協同組合とその傘下の農業食品企業の最新の数字は，従業員が約10,000名である．労働者協同組合は5,000名以上の仕事をつくりだしている（中小企業分析グループ，1990, p.102）．林業協同組合は約4,000名の労働者を雇用している（Clément et Martel, 1990）．最後に，消費協同組合は年間約2,400名を雇用しており（Raymond et Clément, 1991），住宅協同組合はわずか100名ほどしか雇用していない．

　金融関係以外の協同組合に管理職は最低18,000名いると推定される[9]．しかしながら，ボランティアの総数は，賃貸住宅協同組合の22,363名の組合員のうち大多数が運営や不動産の維持に無償労働を提供していることを考慮にいれるとすれば，もっと多くなる（Bouchard M., 1991, p.273）．同じく，新しい型の協同組合の大部分では，ボランタリィ労働の者が決定機関への参加を制限されない．

　金融関係以外の協同組合は，ケベックで約810,200人の住民を組織している．非金融協同組合に関する表に見られるように，消費分野がもっとも人員

表 ケベックにおける銀行以外の協同組合（Morin, 1991）

種類	企業数（％）	組合員数（％）	事業高 1,000ドル（％）	資産 1,000ドル（％）
事業者				
農業	117 (7.0)	34,377 (4.2)	3,533,065 (79.2)	1,045,556 (50.0)
メープル製品	4 (0.2)	4,058 (0.5)	17,319 (0.4)	27,214 (1.3)
タクシー	23 (1.4)	1,639 (0.2)	9,540 (0.2)	4,381 (0.2)
その他	22 (1.3)	989 (0.1)	8,765 (0.2)	8,419 (0.4)
小計	166 (9.9)	41,063 (5.1)	3,568,689 (80.0)	1,085,570 (51.9)
労働者				
農業	24 (1.4)	786 (0.1)	26,218 (0.6)	10.979 (0.5)
林業	47 (2.8)	3,924 (0.5)	166,962 (3.7)	77,389 (3.7)
印刷・出版	5 (0.3)	186 (0.0)	15,672 (0.4)	9,482 (0.5)
その他	89 (5.3)	1,390 (0.2)	29,660 (0.7)	13,298 (0.6)
小計	165 (9.9)	6,286 (0.8)	234,512 (5.3)	111,148 (5.3)
労働者＝株主				
小計	6 (0.4)	354 (0.0)	16,978 (0.4)	10,102 (0.5)
消費者				
食品	148 (8.9)	100,744 (12.4)	391,808 (8.8)	89,992 (4.3)
住宅	883 (52.9)	22,363 (2.8)	105,730 (2.4)	661,804 (31.7)
社会サービス	85 (5.1)	476,742 (58.8)	45,223 (1.0)	11,746 (0.6)
葬儀	32 (1.9)	96,474 (11.9)	6,677 (0.1)	18,367 (0.9)
その他	184 (11.0)	66,174 (8.2)	92,907 (2.1)	100,907 (4.8)
小計	1,332 (79.8)	762,497 (94.1)	642,355 (14.4)	882,906 (42.2)
総計	1,669 (100)	810,200 (100)	4,462,534 (100)	2,089,726 (100)

を集めており（79.8％），そのなかで教育協同組合がもっとも組合員を集めている（金融関係以外の協同組合の組合員数全体の58.8％）．結局，組合員数は1985年以降約24％増加しているが，主として住宅協同組合の借家人組合員と学校協同組合の組合員の増加による．

　ⓓ これらの企業の市場占有率

「農業生産協同組合」は，ケベックの農業生産の約50％を直接的間接的に動かしている（中小企業分析グループ，1991, p.99）．「農業協同組合とその関連会社は，乳製品市場の65％，鳥肉市場の約35％，豚肉市場では連合協同組合の食肉部門が競争相手と最近合併して企業を設立したので，市場の70％を占めている．肥料分野での占有率は33％から50％へと増加し，競争会社の販売網に追いつこうとしている．農業企業への資材供給分野では，農業機械，家畜飼料，その他農業用資材について高い占有率をもっている」（Dumais cité par Côté et Lévesque, 1991, p.192）．

「林業協同組合」は，資源エネルギー省（MER）が監督する42組織のうちの35組織を占める．林業協同組合は，1988年において，森林整備（公有林の植林全体の34％），伐採（公有林の伐採全体の13.4％），加工（8工場で木材約932,000㎥分）の事業を行っている（Clément et Martel, 1990）．しかしながら林業協同組合の市場占有は，その市場保護が継続されないならば（資源エネルギー省は林業協同組合を下請けとしてきているが），急速に低下するであろう（Gauvien cité par Côté et Lévesque, 1991, p.188）．

「食品消費協同組合」は一般食品店舗市場の3.9％を占めている．1987年にモントリオールの消費者コープが消滅する前は約5％の数があった．食品小売業全体で特別な店舗をも含めてみるならば，協同組合の市場占有率は約3.4％となる（Raymond et Clément, 1991, p.16）．

「賃貸住宅協同組合」は，年収が28,000カナダドル以下の世帯を主に対象にしたもので（Champagne, 1988, p.29），「片親世帯，55歳以上の女性，最近の移民，気に入った住宅をほしい人などが代表的なグループとして」住宅協同組合の組合員となっている（Burke, 1900）．現在，住宅協同組合には約5万の居住世帯がある（Bouchard, 1900, p.1）．この種の協同組合の市場占有率は，特定地域以外は顕著ではない（例えばレストリイ地域）．

「葬儀協同組合」は，地方によって様子が異なる．詳しい数字はないが，これらはいくつかの地方では葬儀の30％以上を取り扱っている（Direction des Coopératives, 1991）．

2. 1. 3. デジャルダン金庫グループの相互保険と保険会社セクター
ⓐ 法制と社会的経済への所属

共済組合とは「資金を保険加入者が支払う保険料にもっぱら頼る保険企業であり,資本が株式の販売に基づく保険会社とは対照的なものである(社会経済会議事務局,1980)」. 1990年12月31日現在, 全部で131ある相互保険会社は, それぞれの憲章に応じて次のように区分される. すなわち, 相互保険会社56社, 保険共済組合40社, 相互共済会社32社, 専門会社3社(金融機関調査,1991a, pp. 8-9). これら全体では, ケベックで事業活動を認可されている433保険団体の約3分の1を占める. 保険会社と相互共済会社の保険業者憲章は, ケベック政府やその他の地方政府, カナダや外国の動きを参考にしたものといえる. 加えて, ケベック政府が金融機関の規制緩和をして以来, ケベック州憲章の取得は事業戦略の1つとなった(Gagné, 1991, p. 6).

保険業者に対する州の法律が一方にあり, 他方にカナダとイギリスの保険会社に関する法律がある.「ケベックの生命保険会社の大部分は, 私的証券による相互扶助, 合資の古い生命保険合資会社である. 同様に, 特別法に基づく手続きにより, この会社には, 株主の間で自らの株式を買い戻せることが認可されている. ケベック政府は, これらの相互扶助化を, 協同目的の実現のためにではなくて, ケベックの会社が外国の金融機関に支配されることを防ぐために許可している」(Garon et Brulotte, 1976, p. 41; Société-Conseil Maheu Noiseux, 1989, p. 14).

これらの理由で, またこの現象がケベックだけでしかないとしても, 1960年にはカナダとフランスの会社の共済組合化が, とりわけランデュストリエルとラロランティエヌで行われている. しかし現在では, 非共済組合化の問題が, ここでも他の場所同様に提起されている.「ケベック政府により提案されている非相互扶助化のモデル」は, 混合型の「部分的非共済組合化」である[10]. すなわち, 相互扶助会社的性格をもつ「管理会社(川上の持ち株会社)で, 資本株式の生命保険会社を統制して, 場合によっては, この会社自体が, ケベック州の保険会社法に基づいて, 親会社の事業活動を分散化す

ることが認められている川下の持ち株会社を統制する，というものである（生命保険会社の場合）」(Société-Conseil Maheu Noiseux, 1989, pp. 42-43)．

　非共済組合化は，1984年に先駆けてケベック州政府による金融機関の緩和（法75号）によって増大した競争のなかでの多様化に対する，共済組合活動において増大する金融問題についての1つの解決である．共済組合が外部資本を引き寄せることが制限されているため，また証券取引所に上場される通常の株式方式の資本が企業にとっては，その他の金融方式よりも費用のかからないものであるため，資本株式の会社の設立が，「共済組合事業の増大に対する金融問題，とりわけその多様化に対する解決」としばしばみなされる．「しかしながら，非共済組合化は，ケベック協同組合協議会と協同組合カナダ会議の報告書作成者たちの倫理的な観点からすれば，唯一の解決でも最良の解決でもない」(Société-Conseil Maheu, Noiseux, 1989)．

　この報告書ではいくつかの代案を提示している．すなわち，① 最終積立金の削減による剰余金の増加（費用計算における現価評価率を増加することで十分できる）．② 剰余金水準に関する当局の要求の引下げ．③ 厳密な財政の再保証の要求．④ 優先株式による財政．⑤ 共同出資による財政．⑥ 多くの共済組合の合併．⑦ 保険政策集団の正式化（保証会社化）．⑧ 相互扶助財政基金の設立（FTQケベック労働組合連合の連帯基金の構想）．したがって，できるだけ透明さが望まれるし，また国家が，剰余金の所有者である保険加入者の権利の守り手であるという役割を果たすことが期待される(Belkin, 1985)．

　「多くの生命保険相互会社には，その誕生のときから，生命保険事業以上の『社会的使命』が与えられている」とみなされている．これまでもケベック協同組合協議会の一部であった共済組合は，経済的な目的と社会的な目的という2重の目的をもっている．共済組合は「保険加入者の財産」であるが，彼らは出資金を出していない．フランス系カナダの協同組合運動の3つの共済組合を調査した結果では「調査した保険加入者の半分は，共済組合とは保険加入者が所有するものという考えである」(Société-Conseil Maheu Noiseux,

1989, p. 8)．

　少なくとも原則として，管理は民主的である．一般的には，各保険加入者は1票をもつものの，共済組合憲章では「保険加入者個人が1票をもつというよりも，共済組合員が所有する各保険契約に対して1票」と規定することができるとしている．これは「保険企業に対する銀行の統制を保障しようとする」デジャルダンの生命保険制度に由来するものである（デジャルダン連合会，1900b, p. 1)．総会での投票は，個人であれ委任状であれ，保険加入者による投票である．というのは，これが共済組合と協同組合の主要な違いをなしているのである．委任状による投票は，共済組合内部の専制的体制の導入を容易化する危険がある．事実，管理者たちがしばしば全権力を握っている．専制的体制の危険は，運営委員会が「非利用者の専門家により構成できる」としても，やはり実際上存在する（Côté et Bisreth, 1987, p. 44)．

　さらに，ピエール・シューネル（1991）が述べているように「共済組合の理事会メンバーは，管理者の指名に基づいて，株式会社の取締役と同じように任命されているが，共済組合が株式公開会社（株式上場企業）の管理に完全に委ねられていないだけに，多くの権力が管理者に与えられる．事実，ほとんど統制はなされておらず，報告書だけが保険監督官に対して，また最近では決裁会社に対して出されているにすぎない」．結局，「アソシエーションの構造」(Fähndrich et Malo, 1982a, 1982b, 1082c) をつくりあげて，利用者による民主的統制をめざしてきているいくつかの共済組合においてさえも，「調査した保険加入者の大部分は，自分たちの共済組合の運営に影響を与える力があるとは信じていない」(Société-Conseil Maheu Noiseux, 1991, p. 8)．保険加入者が大量なために，彼らは自分たちを保証してくれる保険会社の管理に対してほとんど関心を示さない．こうして，ラロランティエヌの部分的な非共済組合化は，総会においてはほとんど参加者がいない状態をつくりだした．事実，保険加入者の代表への忠誠心は，なによりも顧客を「管理し」，代表を雇っている企業がなんであれ，顧客を導くような代表に対するものである (Shooner, 1991)．

「事業剰余金の割当」についてはなんの法的強制はない．運営委員会は，一般的に保険経理の勧告を行う機能をもっており，剰余金がある場合はその割当を決定する．再投資剰余金は，保険加入者に属するものである．

もともとケベックの協同組合運動は，そのなかにデジャルダン銀行グループが統制している「協同組合的性格のいくつかの大きな共済組合」と保険会社を含んでいる (Lamarre, 1991)．その数はわずか10ほどであり，合併や清算の後に著しく減少している（例えば，レ・コーペラン）．ケベック協同組合会議の会員のなかでは，SSQ共済組合だけが残っている．デジャルダングループにおける保険事業は，デジャルダン生命保険会社とデジャルダン総合保険グループ証券会社を管理しているデジャルダン銀行金融会社によって監督されている．保険グループはまた，その子会社であるノルグループ総合保険会社，カナダ総合保険会社，デジャルダン銀行総合保険会社を管理している．

国際的協同に取り組む協同組合運動機関である国際発展協同会社(SOCODÉVI)の会員のなかには，次のような保険会社がある．すなわちSSQ保険共済組合グループ，総合保険共済組合連合グループ，ケベック生命共済組織，生命保険共済組合，つい最近では生命保険協同会などである (Scodévi, 1991)．協同組合運動の保険会社として，ケベックで事業活動をしているアメリカの会社であるCUMISと，生命保険相互扶助会社を加えることができる (CCC, 1992, p. 183)．

　ⓑ 分野と事業規模，市場占有率

131の共済組合保険会社のうち，70社が個人保険市場で営業しており（相互共済会社のすべてと共済組合保険会社56社のうち37社），64社が総合保険業すなわち損害保険分野である．これには相互保険組合のすべてと専門会社3社，相互保険会社56社のうち19社が該当する (総合調査, 1991a, p. 9)．ケベックの金融機関の市場は微増であるが，「ケベック憲章に基づく保険業は，その事業活動を貯蓄信用事業，信託譲渡業務，仲介手数料業務」などの規制緩和に向かっている (Société-Conseil Maheu Noiseux, 1991)．実際，ほとんどすべての有価証券仲介手数料会社と信託譲渡会社は，銀行または各種銀行

（デジャルダン）などによって買収されたか統制を受けているので，保険業者が買うことはほとんどできない．カナダ憲章に基づく銀行に関する法では，この種の金融機関が株式の10％以上をもつことを禁止している．これには保険業者たちによって取得可能な，以前にあった各種銀行は含まれない[11]．

1990年に，デジャルダン銀行グループと5つの主要ケベックの生命保険会社は，医療サービス支払許可センター（CAPSS）の設立を発表した．これは保険証をもっている顧客に対して認可業務と医療サービスの支払を電子処理する会社である．この共同経営については，デジャルダングループが次のような特徴をもつケベックの保険会社に対して提案したものである．すなわち，本社がケベックにあり，ケベックでの全体取扱い保険料が年間1,500万カナダドル以上であり，協同的企業または共済組合企業を優遇する企業であり，銀行との直接的競争を行わない企業である．多くの共済組合もまたこれらの協同のネットワークに参加することを受け入れている[12]．

現在は解体しているグループ・コーペランの資産は1989年においては21億ドル，デジャルダン金融会社の資産は約16億ドル，SSQは8億3,600万ドル，プロムトゥエルは1億9,300万ドルであった．共済企業連盟は，1991年12月に，16億ドルの資産があったコーペランの保険有価証券を買収しようとした．もう1つの大きな共済組合は公務員共済組合で，これは協同組合運動の外部にいるが，その資産は子会社を含めて10億ドルである．

「ケベックは，地方を基盤にする保険業界がある唯一の地方である．ケベックの大手の生命保険会社には，スィユリの生命保険企業連盟，ケベック市を基盤にする2つのデジャルダン生命保険会社と公務員共済組合がある」（Slocum, 1991）．1989年において，カナダの25の主要生命保険会社のうち5つが，ケベックに本社を置く共済組合である（Finanical Post, 1989）．すなわち，

    スタンダード生命保険会社（モントリオール） 第5位
    共済企業連盟（スィユリ，ケベック）   第15位
    レ・コーペラン（モントリオール）   第18位

デジャルダン生命保険会社（ケベック）	第19位
SSQ保険共済組合（ケベック）	第25位

1990年にAVDとラ・ソブガルドの合併によって，株式会社デジャルダン生命保険会社の設立が認められ，以後「ケベックの第1の生命保険会社」になった．「事業高でも保険加入者でも」デジャルダンは，「ケベックの生命保険会社のトップであり」市場の9％を占有している（Confédération, 1990a）．

❹ 従業員数，ボランタリィ労働者数，組合員数

1989年において，グループ・プロムトゥエルには約950名の従業員がおり，デジャルダン生命保険会社には約900名，レ・コーペランには約600名（300名が本社，300名は外交員）いる．ボランティア労働は協同組合運動に参加してる保険加入者たちが行っている（彼らはとりわけレ・コーペランに多い）．

共済組合の組合員とはその保険加入者である．この組合員の概念は，すでに見たように，アソシエーションの構造が与えられている共済組合や協同組合運動の一部とみなされるような共済組合においてしか意味をもたない．この点から見て，レ・コーペランには1989年で約215,000名の組合員がいる．グループ・プロムトゥエルは，41の保険共済組合が連合したものである．SSQは1,269,639名の（生命保険）加入者と13,000名の一般保険加入者がいる．また公務員共済組合には129,487名（団体保険）の加入者と84,420名の個人保険加入者がいる．

2.1.4. アソシエーション部門

❶ 非営利組織または非営利アソシエーション

モントリオールのケベック大学（UQAM）に，非営利組織運営のラ・シェル・セアグラムが1990年に設立されたり，新聞『インターアクション』を編集しているケベックアソシエーション促進センター（CEPAQ）が89年1月に設立され，91年11月にモントリオールで開催された「非営利組織の第

1回会議」(Béliveau, 1991) の責任組織であったル・リアンという非営利組織のコンサルタント会社が86年に設立されたように，非営利組織 (OSBL) に対する関心が増大しつつある．

法制上の問題

ケベックには，公益に関する法規が18あり，混合的な特殊法規が82，特殊法規が1,500以上あって，これらが法人化されたアソシエーションの法的枠組みを構成している (Inspecteur Général, 1991b)．もっとも頻繁に利用される法律は以下のものである(Jolin, 1991, p.33)．

会社法，第3部（活動的アソシエーション数，30,916組織）

工場法（3,814社）

連合法（3,205社，そのうち3分の2は，カナダ企業法に従う）

私的利益法またはいわゆる混合法（最大2,300社）

同業組合法（1,326社）

レクレーションクラブ法（1,291組織）

狩猟釣りクラブ法（517組織）

1972年に，ケベック政府は「会社法の第3部で規定しているアソシエーションの規則を廃止して，家父長的な態度をとることを」やめ，ついで「1987年に国家は同業組合の規則の承認をやめた」(Buouchard, J. M. 1991, p. 10)．アソシエーション法の改正が日程に上っている．金融機関総合研究所関連のアソシエーションと企業サービスについては，「この10年ほど研究グループが，企業として設立されるアソシエーションの法改正の主要点を追求している」(Ibid, p.9)．そのうえ，民法の改正もまた進行中であり，新しい民法はアソシエーションの契約，言い替えれば非法人化アソシエーションの契約を認めるようである (Jolin 1990a, p. 40 et Bouchard J. M., 1991, p. 10)．最後に，外国の法制の影響も現れている．すなわち，アメリカ合衆国カリフォルニア法では，公益アソシエーション，相互保険アソシエーション，宗教アソシエーションに対する特別法制を提案している (Inspeceteur Général,

1991b, p. 23). また，40の同業組合は，73年以降施行されている職業法により規定されている（Guimond, 1990, p. 15).

活動分野とアソシエーションの数

ケベックには約90,600の非営利アソシエーションが存在する．そのうち，50,600が法人化したアソシエーションで，4万が法人化されていないアソシエーションである（Filion, 1986 ; Jolin, 1991, p. 33 ; Inspecteur Général, 1991b, p. 16). 傾向については，シモン・ラングロワ（1900）が，データを元にして，社会的レジャー・文化アソシエーションは社会活動アソシエーションや利益追求アソシエーションと同様に上向きであるが，スポーツアソシエーションは宗教アソシエーションや政治的アソシエーションと同様に下向きである，と検証している．そのうえ，健康や社会サービスに関する新法では，特にアソシエーションや健康や社会的分野で活動するコミュニティ組織の役割を認めている（Jolin, 1991, p. 33).

情報を得ることのできた24,512のアソシエーションの分野については次のように分類できる（Langlois, 1990, p. 106)

社会的及びコミュニティ的結合	29.1%
スポーツ	21.6%
社会的及び文化的レジャー	20.8%
社会活動	9.7%
利益追求	4.2%
家主・借家人	3.4%
宗教	2.7%
政治	2.5%
両親，生徒	2.4%
事業者	1.8%
言語と民族	1.8%

社会的経済への所属

経済活動を行うアソシエーションだけを社会的経済に入れているので，「す

べての非営利アソシエーションが社会的経済に属するわけではない」(Castro et Alix, 1990, p. 18, 92 et 213). すでに提示された類型が示すように, 多様性と異質性がアソシエーションの主要な特徴である. すなわち, 市民社会や国家に対する関係 (Levasseur, 1983 et 1990, Levasseur et Boulanger, 1987 et 1990), 活動内容:スポーツ, 宗教, 政治, 社会, コミュニティ (Langlois, 1990), また商業活動と非商業活動などによる. ガスレ (1986) に触発されて, ロメオ・マランファン (1990) が提起した類型区分では, 慈善的な非営利アソシエーションと事業アソシエーションとに区分している. 後者の区分は, 企業活動をするアソシエーションをそうでないものから区分するための重要な一歩であるが, それでも企業と商業活動を区別しないかぎりわれわれの期待に完全に答えたものではない.

ところで, このような区別はうまくいかないだろう. というのも, ジャック・ドゥフルニ (1991, p. 154) が書いているように「かなり多くのアソシエーションが, その実行する手段, またその要求, 提供する商業サービスと非商業サービスに従って, 広い意味で経済的なものであり, 富の生産と公共の福利増加にまちがいなく参加している」からである.

経済活動の点から, ケベック政府は, 株式のない会社を企業の主要法人のなかに区分けしていない. というのも, 政府は1つには「企業とは, 財や価格をもったサービスを提供するという経済的性格の活動しか行わないもの」とみなしており, もう1つには, アソシエーションは, その目的として「企業経営」を含んでおらず, たとえ「企業経営を付随していても」, アソシエーションは「自らの活動の手段を増加するために企業を運営するからである」 (Malo, 1991, p. 45) と考えられているからである.

民主的な機能という観点からすると, アソシエーションとは人々の結合体であり, 資本の結合体ではないとみなされている. しかし, それは, アソシエーション法のなかに「1人1票」型の規則が一律にあてはめられているということではない.

恒久的な集団的積立金の存在や寄付者の権利については, アソシエーショ

ンの定款や規則のなかに，もしアソシエーションの解散時において利益の非分割条項が存在しないならば，実際にはアソシエーションの解散時に会員の間で利益が分配される可能性があり，もし例えば，それらの剰余金の多くが良い仕事のための補助金や寄付金に基づくものならば，倫理的な面で問題がそこにでてくるであろう (Jolin, 1990b). すでに総合検査院では，アソシエーションが公的基金の配分を陳情する場合は資産の解消条項を入れるべきだといっているようだ．このことは法律には書かれていないが，法律の運用において総合検査院の自由裁量権に属しており，陳情により資産を受け取った場合は，組合員の間で資産を分割しないようにしている．逆に，陳情をしないアソシエーションの場合は，分割してもよい (Chaire Seagram, 1991).

給与労働者数，ボランタリィ労働者数，会員数

ケベック会社法第3部に基づいて設立されたアソシエーションのうちの805団体についての書類を調査した結果，アソシエーション・企業サービス研究局 (Inspecteur Général, 1991b, p. 16) は，これらアソシエーションの4分の3 (76%) は従業員がおらず，5分の1弱 (18%) は1名から9名を雇用している．また残りの6%については何の情報もないと述べている．

同じ統計サンプルによれば，アソシエーションの53%には3名から5名の管理職がおり，47%には6名以上の管理職がいる．さらに，ボランタリィ労働者の数が専門管理職を超えるかもしれない．アソシエーションの70%では，2年位で管理職の1名が交代するのでそれはいっそう促進される．そのうえ，ボランティアの形成の問題は，アソシエーションの3分の1が直面している大きな問題である (Jolin, 1991, p. 37).

最後に，アソシエーションの72%は，100名から500名の会員をもっている．「個人の集まったアソシエーションは一般的に小さすぎも大きすぎもしない．全体としてはしばしば多くの個人がいくつものアソシエーションの会員となっている (Inspeteur Général, 1991b, p. 17).

ⓑ 慈 善 組 織

慈善組織には2種類ある．登録しているもの（税金控除のための慈善寄付

金の受取証を発行できる）と，そうでないものとである．これらの慈善組織は各種分野で活動している．すなわち，芸術，文化，スポーツ，健康，社会サービス，政治組織，教育など．慈善組織の半数は，宗教組織とつながりがある（Mailhot, 1991, p. 87）．

ボランティア行為を「私的企業と公的セクターの間にある第3セクター」と次第にみなす傾向にある（Mailhot, 1991, p. 87）．われわれの社会におけるフィランソロピィは次に基礎を置く．すなわち，①社会とはその構成員に対して集団的な責任をもつという考え．②各人は，その能力と提供できる手段に応じて，コミュニティの向上に貢献しなければならないという信念．③共同福利のために実行されるすべての労働はそれ自体に価値があるという確信」（Beaudin, 1991, p. 75）である．

慈善組織数とボランタリィ労働者数

慈善組織数（登録と非登録を含む）は，15,000組織と推定される．登録している慈善組織数は，ケベックでは8,400（カナダ全体の15％），カナダでは57,000に上る．基金集めの会社数は1969年以降上昇しているのに対して，特別収入と税引き前収益の比率で示される寄付金は下降している（Mailhot, 1991, p. 88）．

慈善組織においては，ボランタリィ労働者はコミュニティ分野やアソシエーション分野に集中している．慈善労働はどちらかといえば「1970年以降横ばい」である（Mailhot, 1991, p. 89）．87年のカナダ統計局によるボランティア調査に基づくカルパンティエとヴィアンクールの資料（1990）によれば，1,504,843名のケベック人が1億8500万時間のボランタリィ労働を提供している．その活動分野を時間の大きい順番にみると次のようになる．スポーツ（16.0％），教育（13.7％），宗教（13.2％），レジャー（10.2％），社会サービス（10.1％），健康（8.4％），経済（6.8％），多分野（6.8％），芸術（5.6％），公正・環境・国際（4.9％），コミュニティ（4.1％）となっている．ボランティア行為の時間を5つの主要サービスでみると，組織（13.1％），運営（12.4％），教育（8.5％），理事会（8.1％），財政（7.9％）となっている．

慈善組織の増大する重要性

　寄付者の，そしてなによりも数が増えているボランティアの関心が「選択の大儀」に集中するのが見られる（Mailhot, 1991）．寄付の受け皿が時間的にも金銭的にも増加するようにと，カナダフィランソロピィセンターは，「あなたの選択の大儀」（イメージキャンペーン）という心に訴えるキャンペーンを開始し，この方向を強化した．デジャルダンが行っている「優先大儀」は興味深いものがある．すなわち，デジャルダン銀行は全員雇用，経済発展，環境の保護，若者や移民の社会への統合，女性の公正な代表性などが「民主的な実践の緊密な結びつきにおいて」進められようとしており，また言語とフランス文化の擁護もとり入れている（Béland, 1990a, p. 6）．

　「基金の徴収者」間の競争も増加している．次第に，大きな大学や病院が多額のお金を集め，「ネットワーク化した慈善組織」が寄付金市場の大部分を占有する力は明らかにだんだんと増加している．メオー（1991, p. 87）は，サントレード・ユナイテッド・ウェイ（アメリカの組織と対），赤十字，YMCA－YWCA，カナダ統一協会（4,000の慈善組織）を例にあげている．

2. 2.　不確かな構成要素

　構成要素のうちいくつかは不確かであり，不確かな構成要素のなかのすべての組織や企業が社会的経済に属しうるというのではない．この留保のもとで，われわれはまず，地方のセクター，次に組合セクター，そして国営企業セクター，最後に参加に対して開かれた資本主義企業のセクターへというように，もっともはっきりした構成要素からはじめて，もっとも不確かなものに進もう．

2. 2. 1.　地方のセクター，コミュニティ企業

　地域コミュニティとの結びつきのもとで出現する企業は，一般的にコミュニティ企業，オルターナティブ企業，サービスグループ（いくつかのグループは，同時に圧力団体兼サービスグループであるとはいえ，圧力団体に対立

するものとして）(Bélanger et Lévesque, 1987a ; Favreau, 1989), あるいは無報酬［ボランタリィ］・コミュニティ的組織（サントレードにより用いられた表現）と呼ばれる．

ⓐ 法的地位と社会的経済への所属

コミュニティ企業に関する法は存在しない．このタイプの企業の大部分は，協同組合の法的地位（協同組合法），あるいはアソシエーション（会社法第3部）の法的地位をもっている．だがいくつかは，私的セクターの企業の特徴である株式会社の地位すら帯びている．ハロルド・ベレとアンドレー・ジョワイヤルの研究した（1987, p. 77）ケベックの 138 のオルターナティブ企業は次のように分類される．営利団体でないもの59，協同組合 52，同業者団体（コルポラシオン）22．社会・保健部門のコミュニティ企業のある研究もまた多様な法的地位を認めている．すなわち，「2 つは会社法第 3 部に従って組み込まれた無償，すなわちボランタリィの組織，1 つは従業員が決定機関に参加しない監査役協同組合」，他の 5 つは労働協同組合である」(Matthieu, Bourque et Vaillancour, 1988, p. 28)．

オルターナティブ企業として，ベレルとジョワイヤルは（1987），次の 4 つの基準を取りあげた．

「集団的管理に立脚する機能．営利目的をもたない採算の追求．住民の要求に応じうる財とサービスの生産．その目的や条件により社会の周辺におかれている労働者を含むこと」．さらに，コミュニティ企業は，マチウ，ブールク，ヴァイヤンクールが示しているように（1988, p. 22），かなり多様である．「コミュニティタイプの企業は多くの面において，商業的タイプの企業と無報酬の事業の中間にある．したがってそれは，その内部機能において，自己管理的か共同管理的であるか協同組合的であるかと同様に，経済目的に関して営利目的でも非営利目的でもありうる．換言すれば，私企業の場合であっても，それはある種の『コミュニティ的』イメージを写し出している」．そのうえこのタイプの企業は，コミュニティサービス地域センター（CLSC）あるいは他のコミュニティ機関の枠のもとで計画されたコミュニティ的活動

の産物であったり，あるいは企業家精神と雇用の創設を支持するさまざまなグループにより組織されている場合であれ，そうでない場合であれ，失業者による雇用の創設過程の産物である．

この定義は，資本主義的企業と対比してこれらの企業の特性を強く主張しているルイ・ファブロー（1989, p. 143）の定義とそれほど異なるものではない．彼は次のように書いている，「コミュニティ企業は，質の面で，伝統的な中小企業と非常に異なっている．――一般に，解決すべき共通の問題（例えば社会保障あるいは失業から抜け出すこと）を共有する人々の集団を重視する，その起源において．――経済に関するものと社会的なものを結びつけようとする，その目的において．――多様な形態（協同組合，非営利組織）をとりながら，集団性に重要な意義を保持している，その運営方法において．――なんらかの方法で新しい財やサービスとして地方経済に戻される余剰の配当．そしてなによりもコミュニティ経済のこのダイナミックの中心的与件である資本が存在することにおいて（これは，いかなる企業の発足と維持にとっても不可欠である）．だが権力の源泉，つまり賃労働者の搾取の源泉としては資本は排除される」．

最後に，企業という表現ではかならずしも定義されないコミュニティグループは，次のように特徴づけられうるであろう．① それらは「解決すべき問題，答えなければならない必要を人が認識するところで誕生し」「それらは底辺の人々のイニシアチヴから誕生する」．② これらの問題に解決を与え，集団によって認められた必要に答えることを目指す」．このため「住民の支援を目指す民主主義的参加の構造を重要視する」．③「集団にとり有用な活動とサービスを生み出す」．④「差別と抑圧の排除を目指す社会的正義の価値をその構造，実践のなかで促進しようとする」（CFP, 1988, p. 2）．

商業活動を行わないボランタリィ・コミュニティ組織は，慈善団体と公権力の財政援助なしではやっていけない．だから，1988年にモントリオール救援センターにより財政支援された200の組織に限ってみても（Berthiaume et Bissonnette, 1990, p. 63），資金調達の源泉は多様である．ボランタリィ・

コミュニティグループ自体により組織された活動による自己調達 (29%),政府 (32%), そしてもっと大きな部分 (39%) は援助センターと宗教団体,財団,その他の民間 (11%) からきた．80 年代初めまでは，雇用計画から出される補助金はコミュニティグループの自立性を脅かすことはなかった．だがこの計画の新しい方針によって，グループの活動の余地はしだいに狭められていった (Dinel et Bellavance, 1980, p. 24).

❺ 活動部門と規模，サービスの重要性

コミュニティ企業はいくつもの部門で発展した (Corporation de développement communautaire, 1986). 地域発展と雇用促進の部門：コミュニティへの参加のグループ (7 つの地域発展の協同組合, 9 つの経済とコミュニティの発展の同業組合) もできる，つまりモントリオールの各区に,

① 援助を受けるコミュニティ企業,財政援助を行う投資基金等
② 保健衛生と社会サービス部門——宿泊センター, 保健衛生センター, 託児所など
③ 文化部門——劇団, 出版社, 地域メディア等. 148 の地域メディア, すなわち 73 のテレヴィジョン, 25 のラジオ, 50 の新聞が数えられる (Turcotte et Marquis, 1991)
④ 住居部門——技術資源のグループ (GRT), 住居の非営利組織, 借家協同組合等
⑤ 食料部門——食料組合, 消費クラブ, 自然食あるいは健康食品店, ホームレスのための食料配給施設, バイオロジー農業の農場
⑥ 環境部門は 700 以上のグループを数える——教育機関, 支援組織, 促進・科学的余暇・環境研究などの機関 (Berthiaume et Bissonnette, 1990, Vaillancourt, 1987)
⑦ 民衆教育部門は 1,000 以上の民衆教育のボランタリー機関, 19 の家族経済協同組合を数える
⑧ 「女性へのサービス部門」——性的侵害と戦い支援するセンター, 片親協会, 性的暴力の犠牲となっている女性のための宿泊・避難所,

AFEAS，女性の地位改善グループ，労働市場に女性を（再）統合するためのグループ，移民女性グループ，ポルノと闘うグループ，女性保健衛生グループ
⑨ 文化共同体（民族グループ）へのサービス部門は，約1,800の組織（コミュニティセンター，文化と余暇，メディア，宗教，事業，社会活動，国際的協同と文化相互関係）で，これは1982年に比べて約800多い．95の文化多民族グループに由来する機関（文化コミュニティ，移民省，1990）．

　アソシエーションとコミュニティ企業は主に次のような人々にサービスを提供する．社会保障を受けている者，先住民共同体，文化共同体，女性（一般に労働市場に戻ろうとしている失業者，シングル・マザー．移民，保健衛生サービスの利用者等），若者（職のない者等），老齢者，健康問題を抱えている人々，貧しい者，心身障害者，新たに到着した難民，移民，退職者，ホームレス，放浪者，職のない者．「1980年代にボランタリィ・コミュニティ組織は社会の要求に沿って何百倍にも増大した（Berthiaume et Bissonnete, 1990, p.61)．ケベックの17の救援センターのなかで最大のモントリオール救援センター（サントレード）は90-91年にほぼ50万人にサービスを提供している約200のボランタリィ・コミュニティ機関に1,700万ドルを注ぎ込んだ（1989年の基金募集キャンペーンの結果）．募金の大部分は地区の生活援助（18.7％），若者への援助（14％），緊急に必要とする者への援助（12％）に利用された．

　保健衛生，社会サービス部門においては，「ボランタリィ・コミュニティの運動」は，地域コミュニティ組織と公的施設が新しい協力の道を見つける方向に進むべきいくつかの領域で国家の（部分的）引上げの過程を開始した厚生省によって政治的承認を得た．1974年から86年にかけて，ケベック厚生省の支援プログラムの枠のもとで財政援助された組織の数は31から547になり（Tremblay, 1987, p.2)，承認された援助総額は60万ドルから89年に4,300万ドルになった．

ケベック協同組合評議会はケベックの保健衛生システムの改革のため保健協同組合に関する委員会を設立した．また「有料となるかもしれないもの，たとえば老齢者の自立的受入れセンターを私的セクターに戻して州は身を退き，そして有料でないもの，たとえば精神衛生，窮迫状態にある若者と女性，家庭問題を地域コミュニティ組織，家族，個人（とりわけ女性）に戻す」(CFP, 1988. p. 9)ことが注目される．さらにもう1度，「市場」の分割をみておこう，そこではコミュニティセクターは，「当然」「大変低い列に」，資本主義セクターにとって魅力的ではない部分に置かれる．

幼児保育サービス部門では，38,994カ所のうち780の託児所が数えられる（女性問題担当大臣, p, 23）．このうち529は補助金を得ている非営利目的の託児所[13]，27は補助金を受けていない非営利目的の託児所で，224が営利目的のものである．結局，法に基づく67の家族的環境型保育サービス，59の学校的環境型保育サービスが総計25,748カ所のうちにある．保育サービスの増設はケベック政府が新しい場所をつくる能力に欠けているため遅れている．ケベック政府は「1989-90年から5年間で，家族的環境型であれ学校的環境型であれ，託児所の保育サービスのため，60,830カ所の新しい場所」の創設を目指している．だが「労働の場での託児所の発展を優先させ」，次に「いくつかのサービス，とくに学校的環境型保育サービスのより急速な発展」を望んでいる．

地方の発展と雇用促進の部門においは，モントリオールの経済・コミュニティ発展コルポラシオン（CDEC）レベルでは，ポワント・サン・シャルルのCDECにより1986-89年の「最近3年間の収支決算は，74の事業が」「支援されたことを示している」(Fontan, 1990, p. 62)．一方，中南部のプラトー・モン・ロワイヤルのCDECの所長は88年の創設以来，この組織は「800人をくだらない雇用をつくった約500の企業にとり点火プラグ」であったと強調している（Roy, 1991, p. 5）．

RÉSOについて，「モントリオールの南西部の17,000人の失業者のうち約1,400人が最近2年間に養成コースと訓練所に通った」と推定されている

(Roy, 1991, p. 5). ボワ・フラン地域 (ケベックの中部) では「コミュニティ運動の脊柱」である地域発展コルポラシオンはさまざまな地域事業で, 総賃金で200万ドルに上る185の雇用を」維持している (Favreau, 1989, p. 137). 財政支援に関しては, モントリオールで, 100ドルから1万ドル貸与する地域投資基金 (FRI) や, 25,000ドルから6万ドル貸与するモントリオール雇用基金のような基金が創設された. この後者の基金は, 他の参加者 (モントリオール市, ケベック労働者連盟 (FTG) の労働者連帯基金, 産業発展協会) と3つのCDÉC, つまりPEP, 中南部のCDÉCおよびPARH－Mとのパートナー関係によって創設された (Fontan, 1990, p. 63).

© 有給労働者数, ボランタリィ労働者数, 会員数

モントリオールのTROVEP (民衆教育ボランタリィ組織表) の最近の調査の対象となった各組織の賃労働者の数は3人から21人である. 地域コミュニティの予算がふえればふえるほど, 有給労働者の数は増大することをこの調査は確認している (Dinel et Bellavance, 1990, p. 25). 地域コミュニティ組織の被雇用者のおよそ80％は女性であるというように, そこでは女性労働が中心である (CD, 1991, p. 6). 賃金はしばしば高くなく, 社会的優遇措置もなく, 一般的には不安定な雇用である (Dumais et Côté, p. 32, Bélanger et Lévesque, 1987, pp. 82-87).

社会的援助の受益者からくる地域コミュニティグループの労働者の割合は, 連邦政府とケベック政府の合意の結果である雇用促進プログラム (PDE) の課した新しい「ゲームの規則」により増大する傾向にある. 両政府は「PDEの総枠に社会保障の受益者が27％参加すると見込んでいる」,「PDEとチャレンジ計画は1987年, 88年以来, 社会的援助の受益者をいっそう支援する機能を与えられている. つまりその割合は1987－88年と90－91年の間に8.2％から42％になった」(Dinel et Bellavance, 1990, p. 20).

賃労働者の数と同様, ボランタリィ活動家の数も「予算と同じリズムで増大する」.「より多くの金はより多くの賃労働者を, だからボランタリィ活動者のためのより多くの枠を意味するので」そのことは正しい(Dinel et Bellavance, 1990, p. 25). 地域コミュニティ組織の賃労働者の 65％ は，ボランタリィ活動者であると同時に労働者と考えられる（CD, 1991, p. 6）．

個人のほかに，地域コミュニティ企業は一般に組織的メンバーを含んでいる．ボワ・フランの地域コミュニティ発展コルポラシオンは「地域の 40 以上の民衆組織，地域コミュニティ組織を結集している」(Favreau, 1987, p. 137)．

2. 2. 2. 組合部門——労使同数の企業

製造業部門のケベックの組合センターの大部分（475,000 人の組合員を擁する最も重要な組合「センター」であるケベック労働者連盟：FTQ，全国労働連合：CSN，民主組合センター：CSD）は，企業所有権への労働者の参加計画を調整した．CSN は，ケベック労働者経済金庫を介して，労働者協同組合にいっそうかかわった．このセンターは，労働者協同組合と労働者の参加を進めている企業のための財政基金の設立を公表した．明らかに企業への資金提供でもっと進んだのは FTQ である．そういうわけでわれわれはここでこの経験，FTQ の連帯基金だけを取りあげる

ⓐ 法的地位と社会的経済への所属

企業へのこの投資基金は，特別法，1983 年 6 月にケベック政府が採択した法律 192 号により創設された．この法は，株主に退職貯蓄計画（REÉR）[貯蓄にかかる税金が退職時まで延長可能になる] と結びついた税額延期の恩典を認めている．さらに，はじめ数年の間，この基金に出資する労働者は，貯蓄－株計画（REA）すなわち，ケベックの企業への投資を優遇するための計画と結びついた税制上の恩典を享受することができた．この 2 つの措置が結びついた結果，2,000 ドルの投資に対して，労働者は 1,500 ドルを税額控除の形で取り戻すことができた．さらに当初，ケベック政府は 1,000 万ドルの貸与，連邦政府は同額の補助金を認めた．最後にこの基金はケベック労働者連盟（FTQ）や他の労働組合連合会のすべての加盟労働者や非組合員労働者にも開かれていることをつけ加えるべきである（Fournier, 1991）．

ケベック労働者連盟（FTQ）の連帯基金のさまざまな特徴から，それは社会的経済に属するものと考えることができる．とりわけ次の点を指摘しよう．

① 連帯基金は，組合センターが13人のうち9人の代表を数える管理委員会（CA）により運営される．9人のうち7人はFTQの総会で，2人は連帯基金の株主総会で選出される．投資計画とその重要な決定は連帯基金の管理委員会によりなされる．こうして連帯基金はいくつかの企業（例えば軍需産業あるいは公害企業）には投資しないことが決定された．

② 連帯基金の目的は主に，雇用の維持と創設に貢献すること，投資家に収益を保障すること，投資する企業での労働者と経営者の養成と情報提供を支援することである．養成と情報提供によって，連帯基金はある意味で労働者の企業との関係を修正し，こうしてとりわけ連帯基金が株主となる企業で労働者の参加への道を開く．さらに投資先の企業のため，連帯基金は企業で経済教育を行う．それは主に，企業の財政状態の読み方と同時に経営参加を助ける諸要素を対象とする2日間の授業である．これらの授業は部分的には，連帯基金と企業の間の株主契約が想定しているように，雇用者の分担金により財政援助される．だからそれは「人的資本」への投資でもある．最後に1989年に，企業の強制的分担金によって，基金は，地元の労働組合と合同で，労働者と管理職に対する養成計画を運営する教育・経済研修財団を設けた．

❷ 活動部門と活動量

法律192号によれば，ケベック労働者連盟（FTQ）の連帯基金の目的は次のとおりである．

——雇用を創設，維持し，保護する目的でケベックの企業に投資し，それにサービスを提供すること．

——労働者に対する経済分野の教育を支援し，ケベックの経済発展に関して彼らの影響力を増大させること．

——ケベックの労働者と企業に役立つ戦略的投資によってケベック経済を刺激すること．

4億1,400万ドルの資産によって，この連帯基金は，ケベックのベンチャー

キャピタルのなかでもっとも重要で，カナダで2番目の民間基金をなす．株主に対してある程度安全を保障するため，50％の有価証券だけが実際にベンチャーキャピタルとして企業に投資される一方，残り半分はより安全な投資によって構成される（債券，抵当貸し，株式）．これまでに，連帯基金は，ケベック企業への100ほどの投資によって2万人以上の雇用と維持に寄与したであろう．連帯基金の投資は，企業毎，数万ドルから数百万ドルと異なる．最後に最近2年間に，鉱業，ハイテクノロジー（CAPITECQ），バイオテクノロジー（Bio Capital），農林（Fonds Agro）の領域で4つの特別基金の創設に寄与した．

ⓒ　有給労働者数，ボランタリィ労働者数，会員数

連帯基金は1989年末に，フルタイムの119人の従業員，パートタイムの125人の従業員を擁していた（Fonds de Solidarité de la FTQ, 1991, p. 10）．約1,750人の労働者が企業や職場内で連帯基金を代表している．これらの代表は，新規加入者を募るため経済教育を受けている．自発的に貯蓄や多くの場合退職資金をそれに投資している11万人の労働者が会員を形成している．

2. 2. 3. 公的セクター——協約企業

われわれが序文で指摘したように，州営企業（公的企業，いくつかの場合は公的独占企業）は，ケベック企業の支柱をなしている．それらはほぼすべて1960年代，70年代に設立され，経済ナショナリズムの一部をなしている．この理由によってその内のいくつかは協同組合運動と密接な関係を維持している．

ⓐ　法的地位と社会的経済への所属

多くの場合，各州営企業のための特別立法がある．おもなものは次のとおりである．目的と，州との関係と，投資政策とを与えるケベック預金投資金庫（Caisse de Dépôt et Placement）法（1965年に採択された法51号）をまずあげねばならない．1944年（イドロ・ケベックの創設）と63年（民間電力企業の州有化）の電力州有化法，62年に採択された融資会社法，71年の

産業発展法，69年の石油探査ケベック会社法，69年の森林回復利用発展会社法，65年の鉱物探査ケベック会社法，45年に採択されたラジオ・ケベックの創設を認可する法（ラジオ・ケベックは68年になってやっと創設された）．

社会的経済の他の構成要素と同じ特徴を所有している州営企業を，まったくかほとんどそうした共通の特徴をもっていない州営企業と区別するためにはもっと入念な分析が明らかに必要であろう．ケベックで社会的経済へこれらの企業を近づける主要な基準は，それらが大部分，収益性という経済目的と社会的目的を結びつけようとすることである．とりわけケベックの経済発展とさらに特徴的にはケベックの経済と企業に対するケベック人による管理が主たる社会的目的である．

州営企業のいくつかは，社会全体の誇りの源泉である集団的成果として住民に受けとめられている．この狙いのもとで「静かな革命」の勢いに乗って創設されたこれらの企業は，協同組合運動とともにケベックの経済ナショナリズムの上昇に関与している．合衆国とアングロカナダと異なって，ケベック経済は，協同組合，州営企業，かなり現れてきた土着の私的セクターの3つの構成物に立脚している．こうして，カナダの産業の中心であるオンタリオ州では州営企業が欠如している一方，ケベックは州営企業がもつ資産に関してはカナダで1位を占めている（州営企業民営化委員会，1986）．

結局，ケベックの州営企業は，土着企業家の弱さを埋め合わせるための経済発展（企業の近代化とベンチャーキャピタルの提供）と経済的にケベック人の地位を向上させること（経済管理の一部を取り戻すこと）という2つの目的に応えるために創設された．この目的を実現するため，いくつかの州営企業は，何度も繰り返して協同組合企業と連合させられた（共同計画，いくつかの州営企業の経営委員会への協同組合員の参加）．それに，州営企業はカナダとイギリスの伝統に従って（とりわけ補助金を与えられていない企業の場合），州に対してかなり自立的であるとつけ加えねばならない．その権限は法により定められ，経営委員会は一般に，実業界，協同組合運動，組合

等の社会のさまざまな部門の代表を含んでいる.

　フランスの貯蓄供託金庫に相当するケベック貯蓄投資金庫は，ケベック社会の特異性によって社会的経済のいくつかの特徴を共有している州営企業の代表例である．その創設以来この金庫は預金の安全と保護を保障しなければならない投資基金としての権限（受託者の権限），ついで社会全体のための成長の手段，発展のテコとなる任務というの 2 重の権限を委ねられていた．創設当時，首相は，この貯蓄投資金庫は「他のすべての投資基金と同じようなものではなく，成長の手段，今日までこの州がもっていたどれよりも強力なテコとして，成長の道具として考えられ」ねばならないと言明した(Lesage, 1961, p. 292)．この発展の任務は，私的セクターと同様に公的セクターのためにも果されることになる.

　こうして，政府債券を購入することにより，貯蓄投資金庫は公債の取り引きを安定させ，経済的ナショナリズムの方向に向けられた政策と計画に対して強力な圧力を加えていた英語圏系の債券コンソーシァム［企業連合］の独占を打破するのに貢献した．さらに資産のかなりの部分（30%）を，固定的価値をもっているのとは別の有価証券に投資することによって，つまり企業の資本株に参加することによって金庫はケベックだけでなくカナダでも，経済発展の最も重要な道具の 1 つになった（Fournier, 1987, p. 18 : Pelletier, 1989, p. 270).

　この目的のため，金庫は，登記証書を獲得した企業の経営委員会に代表を送ることを政策として採用した．この狙いに沿って金庫は，企業の「民主化闘争」つまり関連企業の経営者（上級幹部）を犠牲にして株主の公平な代表を目指す闘争の中心にあった（例えば 1988 年の INCO の場合）．最後に，貯蓄金庫はまた，ケベック・シティー（Capiderm），シャーブルック（エストリー・キャピタル），トロワ・リヴィエール（モリシー・ボワ・フラン・ドルモン投資会社），カルトン（ガスペジー・イル=ド=ラ=マドレーヌ投資会社）の投資会社を通して，地域発展にも参加している.

　この狙いのもとで，もう 1 つ別の州営企業であるイドロ・ケベックも，可

能なかぎり安いコストでケベックの住民に電力を供給すること（したがってケベックの水力発電の潜在能力を保障すること），それと同時にケベックの経済発展の道具となるという2重の任務を担っている（Chanlat, 1984 : Hafsi et Demers, 1989）．イドロ・ケベックは「とりわけ買収政策を通じて，ケベックの企業と地域の成長」を目指す政策をとっている．その結果，その存在，さらには拡大をイドロ・ケベックに負っているケベックの企業がある（例えば，エンジニアリングの領域の SNC-Lavallin）．さらにイドロ・ケベックは，鉱山，アルミニウム，化学製品，パルプ，製紙の場合のように，とりわけ電力が重要なファクターをなしている産業において「電力をケベックの経済発展の重要な要因の1つに」した．最後に，最も見事な集団的成果の1つをなすこの会社は，国民の誇りの対象でもある．年次報告でこの会社は印象的な社会的収支決算を行っていることをつけ加えよう（Hydro-Québec, 1990）．

当初は，コミュニティサービス地域センター（CLSC）（Roy, 1987 ; GODBOUT, 1983 ; Bélanger, Lévesque, Plamondon, 1987 ; Bélanger et Lévesque, 1988）は，（当時は民衆クリニックと呼ばれた）保健協同組合あるいはコミュニティ「事業」であった（Boivin, 1990, p. 90）．これらのクリニックは，医療の分野で介入と仕事の実践を刷新しようと努力していた保健衛生と社会サービスの若い専門家（ソーシャルワーカー，若い医師，看護婦）と同時に，病気の原因に取り組まずに薬物依存を助ける医療行為を問題にした市民，とりわけ女性市民によって構成されていた（以上のことから生活の質を脅かしている問題を予防し，それをコミュニティが把握していることが重視される）．

それらは保健衛生と社会サービスの州の機構に統合されたとはいえ，CLSC は社会的経済の特徴を共有し続けている．第1に，CLSC は，コミュニティや，奉仕している地域あるいは街区のコミュニティグループとの密接な関係によって今でも特徴づけられる．CLSC は個人だけでなく，コミュニティにもサービスを提供している．CLSC は社会問題，保健衛生だけでなく，これらの問題の経済的，政治的原因にも同じように配慮している．こうして

CLSC は住宅協同組合，労働者協同組合，若者センター等の推進者になったのである．第2に，CLSC は州の補助を受けているとはいえ，メンバーの大部分が奉仕している地域の男女の市民により選出されている運営委員会により運営されている．最後に，このセンターの大部分には労働者と利用者はCLSC の地域計画と優先権の決定に参加することができるさまざまな委員会や場がある．

　ⓑ　活動部門と規模，市場占有率

　活動に関して，ピエール・フルニエ（1979, 1987）に従って，次のように区別できる．

　　◉戦略的企業
　　　農産食品イニシアティブ・ケベック会社（SOQUIA）
　　　石油イニシアティブ・ケベック会社（SOQUIP）
　　　鉱物探査ケベック会社（SOQUEM）
　　　アスベスト州営会社（SNA）
　　　融資総合会社（SQF）
　　　ケベック製鉄会社（SIDBEC）
　　　森林回復・利用・発展会社（REXFOR）
　　　ケベック屋外施設会社（SEPAC）
　　　ジェームス湾開発会社（SDBJ）
　　　ケベック不動産開発会社（SDIQ）
　　　文化産業発展会社（SODIC）
　　　ヌーヴレ（イドロ・ケベック，SOQUEM，REXFOR，SGF などの州営企業のコンソーシアムにより創設された新しいエネルギー資源を開発する企業）

　　◉公的独占企業
　　　ケベック貯蓄・投資金庫（退職，年金，保険制度）

イドロ・ケベック（電力）
　　　ケベック・アルコール会社（SAQ，ブドウ酒とスピリッツ）
　　　ロト・ケベック［宝くじやスポーツくじ］

　◉助成される部門
　　　産業発展会社（SID）
　　　ケベック住宅会社（SHQ）
　　　ラジオ・ケベック（テレヴィジョン）
　　　コミュニティサービス地方センター（CLSC）など

　より正確な資料のため，われわれは，最も重要な2つの州営企業，イドロ・ケベックと貯蓄投資金庫と[14]，それに社会的領域でのコミュニティサービス地域センター（CLSC）のケースのみを取りあげる．
　ケベック貯蓄・投資金庫は，退職年金基金を設立し，その商品価値は1989年に366億ドルにのぼり，その内訳は債券が49.7％，株式と転換有価証券が34.7％，抵当権付き融資5.6％，不動産投資5％，短期有価証券5％である（Caisse de Dépôt et Placement, 1999, p. 3）．それは主要な「北米における資本貯蔵庫」の1つ（Fraser, 1987, p. 93）であり，より正確には北米における退職年金基金の7番目，世界的規模では退職年金基金を管理するもののなかでは91番目に位置する（Pelletier, 1989, p. 269）．貯蓄投資金庫は一種の「ケベックの超受託者」で，「それは15の退職年金基金と公的保障制度の基金を運用する」．貯蓄投資金庫の資産は，ケベック年金公社（44％），政府・公的機関従業員退職年金制度（24％），ケベック自動車保険制度（13％），保険・労働安全委員会（10％），農林保険・貸付基金，ケベック農業取引公社，ケベック農業保険公社，ケベック建築委員会，市長・市会議員・特殊団体退職年金制度に由来する基金からなる（Caisse de Dépôt et Placement, 1990, p. 4）．
　電力の領域でイドロ・ケベックは生産と供給をほぼ独占し（Jobin, 1978），余剰分をカナダの他の諸州や合衆国に輸出し，それは量的には約7％にあた

り，全体の収益の10%にのぼる（Hafsi et Demers, 1989, p. 186）．資産ではイドロ・ケベックはカナダ企業の首位にある．1990年にイドロ・ケベックは58億ドルほどの電力の売却と4億400万ドルの純益を公表した．この公社はまたアフリカ，中東，アジア諸国とも契約を結んでいる．さらに「開発と建設活動によって，イドロ・ケベックは90年にケベック経済に75億ドル以上を注入し」，これは国内総生産の4.6%にあたる（Hydro-Québec, 1990, p. 43）．

ケベックには149のCLSCが存在し，すべてのコミュニティは原則的には保健衛生と社会問題のネットワークへの入口をなすこれらのセンターからサービスを受ける．当初これらのセンターは，約15万の男女市民のコミュニティに奉仕することになっていた．

　ⓒ　有給労働者数と会員数

貯蓄投資金庫は275人を雇用しているだけ（そのうち140人は金を払って）だが，1989年には運営経費は1,980万ドルである（この出費の59%は賃金からなる）．半面，出資組合員数は，運用される基金によって変わるとはいえかなり多い．すなわち，ケベック自動車保険会社は4,006,000人の会員，ケベック年金公社は3,196,000人，政府・公的機関従業員退職年金制度は465,000人，保健衛生・労働安全委員会は175,400人，ケベック建築業従業員年金補助制度は114,000人，農業保険公社は49,110人，ケベック牛生産者連盟は27,000人，ケベックで働く救急技術者退職年金補助制度は2,727人，市議会議員退職年金制度は2,410人等である．

イドロ・ケベックは，1989年に常勤約19,487人，臨時雇い4,425人を雇用するケベックで主要な雇用者の1つである．雇用に関しては，公社はそれを89年には62,520人（90年には75,040人）と見積り，開発と投資で47,685人，電力の商業化に14,835人としている．イドロ・ケベックは電力を285万世帯に供給（ケベックの世帯のほぼ全部）し，これは電力の供給全体の34.6%にあたっている．残りは産業部門（約34%），一般的・組織的部門（約20%）に配給され，さらに残りは輸出と他の部門にあてている．

コミュニティサービス地域センター（CLSC）では，1989年に従業員は15,113

人で賃金総額は 277,655,255 ドルであった．平均賃金は 28,995 ドルである．従業員は以下のカテゴリーに分類される．専門職業者，技術者，看護師，補助技術者，事務職員，労働者 (Ministère de la Sanité et Service Sociaux, 1990)．主にボランティアがいるのは CLSC である．149 の運営委員会に 1,000 人以上の無給の運営委員がいる．さらに保健衛生・社会サービス部門ボランタリィ・グループを配置しようと努力している．いくつかの例外を除いて，ケベックのすべてのコミュニティが CLSC のサービスを受けており，その結果すべての男女市民がこれらのセンターの利用者となりうる．さらに市民は所属する CLSC の運営委員会の選挙に参加できる．

2. 2. 4. 私的セクター——経営参加企業

資本と経営への労働者参加を認める企業はさまざまな法的形態をとることができる (Tremblay, Belisle et Toth, 1981, p.23) が，主として会社（株式会社）法によってである）．80年代初めから，そのような参加の事例はケベックで増大している．ケベックの経済状況が，目下，組合と雇用者の間の会議に有利に働いているようだとつけ加えねばならない．またずっと以前から，会員＝利用者が中小企業である「企業のボランタリィ・グループ」と一般に呼ばれる，利用者参加企業が存在している (Dufour, Chaussé, Malo et Hugron, 1985)．

ⓐ 活動部門と規模

経営参加企業は，第1次産業部門 (10%)，第2次産業部門 (42%)，第3次産業部門 (47%) とすべての経済部門に見出される (Rondeau et Lemelin, 1991, p.27)．1991 年に国際研究所によって組織された2つのイベントの計画に現れている企業は，「目玉」となる経営参加企業が存在する活動分野の情報を提供してくれる．すなわち，ベル移動電話会社，カムコ合弁会社，カスカード合弁会社，CP エクスプレス＆トランスポール，フォルマテック (CP)，カルッテック合弁会社，フロリダ・ライト＆パワー支社，ジェネラル・エレクトリック・ドゥ・カナダ合弁会社，現代自動車カナダ合弁会社，イン

グリス有限責任会社（モンマニー），レ・ブーランジェリー・イェスト合弁会社，レ・カーブル・カナダ有限責任会社，ノーザン・テレコム・カナダ，フィリップス・エレクトリック・カナダ有限責任会社，カナダ・シェル製品有限責任会社（モントリオール東部精製所）．業界紙あるいは新聞の経済面のより体系的な記載を使えばこのリストは3倍になるだろう．利用者参加企業に関しては，産業部門よりも商業部門（例えば，食品，薬品，日用雑貨の部門での商業的中小企業のボランタリーの集まり）および集団サービス部門でよりいっそうそれらが見出される（Chaussé et Kisfalvi, 1986）．

800の企業が，1991年に「品質向上ケベック憲章」に調印した．「日本的経営」へ転換していったケベックの製造業はわずか1％以下であると推定される（Savard, 1989, p. 47）．ロンドーとルムランは（1991），動員的性格をもつ経営の実践を導入した企業は約200であると見積り，100ほどの企業がさまざまな60以上の生産性向上計画導入に関する情報を公開したと明らかにしている．そのうち3分の2という高い比率が人材管理にかかわっている．61のサンプル企業によれば，経営参加企業は一般に規模が大きい．つまり31％は多国籍企業の支社，66％が500人以上の従業員を擁し，51％が1億ドル以上の年間取引高をもっている．

　❶　社会的経済への所属

参加あるいは「動員的」経営の実践とは，アラン・ロンドーとモーリス・ルムランによれば，経営の態度と行動の全体的修正を狙う実践（46％の場合），金銭的事項の促進の実践（29％），労働の再編の実践（25％）を意味している．従業員参加の全体的刺激の実践は，参加経営のケース（28ケース），労働環境調査（15ケース），従業員動員計画（14ケース），組織文化の修正を軸とした実践（5ケース）である．金銭的事項の促進の実践は従業員持株計画（18ケース），利益参加計画（17ケース），生産性の利益配分計画（4ケース）を含んでいる．頻繁に見かける労働再編の実践は，品質サークル（25ケース）であり，他は労働再整備計画（5ケース），労働の準自立的グループ（3ケース）である．

ケベック企業は主に私的部門に属しており，したがって経営参加企業がこの部門にあるのは当然である（83％）．

動員的経営の実践導入のイニシアティブは一般に上の方から（85％のケースに含まれる），そして企業の人材管理部から（65％），だがまた労働の再編の場合に主にみられる労働組合から（24％）きている（Rndeau et Lemelin, 1991）．しかしまた，アトラス・ステンレス社の雇用者側（韓国人投資家，サミ・スティール・グループ）と労働組合側（CSNとFTG）により採用された「社会契約」のケースが示しているように，州がこのイニシアティブの当事者ともなりうる．6年間のこの社会契約は，産業の平和，雇用の最低規準，高品質，労働力の形成，情報の公開，技術革新の際の柔軟性－移動性を扱っている（Guénard, 1991）．

経営参加企業に関する会議あるいはフォーラムには，当然経営参加企業が見出されるが，また企業の管理職組合の代表，労働組合の代表，労使合同委員会，技術者，コンサルタント，大学とメディアの代表も見出される．次のことを注目すべきである．ケベック人の87.7％は，労働者はその企業の株主となるべきであると考えている（Léger & Léger/Avenir, 1990）．

経営参加企業の政治的承認は，州が「品質向上」問題に与えている優先順位に明瞭に現れている．産業・通商・工業大臣は，企業における質の向上を支援する宣言を繰り返している．「生産とサービスにおける質に対してわずかしか注意をは払わないことが，ケベック経済に毎年240億ドルのツケとなる」と主張している（Van de Walle, 1991b）．「品質向上」のコンセプトは「1. 経営陣の全面的関与，2. 内部顧客の観念を含む，顧客指向，3. 企業内の全員を含む参加経営と納入業者のような外部のパートナーとの協調」を意味する（Kélada, 1991, p.43）．品質向上のプロジェクトは，サービス部門（国内総生産の70％）と同様に製造業部門（国内総生産の30％）に関係する．

デジャルダングループの議長は，質とは「それはわれわれに新しい価値を求める真の文化である」と指摘した（Béland, 1991d, p.5）．彼によれば「われわれの組織に全体的質のモデルが提示する価値，その上大変おもしろいこ

とに，協同組合事業の価値でもある価値」とは「引き受けること，責任，連帯，分配，継続」の価値である．新しい価値の単なる主張を越えて，この実践的試みは，新しい妥協，新しい労働関係，新しい経営形態の追求から発している．たとえこれらの経験のいくつかが関係の個別化の方向にいくとしても，他のものは明らかに企業民主化の方に向かっている（Bélanger et Lévesque, 1992）．

以上の評価に基づくなら，これらの実践的試みは5万から10万の労働者にかかわってくると言えるであろう．

結　論

3種類の論評によって結論をつけよう．第1はケベックの特殊性について，2番目は社会的経済の確かな構成要素と不確かな構成物について，3番目は社会的経済の将来について．

❶　社会的経済という表現が否定しえない歴史的存在にもかかわらず，ケベックではほとんど利用されていないとしても，それでもこの表現がカヴァーしうる現実が，そのすべての構成要素からみてしっかりと存在していることを認めるべきである．ある意味においてケベックの社会的経済は，例えばベルギーやフランスの社会的経済とそれほど異なってはいない．事実，共済組合の活動を除けば，資産と事業総額の面で重要な協同組合組織は，主に2つのセクター，貯蓄と貸付の部門と，農産食品部門に見出される．同じように，協同組合員の大部分は消費協同組合に見いだされる一方，新しい型の協同組合は大部分新しい活動家に支えられている．最後に，サービスを提供するアソシエーションの増大は，民主化の要求（と州の官僚主義化の拒絶）と州が介入を止める政策との結合から生じる両側からの新しい社会的妥協によって説明されるであろう．

半面，ケベック人がこの社会的経済の多様な構成要素に与えている意味のなかには（社会的経済の）ケベックの特殊性が明瞭に現れている．この特殊

性は，大部分は，経済的ナショナリズム，より広くは，北アメリカにおける特異な社会［ケベック州がカナダ連邦内で要求している独立的な地位］という構想によって与えられる．この観点から，協同組合の原則（1人1票，分配できない積立金等）は，ある意味で，その原則で運営される事業が，そうした構想に奉仕し続ける保障を提供する．

したがって，民主主義的機能と集団的所有が認められる州営企業のいくつかも，同じようにその構想の当事者として現われる．協同組合企業，州営企業，組合とも密接な関係をもち，しかもいくつかの場合，参加に対して開かれた一部の資本主義企業にもこの構想は見いだされる．カナダ全体において，ケベックが大きな同質性と同時に合議の大きな能力によって特徴づけられているとしても，特異な社会というこの構想は，だからといって完全に同質的であるというのではない．事実，新しい協同組合とコミュニティ経営企業の構想は，この構想が複数でありうるだろうことを思い起こさせる（Lévesque, 1991）．

❷ 社会的経済への所属の問題は，当然不確かな構成要素に対して提起されるが，同じく確かな構成要素に対してもなされる．それで，法的に登録された協同組合の活動規則が国際協同組合連盟（ICA）の原則に（そしてそうすることによって，社会的経済の原則に）完全に一致しているとしても，それでも協同組合組織は，一般的にはベンチャーキャピタルを受入れるために，株式会社の地位をもつ子会社をますますもつことになる．こうすることによって協同組合は，かならずしも協同組合員ではない「資本主義的投資家」に道を開く．貯蓄信用金庫法は，子会社の管理が「協同組合的」であり続けるために，いくつかの「歯止め」を含んでいる．協同組合法に関しては，それは再検討中であり，今のところ，資金調達の問題と関係してどのような新鮮さを含むことになるのか予測することは困難である（Guérard, 1991）．

共済組合組織はケベックでは数が多いとはいえ，社会的経済に属する共済組合組織は，フランスやベルギーに比べて，マージナルな現実を示している．事実，協同組合法や金庫法とは異なって，保険に関する法は，共済組合での

委任状による投票を認めており，専制的支配に陥りかねない．さらに，ケベック協同組合協議会（CCQ）のメンバーであり民主主義的構造をもつ（これはCCQ の発足以来，他の州の協同組合評議会と比べてその特色の１つである）共済保険業者の数は，けっして多くなったことはないし，保険部門での合併と買収の結果，著しく減少した．最後に，多くの協同組合にとってと同じく，共済組合は，完全には共済組合の性格を喪失することなく，その資本組み入れを増大させようと挑んでいる．この目的のため，共済組合はグループの頂点に共済的地位の企業を残しておき，下に持株会社（株式会社の地位）をつくり，こうして「資本主義的」投資家に道を開いている．

アソシエーションに関しては，それらを枠づける主要な法は，付随的にその目的に沿ってのみ経済活動の実践を認めているにすぎない．さらに，統制はもっぱら運営委員会の手中にあること，そして総資産を事業の終わりにメンバーの間で分配することを妨げない．悪用の危険を減少させるために，監督局長の運営指令は，純資産を分配しないという条項を，公衆に対して寄付を要請しようとしている新規のアソシエーションに課して，法の欠陥を取り繕っている．

社会的経済の不確かな構成要素の分析は，確かな構成要素の企業との接点の存在を明らかにした．こうして，コミュニティ部門のなかでは，主にアソシエーションの地位をもつコミュニティ企業の側に，消費者（食糧，住宅，学校環境，葬儀サービス等）と労働者協同組合の大部分が見いだされる．それに対して，株式会社の地位をもつコミュニティ企業もみられる．この場合，厳密に言えば私的セクターに属することになる．そのうえ，ボランタリィ・コミュニティセクターは大企業とデジャルダングループの寄付と出資金の受益者である．

経営参加企業に関しては，私的セクターで存在するだけではない．だが，協同組合という伝統的な参加企業を言わば格下げして，「グッド・バイ・テイラー［システム］」のイニシアティブをとったのは私的セクターの参加企業である（Desroche, 1991b）．もちろん利用者の参加と労働者の参加の区別

がここでは重要である．なぜならケベックの協同組合セクターはとりわけ利用者の協同組合（供給者と客）により発展し，新しい労働者協同組合はそこではまだ非常に周辺的位置しか占めていないからである．だから「参加的経営」あるいは「品質向上」における花形企業のなかに大きな協同組合を見出せないとしても驚く必要はない．

　だがどうみても「品質向上」の流れは大変強いので，いかなるセクターもそれを免れないであろう．協同組合の基本的価値が，品質向上という観念に潜在している諸価値に似ておりさらには一致していることを想起させて，仲間［ラング，ケベック固有の列状集落］を結びつけようとする協同組合セクターも，ケベック政府が「品質向上ケベック憲章」を発表して以来「ピタリとついて行く」べき公的セクターも，プロとなった経営者が経営の新しい実践の導入をもたらすコミュニティセクターも，その例外ではない．

　最後に，社会的経済に，公的セクター，とりわけ州営企業を含まなければならないとすれば，それは，大きな協同組合企業（デジャルダン，連合協同組合（CCF）），フランス系ケベック人の支配する大きな共済組合（静かな革命期に行われた保険会社の共済組合化をここでは思い起こそう），財政的にケベック貯蓄・投資金庫，もっと最近では，組合センター，FTGにより設立されたケベック労働者連帯基金により支えられた，株式取引所に上場している大中の会社などの他の大きな集団的成果の側に立った，ケベック人の集団的成果としてである．

　❸　経済状況は社会的経済の承認にとり好ましいであろうか．ここまでに確認してきた「サクセス・ストーリー」はケベック人の誇りであったが，少し前からそうではなくなり，世論はイドロ・ケベックを前にしてすら動揺している．1つには，その存在可能性が，地球規模でケベック企業をみると規模が小さいので，国境開放により脅かされているからである．状況が差し迫っていると確認されると，付加価値の増進および中小企業と大企業のパートナー関係を軸にして，州と協力してケベックの経済発展戦略を発展させるため，昨日の敵（雇用者と労働組合）の間にコンセンサスが樹立された．

他方，ケベックは，ヨーロッパのすべての資本主義社会と同様に，「1つのなかの2つのケベック」（社会問題評議会，1989）が明らかにしているように，不平等の絶えざる増大を免れない．その結果，いかなる代償で，誰のために経済のリストラがなされるのか問うことが必要である．これまで（地方）発展の問題が中心に対する周辺地域のために提起された一方，地域の発展という観念が数年前からケベックの最大の都市，モントリオールでこれほどまでの広がりをもったことは偶然ではない．真の「メンタリティーの革命」が生じ，その結果昨日の敵（企業，民衆グループ，労働組合）が一緒になって雇用促進と雇用の創設の問題に解決を見つけるべく協力しているのである．

昨日の敵同士の同盟というこのダイナミックは，協同組合セクターにも見いだされる（とくに二重の法的地位をもつ伝統的セクターで，だが新しい協同組合も含まれる）．その結果，協同組合の謳い文句は，1970年代の推進者が行ったように，会社を犠牲にしてはもはや推進されえない．その上協同組合の活動規則がもはや活動（とりわけメンバーと共にではなく，市場においてなされる活動）のすべてを規定できなくなるとき，そして協同組合によりもたらされた歴史的価値が，協同組合の定款をもっていない経営参加企業に先を越される時，協同の一般的状況のプロセスで観察される「起源への復帰」は，われわれの意見では，協同組合の活動規則よりも価値を優先する．この状況を前にして，社会的経済のまさに確かな構成要素である協同組合組織は，表面的にはアイデンティティの面で一番脅かされているものであると考えられる．

協同組合は，単独でもその特徴だけによっても再確認されることはできないであろう．それで，協同組合は社会的経済というコンセプトが表す機会を，ヨーロッパの社会的経済と結びついたケベックの社会的経済の構造ベクトルとして捕えるであろう．これが，そのセクターにかかわる問題を絶えず優先しつつ，それを乗り越える唯一の方法である．それが経済と社会の目的を結びつける唯一の方法，少なくとも興味ある方法である．こうして，協同組合は起源との結びつきを新たにすることによって，その未来を考えることがで

きるであろう．

注

1) Henri Desroche が司会した国際協同組合大学のシンポジウムを参照のこと (Lévesque, 1979)．同じく，「オルターナティブ経済，もう1つの経済」のテーマで 1989 年に開催された政治経済学会のシンポジウムを参照のこと．そこでは社会的経済のいくつかの研究報告が行われた (Lévesque, Joyal, Chouinard, 1989)．また，Louis Jolin の主宰により「社会的経済のなかのアソシエーション．経済活動の実施」というテーマで，「ケベックアソシエーション促進センター」により組織されたワークショップも参照のこと (Malo, 1991)．
2) われわれはこの傘（コミュニティ経済）の下に，労働協同組合，オルターナティブ企業，コミュニティ経済発展企業，庶民層の若者女性雇用促進計画を含めている (Favreau, 1989, p. 106)．
3) これはある会議で協同組合の指導者たちを前にして Gérard Barbin が断言したことであり，誰もこの点について反論できない (Lévesque et Côté, 1991, p. 153)．
4) 特別の指示がない限り，この部分の数字は 1990 年に関するものである．数字は，デジャルダングループ組織の年報，人民金庫およびケベック・デジャルダン経済連合会の報告書，デジャルダングループ会長の Claude Béland の原稿から引用している．
5) 特別の指示がない限り，この部分のデータは 1989 年のもので，ケベック政府協同組合企業サービス局の資料による (Morin, 1991)．同局の年報には 1,669 企業が報告をしているが，それは 1989 年度に活動している 1,875 の協同組合の 89% にあたる．
6) 最初の協同組合法は 1865 年にさかのぼる．しかしほとんど利用されなかったようだ．事実，協同組合の多くは 1900 年以降に登場した (Fecteau, 1989)．
7) 農業協同組合セクター代表協会の専務理事である Jean-Marie Begeron の発言はそれを裏づけるものである．「われわれは，資本市場により良く接近するために，資本株式会社として子会社でこれらの活動を再編するつもりであり，われわれの協同組合的事業活動は，農民にサービスをする方向ですべてこの

ように軌道修正しつつある(Vallières, 1991, p.34)」.
8) 次のような分野がある. すなわち, 農業および関連サービス業, 漁業, 林業および関連産業, 鉱山, 製造業, 牛乳加工業, 製粉業, 建設業, 輸送業と倉庫業, 通信業その他公共サービス業, 卸売業, 小売業, 金融保険仲介業, 不動産業, 企業サービス業, 教育サービス業, 健康ケアおよび社会サービス業, 宿泊・飲食業, その他サービス産業(Morin, 1991, p.20).
9) この分野の協同組合は 1989 年には 1,875 協同組合存在する. これらのうち 171 協同組合が労働者協同組合であり, そのなかには労働者＝株主協同組合を含む. 協同組合法によれば, 協同組合の理事会定員は次のように可変的である. すなわち, 労働者協同組合では最低 3 名から最高 15 名, その他の非金融協同組合では最低 5 名から最高 15 名である. 労働者協同組合では平均 5 名, その他の協同組合では平均 10 名であることからすれば, 指導部の総計は約 18,000 名と推定できるのである. 855 名が労働者協同組合(5×171), そして 17,040 名がその他の非金融協同組合 (10×1,704)となる.
10) 「上部にある共済組合の定款は, 管理会社が共済組合的性格をもっている場合は, 堅持される. 株式は, 株式が公開で取得できる会社に委譲される」(Shooner, 1991).
11) 例えば, グループ・コーペランは, その解体以前には次のような子会社をもっていた. すなわち, (昔の経済互助金庫網からつくられた) 貸付貯蓄金融コーペラン, 信託譲渡業務をしているガーディアン・トラツコ会社, さらに生命保険や損害保険やその他の部門の子会社など (Martel avec la collaboration de Malo et Brulotte, 1988, p.20). グループ・コーペランは, 1992 年 1 月に再資本化の困難に直面して, 裁判所によってその出資金を清算し, コーペランの保険有価証券を取得するために, 産業連盟との 1991 年 11 月の原則合意を取消した. しかしながら, 保険加入者は, 個人保険保証カナダ協会(SIAP)という保険業者がつくった組織の保証基金により保護されている. また産業連盟は, 常に取得計画に関心をもっていた (Cloutier, 1991 et Dutrisac, 1991).
12) 「この技術ネットワークに参加する」企業としては, 生命保険共済コーペラン, 生命保険会社連盟, ケベック公務員共済組合, ケベック健康サービス(SSQ),

生命保険相互永続会社，さらに AVD，ラ・ソブガルド，合併してできた2つのデジャルダン運動保険会社がある．CAPSS は，混合企業（デジャルダンが51％を所有）で，デジャルダン金庫サービス社が統制している．

13) 法律は「この場合に，運営委員会は，託児所に通う幼児の親で，そこの従業員ではない親を多数として構成される」と規定している (L. R. Q., ch. 5‐4. 1)．さらに従業員が託児所のさまざまな決定機関に参加することは大部分のケースで認められているようである（例えば，規約と規則，団体協約）．われわれはさまざまな運営形態を目にすることができる（共同運営，労働者の自主運営，親の自主運営あるいは参加による運営）．(Lévesque, 1991b)．

14) 1986 年に，（国家の）戦略的企業は 56 億ドルの資産をもち，42,000 人の雇用を数える．イドロ・ケベックとケベック貯蓄・投資金庫だけで 52 億ドルの資産をもち，その一方イドロ・ケベックだけで同じ年に 19,000 人を数える（民営化省，1986 年，p.27）．

参考文献

序　文

ARCHAMBAULT E., 1986, "L'économie sociale est-elle associée aux grandes fonctions économiques des pouvoirs publics?", *Revue des études coopératives, mutualistes et associatives*, no. 18, pp. 23-43.

BONIVER V., DEFOURNY J., et RICHELOT C., 1991, "Cooperative, Mutual and Nonprofit Organizations in the European Community" in: *Panorama of E.C. Industry 1991-1992* (available in 5 languages), European Publications Office, Bruxelles, pp. 121-141.

COMITE ECONOMIQUE ET SOCIAL DES COMMUNAUTES EUROPEENNES, 1986, *Les organisations coopératives, mutualistes et associatives dans la Communauté européenne*, Editions Delta, Bruxelles.

COMMISSION DES COMMUNAUTES EUROPEENES, 1989, *Les entreprises de l'économie sociale et la réalisation du marché européen sans frontières*, Communication de la Commission au Conseil, Bruxelles.

CONSEIL WALLON DE L'ECONOMIE SOCIALE, 1990, *Rapport à l'Exécutif Régional Wallon sur le secteur de l'économie sociale*, Namur.

DEFOURNY J. (sous la direction de), 1988, *L'entreprise coopérative, tradition et renouveua*, Labor, Bruxelles.

DEFOURNY J., 1990a, *Efficacité économique et démocratie coopérative*, De Boeck, Bruxelles et Editions Universitaires, Paris.

DEFOURNY J., 1990b, "L'émergence du secteur d'économie sociale en Wallonie", in: *Les Régions et l'Europe*, Rapport de la Commission 3 au IXe Congrès des Economistes belges de Langue francaise, CIFOP, Charleroi, pp. 155-180. Egalement publié dans *Coopératives et Développement*, vol. 23, no. 1, 1991, pp. 151-175.

DESROCHE H., 1983, *Pour un traité d'économie sociale*, CIEM, Paris.

DESROCHE H., 1984, "Frédéric Le Play et les courants d'économie sociale au XIXe siècle", *Revue de l'économie sociale*, no. 2, pp. 43-52.

DESROCHE H., 1987, "Mouvement coopératif et économie sociale en Europe", *Revue de l'économie sociale*, no. 11, pp. 59-87.

DEVILLERS P. et SEHES C., 1987, "Identification d'une définition et définition d'une identité", *Revue de l'économie sociale*, n. 11, pp. 89-103.

DREZE J., 1976, "Some Theory of Labor-Management and Participation", *Econometrica*, vol. 44, no. 6, pp. 1125-1139.

DREZE J., 1988, "l'autogestion et la théorie économique: efficacité, financement et emploi" in: *L'entreprise coopérative, tradition et renouveau* (sous la dir. de J. Defourny), Labor, Bruxelles, pp. 55-70.

Economie sociale: Débat européen, 1979, Actes du pré-colloque de Bruxelles (CNLAMCA-CIRIEC, novembre 1978), Editions CIEM, Paris.

GUESLIN A., 1987, *L'invention de l'économie sociale*, Economica, Paris.

HANSMANN H., 1980, "The Role of Nonprofit Enterprise" in: *The Economics of Nonprofit Institutions: Studies in Structure and Policy*, (S. Rose-Ackerman, ed.), Oxford University Press, pp. 57-84.

HANSMANN H., 1987, "Economic Theories of Nonprofit Organizations" in: *The Nonprofit Sector: a Research Handbook*, (W. Powell, ed.), Yale Universtiy Press, pp. 27-42.

HATZFELD H., 1971, *Du paupérisme à la Sécurité Sociale 1850-1940*, Armand Colin, Paris.

JAMES E. (ed). 1989, *The Nonprofit Sector in International Perspective*, Oxford University Press, Oxford and New York.

"La connaissance des association", 1984, Dossier de la *Revue des études coopératives, mutualistes et associatives*, no. 12, pp. 9-90.

LAMBERT P., 1964, *La doctrine coopérative*, 3e éd. augmentée, Les

参考文献

Propagateurs de la Coopération, Bruxelles.
LE NET M. et WERQUIN J., 1985, *Le volontariat, aspects sociaux, économiques et politiques en France et dans le monde*, Notes et études documentaires, no. 4780, Ed. La Documentation française, Paris.
LEVESQUE B., 1989, "Introduction" in: *L'autre économie. Une économie alternative?* (sous la direction de B. Levesque, A. Joyal et O. Chouinard), Presses de l'Université du Québec, Sillery.
MAREE M. et SAIVE M.-A., 1983, "Economie sociale et renouveau coopératif", Travaux de recherches du CIRIEC, 83/07, Liège.
MONZON J. L., and BAREA J. (eds), 1991, *Libro Blanco de la Economia Social en España, Centro de Publicaciones*, Ministerio de Trabajo, Madred.
PARODI M., 1987, "Economie sociale et modernité", *Revue de l'economie sociale*, no. 11, pp.47-58.
PASQUIER A., 1984, "L'économie sociale: proprsitions pour une définition", *Revue de l'economie soiale*, no. 1, pp. 41-48.
REBERIOUX M., 1984, "Naissance de l'économie sociale", *Revue de l'économie sociale*, no. 1, pp. 9-15.
VIENNEY C., 1986, "Les activités, les secteurs et les règles des organisations de l'économie sociale", Université de Paris I.

フランス

ALIX N. et CASTRO S., 1990, *L'entrepriese associative*, Paris, Economica.
Comité de Coordination des Associations Coopératives de la CEE et Comité Economique Social de la CEE, 1986, *Actes du Colloque de Bruxelles*, Bruxelles, C. E. S.
Communauté Economique Européenne, 1989, "Les entreprises de l'économie sociale et la réalisation du marché sans frontières", *Communication*

de la Commission au Conseil, SEC (89) 2187, Bruxelles.

Conseil Economique et Social, 1986, "Les entreprises de l'économie sociale, *Rapport présenté par Georges DAVEZAC,* JO du CES 12-13 XI.

Comité National de Liaison des Activités Mutualistes Coopératives et Associatives, 1977, *Vingt millions de sociétaires, huit cent mille emplois,* Paris, CIEM.

Collège des Etudes Coopératives, Associatives et Mutualistes, 1979 à 1991, *Actes des Semaines d'Economie Sociale de 1979 à 1991,* Université du Maine, Le Mans.

DESROCHE H., 1983, *Pour un traité d'économie sociale,* Paris CIEM.

DUPUIS X. et GREFFE X., 1983, *Financer l'économie sociale,* Paris, Economica.

FAUQUET G., 1965, *OEuvres, Paris,* Ed. de l'Insitut des Etudes Coopératives.

GIBAUD B., 1986, *De la mutualité à la sécurité sociale,* Paris, ED, ouvrières.

GIDE C. 1905, *Economie sociale,* Paris Sirey. Dernière édition: *Les insitutions de progrès social,* Paris, Sirey, 1921.

GUESLIN A., 1987, *L'invention de l'économie sociale,* Paris, Economieca.

MOREAU J., 1982, *Essai sur une politique de l'économie sociale,* Paris, CIEM.

MÜNKNER H., 1987, "Aspects juridiques de l'économie sociale en Europe", *Revue des Etudes Coopératives, Mututalistes et Associatives,* no. 27, pp. 73-86.

PADIEU C., "Statistiques de l'économie sociale", in *Rapport au Secrétaire d'Etat a l'économie sociale,* février 1990.

PENIN M., 1989, "Le rapport de Gide à l'exposition de 1900", *Revue de l'économie sociale,* no. XIX, pp. 137-157.

VERDIER R. et JEANTET T., 1982, *L'économie sociale,* Paris, CIEM.

VIENNEY C., 1987, "Le comportement financier des organismes de l'économie sociale", *Revue de l'économie sociale*, n. XII.

VIENNEY C., 1980 et 1982, *Socio-économie des organisations coopératives*, Paris, CIEM (2 volumes).

WALRAS L., 1865, *Les associations populaires de production, de consommation et de crédit*, Paris, Dentu.

Annales de l'économie publique, sociale et coopérative, CIRIEC, Ed. De Boeck, 203, Avenue Louise, BRUXELLES.

Archives internationales de sociologie de la coopération, Centre de recherches coopératives, PARIS (publiées de 1957 à 1990).

Coopératives et Développement, CIRIEC, 5255 Avenue Decellles, Montreal, Quebéc (Canada). H3T 1V6.

Revue de la FONDA, 18 rue de Varennes 75011 Paris.

Revue de l'Economie sociale, 62 bis Avenue Parmentier 75011 PARIS.

Revue de Etudes coopératives, mutualistes et associatives (RECMA), 33 rue des trois Fontanot, BP 211 92002 Nanterre.

La lettre de l'économie sociale, 22 rue d'Aumale, 75009 Paris.

SYDES, Bulletin bibliographique mensuel, ADDES, 33 rue des trois Fontanot, BP 211 92002 NANTERRE.

以下は le Developpement de la Documentations sur l'Economie Sociale: ADDES, 33 rue des trois Fontanot, BP 211 92002 Nanterre の資料.

WEBER L. L. et VIENNEY C., 1983, *La définition et l'organisation du champ statist ique de l'économie sociale.*

KAMINSKI P., 1983, *Des chiffres pour l'économie sociale; mobiliser les données existantes et en créer de nouvelles.*

ARCHANBAULT E., 1984, *Les associations en chiffres.*

DERUELLE D., 1984, *La constuction d'une nomenclature fonctionnelle* des associations, un travail expérimental.

MARCHAL E., 1984, *Une approche de l'emploi dans le secteur associatif.*

NICOLAS P. et VIENNEY C., 1985, *l'emploi dans les coopératives d'entrepmeurs in dividuels.*

GASCOIN J., 1985, *L'emploi dans les coopératives consommateurs.*

GAUTIER J., 1985, *L'emploi dans les sociétés coopératives ouvrières de production.*

BLONDE M. H. et WILLARD J. C., 1986, *Economie sociale et financements publics. Les flux et leur entregistrement comptable.*

LE BIHEN J. P., 1987, *Une approche régionale en Poitou Charentes d'une statistique de l'économie sociale.*

DEMOUSTIER D., 1987, *Essai de connaissance et de mesure de l'économie sociale non agricole dans le département de l'Isère.*

VOYER B., 1987, *La place de l'économie sociale dans l'assurance des biens.*

KAMINSKI P., 1987, *Des chiffres pour l'économie sociale, où en est-on en 1987?*

WILLARD J. C., 1988, *Economie sociale et financement de la protection sociale.*

LEMAIRE M. et BAUMIN L., 1989, *Place de l'économie sociale dans la protection sociale. Contours et représentations.*

BUCHOU J., 1990, *Les Groupements d'Exploitation Agricole (G. A. E. C.) dans l'économie sociale.*

ARROUZ D. et COUURTOIS J., 1990, *Enquête nationale sur les groupements d'artisans.*

KAMINSKI P., 1990, *Salariés et salaires dans l'économie sociale. Exploitation des Déclarations Annuelles de Données Sociales (DADS) de 1986.*

MAUGET R., 1990, *Les coopératives d'utilisation de matériel agricole.*

イギリス

ASHWORTH, M., 1984, "Employment in the voluntary sector", unpublished paper, Institue of Fiscal Studies, London.

ASHWORTH, M., 1985, "The Charity Financial Survey", *Charity Statistics 1984/85*, 76-80.

AUTEN, G. and RUDNEY, G., 1990, "The Variability of Individual Charitable Giving in the US", *Voluntas*, 1, 80-97.

BATSLEER, J., CORNFORTH, C., and PATON, R. eds., 1991, *Issues in Voluntary and Nonprofit Management*. Workingham, Addison-Wesley.

BEVERIDGE, Lord, 1948, *Voluntray Action: A Report on Methods of Social Advance*, George Allen and Unwin, London.

BOURDILLON, A. F. C. 1945, *Voluntary Social Services: Their Place in the Modern State*, Methuen and Co., London.

BUSSY, P., 1990, "Credit Unions in Great Britain 1989". *Yearbook of Cooperative Enterprise 1990*, Oxford, Plunkett Foundation.

BUTLER, R. and WILSON, D., 1990, *Managing Voluntary and Nonprofit Organizations: Strategy and Structure*, London, Routledge.

CARDILLO PLATZER, L., 1987, *Annual Survey of Corporate Contributions 1987*, Conference Board.

CHARITIES AID FOUNDATION (various years), *Charity Trends*, Charities Aid Foundation, Tonbridge.

CHARITY COMMISSION, 1991, *Report of the Charity Commissioners for England and Wales for the year 1990*, HMSO, London.

Cm 694, 1986, *Charities: A Framework for the Future*, HMSO, London.

CORNFORTH, C., THOMAS, A., LEWIS, J. and SPEAR, R., 1988, *Developing Successful Worker Co-operatives*, London, Sage.

DAY, R., 1991, "Survey of Staffing Levels in the Top Four Hundred Fundraising Charities", *Charity Trends*, 14, 61.

DEVOS, J., 1988, "Trends in U. K. Agricultural Co-operation", *Yearbook of Co-operative Enterprise 1988*, Oxford, Plunkett Foundation.

FLAHERTY, S., 1991, "The Voluntary Sector and Corporate Citizenship in the United States and Japan", *Voluntas*, 2, 58-78.

GERARD, D., 1983, *Charities in Britain: Conservatism or Change?*, Bedford Square Press, London.

GUTCH, R., KUNZ, C., and SPENCER, K., 1990, *Partners or Agents?*, National Council for Voluntary Organization, London.

HALFPENNY, P., 1990, *The Charity Household Survey 1988-89*, Charities Aid Foundation, Tonbridge.

HALFPENNY, P., 1991, "Volunteering in Britain", *Charity Trends*, 13, 36-40.

HILLS, J., 1989, "The Voluntary Sector in Housing: The Role of British Housing Associations", in E. James (ed), *The Nonprofit Sector in International Perspective*, Oxford University Press, Oxford.

HODGKINSON, V. and WEITZMAN, M., 1989, "Dimensions fo the Independent Sector", *Independent Sector*, Washington.

HOUSING CORPORATION, 1990, *Housing Associations in 1989: An Analysis of the HAR10/1 Statistical Returns*, Housing Corporation, London.

HUMBLE, S., 1982, *Voluntary Action in the 1980s*, The Volunteer Centre UK, Berkhamsted.

KENDALL, J., and KNAPP, M. R. J., 1992, "The Nonprofit Sector in Advanced Industrial Societies: The United Kingdom", in Salamon, L. and Anheier, H. (eds), op.cit.

KEYNOTE REPORT, 1990, *Charities; An Industry sector Overview*, Key Note Publications Limited, Hampton.

KNAPP, M. R. J., 1990, *Time is Money: The Cost of Volunteering in Britain Today*, The Volunteer Centre, Berkhamstead.

LEAT, D., 1990, *Charities and Charging*: Who Pays?, Charities Aid Foundation, London.

LEAT, D., TESTER, S. and UNELL, J., 1986, *A Price Worth Paying?*, Policy Studies Institute, London.

LORD, LORD AND NICKS, 1986, *The Cost of Collecting*, HMSO, London.

LYNN, P. and DAVIS SMITH, J., 1991, *The 1991 National Survey of Voluntary Activity in the UK*, The Volunteer Centre UK, Berkhamsted.

MASLEN, P., 1988, "The Effects on Charities from Recent Tax Changes", *Charity Trends*, 11, 34-35.

MUSEUMS AND GALLERIES COMMISSION, 1988, *The National Museums: The National Museums and Galleries of the United Kingdom*, HMSO, London.

NATIONAL COUNCIL FOR VOLUNTARY ORGANIZATIONS, 1990, "Dimensions of the Voluntary Sector", *National Council for Voluntary Organization Information Sheet* No 6a, National Council for Voluntary Organizations, London.

PATON, R., 1991, "The Social Economy: Value-Based Organizations in the Wider Society", in Batsler, J., Conforth, C., and Paton, R. (eds) op. cit.

PEARCE, J., 1988, "Community Enterprise", *Yearbook of Co-operative Enterprise 1988*, Oxford, Plunkett Foundation.

PERKS, R., 1991, "The Fight to stay Mutual: Abbey Members against Flotation versus Abbey National Building Society", *Annals of Public and Co-operative Economics*, Vol. 62, No. 3, pp. 393-429.

PLUNKETT FOUNDATION, 1990, *Directory of Agricultural Co-operatives in the United Kingdom*, Oxford, Plunkett Foundation.

POSNETT, J. and CHASE, J., 1985, Independent Schools in England and Wales, *Charity Statistics*, 1984/85, 81-87.

POSNETT, J., 1987, "Trends in the Income of Registered Charities, 1980-1985", *Charity Trends*, 10, 6-10.

POLICY STUDIES INSTITUTE, 1990, *Cultural Trends*, 8, 1-24.

PRINCE, D. R. and HIGGINS-MCLOUGHLIN, B., 1987, *Museums UK: the Findings of the Museums Data-Base Project*, Museums Association, London.

SALAMON, L. and ANTHIER, H. K., eds., 1992, *The Nonprofit Sector in Comparative Perspective: Definition and Treatment*, forthcoming.

SAXON-HARROLD, S. K. E., 1990a, "The Voluntary Sector in Britain: a Statistical Overview 1975-1989", paper presented at the Independent Secotr Spring Research Forum, Boston.

SAXON-HARROLD, S. K. E., 1990b, "Corporate Support of the Voluntary Sector", *Charity Trends*, 13, 9-16.

STEPHENSON, R., 1988, "Confronting Competition: Consumer Co-operatives in the U. K. ", *Yearbook of Co-operative Enterprise 1988*, Oxford, Plunkett Foundation.

THOMAS, A., 1990, "U. K. Worker Co-operatives 1989: Towards the 10,000 jobs mark?", *Yeabook of Co-operative Enterprise 1990*, Oxford, Plunkett Foundation.

UNDERWOOD, S., 1988, "Co-operatives Housing in Britain", *Yeabook of Co-operative Enterprise 1988*, Oxford, Plunkett Foundation.

WEBER, N., ed., 1990, *Giving USA '90*, AARFRC Trust for Philanthropy, New York.

スペイン

BAREA J., 1986, "Análisis de la Economía Social en España" in *Jornadas de Estudio sobre Universidad, Cooperativismo y Econmía Social*, Madrid, Centro de Publicaciones del Ministerio de Trabajo y Seguridad Social.

BAREA J., 1991, "La Economía Social en España", in *Revista de Economía y Sociología del Trabajo*, no. 12, Madrid, Centro de Publicaciones, Ministerio de Trabajo y Seguridad Social.

CONSEIL WALLON DE L'ECONOMIE SOCIALE, 1990, Rapport à l'Exécutif Régional Wallon sur le secteur de l'économie sociale, Namur.

CUENTAS DE LAS EMPRESAS PUBLICAS, 1989, Ministerio de Economía y Hacienda. Intervención General de la Administración del Estado, Madrid, Publicaión anual.

MINISTERIO DE ECONOMIA Y HACIENDA, 1989, *Cuentas de las empresas publicas*, Madrid, Intervención general de la Administración del Estado. Publicación anual.

EUROSTAT, 1988, *Sistema Europeo de Cuentas Económicas Integradas*, Madrid, SEC. I. N. E., 2e ed.

MONZON J. L., 1987, "La Economía Social en España", Valencia, in *Revista CIRIEC-ESPAÑA*, no. 0.

MONSON J. L., BAREA J., 1991, *Libro Blanco de la Economia Social en España*, Informe Monzón-Barea, Madrid, Centro de Publicaciones, Minsiterio de Trabajo.

NACIONES UNIDAS, *Sistema de cuentas nacionales*, 1970, Nueva York, pag. 84.

REYNA S, 1988. "La Economía Social en España", in *II Jornadas de Estudio sobre Economía Social*, Madrid, Centro de Publicaciones, Ministerio de Trabajo.

TOMAS J., 1988, "Ley de Reforma Universitaria, Universidad y Economia Social: La problemática formativa e investigadora", in *II Jornadas de Estudio sobre Economía Social*, Madrid, Centro de Publicaciones, Ministerio de Trabajo.

VIDAL I., 1988, "Los agentes de la Economía Social en España", in *II*

Jornadas de Estudio sobre Economia Social, Madrid, Centro Publicaciones, Ministerio de Tragajo.

VIENNEY C., 1983, "Concepts et champs de l'Economie Sociale", Paris, in *Revue des Etudes coopératives*, no. 9.

イタリア

ALBERICI A., 1980, *Le cooperative di credito*, Franco Angeli Editore.

ANIA, 1990, *Relazione annuale all'assemblea dei soci*, Roma.

ANIA, several years, *Annuario italiano delle imprese assicuratrici*, Roma.

BANCA D'ITALIA, several years, *Bollettino Statistico*, Roma.

BASSANINI M. C. & RANCI P. (a cura di), 1990, *Non per profitto. Il settore dei sogetti che erogano servizi di interesse collettivo senza fine di lucro*, Fondazione Olivetti.

BOTTERI T., 1977, *Economia cooperativa*, Grafiche STEP Editrice.

CAMERA DEI DEPUTATI, 1988, *Previdenza sanitaria integrativa: Fondi aziendali, Casse e Mutue*, Commissione Affari Sociali, X Legislatura, Roma.

CAPECCHI I., 1977, *Le Casse Rurali nel contesto dell'economia attuale*, CISCRA.

COSTI R., 1985, "Funzione mutualistica e impreditorialita'bancaria nel l'ordinamento delle Casse Rurali e Artigiane", in *Cooperazione di Credito*, n. 103-104.

FAZIO A., 1987, "Le Casse Rurali e Artigiane: funzioni, quote di mercato, prospettive" in *Bollettino Economico*, n. 9.

FERRI A., 1989, "Il credito cooperativo del sistema delle Casse Rurali e artigiane", in *Cooperazione di Credito*, n. 126.

FIMIV, 1991, *Cittadini al futuro. La mutualita'volontaira integrativa: quale prospettiva, quale legislazione*, unpublished paper.

GUI B., 1987, "Le organizzazioni produttive private senza fine di lucro. Un inquadramento concettuale", in *Economia Pubblica*, n. 4-5.

GUI B, 1991, Le organizzazioni mutualistiche e senza fini di lucro. Un approccio unificato al terzo settore, *in Stato e Mercato*, n. 31.

IREF, 1990, *Rapporto sull'associazionismo sociale*, Napoli.

ISTAT, 1951, 3. *Censimento generale dell'industria, del commercio, dei servizi e dell'artiginato*, Roma.

ISTAT, 1961 (I), 4. *Censimento generale dell'industria, del commercio, dei servizi e dell'artigianato*, Roma.

ISTAT, 1961 (II), 1. *Censimento gernerale dell'agricoltura*, Roma.

ISTAT, 1971 (I), 5. *Censimento generale dell'industria, del commercio, dei servizi e dell'artigianato*, Roma.

ISTAT, 1971 (II), 11. *Censimento generale della popolazione*, Roma.

ISTAT, 1971 (III), 2. *Censimento generale dell'agricoltura*, Roma.

ISTAT, 1981 (I), 6. *Censimento generale dell'industria, del commercio, dei servizi e dell'artigianato*, Roma.

ISTAT, 1981 (II), 12. *Censimento generale della popolazione*, Roma.

ISTAT, 1982, 3. *Censimento generale dell'agricoltura*, Roma.

ISTAT, 1988, *Statistiche dellas cooperazione agricola*, Roma.

MARTINELLI L. (a cura di), 1988, *Societa' cooperative. Disciplina civilistica e fiscale. Legislazione speciale*, Buffetti Editore.

MINISTERO DEL LAVORO, several years, *Statistiche della cooperazione*, Roma.

MINISTERO DELLE FINANZE, several years, *Analisi delle dichiarazioni dei redditi dell persone giuridiche*, Roma.

MORLEY-FLETCHER E., 1986, *Cooperare e competere*, Feltrinelli.

MENNA E. & MAZZILIS M. C. 1989, "Lineamenti evolutivi dell'attivita' delle Casse rurali e artigiane nel decennio 1978-1988", in *Lettera*

Censcoop, n. 19.

PADOA-SCHIOPPA T., 1986, "Il capitale proprio delle banche poplari tra cooptazione e mercato", in *Bollettino Economico*, n. 6.

PILOTTI L., 1986, "Consistenza, struttura ed evoluzione della cooperazione in Italia: alcuni elementi quantitativi", in *Il ruolo delle imprese cooperative di fronte al mutamento technologico industriale. Opportunita' e vincoli connessi ai problemi economico-finanziari e istituzionali*, CESPE.

THIEMEYER T., 1982, Economia sociale, Imprese private e Imprese pubbliche nel mercato, in *Cooperazione di Credito*, n. 89-90.

VERRUCOLI P., 1990, *La mutualita' volontaria: esperienze, orientamenti attuali eproblemi di riforma legislativa*, unpublished paper.

ベルギー

ALLIANCE NATIONALE DES MUTUALITES CHRETIENNES, 1986, *Economie sociale*, Rapport de la Commission 6 au Congrès National, Bruxelles.

ALTERNATIVES WALLONNES (Revue), 1989, *Annuaire de l'économie sociale 1989*, Solidarité des Alternatives Wallonnes, Charleroi.

ANSION G. et MARTOU F., 1988, "Les coopératives du mouvement ouvrier en Belgique" in *L'entreprise coopérative, tradition et renouveau* (sous la dir. de J. Defourny), Labor, Bruxelles, pp. 123-147.

BONIVER V., DEFOURNY J. et RICHELOT C., 1991, "Un aperçu général du secteur de l'économie sociale dans la Communauté Européenne" in: *Panorama of EC Industry 1991-1992*, (disponible en 5 langues), Office des Publications Europeennes, Bruxelles.

CANNELLA M., 1991, "Le bénévolat dans les associations", Mémoire de licence, Université de Liège.

COMITE ECONOMIQUE ET SOCIAL DES COMMUNAUTES EUROPEEN-

NES, 1986, *Les organisations coopératives, mutualistes et associatives dans laCommunauté européenne*, Editions Delta, Bruxelles.

CONSEIL CENTRAL DE L'ECONOMIE, 1990, *Avis relatif à la Communication de la Commission des Communatutés Européennes sur " les entreprises de l'économie sociale et la réalisation du marché européen sans frontières*", Décembre 1990, Bruxelles.

CONSEIL WALLON DE L'ECONOMIE SOCIALE, 1990, *Rapport à l'Exécutif Régional Wallon sur le secteur de l'économie sociale*, Namur.

DEFOURNY J. (sous la direction de), 1988, *L'entreprise coopérative, tradition et renouveau*, Labor, Bruxelles.

DEFOURNY J., 1990, "L'économie sociale en Wallonie. Sources et identité d'un troisième grand secteur", Travaux de recherches du CIRIEC, 90/03, Liège.

HENRAR F., 1990, "Recensement des besoins de l'économie sociale wallonne", Document préparatioire au rapport demandé par l'Exécutif régional wallon au Conseil wallon de l'Econmomie sociale.

INSTITUT NATIONAL DE STATISTIQUE, 1990, *Annuaire statistique de la Belgique 1988*, tome 108, Ministère des Affaires économiques, Bruxelles.

JANVIER C., 1990, "Evaluation de l'importance économique du mouvement associatif dans deux communes de la Province de Liège", Mémoire de licence, Université de Liège.

"La connaissance des associations", 1984, Dossier de la *Revue des études coopératives, mutualistes et associatives*, no. 12, pp. 9-90.

LEBLANC S. et POUCET Th., 1989, "Les mutualités", *Courrier Hebdomadaire du CRISP*, N. 1228-1229, Bruxelles.

LE NET M. et WERQUIN J., 1985, *Le volontariat, aspects sociaux, économiques et politiques en France et dans le monde*, Notes et études documentaires n. 4780, Ed. La Documentation française.

MAREE M. et SAIVE M.-A., 1983, "Economie sociale et renouveau coopératif", Travaux de recherches du CIRIEC, 83/07, Liège.

NARINX B., 1991, "Les sociétes coopératives de pharmacies au sein du marché belge des médicaments: évolution et perspectives", Travail de fin d'études, Université de Liège.

PINTIAUX R., 1990, "Les coopératives d'épargne et de crédit en Belgique", Mémoire de licence, Université de Liège.

SAIVE M.-A. et TROISFONTAINE C., 1987, "L'économie sociale en Belgique", Travaux de recherches du CIRIEC, 87/03, Liège.

WIOMONT J., 1990, "Les coopératives agricoles en Belgique. L'exemple du secteur laitier", Mémoire de licence, Université de Liège.

デンマーク

BAGER, Torben 1992, *Andelsorganisering. En analyse af danske andelsorganisationers udviklingsprocesser*, Sydjysk Universitetsforlag, Esbjerg, Denmark.

BJOERN, Claus, 1988, *Co-operation in Denmark. Past and Present*, Danske Andelsselskaber.

BUKSTI, JaKob A. (ed), 1980, *Organisationer under forandring. Studier i organisationssystemet i Danmark*, Politica, Aarhus.

DEFOURNY, Jacques, 1990, "L'economie sociale en Wallonie. Sources et identité d'un troisième grand secteur", Université de Liège et CIRIEC, Working Paper 90/03.

FURUBOTN, Eirik G. & PEJOVITCH, Svetozar, 1972, "Property Rights and Economic Theory: A Survey of Recent Literature", *Journal of Economic Literature*, vol. X, pp. 1137-1162.

HABERMAS, Jürgen, 1981, *Theorie des kommunikativen Handelns*, Suhrkamp, Frankfurt-am-Main.

Institue of Political Science, 1979, "Den politiske besluntningsproces", Paper, Institute of Political Science, University of Aarhus, Denmark.

MICHELSEN, Johannes, 1991, *Pengene eller livet. Privat ejendomsret, aktieselskaber og politik,* Sydjysk Universitetsforlag, Esbjerg, Denmark.

NILSSON, Jerker, 1991, *Kooperative Utveckling,* Studentlitteratur, Lund, Sweden.

OECD, 1988, *Revenue Statistics of OECD Member Countries 1965-1987.*

STRYJAN, Yohannan, 1989, *Impossible Organizations: Selfmanagement and organizational Reproduction,* Greenwood Press, Westport, CT, USA.

WILLIAMSON, Oliver E., 1985, *The Economic Institutions of Capitalism. Firms, Markets, Relational Contracting,* Free Press, New York.

オーストリア

BADELT C., 1980, *Sozioökonomie der Selbstorganisation,* Frankfurt/Main, Campus Verlag.

BADELT C., 1985, *Politische Okonomie der Freiwilligarbeit,* Frankfurt/Main, Campus-Verlag.

BRAZDA J., SCHEDIWY R., eds., 1989, *Consumer Co-operatives in a Changing World,* Genève, ACI.

BRAZDA J., SCHEDIWY R., 1991, *From State Property to Co-op Ownership,* World Bank Conference on Housing in Eastern Europe, Prague, Mai 1991, à paraître.

DEFOURNY J., 1990, "L'émergence du secteur d'économie sociale en Wallonie", in *Les Régions et l'Europe,* Rapport de la Commisson 3 au IXe Congrès des Economistes belges de langue française, Charleroi, Cifop, 151-175.

LEHNER P. U., 1988, "Zur Entstehung des Versicherungswesens", in Rohrbach W., ed., *Versicherungsgeschichte Osterreichs*, 3 volumes, Wien, vol. 1, 1-45.

OSTERREICHISCHER ARBEITERKAMMERTAG, ed., 1990, *Wirtschafts- und Sozialstatistisches Taschenbuch*, Wien.

OSTERREICHISCHER GENOSSENSCHAFTSVERBAND, 1988, *Jahresbericht, Compte rendu des activités*, Vienne.

OSTERREICHISCHER RAIFFEISENVERBAND, 1988, *Jahresbericht, Compte rendu des activités*, Vienne.

OSTERRIECHISCHES STATISCHES ZENTRALAMT, 1991, *Die österreichische Gemeinwirtschaft im Jahre 1988*, Wien, Beitrag zur österreichischen Statistik, Heft 999.

PATERA M., ed., 1986, *Handbuch des östereichischen Genossenschafts wesens*, Wien, Orac-Verlag.

PUPPE H. G., 1970, *Das Genossenschaftswesen in Osterrech*, Frankfurt/Main, Deutsche Genossenschaftskasse.

WEISSEL E., 1986, "Die wirtschaftliche Bedeutung der Genossenschaften", in Patera M., ed., *Handbuch des östereichischen Genossenschafts wesens*, Wien, 257-437.

アメリカ合衆国

ABRAHAMSEN, M., 1976, Cooperative *Business Enterprise*, McGraw Hill, New York.

AGRICULTURAL COOPERATIVE SERVICE, 1990, *Farmer Cooperative Statistics*, ACS service report no. 29, U. S. Department of Agriculture, ACS, Washington, D. C. and miscellaneous publications.

AGRICULTURAL COOPERATIVE SERVICE, 1987, *Cooperative Historical Statistics*, Cooperative information report no. 1, U. S. Department of

Agriculture, ACS, Washington, D. C. and miscellaneous publications.

AMERICAN INSTITUTE OF COOPERATION, 1990, *American Cooperation,* (annual, with *Journal of Agricultural Cooperation*), AIC, Washington, D. C.

ARCHANBAULT, e., 1991, "Le secteur philanthropique aux Etats-Unis: poids économique et sources de financement", Ⅷ^e Colloque de l'ADDES et *Revue des Etudes coopératives, mutualistes et associatives.*

ASSOCIATION OF COOPERATIVE EDUCATORS, ACE *news (annual)*, ACE, Ottawa, Canada.

BARBER, R., 1992, Interview, January 1992, Washington, D. C.

BRBER, R., 1982, "Pension Funds in the United States, Issues of Investment and Control", *Economic and Industrial Democracy,* vol3, no.1, pp. 31-73.

BOYTE, H., 1980, *Backyard Revolution: Understanding the New Citizen Movement,* Temple University Press, Philadelphia, Pennsylvania.

BRUYN, S., 1977, *The Social Economy: People Transforming Business,* Temple University Press, Piladelphia, Pennsylvania.

BRUYN, S. & MEEHAN, J., eds., 1987, *Beyond the Market and the State: New Directions in Community Development,* Temple University Press, Philadelphia, Pennsylvania.

Businessweek, 1990, "Profiting from the Nonprofits: Much Can Be Learned from the Best-run Organizations Around", Cover story, 26 March 1990, pp. 66-74.

CDCU Report, Quarterly, Newsletter of the National Association of Community Development Credit Unions, New York.

Changing work, 1978-88, Quarterly magazine, Institute for Corporate Studies, Newton, Massachusetts.

COATES, E., 1991, "Profit-sharing Today: Plans and Provisions",

Monthly labor review, April 1991, pp. 19-25.

COBIA, D. W., 1989, *Cooperatives in Agriculture*, Prentice Hall, Englewood Cliffs, New Jersey.

Cooperative Business Journal, monthly, National Cooperative Business Association, Washington, D. C.

CO-OP AMERICA, *Building Economic Alternatives*, quartely, and *Co-op Americ Catalog* (regular catalog), Co-op america, Washington, D. C.

COOP SYSTEMS GROUP, 1983/4, "Facts and Figures: U. S. Cooperatives", *Changing work*, 1983, or 1984.

COTTERILL, D., ed., 1982, *Consumer Food Coops*, Interstate Printers and Publishers, Danville, Illinois.

Credit Union Magazine, monthly, Credit Union Mutual Association, CUNA, Madison, Wisconsin.

CROPP, R. & INGALSBE, G., 1989, "Structure and Scope of Agricultural Cooperatives", pp. 35-67 in Cobia, D. (ed.).

CUNA (Credit Union National Association), 1990, *Credit Report 1990*, CUNA, Madison, Wisconsin.

DAHL, R., 1985, *A Preface to Economic Democracy*, University of California Press, Berkeley, California.

ELLERMAN, D., 1990, *The Democratic Worker-owned Firm, a New Model for the East and West*, Unwin Hyman, Boston, Mass.

Forbes, 1991, "Electric coops", 20 August 1991.

GALE RESEARCH, 1987, *Encyclopedia of Association*, Gale Research, Inc., Detroit, Michigan.

GUI, B., 1991, "The Economic Rationale For the Third Sector", *Annals of public and cooperative economics*, vol. 62, no. 4, October-December.

GUNN, C. & GUNN, H. D., 1991, *Reclaiming Capital: Democratic Initiatives and Community Development*, Cornell University Press,

Ithaca, New York.

HOYT, A., 1989, "Cooperatives in Other Industries", in Cobia, D. (ed), pp. 68-80.

ICA (INDUSTRIAL COOPERATIVE ASSOCIATION), 1979-1991, Miscellaneous publications and newsletter, ICA, Somerville, Massachusetts.

ICE (INSTITUTE FOR COMMUNITY ECONOMICS), *Community Economics* (quarterly newsletter, ICE, Greenfield, Massachusetts.

INTERNAL REVENUE SERVICE, *Tax Exempt Status For Your Organization*, publication 557, IRS, Washington, D. C.

JAMES, E. & ROSE-ACKERMAN, S., 1986, *The Nonprofit Enterprise in Market Economies*, Harwood Academic, Chur, London, Paris, New York.

JENCKS, C., 1987, "Who Gives to What?" in Powell, ed. pp. 321-39.

Journal of Economic Issues, quarterly academic journal, Association for Evolutionary Economics (AFEE), USA.

KLINEDINST, M. & NISSAN, E., 1991, "Recent Theory and Practice of Worker Ownership in the United States", Working paper, Department of Economics, University of Southern Mississippi.

KLINEDINST, M. & ROCK, C., 1991, "Credit Unions as Supporting Structures", Paper presented at the Seventh Congress of the International Association for the Economics of Self-management, Ithaca, New York, August 1991.

McKENZIE, E., 1989, "Evening in Privatopia", *Dissent, Spring* 1989, pp. 257-60.

McLANAHAN, J. & McLANAHAN, C., eds., 1990, *Cooperative/Credit Union Dictionary and Reference*, The Cooperative Alumni association, Richmond.

MEEKER-LOWRY, S., 1988, *Economics as if the Earth Really Mat-*

tered: a Catalyst Guide to Socially Conscious Investing, New Society Publishers, Santa Cruz, California and Philadelphia, Pennsylvania.

NACLF (NATIONAL ASSOCIATION OF COMMUNITY DEVELOPMENT LOAN FUNDS), 1990, "Statistical Profile of Member Fund Activity, 31/12/89", NACLF, Springfield, Mssachusetts.

NACLF, 1992, Interview, January 1992.

NATIONAL CENTER FOR EMPLOYEE OWENERSHIP, 1980-1991, *Employee Ownership Report* (quarterly), Oakland, California.

NATIONAL COOPERATIVE BANK, 1986-1991, *NCB Bank Notes* (quarterly) and *Annual Report 1990*, NCB, Washington, D. C.

NCBA (NATIONAL COOPERATIVE BUSINESS ASSOCIATION), 1990, "Coops-Facts and Figures, 1989, ", NCBA, Washington, D. C.

NCUA (NATIONAL CREDIT UNION ADMINISTRATION) *Annual Report, 1990*, NCUA, Washington, D. C.

NORTH AMERICAN STUDENTS OF COOPERATION (NASCO), *Guide to Campus Co-ops in North America*, NASCO, Ann Arbor, Michigan.

O'NEIL, M., 1989, *The Third America: the Emergence of the Nonprofit Sector in the United States*, Jossey-Bass Publishers, San Francisco and London.

PATEMAN, C., 1970, *Partcipation and Democratic Theory*, Cambridge University Press, Cambridge, U. K.

PEARCE, D., 1986, *MIT Dictionary Modern Economics*, (article:"social economics"), MIT Press.

POWELL, W., ed., 1987, *The Nonprofit Sector: a Research Handbook*, Yale University Press, New Haven, Connecticut.

PROGRAM ON SOCIAL ECONOMY, 1983-5, *Social Economy Newsletter*, Boston College Program on Social Economy, Boston, Massachusetts.

Review of Social Economy, quarterly, Associaiton for Social Economics, USA.

ROCK, C., 1988, "Organizations Promoting Democratic Business in the USA: Cooperative Assistance Groups, a Resources guide", Economic and industrial democracy, vol. 9, no. 2, pp. 252-84.

ROCK, C., 1991, "Workplace Democracy in the United States", in *Worker Empowerment: the Struggle for Workplace Democracy*, ed. J. Wisman, The Bootstrap Press/TOES, New York, pp. 27-58.

ROSE-ACKERMAN, S., ed., 1986, *The Economics of Nonprofit Institutions*, Oxford University Press, New York and Oxford.

ROY, E. P., 1981, *Cooperatives: Development, Principles and Management*, Interstate Printers & Publishers, Inc., Danville, Illinis.

SIMON, J., 1987, "The Tax Treatment of Nonprofit Organizations", in Powell, W., ed., pp. 67-98.

SIWOLOP, S., 1989, "Ethical Investing", *Financial World*, 27 June 1989, pp. 86-87.

SOCIAL INVESTMENT FORUM, 1992, Interview, January 1992.

SOCIAL INVESTMENT FORUM, 1988, *Guide to Socially Responsible Investments*, SIF, Minneapolis, Minnesota.

SOMMER, et al., 1983, "Consumer food cooperatives", *Journal of Consumer Affairs*, 1983.

Statistical Abstract of the United States, 1990, Bureau of the Census, U. S. Department of Commerce, Washington, D. C.

TAYLOR, P. S. A., ed., 1966, *A New Dictionary of Economics*, article on "social economics".

UNIVERSITY CENTER FOR COOPERATIVES, ca. 1984, *Cooperative Bibliography*, UCC, University of Wisconsin, Madison, WI.

VALKO, L., 1981, *Cooperative Laws in the United States: Federal Legislation 1890-1980*, Bulletin 0902/1981, Washington State University, College of Agriculture Research Center, Spokane, Washington.

Wall Street Journal, 1991, Tenant-managed Public Housing Projects, 30 January 1991, p. A2.

WEISBROD, B., ed., 1977, *The Voluntary Nonprofit Sector*, Lexington Books, Lexington, Massachusetts.

WELLFORD, W. H. & GALLAGHER, J., 1988, *Unfair Competition? the Challenge to Charitable Tax Exemption*, The National Assembly of National Voluntary Health and Social Welfare Organizations, Washington, D. C.

カ ナ ダ

ACTES DU COLLIQUE PROVINCIAL SUR LE DÉVELOPPEMENT COMMUNAUTAIRE, 1986, *Fais-moi signe de changement*, Victoriaville, Corporation de Développpement Communautaire des Bois-Franc Inc.

ANGERS F.-A., 1976, "La pensée économique d'Esdras Minville", in *L'action nationale*, vol. LXV, no. 9-10.

BEAUDIN Y., 1990, "Les valeurs qu'impliquent la philanthropie", in MALENFANT R., HOLIN L. (sous la dir.), 1991, *Gestion et Développement des Associations sans but lucratif et Partenaires en Philanthropie II*, no. spécial d'Inter-Action, Montréal, Les Éd. du CEPAQ, octobre, pp. 75-78.

BÉLAND C., 1991a, *Where are we headed? Notes for a presentation*, Lévis, Confédération des Caisses Populaires et d'Économie Desjardins du Québec, October 21st.

BÉLAND C., 1991b, *La coopération pour un avenir prometteur en Gaspésie, Notes pour une allocution*, Lévis, Confédération des Caisses Populaires et d'Économie Desjardins du Québec, 13 octobre.

BÉLAND C., 1991c, *La pensée de Raiffeisen et sa diffusion au Québec et au Canada, Notes pour une allocution*, Lévis, Confédération des

Caisses Populaires et d'Économie Desjardins du Québec, 30 septembre.

BÉLAND C., 1991d, *Notes pour une allocution au congrès "La qualité totale, une question de survie"*, Lévis, Confédération des Caisses Populaires et d'Économie Desjardins du Québec, 10 juin.

BÉLAND C., 1991e, *Le maillage financier Québec-France, Notes Pour une allocution*, Lévis, Confédération des Caisses Populaires et d'Économie Desjardins du Québec, 28 mai.

BÉLAND C., 1991f, *Le Québec économique face à son avenir, Notes pour l'allocution de Claude Béland*, Lévis, Confédération des Caisses Populaires et d'Économie Desjardins, 26 mars.

BÉLAND C., 1990a, *Notes pour une allocution devant le Conseil des coopératives de l'Estrie*, Lévis, Confédération des Caisses Populaires et d'Économie Desjardins du Québec, 12 juin.

BÉLAND C., 1990b, *Lettre aux présidents, présidentes, derecteurs et directrices des caisses Desjardins*, Lévis, Confédération des Caisses Populaires et d'Économie Desjardins du Québec, Lévis.

BÉLAND C., 1989, *Notes de l'allocution a l'assemblée générale annuelle de la Confédération*, Lévis, Confédération des Caisses Populaires et d'Économie Desjardins du Québec, 20 mars.

BÉLANGER P. R., LÉVESQUE B., 1992, "Amérique du Nord: la participation contre la représentation?", *Travail* (Paris), no. 24, hiver 91-92, pp. 71-90.

BÉLANGER P. R., LÉVESQUE B., 1988, "Une forme mouvementée de gestion du social: les CLSC", in *Revue Internationale d'Action Communautaire*, printemps 1988, pp. 49-64.

BÉLANGER P. R., LÉVESQUE B., 1987a, "Le mouvement social au Québec: continuité et rupture", in BÉLANGER P. R., LÉVESQUE B. et alii., (Sous la dir.), *Animation et culture en mouvement: fin ou début d'une époque?*, Québec, Presses de l'Université du Québec, 253-266.

BÉLANGER P. R., LÉVESQUE B., 1987b, "Conditions et division du travail dans les entreprises du mouvement populaire", in BELANGER P. R., LÉVESQUE B. et alii., (Sous la dir.), *Animation et culture en mouvement: fin ou début d'une époque?*, Québec, Presses de l'Université du Québec, pp. 82-87.

BÉLANGER P. R., LÉVESQUE B., PLAMONDON M., 1987, *Flexibilité du travail et demande sociale dans les CLSC*, Québec, Les Editions du Québec.

BÉLIVEAU F., 1991, "Les OSBL invités à la transparence", in *La Presse*, 6 novembre.

BELKIN J., 1985, "Demutualization: To do or not to do", in *The Forum*, pp. 326-341.

BERTHIAUME M., BISSONNETTE, J.-G., 1990, *Rapport du comité d'analyse des tendances sociales*, Montréal, Centraide Montréal.

BHÉRER H., JOYAL A., 1987, *L'entreprise alternative: mirages et réalité*, Montréal, Editions Albert-Saint-Martin.

BOIVIN R., 1990, *Histoire de la Clinique des citoyens de Saint-Jacques (1968-1988). Des comités de citoyens au CLSC du plateau Mont-Royal*, Montréal, VLB Editeur.

BOUCHARD, J. M., 1991, "Réflexions sur l'évolution du droit des associations sans but lucratif", in MALENFANT R., JOLIN L. (sous la dir.), *Gestion et Développement des Associations sans but lucratif et Partenaires en Philanthropie II*, no. spécial *d'Inter-Action*, Montréal, les Éd. du CEPAQ, pp. 9-14.

BOUCHARD M., 1991, "Le logement coopératif", in *Relations*, no. 575.

BOUCHARD, 1990, *Bilan et tendances du secteur coopératif de l'habitation*, Montréal, Centre de Gestion des Coopératives, École des HEC, cahier 90-9.

BURKE M. A, 1991, "Co-operative Housing; What the 1986 Census Tell Us", *Empowerment Through Co-operatives*, Saskatoon, Center for the Study of Co-operatives, University of Saskatchewan, pp. 103-120.

CAISSE DE DÉPOT ET PLACEMENT DU QUÉBEC, 1990, *Etats financiers et statistiques financières*.

CARPENTIER J., VAILLANCOURT F., 1990, *L'activité* bénévole au Québec: *la situation en 1987 et son évolution depuis 1979*, Québec, Les Publications du Quebec.

CASTRO S., ALIX N., 1990, *L'entreprise associative. Aspects juridiques de l'intervention économique des associations*, Paris, Economica et Uniopss.

CD, 1991, "Portrait des salarié-e-s d'organismes communautaires", *Pop. Com*, Bulletin du Centre de Formation Populaire, vol. 1, no. 3.

CEQ, *Répertoire québecois des groupes populaires*, Centrale de l'Enseignement du Québec.

CEQ, *Répertoire des groupes d'intervention féministes á l'échelle du Québec*, Centrale de l'Enseignement du Québec.

CFP, 1988, *Pourquoi des groupes populaires? Rôles, forces et faiblesses*, Allocution à la conférence annuelle des organismes de Centraide-Montréal, Montréal, Centre de Formation Populaire.

CHAIRE SEAGRAM, 1991, *Discussions. Journée d'étude sur l'évolution du droit associatif*, Montréal, Chaire Seagram en Gestion des Organismes Sans But Lucratif, UQAM.

CHAMPAGNE C., 1988, *Enquête sur la clientèle dans les coopératives d'habitation au Québec en 1987*, Montréal, ÉNAP/INRS/UQAM (Mémoire, M. Analyse et gestion urbaines).

CHANLAT A., 1984, *Gestion et culture d'entreprise. Le cheminement* d'*Hydro-Québec*, Montréal, Québec/Amérique.

CHAUSSÉ R., KISFALVI V., 1986, *Les regroupements volontaires au Québec: essai de comparaison et défis*, Montréal, École des HEC.

CHAUSSÉ R., KISFALVI V., (avec la coll. de M. C. MALO), 1986, *Les regroupements manufacturiers au Québec. Essai d'inventaire*, Montréal, École des HEC.

CLÉMENT M., 1953a, *L'Économie sociale selon le Pape Pie XII*, Paris, Nouvelles Editions Latines, tome I et tome II.

CLÉMENT M., 1953b, *Cours élémentaire d'économie sociale, extrait des documents pontificaux*, Montréal, Les Éditions Bellarmin, Institut Social Populaire.

CLÉMENT M., MARTEL C., DIRECTION DES COOPÉRATIVES, 1990, *Profil des cooperatives de travailleurs du secteur forestier 1988-89*, Quebéc, Direction des Communications, Ministere de l'Indutrie, du Commerce et de la Technologie.

CLOUTIER, L., 1992, "La mutuelle d'assurance Les Coopérants sera liquidée", in *La Presse*, 7 janvier.

COMITE SUR LA PRIVATISATION DES SOCIÉTÉS D'ÉTAT, 1986, *De la Révolution tranquille... à l'an deux mille*, Québec, Direction des Communications, Ministère des Finances.

CONFÉDÉRATION DES CAISSES POPULAIRES ET D'ÉCONOMIE DESJARDINS DU QUÉBEC, 1991a, *Communiqués de presse*, Lévis, Confédération Desjardins.

CONFÉDÉRATION DES CAISSES POPULAIRES ET D'ÉCONOMIE DESJARDINS DU QUÉBEC, 1991b, *Faits saillants du Mouvement des caisses Desjardins*, Lévis, Confédération Desjardins.

CONFÉDÉRATION DES CAISSES POPULAIRES ET D'ÉCONOMIE DESJARDINS DU QUÉBEC, 1990a, *Communiqués de presse*, Lévis,

Confédération Desjardins.

CONFÉDÉRATION DES CAISSES POPULAIRES ET D'ÉCONOMIE DESJARDINS DU QUÉBEC, 1990b, *Dossier. Regroupement Assurances-vie Desjardins et La Sauvegarde*, Lévis, Confédération Desjardins.

CONSEIL CANADIEN DE LA COOPÉRATION, 1992, *Agenda des coopérateurs*, Ottawa, CCC.

CONSEIL DE LA COOPÉRATION DU QUÉBEC, 1974, *Les traits caractéristiques des coopératives*, Québec, CCQ.

CONSEIL DES AFFAIRES SOCIALES, COMITÉ SUR LE DEVÉLOPPEMENT, 1989, *Deus Québec dans un : rapport sur le développement social et démocratique*, Boucherville, Gaëtan Morin, Québec, Gouvernement du Québec.

CORPORATION DE DÉVELOPPEMENT COMMUNAUTAIRE DES BOIS-FRANCS, 1986, *Bottin communautaire du Québec*, Victoriaville, Corporation des Bois-Francs.

COTÉ A. (Sous la dir. de W. Bisreth), 1987, *Cadre d'intégration des statistique économiques et sociales des entreprises cooperatives au Québec: Fondements conceptuels des entrprises coopératives au Québec*, Direction des coopératives, Ministère de l'Industrie et du Commerce.

COTÉ, D., LÉVESQUE, B., 1991, "État du développement des coopératives: une approche sectorielle", in *Coopératives et Développement*, vol. 23, no. 1, 1991-92, pp. 179-200.

DEFOURNY J., 1991, "L'émergence du secteur d'économie sociale en Wallonie", in *Coopératives et Développement*, vol. 23, no. 1, 1991-1992, pp. 151-175.

DESROCHE H., 1991a, *Histoire d'économies sociales. D'un tiers état aux tiers secteurs*, 1791-1991, Paris, Syros Alternatives.

DESROCHE H., 1991b, "Le projet coopératif à l'Ouest, à l'Est et au

Sud: situations mutantes", in *Coopératives et Dévelopement,* vol. 22, no. 2, 1990-91, pp. 13-32.

DESROCHE H., 1983, *Pour un traité d'économie sociale,* Paris, CIEM.

DINEL Y., BELLAVANCE Y., 1990, *Les impacts du financement PDE sur les groupes populaires et communautaires,* Montréal, TROVEP de Montréal.

DIRECTION DES COOPÉRATIVES, 1991, *Profil des coopératives funéraires de 1985 à 1989,* Québec, Direction des Communications, Ministère de l'Industrie, du Commerce et de la Techologie.

DUFOUR Y. (Sous la dir. de M. C. MALO, R. CHAUSSÉ, P. HUGRON), 1985, *Les regroupements volontaires d'entreprises,* Montréal, École des HEC.

DUMAIS S., COTÉ R., 1989, *Enquête sur les conditions de salaire et les conditions de travail des travailleuses et travailleurs au sein des groupes populaires,* Montréal, Services aux Collectivités, UQAM.

DUTRISAC R., 1992, "La fin des Coopérants assombrit l'image des assureurs québécois", in *Le Devoir,* 7 janvier.

FÄHNDRICH H. (Sous la dir. de MALO M.-C.), 1982a, *Structure d'association et structure d'entreprise chez Les Coopérants, société mutuelle d'assurance-vie,* Montréal, Centre de Gestion des Coopératives, École des H. E. C., cahier S-82-6.

FÄHNDRICH H. (Sous la dir. de MALO M.-C.), 1982b, *Structure d'association et structure d'entreprise à la SSQ, mutuelle d'assurance-groupe,* Montréal, Centre de Gestion des Coopératives, École des H. E. C., cahier S-82-8.

FÄHNDRICH H. (Sous la dir. de MALO M.-C.), 1982, *Structure d'association et structure d'entreprise dans le mouvement des mutuelles-incendie,* Montréal, Centre de Gestion des Coopéraives, École des H. E.

C, chaier S-82-10.

FAVREAU L., 1989, *Mouvement populaire et intervention communautaire de 1960 à nos jours. Continuités et ruptures*, Montréal, Ed. du Fleuve.

FECTEUA J.-M., 1989, *L'émergence de l'idéal coopératif et l'état au Québec, 1850-1914*, Montréal, Chaire de Coopération Guy-Bernier, UQAM.

FILION G., 1943(2e éd.), *Notions élémentaires d'économie politique et sociale, Seizièm cours à domicile de l'U. C. C., 1941-1942*, Montréal, Service de Librairie del'U. C. C.

FILION M., 1986, *Droit des associations*, Cowansville, Ed. Yvon Blais inc.

FINANCIAL POST (THE), 1989, *Silver Anniversary Edition*, The Financial Post, Summer.

FONTAN J.-M., 1991, *Les corporations de développement économique communautaire montréalaises: du développement économique communautaire au développement local de l'économie*, thèse de doctorat, département de sociologie, Université de Montréal.

FONTAN J.-M., 1990, "Les Corporations de développement économique communautaire: une des avenues du mouvement social dans l'économique", in *Coopératives et Développement*, vol. 21, no. 2, 1989-1990, pp. 51-68.

FOURNIER L., 1991, *Solidarité Inc. Un nouveau syndicalisme créateur d'emplois*, Montréal, Québec/Amérique.

FOURNIER P., 1987, *La contribution des Sociétés d'État au développement économique du Québec*, Montréal, Protocole UQAM/CSN/FTQ, UQAM.

FOURNIER P., 1979, *Les sociétés d'État et les objectifs économiques du Québec: une évaluation préliminaire*, Québec, Éditeur officiel du Québec.

FRASER M., 1987, *Québec Inc.*, Montréal, Ed. de l'homme.

GAGNÉ J.-P., 1991, "Les Coopérants, le pourqui et le comment", in

Les Affaires, 23 novembre.

GARON J., BRULOTTE R., 1976, Initiation à la coopération. Les lois. Sainte-Foy, Télé-Université, Université du Québec.

GASSLER R. S., 1986, The Economics of Nonprofit Enterpriese: A Study in Applied Economic Theory, Lanham, New York, London, University Press of America.

GODBOUT J., 1983, La participation contre la démocratie, Montréal, Ed. Saint-Martin.

GOUVERNMENT DU QUÉBEC, Loi sur les assurances, Loi sur les caisses d'épargne et de crédit, Loi sur les compagnies, Loi sur les coopératives (pour ne citer que les principales).

GROUPE D'ANALYSE SUR LA PME, 1990, Les PME au Québec, état de la situation en 1989, Québec, Direction des Communications, Ministère de l'Industrie, du Commerce et de la Technologie.

GUÉNARD M., 1991, "Contrat social: Gérald Tremblay entre le banc d'essai... et le pilori", in Avenir, cahier spécial, mai, pp. 3-14.

GUÉRARD J. C., 1991, Dimension de la problématique du financement des coopératives, Sherbrooke, IRÉCUS, cahier IREC 91-01.

GUIMOND T., 1990, "Gérer une association professionnelle", in MALENFANT, R., Enjeux associatifs, no. spécial d'Inter-Action, Montréal, Les Éd. du CEPAQ, novembre, pp. 15-26.

HAFSI T., DEMERS C., 1989, Le changement radical dans les organisations complexes. Le cas d'Hydro-Québec, Boucherville, Gaëtan Morin.

INSPECTEUR GÉNÉRAL DES INSTITUTIONS FINANCIERES, 1991a, Rapport annuel sur les assurances 1990, Québec, Direction Générale des Assurances, Gouvernement du Québec.

INSPECTEUR GENERAL DES INSTITUTIONS FINANCIERES, 1991b, Évolution historico-législative et portrait statistique des associations *personnifiées au Québec*, Document presente par la direction de la recherche du Service des Associations et des Entreprises, "Journée d'étude sur l'évolution du droit associatif", Montréal, Chaire Seagram en Gestion des Organismes Sans But Lucratif, UQAM.

INSPECTEUR GÉNÉRAL DES INSTITUTIONS FINANCIERES, 1990, *Tableau récapitulatif des états annuels des assureurs*, Québec, Editeur Officiel du Québec.

JOBIN C., 1978, *Les enjeux économiques de la nationalisation de l'électricité*, Montréal, Ed. Coopératives Albert-Saint-Martin.

JOLIN L., 1991, "Place et rôle des associations au Québec: les défis de la décennie 90", in MALENFANT R., JOLIN L. (sous la dir.) *Gestion et Développement des associations sans but lucratif et Partenaires en Phlanthropie II*, no. spécial *d'Inter-Action*, Montréal, Les Éd. du CEPAQ.

JOLIN L., 1990a, "Les associations au Québec et en France: réalite semblable, encadrement juridique différent", in MALENFANT R. (sous la dir.), *Le contexte associatif*, no. spécial *d'Inter-Action*, Montréal, Les Éd. du CEPAQ.

JOLIN L., 1990b, *Entretien réalisé* par M. C. MALO.

JOYAL A., 1989, "Vivre l'alternative au Québec", in JOYAL A., LÉGER R. (Sous la dir.), *Alternatives d'ici et d'ailleurs*, Montréal, Editions du Fleuve.

KÉLADA J., 1991, "Qualité totale et gestion par extraversion", *Gestion*, vol. 16, no. 1, pp. 42-49.

LAMARRE K., 1991, *50 ans d'avenir! L'histoire du Conseil de la coopération du Québec, 1939-1989*, Ottawa, CCQ.

LAMOUREUX H., 1991, *L'intervention sociale collective. Une éthique de la solidarité*, Glen Sutton, Ed. Le Pommier.

LANGLOIS S. (Sous la dir.), 1990, *La société québécoise en tendances 1960-1990*, Québec, Institut Québécois de Recherche sur la Culture.

LAPIERRRE V., 1991, "Le processus de révision de la Loi sur les coopératives est commencé", in *Les Affaires*, 12-18 octobre.

LAROCQUE, P., 1991, "La Fédération des Pêcheurs-Unis du Québec: les dernières années (1969-1983)", in *Coopératives et Développement*, vol. 23, no. 1, 1991-1992, pp. 7-38.

LÉGER & LÉGER/AVENIR, 1990, "Les perceptions des Québécois à l'égard du climat de travail; Un sondage exclusif Léger & Léger/Avenir", in *Avenir* juillet-août.

LESAGE J., 1965, Discours prononcé en Chambre le 9 juin 1965 lors de la présentation, en deuxième lecture, de la loi sur la Caisse de Dépôt et Placement du Québec (Bill 51), discours reproduit in extenso in PELLETIER M., 1989, *La Machine à milliards. L'histoire de la Caisse de Dépôt et Placement du Québec*, Montréal, Québec/Amérique, pp. 289-311.

LEVASSEUR R., 1990 (Sous la dir.), *De la sociabilité. Spécificité et mutations*, Montréal, Boréal.

VEVASSEUR R., 1983, "Le phénomène associatif", in *Les Cahiers de l'animation*, Paris, I. N. E. P., no. 39, pp. 33-40.

LEVASSEUR R. (avec la coll. de R. BOULANGER), 1990, "La dynamique des associations au Québec: démographie et morphologie: 1942-1981", in BRAULT M. M. T., SAINT-JEAN L. (sous la dir.), *Entraide et associations*, Québec, IQRC, PP. 153-180.

LEVASSEUR R. (avec la coll. de R. BOULANGER), 1987, "Le développement associatif et les couches intellectuelles", in BÉLANGER P. R., LÉVESQUE B., MATHIEU R. et MIDY F. (Sous la dir.), *Animation et culture en mouvement. Fin ou début d'une époque?*, Québec,

Presses de l'Université du Québec, pp. 266-277.

LEVESQUE, B., 1991a, *Les coopératives au Québec: deux projets pour une société distincte*, Montréal, Chaire de Coopération Guy-Bernier, UQAM.

LEVESQUE B., 1991b, *Projet de recherche: Syndicalisme et cogestion: le cas des garderies sans but lucratif,* Montréal, UQAM.

LÉVESQUE B., 1989, "Les coopératives au Québec. Un secteur stratégique, à la recherche d'un projet pour l'an 2000", in *Annales de l'économie publique, sociale et coopérative,* vol. 60, no. 2, pp. 181-216.

LEVESQUE B. (Sous la dir.), 1979, *Animation sociale et entreprises communautaires et coopératives,* Montréal, Ed. Coopérative Saint-Martin.

LÉVESQUE B., COTÉ D., 1991, "L'état du mouvement coopératif au Québec: rétrospectives et prospectives", *Coopératives et Développement,* vol. 22, no. 2, 1990-1991.

LÉVESQUE B., JOYAL A., CHOUINARD O. (Sous la dir.), 1989, *L'autre économie, une économie alternative?,* Québec, Presses de l'Université du Québec.

LÉVESQUE D., 1992, *Le corporatisme social,* Montreal, Centre de gestion des coopératives, Ecole des HEC.

MAILHOT A., 1991, "La philantrophie: diagnostic et perspectives", in MALENFANT R., JOLIN L. (sous la dir.), *Gestion et Développement des associations sans but lucratif et Partenaires en philanthropie II,* no. spécial d'*Inter-Action,* Montréal, Les Éd. du CEPAQ, octobre, pp. 87-91.

MALENFANT, R., 1990, "Typologie des associations", in MALEN- FANT, R. (Sous la dir.), *Le contexte associatif,* no. spécial d'*Inter- Action,* Montréal, Les Éd. du CEPAQ, janvier, pp. 3-10.

MALO M. C., 1991, "Les associations au sein de l'économie sociale", in

MALENFANT R., JOLIN L. (sous la dir.), *Gestion et Développement des associations sans but lucratif et Partenaires en Philanthropie II*, no. special d'*Inter-Action*, Montreal, Les Éd. du CEPAQ, octobre, pp. 39-47.

MARTEL J. L, (avec la collaboration de M. C. MALO et R. BRULOT-TE), 1988, *L'évolution du mouvement coopératif québécois, 1975-87*, Montréal, Centre de Gestion des Coopératives, École des HEC, cahier 88-100.

MARTEL J. L. (avec la coll. de D. LÉVESQUE), 1987, "L'organisation coopérative et les projets de restauration des années 30 au Québec", in *Coopératives et Développement*, vol. 18, no. 2, 1986-87, pp. 15-38.

MATTHIEU, R., BOURQUE R., VAILLANCOURT Y., 1988, *Les entreprises communautaires dans les services sociaux au Québec. Recherche exploratoire*, Montréal, Comité conjoint UQAM-CSN-FTQ, UQAM.

MINISTERE DE LA SANTÉ ET DES SERVICES SOCIAUX, 1990, *Statistiques sur le personnel de santé et des services sociaux, 1989-1990*, Québec, Direction générale des relations de travail, MSSS.

MINISTERE DE LA SANTÉ ET DES SERVICES SOCIAUX, 1989, *Répertoire ressources communautaires subventionnées*, Québec, MSSS.

MINISTERE DE LA MAIN-D'OEUVRE ET DE LA SÉCURITÉ DU REVENU, 1988, *Les sans-abri au Québec*, Ministère de la Main-d'oeuvre et de la Sécurité du revenu.

MINISTERE DES COMMUNAUTÉS CULTURELLES ET DE L'IMMIGRATION, 1990, Répertoire des organismes des communautés culturelles du Québec, 4e édition, Québec, Les Publications du Québec.

MINISTRE DÉLÉGUÉ À LA CONDITION FÉMININE, 1988, *Enoncé de politique sur les services de garde à l'enfance: Pour un meilleur équilibre*, Document d'orientation, Québec, Ministre Délégué à la Condition Féminine.

MINISTRE DÉLÉGUÉ À LA PRIVATISATION, 1986, *Privatisation de sociétés d'Etat: orientations et perspectives*, Québec, Direction des Communications, Ministère des Finances.

MORIN C., DIRECTION DES COOPÉRATIVES, 1991, *Coopératives du Québec, données statistiques 1989*, Québec, Direction des Communications, Ministère de l'Industrie, du Commerce et de la Technologie.

NADEAU, C., (Sous la dir. de R. CHAUSSÉ), 1981, *Les regroupements d'entreprises sous forme de filiale commune*, Montréal, École des HEC.

NINACS W. A., 1991, "L'organisation communautaire en milieu semiurbain/ semi-rural", in DOUCET L., FAVREAU L. (Sous la dir.), *Théorie et pratiques en organisation communautaire*, Québec, Presses de l'Université du Québec.

NOEL F., 1989, "Une approche déductive: les principes coopératifs et al loi", in BRULOTTE R. (Sous la dir.), *Initiation a la cooperation*, Sainte-Foy, Télé-Université, pp. 295-297.

BELLETIER G. R., 1988, "Idéal coopératif, intérêts capitalistes et competénce de l'État: le rapport Marceau", in *Coopératives et Développement*, vol. 19, no. 2, 1987-1988, pp. 151-164.

PELLETIER G. R., 1985a, *Ethique et méthodologie économique chez évêques canadiens*, Sherbrooke, Université de Sherbrooke (Cahiers de recherche du département d'économie).

PELLETIER G. R., 1985b, *Le problème des valeurs dans la gestion démocratique*, Sherbrooke, Université de Sherbrooke (Cahiers de recherche du département d'économie).

PELLETIER M., 1989, *La Machine à milliards. L'histoire de la Caisse de Dépôt et Placement du Québec*, Montréal, Québec/Amérique.

POULIN P., 1990, *Histoire du Mouvement Desjardins*, Montréal, Québec

Amérique, tome 1.

Rapports annuels des organisations citées (Centraide, Conseil de la Coopération du Québec, Fonds de Soclidarité des Travailleurs (FTQ), Hydro-Québec, organisations du Mouvement Desjardins, COCODÉVI, toutes les sociétés d'asurance, etc.

RAYMOND C., CLEMENT M., DIRECTION DES COOPÉRATIVES, 1991, *Profil des coopératives de consommation*, Québec, Direction des Communications, Ministère de l'Industrie, du Commerce et de la Technologie.

RONDEAU A., LEMELIN M., 1991, "Pratiques de gestion mobilisatrices", *Gestion*, février 1991.

ROSS D. P. et USHER P., 1986, *From the Roots Up. Economic Developement as if community Mattered*, Ottawa, The Canadian council on Social Development.

ROULEAU, R., 1989, *Allocution lors du colloque de Centraide sur le financement des organismes communautaires*, Montréal, Centraide.

ROY, J. H., 1992, "Les corporations de développement économique communautaire. La reprise, prise deux", in *Voir*, 3-8 janvier.

ROY M., 1989, *La refonte de la Loi sur les caisses d'épargne et de crédit: l'occasion d'une réflexion sur la centralisation du Mouvement Desjardins*, Montréal, Chaire de Coopération Guy-Bernier, UQAM.

ROY, M., 1987, *Les CLSC. Ce qu'il faut savoir*, Montréal, Ed. Saint-Martin.

SAVARD J. C., 1989, directeur de la qualité totale chez Culinar, d'après les données du MICT, cf. "Management", in *Le Devoir économique*, vol. 5, no. 7, octobre.

SECRÉTARIAT DES CONFÉRENCES SOCIO-ÉCONOMIQUES DU QUÉBEC, 1980, *L'entreprise coopérative dans le développement économique*, État *de la situation,* Québec, Gouvernement du Québec.

SHOONER P., 1991, *Entretien avec Pierre Shooner,* réalisé par M. C. MALO.

SLOCUM D., 1991, "All insurers to pay for Coopérants failure", *The Globe and Mail,* B-3, November, 29.

SOCIÉTÉ-CONSEIL MAHEU NOISEUX (en coll. avec D. MOFFET et M. GENDRON), 1989, *Les enjeux de la démutualisation. Rapport de recherche préparé pour le Conseil de la Coopération du Québec et le Conseil Canadien de la Coopération.*

Solidarité. Bulletin d'information du Fondsde Solidaritédes Travailleurs du Québec (FTQ), no. 31, août 1991.

TREMBLAY, B. (avec la coll. de R. BELISLE et P. TOTH), 1980, "La coopérative ouvrière de production et la participation des travailleurs au Québec", in *Revue du C. I. R. I. E. C.*, vol. 12, 1979-80, p. 23.

TREMBLAY, H., 1987, *Les ressources communautaires: problématiques et enjeux,* Québec, Direction Générale de la Planification et de l'Évaluation, MSSS.

TREPANIER Y., 1986, "La société canadienne d'économie sociale de Montréal (1888-1911), : ses membres, ses critiques et sa survie", in *Histoire sociale/Social History,* vol. XIX, no. 38.

TROVEP, 1990, *Rapport d'enquête sur le financement et les conditions de travail des groupes d'éducation populaire et d'action communautaire de la Montérégie.* TROVEP de la Montérégie.

TRUFFAUT S., 1991, "Les Coopérants: un trop gros morceau à avaler pour la SSQ", in *Le Devoir,* 21 août.

TURCOTTE D. (avec la coll. de C. MARQUIS), 1991, *Le monde des médias et des communtcations au Québec Répertoire descriptif, Édition 1991-1992,* Sainte-Foy, Association Québec dans le Monde.

VAILANCOURT J. G., 1987, in BÉLANGER P. R. LÉVESQUE B. et alii. (Sous la dir.), *Animation et culture en muvement: fin ou début d'une époque?*, Québec, Presses de l'Université du Québec.

VALLIERES M., 1991, "Après son secteur porcin, la Coopératives fédérée créera d'autres filiales à capital-actions", in *Les Affaires*, Montréal, 12-18 octobre.

VAN DE WALLE M., 1991a, "Desjardins lorgne l'assurance-vie des Coopérants", in *Le Devoir*, 16 septembre.

VAN DE WALLE M., 1991b, "Le peu d'attention accordé à la qualité coûte 24 milliards au Québec-Gérald Tremblay", in *La Presse*, 13 avril.

VIENNEY C., 1986, *Les activités, les acteurs et les règles des organisations de l'économie sociale*, Paris I, Centre d'Éducation Permanente, D. E. Sup. Économie Sociale.

著者略歴

ジャック・ドゥフルニ (Jacques Defourny)
ベルギー・リエージュ大学経済教授．CIRIEC の雑誌『公共・社会・協同組合経済年報』の主任共同編集者であり，社会的経済・協同組合に関する CIRIEC 国際研究部会の2グループのコーディネーターでもある．多くの著作のなかには，とりわけ『協同組合民主主義と経済効率性』(1989) があり，編者として『協同組合企業，伝統と革新』(1988) がある．またワロン社会的経済協議会の『ワロン地域行政報告』(1990) や EC のためにヨーロッパ社会的経済総覧も監修している．

ホセ・ルイス・モンソン・カンポス (José Luis Monzón Campos)
スペイン・バレンシア大学応用経済学教授．スペイン CIRIEC の会長であると同時に CIRIEC 国際研究部会の社会的経済・協同組合グループ会長でもある．多くの著作があり，労働者協同組合と社会的経済についても多くある．主要なものとして『スペインの協同労働協同組合．バスク・モンドラゴンモデル』(1987) や，『協同労働協同組合の経済文献と事例』(1987) がある．彼はまた J. バレアとともに『スペイン社会的経済白書』(1991) の共著者である．

ホセ・バレア・テヘイロ (José Barea Tejeiro)
マドリッド自治大学の公共財政学の名誉教授であり，スペイン CIRIEC 副会長．その長い経歴のなかで多様な分野のうち経済学のなかで非常な成果を上げており，スペイン学界の重鎮の一人である．社会的経済，公共財政学，公共経済，社会保障に関して多数の著作がある．最近の著作としては『スペイン社会的経済白書』(1991)（モンソンと共著）や『医療における公的費用の経済分析』(1992) がある．

ジアンニ・グエッリィェーリ (Gianni Guerrieri)
イタリアの応用経済学の民間コンサルタント調査機関である応用経済学研究協会 (AREA) の上級研究員．研究対象は，公共サービスと協同組合の効率性と経営につ

いてである．

ジェレミイ・ケンダル(Jeremy Kendall)

イギリス・カンタベリイにあるケント大学，人的社会サービス研究ユニットの客員研究員．イギリスとヨーロッパのボランタリィセクターと組織の経済理論について論文を書いている．現在は，ジョン・ホプキンス大学の比較非営利セクター計画で20カ国について内容，規模構造の研究をしているが，そのイギリスを担当している．

マーク・クラインディンスト(Mark Klinedinst)

アメリカ・ハッティスバークにある南ミシシッピ大学の経済学担当助教授．アメリカ，ユーゴスラビア，ブルガリア，スーダンの労働者経営参加の研究をしている．アメリカ南部協同組合連合会の会員であり，インディアン・スプリングス農民協同組合の理事でもある．

マーチン・クナップ(Martin Knapp)

イギリス・カンタベリイにあるケント大学の人的社会サービス研究ユニットの副部長であり，ソーシャル・ケア経済担当教授．専門は社会医療経済，ボランタリィセクター，精神医療サービスである．これまで論文100本，著書6冊を出しており，最近では『コミュニティにおけるケア　挑戦と実態』(P.ケンブリッジ他と共著，1992)や『混合経済におけるソーシャル・ケア』(G.ウイストウ他と共著，1992)がある．彼はまた，ボランタリィや非営利セクターの国際的学界誌「ボランタス」の創刊編集者である．

ブノワ・レヴェック(Benoit Lévesque)

カナダ・モントリオールにあるケベック大学教授で社会学部部長．彼はまた，カナダCIRIECの事務局長であり，雑誌『協同組合と発展』の編集長である．研究対象は，協同組合，地域発展，労働者参加である．著作は多岐にわたり，『労働のフレキシビリティとCLSCにおける社会的要求』(P. R.ベランジェとの共著，1987)，編者として『協同組合とコミュニティ企業の社会的活動』(1979)，『運動における

活動と文化』(1987), 『もう一つの経済 オルタナーティブ経済?』(1989)などがある.

マリ-クレール・マロ (Marie-Claire Malo)

カナダ・モントリオールの高級商業学校(HEC)の経営戦略担当教授. 彼女はまた, 同学校の協同組合管理センターの委員である. 主要研究対象は協同組合で, 最近は社会的経済企業である. 論文, 共同著作など多数あり, 雑誌『協同組合と発展』において労働者協同組合や「協同組合と女性」問題について監修している.

ジャン-イブ・マノア (Jean-Yves Manoa)

フランス・パリ第一大学助教授で経済社会経営学部の責任者. 彼はまた, メーヌ(ルマン)大学の「社会的経済」特別公共研究学士クラスの責任者でもある. 研究著作は, 労働経済, 農業協同組合, 最近では社会的経済のその他の組織を対象にしている.

ヨハネス・マイケルセン (Johannes Michelsen)

デンマーク・エスビエルグの南ユトランド大学の社会・産業発展研究所の高級研究員. 彼はまた, デンマーク協同組合研究学会会長である. 研究対象は, 経済とくに協同組合と株式会社の制度的な形態についての学際的な研究である. デンマークの協同組合セクターや生産協同組合の論文以外には, 次の2つの著作を出している. 『組合員の視点とはなにか?』(1984), 『あなたの金と人生－私有財産 有限会社と行政学』(1991).

オレステ・ナッザーロ (Oreste Nazzaro)

イタリアの民間研究所で応用経済学のコンサルタント業でもある応用経済研究協会(AREA)の研究員. 現在社会保障問題や公共サービスの効率と経営問題に関心をもつ.

ステファン・オルバン (Stephan Orban)

オーストリアの情報企業組織大学の元教授. 彼は現在, CIRIEC オーストリア支部

の学会誌『共同経済』の編集長であり，CEEPの統計委員会委員である．多くの著作の他に，コメコンの7カ国の経済機構の変転についてのJ．バルソニィの『オコストロイカ』(1989) のドイツ語版を監訳した．最近では，『オーストリアの開かれた経済と共同経済読本』(1992) を監修した．

ロブ・ペイトン (Rob Paton)

イギリス・放送大学の経営学校教授であり，そのボランタリィセクター運営計画の責任者．彼は，研究対象を参加的企業，協同組合組織から非営利組織に移しており，現在，イギリスの非営利組織の広範囲の実態研究を進めている．著作には，ヨーロッパの労働者による企業買収についての『いやいやながらの起業者』(1989) がある．

ダニエル・ロー (Daniel Rault)

フランス・社会革新社会的経済総局の専門委員．経済学者で統計学者．彼は現在，フランスにおける社会的経済セクターの統計的方法を明らかにしようとしている．雑誌『経済と統計』や『協同組合・共済組合・アソシエーション評論』などに多くの論文を執筆している．とくにフランス社会的経済の各構成要素の量的推定に関するものが多い．

チャールズ・P．ロック (Charles P. Rock)

アメリカ・フロリダのロリンズ大学の経済学担当助教授．彼の主要研究対象は，民主的経済と財政，公共・オルターナティブ組織，労働経済学と比較経済学である．最近，N．マイジンドと一緒に，民主的企業と資金参加に関して雑誌『経済と産業民主主義』の特集号を編集した．

ロベルト・シェディヴィ (Robert Schediwy)

オーストリア・商業連合会議所の公共社会経済部部長．経済学者で法学者．彼は消費協同組合，およびレフェレンダムなど全体投票による直接民主主義制度についての専門家である．多くの著作のなかには次のものがある．『経験的政策』(1980)，『変化する世界における消費者協同組合』(J．ブラズダとの共著，1989)．

著者略歴

アラン・トマス(Alan Thomas)

イギリス・放送大学教授で協同組合研究ユニットの代表．彼の主要研究はイギリスとヨーロッパの労働者協同組合と協同組合運動であり，経営参加や財政，効率的経営の実証的研究も行っている．多くの著作のなかには，共著で『労働者協同組合の成功的展開』(1988)や共編で『公共経済協同組合経済年報』における労働者協同組合と自主管理企業の財政に関する論文がある．

クロード・ヴィエンニ(Claude Vienney)

フランス・パリ第一大学の助教授であり，カナダ・シェルブルーク大学の名誉博士．著作は多様であるが，協同組合の社会経済基盤についてのものが多い．『フランスの協同組合セクターの経済』(1966)，『協同組合組織の社会経済』(1980, 1982)，『協同組合企業の戦略と組織』(J.-G. デフォルジュとの共著，1980)，『フランスとケベックの住宅協同組合の社会経済比較分析』(共著，1985) がある．

アルベルト・ゼービ(Alberto Zevi)

イタリア・ウルビノ大学産業組織担当教授で産業財政会の副会長．レガ(協同組合・共済組合全国連合)の理事であり，経済政策研究センター CESPE の理事．現在の研究の関心は，産業経済における自主管理と従業員所有制度である．多くの著作のなかには次の2つがある．『コミュニティとイタリア経済 1944-1974』(L. バルカ，F. ボッタと共著，1975)，『不動産税とコミュニティの自主租税』(A. マンチニとの共著，1984)．

「社会的経済」解題

富 沢 賢 治

1. 本書の内容

 本書は Jacques Defourny, José L. Monzón Campos (eds.) *Économie sociale*—*The Third Sector*, Bruxelles: De Boeck-Wesmael, 1992. を邦訳したものである.

 Économie sociale (社会的経済) というフランス語のタイトルには, Entre économie capitaliste et économie publique (資本制経済と公共経済との間にあるもの) というサブタイトルが付されている. また, The Third Sector (サードセクター) という英語のタイトルには, Cooperative, Mutual and Nonprofit Organizations (協同組合, 共済組合, 非営利組織) というサブタイトルが付されている.

 本書ではフランス語と英語が用いられている. フランス語で書かれた論文には英語の要約が付され, 英語で書かれた論文にはフランス語の要約が付されている. 邦訳にあたっては要約は省略した.

 本書は社会的経済の理論的研究と実証的研究とから成る.

 本書の第Ⅰ部をなす「序論」では本書の編者であるモンソンとドゥフルニが社会的経済の理論的分析を行っている.

 第Ⅱ部の「ヨーロッパにおける社会的経済セクター」では, フランス, イギリス, スペイン, イタリー, ベルギー, デンマーク, オーストリアにおけ

る社会的経済の実証的分析がなされている.

　第Ⅲ部の「北米における社会的経済セクター」では,アメリカとカナダにおける社会的経済の実証的分析がなされている.

　本書に結実する国際的研究を組織したのは国際公共経済学会（CIRIEC; Centre international de recherches et d'information sur l'économie publique, sociale et coopérative, 公共経済, 社会的経済, 協同組合経済に関する研究・情報のための国際センター）である. CIRIEC は 1988 年以来, 本書の 20 名の執筆者だけでなく, 社会的経済に関するその他多数の専門家の協力を得て本書を完成させるべく努力を重ねてきた. そして,「新生ヨーロッパにおける公共的, 社会的, 協同組合的企業の役割」を主要テーマとして 1992 年にスペインで開催された CIRIEC の第 19 回世界大会と期を一にして本書を刊行したのである.

2. 本書の意義

　混合経済の内部において私的セクターにも公的セクターにも所属しない領域における経済活動が, 最近多くの国において活発化してきている. この現象をどのように理解すべきか, またこの種の経済活動の社会的意義をどのように把握すべきか, 国際的な規模で研究が開始されている. しかしながら, この領域にどのような名称を付すべきかという基本的な問題についてすら研究者間でまだ合意がみられていない. 私的セクターにも公的セクターにも所属しない独自のセクターなので「第 3 セクター」と呼ばれることが多いが, その他にも「非営利セクター」「社会的セクター」「社会的経済セクター」など, 種々の名称が付されている. 現象の変化が先行し, 研究者がそれに追いつくことができず, 研究はまだカオス的状況にあるといえよう.

　本書もまた研究のこのようなカオス状況を反映している. 社会的経済という観点から上述の現象をとらえようとするのが本書の編者の意図であるが, この「社会的経済」というタームに関してすら執筆者間で賛否両論がみられ

る．この種の問題は新しい現象を科学的に把握する場合に当然起こりうることであるが，社会的経済をめぐって本書全体が論争に満ち溢れている．

　本書のメリットは，社会的経済論を1つの理論的仮説として前提し，その観点から主要先進諸国の最近の経済活動を分析し，分析結果をもとに仮説そのものの妥当性を検証しようとしているところにある．主要先進諸国の最新の情報をもとにして社会的経済の理論と実証の総合を試みた国際的規模の研究はまだ本書の他にない．その意味で本書は社会的経済の研究の発展のために1つの礎石を築くパイオニアワークとして評価しうる．

3. 社会的経済論の形成史

　社会的経済論の学説史的解説としては本書の序論の2論文の他に，A. Neurrisse, *L'économie sociale*, (Que sais-je?), Paris: P. U. F., 1983, が，また邦語文献としては，西川潤「社会的ヨーロッパの建設と『社会的経済』理論」『生活協同組合研究』1994年5月号，および北島健一「フランスにおけるエコノミ・ソシアルのルネッサンスをめぐって」『松山大学論集』6巻2号(1994年11月)が参考になる．これらの研究に依拠してつぎに要点を述べよう．

　社会的経済論の歴史は古く，すでに19世紀のフランスを中心に，資本主義的市場経済のもたらす悪弊の是正を目的とする理論と運動に関してéconomie soicaleという概念が用いられていた．

　アンリ・デロッシュは「ヨーロッパにおける協同組合運動とエコノミ・ソシアル」(H. Desroche, "Mouvement coopératif et économie sociale en Europe", *Revue de l'économie sociale*, no. 11, 1987)において，社会的経済の理論家たちを4つの学派に分類している．デロッシュの研究に依拠して，本書の緒論の第2論文でドゥフルニもこの4つの学派について解説している．西川氏も北島氏も同様の分類をしている．以下では西川氏の分類を中心にして社会的経済論の展開をたどることにしよう．

社会的経済の理論は1830年代にヨーロッパで提起された．

1830年にシャルル・デュノワイエが『社会的経済新論』を刊行し，同じ30年代にベルギーのルーバン大学で社会的経済のコースが開かれた．当時の自由主義の代表的学者であるJ. B. セーも，コレージュ・ド・フランスでの晩年の講義で社会的経済の重要性を強調している．

19世紀の経済学界では，国富の増大を目的に工業化と資本蓄積を重要視する政治経済学（エコノミ・ポリティーク）が主流を占めていたが，これに対してエコノミ・ソシアル派は経済の資本主義化に伴う社会問題の解決を主要な研究対象に据えたのである．

エコノミ・ソシアル派はつぎの4つの学派に分類することができる．

第1は社会主義的な伝統である．これはR. オウエンやW. トンプソンなどが，一方では資本主義化に伴う貧困化などの社会問題を解決するために，他方では国家の干渉主義に対して，それぞれ協同原理（アソシエーション）の優位を説くことから始まった．それはさらに，J. S. ミルにおいて協同組合主義を将来社会の構成原理とする学説として発展していった．

第2はキリスト教社会主義の伝統である．サンシモン主義の伝統をくむフランスのビュシェは，生産者の労働・生活条件を改善するために生産者自身がアソシエーションを組織すべきだと主張した．カトリックの影響のもとで彼は有機的アソシアショニスムを唱えた．これがフレデリック・ル・プレなどのキリスト教主義者に引き継がれていった．ル・プレは1856年に社会的経済協会を設立し，『エコノミ・ソシアル』という雑誌を発刊し，社会的経済の運動を促進していった．ル・プレのキリスト教社会主義の立場からすると，産業革命に伴う社会問題を解決するために社会改革を推進することがエコノミ・ソシアル運動の使命であった．

第3は自由主義の伝統である．自由主義者の中からもアソシエーションの重要性を強調することによってエコノミ・ソシアルに接近する者が現れた．彼らは国家の干渉に反対する一方，民衆のアソシエーションを支持し，協同組合主義とも結びついていった．限界効用理論，一般均衡理論の創設者とし

て有名な経済学者のレオン・ワルラスは，1865年に『消費，生産，信用に関する民衆のアソシエーション』を刊行し，社会組織の理想的形態として民衆の互助組織であるアソシエーションの重要性を強調した．

　第4は連帯主義の伝統である．連帯主義の理論家たちは，協同組合運動とも関連して，生産や消費などの経済領域における社会的連帯，協同の重要性を強調した．フランスの社会主義者の中ではジャン・ジョレスをあげることができるが，連帯主義の理論家としてはシャルル・ジードが有名である．彼は，1905年に『エコノミ・ソシアル』を刊行し，社会的連帯の理論を提唱した．彼はまた，コレージュ・ド・フランスで「連帯（ソリダリテ）」と題する講義を行っている．フランス革命以来の私有財産と自由の権利を犠牲にすることなく，連帯にもとづく相互扶助を発展させることによって資本主義社会を改良していくというのが，ジードの基本的思想であった．彼はまた，今日で言う協同組合セクター論を提起し，その後の協同組合運動に大きな影響を与えた．

　以上の西川氏による分類に対して，ドゥフルニはJ. S.ミルを自由主義派に，またデロシュはワルラスを連帯派に位置づけている．

　このようにエコノミ・ソシアルの理論は19世紀から20世紀の初頭にかけてある程度の発展をみたのであるが，その後，資本主義批判論が，一方ではマルクス主義に吸収され，他方では社会民主主義的な福祉国家論に吸収されていったことによって，エコノミ・ソシアルの理論は急速にその影響力を失っていった．

　しかしながら，1970年代以降の大きな社会的変化，とりわけ社会主義諸国の経済的崩壊と先進資本主義諸国の福祉国家体制の弱化によって，また一般的には，政府の失敗と市場の失敗を重視して，経済のあり方に対する反省が高まり，経済的な効率と社会的な福祉との総合的な実現をはかる経済理論の再構築が求められるようになってきた．このような状況のもとでエコノミ・ソシアル理論の再検討が開始されるようになったのである．

　ここで注意を要する点は，緒論の第1論文でモンソン・カンポスが述べて

いるように,「社会的経済の歴史的起源が19世紀初頭にまで遡るのは確かであるとしても,今日われわれが向き合っているのは新しい社会的経済である」ということである.新しい社会的経済の理論の特徴は,市場経済に基礎を置く混合経済体制の中で,公共セクターとも私的セクターとも異なる独自の構成要素として発展しつつあるセクターの役割に注目している点にみいだされる.

このような観点からすれば,現代の社会的経済論は,上述のように今世紀初頭にジードが提起し,その後1935年にジョルジュ・フォーケが『協同組合セクター』(中西啓之・菅伸太郎訳『協同組合セクター論』日本経済評論社,1991年)で理論化し,最近では1980年にA. F. レイドローが『西暦2000年における協同組合』(日本協同組合学会訳編『西暦2000年における協同組合』日本経済評論社,1989年)で現代の協同組合運動の基本的方針として展開した協同組合セクター論の系譜をひくものと位置づけることができる.

また,19世紀には顕在化しなかった環境問題をも背景としているという点では,現代の社会的経済論は,人間の社会的生活だけでなく,その基盤をなす自然環境の保全をも目的とする経済運営のあり方を探る経済理論ともなっている.その意味で現代の社会的経済論は,経済成長を基本目的とする政治経済学を批判して,人間と社会と自然のバランスのとれた人間社会の発展をめざす経済システムのあり方を探る経済理論だということができる.

では,現代の社会的経済論はどのような状況のもとで展開されているのだろうか.さらに詳しくみることにしよう.

4. 非営利部門の増大

最近,先進資本主義諸国を中心にして多くの国で非営利部門が急速に増大しつつある.この客観的事実が現代の社会的経済論の発展の基本的要因をなしている.

アメリカでは著名な経営学者であるP. F. ドラッカーが,非営利部門の急

増こそ現代社会の特徴をなす「新しい現実」だと述べ，近著（上田惇生・佐々木実智男訳『新しい現実——政府と政治，経済とビジネス，社会および世界観にいま何がおこっているか』ダイヤモンド社，1989年．上田惇生・田代正美訳『非営利組織の経営——原理と実践』同上，1991年．上田惇生・佐々木実智男・田代正美訳『未来企業——生き残る組織の条件』同上，1992年．上田惇生・佐々木実智男・田代正美訳『ポスト資本主義社会——21世紀の組織と人間はどう変わるか』同上，1993年）のすべてを非営利部門の分析にあてている．

　彼によれば，1972年からの10年間にアメリカの全就業者の伸び率は22％，営利部門での伸び率は21％であったが，非営利部門での伸び率は2倍近くの42％であった．その後も非営利部門は増大し続けている．このような現象に注目して，彼は『新しい現実』の第13章でつぎのように述べている．

　「1980年代のアメリカ社会における最大の成長産業」は第3セクターにおいてみられる．今日，アメリカでは病院，学校，慈善団体，文化団体など民間部門の非営利組織から成る第3セクターで働く人びとが最大の労働力集団となっている．成人の半数である9,000万人がなんらかのかたちで第3セクターで働いている．フルタイムに換算すると彼らの労働量は750万人に相当する．第3セクターはその参加者に対し「主体的かつ意義ある市民生活の場を提供している」．第3セクターで働いている人たちは社会に独自の貢献をしている．第3セクターに所属する諸組織に共通するのは「人間を変える」という目的である．このような機能が地域社会の自律的な団体によって果たされているところに，その特徴がみられる．「今日，家庭や地域社会の崩壊について多くが論じられている」が，今や「第3セクターによって地域社会の新しいきずながつくられつつある」．

　ドラッカーは最近著『ポスト資本主義社会』において，この「第3セクター」を「社会的セクター」と命名し，「社会的経済」のコンセプトへの接近を示している．

　しかしながら，アメリカでは社会的経済セクターというタームが用いられ

ることはあまりなく，非営利セクターというタームが用いられることが多い．また，社会的経済が協同組合，共済組合，非営利組織という3大組織をその担い手としているのに対して，アメリカの非営利セクターを構成する組織は，アメリカの税法によって非営利団体として連邦所得税の減免を申請できる組織に限定して理解されることが多く，この法的基準からするとアメリカの消費協同組合などは非営利セクターから除外されることになる．

　L. M. サラモン『米国の「非営利セクター」入門』（入山映訳，ダイヤモンド社，1994年）によると，非営利セクターを構成する組織に共通する特徴は，①公に組織されたもの，一般的には法人組織であること，②民間の組織であること，③利益配分をしないこと，④自主管理をすること，⑤自発的な有志による組織であること，⑥公共の利益のための組織であること，である．「ここ［本書］で使われている『民間非営利セクター』という用語は，民間の法人組織でありながら，保健，教育，科学の進歩，社会福祉，多元的価値観の促進といった公共の目的を追求する機関の集合体を意味している．したがって非営利セクターには，何千ものデイケアセンター，私立病院，大学，研究所，地域開発機関，里子養育施設，社会福祉機関，雇用促進・訓練センター，博物館・美術館，アートギャラリー，交響楽団，動物園，事業・職業組合，アドボカシー［擁護］団体，その他多くの類似の機関が含まれる」（同上書，20-21ページ）．また，非営利組織がフィランソロピー組織と混同されて用いられることがあるが，サラモンによれば，「『フィランソロピー』とは，時間や貴重品（現金，有価証券，財産）を，公共の目的のために寄贈することである．したがって，フィランソロピーあるいは慈善的寄贈は，民間非営利団体が収入を得る一つの方法である．たしかに非営利団体の中には，慈善的寄付を募ることを伝統的にその主要な目的としてきたところもあるが，……こういう組織だけが非営利団体だということではなく，また，民間による慈善的寄付が非営利団体の唯一の源でもないことは明らかである」（同上書，21ページ）．

　なお，サラモンによれば，「1989年度のアメリカ非営利公益サービス団体

の事業支出は，GNPの6%であった．多くの地域で，非営利セクターの支出は地方自治体のそれを超えている」(同上書，67ページ).彼は調査・分析の最終的結論として，「非営利セクターの役割はますます増大する」と述べている（同上書，225ページ）．

ヨーロッパ諸国における非営利部門の増大も著しい．その詳細については本書の各章を参照されたい（その他に日本語文献としては，①佐藤誠「労働者参加と社会的経済にみるEC統合」『立命館国際研究』5－1，1992年，②マリア・ヘスス・バラ（佐藤誠訳）「EC統合とスペインにおける社会的経済」『生活協同組合研究』1993年8月号，③長岡顯「スペインにおけるSocial Economy」『駿河台史学』91号，1994年，参照).

ヨーロッパで特徴的なことは欧州連合（EU）がこの現象に注目し，非営利部門の増大を政策課題としていることである．

国境を越えて諸国家の統合をはかるEU統合は，現代史における最先端の実験である．EU統合においては，市場統合という経済面の統合だけではなく，それと並んで政治面の統合（とりわけ外交と安全）と社会面の統合がめざされている．社会的統合の基本的課題は，経済的統合にともなう社会問題（地域間格差や産業間格差に起因する過密・過疎問題，失業，労働条件の切下げなどの問題）に対応するために，EU域内共通の社会政策を設定することである．そのための前提条件として現在，①EU域内の自由な人的移動とヨーロッパ市民権の確立，および②「労働者の基本的社会権に関する共同体憲章」(ヨーロッパ社会憲章，1989年）の具体的適用が推進されている．ヨーロッパ社会憲章は，域内移動の自由，労働権の保障，労働者の経営参加，社会保障，男女平等，高齢者・障害者援助などを定めたものである．このような社会的統合が目的とするのは「ソーシャル・ヨーロッパの建設」である（西川潤，前掲論文，および恒川謙司『ソーシャル・ヨーロッパの建設』日本労働研究機構，1992年，参照）．

本稿の観点から注目されるのは，EUにおいては経済的統合と社会的統合とをそれぞれ別個に並列的に進行させるのではなく，社会的経済の振興に

よって社会的統合に見合うかたちで経済的統合を進行させようとする試みがなされているという点である．すなわち，経済と社会とをそれぞれ別ものとして扱うのではなく，社会問題の発生を阻止しうるような経済運営の試みが検討されているという点である．前述のように，社会生活に適合する経済運営はまさに社会的経済論の基本問題をなすものであった．このように，EU統合という現代史の最先端の課題を背景として，社会的経済論は現代的なかたちで再生することになったのである．

EUの組織としては，1989年にヨーロッパ委員会（国家の行政府に相当）の第23総局の内部に社会的経済部局が組織された．この点を含めて社会的経済をめぐる最近の経緯を年表にまとめてみよう．

1976 フランスで「共済組合，協同組合，アソシエーションの活動についての全国連絡委員会」(CNLAMCA) 設立．

1978 社会的経済についてのヨーロッパ会議 (CNLAMCA 主催，ブリュッセル)．

1979 フランスで「社会的経済学会」設立．

1980 CNLAMCA が「社会的経済憲章」を発表．その要旨はつぎのようである (A. Neurrisse, *ibid.*, pp. 5-6)．

    1. 社会的経済の企業は民主的に運営される．

    2. 社会的経済の企業のメンバーは，それぞれが選択した活動形態（協同組合，共済組合，アソシエーション）に従って，企業活動に責任を持つ．

    3. すべての組合員が生産手段の所有者という資格を持つ社会的経済の企業は，教育・情報活動により，内部に新しい社会関係を創造するように努める．

    4. 社会的経済の企業は，各企業の機会平等を要求する．また，その活動の自由を重視して発展の権利を認める．

    5. 事業の剰余金は企業の発展と組合員へのよりよいサービスにのみ用いられる．

6. 社会的経済の企業は，個人と集団の向上をめざして，社会の調和ある発展に参加するよう努める．
7. 社会的経済の企業は人間への奉仕を目的とする．

1981 フランスで「社会的経済各省代表会議」(1991年に「社会改革および社会的経済代表会議」と改名) を設立．その後, 政府内に「社会的経済全国事務局」を設置．「社会的経済基金」設立．

1983 フランスで「社会的経済法」制定，「社会的経済振興協会」(財政組織) 設立．
EC議会，地域発展における協同組合の役割に関する決議 (4月)．

1984 EC理事会，雇用創出のための協同組合振興の決議 (6月)．提案内容は，ヨーロッパ協同組合法の制定，協同組合幹部教育のための学校の設立，資本主義的企業の協同組合への移行の促進，協同組合への政府の優遇措置など．

1986 EC経済社会評議会が "*The Cooperative, Mutual and Nonprofit Sector and its Organizations in Europe*" を刊行．

1987 EC議会，協同組合と共済組合の役割に関する決議．

1989 EC委員会，第23総局内に社会的経済部局を設置．
EC, 地域発展における協同組合の役割について報告．社会的経済プログラムを開始．
EC委員会が閣僚理事会への通知のなかで，ECとしてはフランスの政令に合わせた表現 (「社会的経済」) をとることを確認 (12月)．この通知, Communication from the Commission to the Council, "*Businesses in the 'Économie Sociale Sector': Europe's Frontier-Free Market*" はつぎの諸点を指摘した．
「社会的経済の主要な原則は連帯と参加 (1人1票) である」
「社会的経済の企業は一般的に，協同組合，共済組合，アソシエーションの法的形態に基づいて組織化されたものである」
「EC内で消費協同組合はヨーロッパの小売り事業高の10％を占

め，農協は農産物の60％を生産，加工，販売し，共済組合の組合員は4千万人に達している」

　　　「アソシエーションの活動分野は保健，教育，文化，スポーツ，レジャー，旅行，ホテル，環境保全，地域開発，貧困対策など．公共的な活動への市民参加を促す．個人を守り，社会の基本的価値を守るうえで重要な役割を果たしている」

　　　「社会的経済に対する認識がここ数年EC内で高まっている」

1992　EC委員会がヨーロッパ協同組合法案，ヨーロッパ・アソシエーション法案，ヨーロッパ共済組合法案の最終ドラフトを発表（5月）．
　　　スペイン労働社会保障省『スペイン社会的経済白書』刊行．
　　　スペイン，「全国社会的経済助成局」（INFES，行政機関），設立．
　　　スペインで第19回CIRIEC国際会議．
　　　J. Defourny, J. L. Monzón Campos (eds.) "Économie sociale − The Third Sector" 刊行．
1993　社会的経済に関する第4回ヨーロッパ会議（ブリュッセル，11月）．
1994　国際第3セクター学会(The International Society for Third-Sector Research)の設立総会（7月4−6日，ハンガリー）．

　本書の執筆者たちが示しているように，社会的経済の意義に関する見解は，協同組合研究者たちの間でも多様である．参考までに，以下に協同組合研究者以外の見解を補足しておこう．

　CFDT（フランス民主労働同盟）の全国書記として経済政策の立案に従事してきたP. エリティエは，その著書『オルタナティブ・エコノミーへの道』（若森章孝監訳，大村書店，1991年）において，フランスの労働者人口の6％にあたる124万人がすでに社会的経済セクターで働いていることに注目して，「自律と連帯のための地域ネットワークと『社会的経済』とを基盤とするオルタナティブ・エコノミー」（197ページ）を構築すべきだと主張し，そのための具体的提言を行っている．

また，経済学者としてはレギュラシオン学派のA.リピエッツがつぎのような構想を展開している（若森章孝訳『勇気ある選択』藤原書店，1990年，第9章）．

　国家は福祉事業，住宅整備，環境改善事業など「社会的に有用な事業」を担う「第3セクター」の発展を積極的に援助すべきである．第3セクターの労働者は協同組合に組織される．そこでは新しい社会関係が形成される．すなわち，そこでは第1に，教育と活動が結合される．第2に，協同組合を利用する人たちはこれらの協同組合活動が実際に「社会的に有用であるかどうか」をチェックし民主的にコントロールする．「かかるセクターが実現されるならば，それは経済関係の人間化の新たな一歩になるだろう」「このような社会的に有用な事業は，福祉国家の危機と闘うきわめて効果的な手段である」「このような新しい同盟をつうじて，福祉国家が福祉共同体になってゆくことは明らかである」．

　日本でも非営利セクターの規模が増大しつつある．川口清史「非営利セクターの規模と構成」（『統計学』第62号，1992年3月）は，統計的処理のために総務庁「事業所統計」経営組織分類における「会社以外の法人」および「法人以外の団体」を非営利組織とみなしたうえで，つぎのように指摘している．

　非営利組織の就業者総数は，1975年の237.6万人から86年の343.5万人へと10年余りの間に1.5倍近い伸びを示している．全就業者に対する構成比でも，5.3％から6.3％へと上昇し，86年には公共企業の就業者構成比6.3％と並ぶ結果となっている．

　川口氏の方法論にしたがって72年から91年までの就業者数の推移を計算した西川氏によると，この間，全就業者数は4,400万人から6,000万人に増えている．このうち，就業者数は民間営利セクターでは3,870万人から5,000万人に（129％の増大），公的セクターでは447万人から500万人に増えた（112％の増大）のに対して，非営利セクターでは200万人から400万人へと20年間で2倍に増えている（西川，同上論文，66ページ）．

また，藤田暁男「最近の非営利組織にかんする問題点——『社会的非営利組織』への接近」(『金沢大学経済学部論集』14-1, 1993年12月) も，総務庁『産業連関表』を用いて各セクターの産出増加率を比較し，近年における「非営利組織の著しい増大の状況」(4ページ) を析出している (なお，非営利組織に関する藤田氏の見解についてはその他に，藤田暁男「非営利組織と社会経済制度問題」九州大学経済学会『経済学研究』59-5・6合併号, 1994年2月, 参照).

西川氏は非営利部門の世界的規模の拡大についてつぎのように総括している (西川潤「エコノミー・ソシアル」『日本経済新聞』1994年2月18日).

「先進国では平均してみると, 雇用の1割程度が非営利部門だろう. しかし, 世界の協同組合員数が六億人といわれるように, その社会的影響は大きい. そして, 経済サービス化とともに, 非営利部門は成長を続けているし, 同時に民間営利部門, 個人部門とのネットワーク化も進んでいる. 社会的セクターはその存在自体によって, 営利一辺倒や権力一辺倒の社会のゆがみを正し, よりバランスのとれた社会像を提示する役割を果たしている. 発展途上国でも実は事態は同様である. 工業化, 資本蓄積の中で, 市場・国家独裁のゆがみを正すNGOや住民の社会運動が, それぞれの地域の文化伝統を踏まえて広がっている」.

上述のような経済状況の変化が近年における社会的経済論の発展の背景をなしているのであるが, では, このような経済状況の変化を生み出した基本的要因は何であろうか. つぎにこの問題を考察することにしよう.

5. 非営利部門増大の諸要因

非営利部門増大の要因を経済的要因, 社会的要因, 政治的要因, 文化的要因にわけて考察しよう.

経済的要因としては第1に産業構造の変化をあげることができる. 経済成長にともないGDPや労働力人口における比率が第1次産業から第2次産業

へ，そして第2次産業から第3次産業へとその重点を移行させることは，経済史学においてよく知られている事実である．多くの先進資本主義国において経済成長の現局面は第2次産業から第3次産業への重点の移行期にある．「経済のサービス化」「脱工業化社会」「情報化社会」などとも呼ばれている現象である．

日本でも，1990年の国内生産額のうち第3次産業の占める割合は48.7％と5年前より1.6ポイント上昇したのに対し，第2次産業の割合は49.2％と50％を割り込み，経済のサービス化が一段と進んでいる．85年から90年までの国内生産額の伸びをみると，第1次産業は0.3％増，第2次産業は25.8％増であったのに対し，第3次産業は32.9％増であった（総務庁「1990年産業産業連関表」1993年）．

資本集約的な製造業において非営利組織を設立することは困難であるが，これに対してサービス産業における非営利組織の設立は相対的に容易である．また，人と人との関係を中心とするサービス活動は非営利組織が得意とする領域でもある．経済のサービス化にともない非営利組織にとっての市場と活動基盤が拡大したのである．

消費，福祉サービスなどの分野で協同組合や非営利組織の数が近年急増している背景にはこのような経済構造の変化がある．

第2に，資本主義的経済運営が生み出す環境問題や社会問題がある．「市場の失敗」とも称される現象である．このような状況のもとで，環境問題に配慮した経済運営を試みる非営利組織が生れ，また，失業や社会的排除に抗して労働者自身による就業機会の創出を試みる労働者協同組合などが急増したのである．

第3に，国家指令型社会主義経済の崩壊がある．資本主義経済に対するオルターナティブとしての国家指令型計画経済モデルが崩壊することによって，資本主義経済運営を規制する別のオルターナティブが求められるようになった．経済の社会化を国有化に求めるのではなく，市民自身が運営する企業を中心に「社会的セクター」を拡大強化する方向に求める動きが現れてきたの

である．上からの社会化ではなく，下からの社会化をめざす動きである．

　社会的要因としては，社会の基盤をなす家族と地域社会の崩壊化現象がある．社会とは基本的に人と人とのつながりである．どのような社会体制のもとでも家族と地域社会が人と人とを結びつける基本的な核として機能してきた．それは主に，家族と地域社会が生命の再生産の場であるとともに経済活動の担い手としての機能を果たしてきたからである．ところが社会の資本主義化にともなって，経済活動の担い手としての企業が生成発展し，独自の存在としてその勢力範囲を拡大していった．そしてついには現代のリバイアサンとでもいうべきほどの巨大な経済主体となり，家族と地域社会をその支配下におさめるようになった．いわゆる「会社本位主義」の成立である．そのような状況下で，職場における人と人とのつながり（金銭上のつながり）は強化されていったが，家族と地域社会における人と人とのつながりは稀薄化していった．それにともなって生命再生産の場としての家族と地域社会に種々の社会問題が多発するようになってきた．それとともに，職場における労働の疎外という問題と家族・地域社会における生命再生産機能のゆがみという問題に対する反省も一般化し，人間の社会生活に適合的な経済のあり方が強く求められるようになってきた．非営利組織の急増と社会的経済論の発展はこのような社会問題を背景としている．

　政治的要因としては，福祉国家体制のゆきづまりという現象がある．19世紀初頭から20世紀初頭にかけて発展してきた社会的経済論は，資本主義経済が生み出す社会問題をどのように解決すべきかという課題を追求してきたが，第1次大戦以降の社会主義諸国の成立と第2次大戦後の福祉国家体制の成立とが別様の解決方法を提示したことによって，その影響力を急速に失っていった．このうち国家指令型社会主義経済の崩壊についてはすでに述べた．1980年代の国家指令型社会主義経済の崩壊ほどドラスティクではないが，すでに70年代から先進資本主義諸国の福祉国家体制は急速な変貌を示しはじめていた．福祉国家体制の財政的基盤をなした高度経済成長が破綻したからである．それにともない，「福祉国家から福祉社会へ」が国家の社

会政策の基軸をなすようになっていった．福祉の担い手を国家から個人，家族，地域社会，中間組織などへ移行させていく政策である．国有化に反対し民営化を主張する新自由主義経済論がこれをバックアップした．このような状況変化のもとで，現代の客観的条件に適合的なかたちで福祉問題の解決を図ろうとする新しい社会政策論とそれを支える経済論が求められるようになってきた．非営利組織部門の増大と社会的経済論の活性化はこのような時代の流れのなかで生じたのである．

　文化的要因としては，価値観の変化がある．高度経済成長期にみられた「物の豊かさ」重視の価値観が反省され，「心の豊かさ」「人間関係の豊かさ」「余暇時間の豊かさ」を含む生活総体のあり方において「豊かさとはなにか」が問題とされるようになった．また，職場における「労働の人間化」が主張され，このような観点から経済運営のあり方に反省が求められるようになってきた（都留重人「『成長』ではなく『労働の人間化』を」『世界』1994年4月号，参照）．「24時間働けますか」の「会社人間」から家庭重視への価値観の移行，ボランティア活動への関心の高まり，地域社会の空洞化に抗する種々の「地域おこし」運動の活性化などにみられるように，会社本位主義から社会本位主義への転換が主張されるようになってきた．また，社会活動参加に対する女性の関心も高まってきた．さらには，人間生活の基盤をなす自然環境の豊かさが問題とされるようになってきた．そして実際に，これらの価値観に基づいて活動する種々のNGO, NPO (Nonprofit Organizations, 非営利組織)が多数生まれてきた．社会的経済論はそのような運動を支援する理論的な支柱として展開されてきたのである．

6. 社会的経済の定義

　非営利組織の急増現象をどのような理論的枠組みで把握するかということについてはまだ各国の研究者間に共通の見解が成立していない．EUではフランスのイニシャティブのもとで非営利組織の経済活動を économie sociale

（社会的経済）というタームで把握することが決まったが，EU 諸国の研究者間ですらこの用語の妥当性について同意がみられていない．まず翻訳の段階で問題が生じる．国によって文化が異なるので，économie sociale を直訳すると，このフランス語がもっている意味内容がそのまま伝わらないし，場合によっては別様の意味を帯びることになるからである．したがって，まったく別の用語をあてる場合も生じる．例えば，本書のタイトルが示しているように，英訳にあたって the third sector という用語が用いられたりする．

しかしながら，文化の相違をこえて各国に共通する現象をとらえようとする場合，この種の問題は避けられないものである．まずなすべきことは「社会的経済」の意味内容を確定することである．そのあとでその意味内容を伝える最適な用語を各国で選択すればよいし，場合によっては，économie sociale を一定の約束ごとのもとで共通の国際語として一般化していってもよいであろう．

現在，比較的多数の研究者が「社会的経済」の意味内容に関してたたき台として引用するのは，1990 年にベルギーのワロン地域社会的経済協議会が提起したつぎの定義である．

「社会的経済とは，主として協同組合，共済組合，アソシエーションといった組織によりなされる経済活動であり，その原則は以下のようである．

(1) 利潤ではなく，組合員またはその集団へのサービスを究極目的とする．
(2) 管理の独立．
(3) 民主的な決定手続き．
(4) 利益配分においては，資本に対して人間と労働を優先する．」

なお，EU の「ヨーロッパ共済組合法案」によれば，「共済組合は，貯蓄，保険，健康関連，信用などの事業を行う企業である」．また，「ヨーロッパ・アソシエーション法案」によれば，「アソシエーションは，個人あるいは法人が集まり，幅広い分野，例えば科学，文化，慈善，フィランソロピー，健康，教育といった分野で，一般的な利益または職業や集団の特別な利益を増進するために，自らの知識と活動を結集するものである」．

協同組合の原則としては「国際協同組合同盟（ICA）の6原則」が国際的に受け入れられている．すなわち，自発性と加入脱退の自由，民主的管理，出資金に対する利子の制限，剰余金の公正な配分，教育促進，協同組合相互の協力，である．

この6原則を上述の4原則と比較してみよう．

第1に，4原則にないものは，自発性と加入脱退の自由，教育促進，協同組合相互の協力，の3原則である．このうち，教育促進，協同組合相互の協力，の2原則は協同組合独自の原則と理解されうるとしても，「自発性と加入脱退の自由」は共済組合とアソシエーションにも共通する原則である．

第2に，4原則中の「管理の独立」は公的権力からの独立を意味するから，協同組合にも適合する原則である．

第3に，「利潤ではなく，組合員またはその集団へのサービスを究極目的とする」という原則と「利益配分においては，資本に対して人間と労働を優先する」という原則は，「非営利性」という原則に集約しうる．

国際的に著名な協同組合研究者であるH. ミュンクナーは社会的経済の企業の原則として，①自発性と加入脱退の自由，②民主的運営，③投機的利潤の排除，④政府からの独立，という4原則をあげているが，上述の3点を考慮すると，妥当な整理だといえよう（H. ミュンクナー「来るべき数十年にむけて可能なICA開発戦略」, *Review of International Co-operation*, 85-1, 1992）．

また，「政府からの独立」は社会的経済の企業にとって当然の原則だという理解に立つと，「①自発性と加入脱退の自由，②民主性，③資本に対する人間の優位性」という3原則に集約することも可能である(Crédit Coöperatif/Nathan, *Entreprendre ensemble l'économie sociale*, Paris : Éditions Nathan-Communication, 1988, p. 11)．

なお，端的な表現としてA. テイラーは社会的経済を「社会的ニーズに応える経済」として説明している（A. Taylor, *Worker Co-operatives and the Social Economy*, Leeds : ICOM, 1986, p. 15）．

また,「社会的経済, 心のこもった経済」(economía social: una economía con corazón)と表現される場合もある(Unión de Cooperativas Madrileñas de Trabajo Asociado, *Madrid Cooperativo*, no. 67, 1994, p. 3). 感覚的表現であるが,「人間の顔をした社会主義」という表現になぞらえると,「人間の顔をした経済」と言い換えることもできよう.

以上の諸点を考慮すると, 社会的経済とは, ①自発性と加入脱退の自由, ②民主的運営, ③資本に対する人間の優位性, という3原則に基づく事業体が営む経済である, と言うことができよう.

7. 社会的経済論への批判

社会的経済論に対する外在的批判は多々あるが, 内在的批判の1つの典型的な例はH. ミュンクナーにみられる(H.-H. Münkner, "Panorama d'une économie sociale qui ne se reconnaît pas comme telle: le cas de l'Allemagne", *Revue des Etudes Coopératives*, no. 44-45, 4e trimestre 1992-1er trimestre 1993).

ミュンクナーの批判はつぎの2点に集約されうる(北島, 前掲論文, 参照).

第1は, 社会的経済の担い手として協同組合と共済組織とアソシエーションとを一括するのは国によっては無理があるという点である.

ミュンクナーによれば, ドイツにおいては協同組合と共済組織との間には共通する性格がみられるが, アソシエーションは両者とは異質な組織であり, フランスにおいてみられるような3者間の同質性は存在しない. すなわち第1に, 協同組合と共済組織はともに組合員の利益を目的とする自助組織であるが, アソシエーションは第三者の利益を目的とする組織である. 第2に, 協同組合と共済組織はともに経済的目的をもって事業を営む事業体であるが, アソシエーションは社会的目的をもって活動する非経済的組織である. 第3に, 運動の実態からしても, 協同組合と共済組織との間には同盟関係(Genossenshaftverbund)が結ばれているが, アソシエーション組織はそれら

とは協力関係になく，独立した立場を保っている．

　ミュンクナーの批判の第2点は社会問題解決の方法論と関連する．

　彼によれば，社会的経済論は混合経済のなかで社会的経済セクターを拡大強化することによって社会問題の解決をはかろうとするものであるが，ドイツはそれとは別の解決策をとり，それに一定程度の成功をおさめてきた．すなわち，ドイツにおいてはすでに「社会的市場経済」(Soziale Marktwirtshaft)の伝統にたった経済運営がなされている．国民の福祉は法的に保障され，労働者の権利は労働法によって守られ，経営参加権も共同決定法によって保障されている．このような枠組みの外に「第3セクター」を形成するならば，その「第3セクター」の内部の労働者群は新しい労働市場を形成することになり，法的に非権利状態におかれかねない．ドイツでは協同組合も共済組織も既存のシステムに深く組み込まれ，明白に民間セクターの一部をなしていると認識されている．このような状況下で，民間セクターと公的セクターとの間に第3のセクターを構想する政治的・経済的素地はない．

　ミュンクナーによれば，EUにおけるエコノミ・ソシアルの展開に関心を寄せるドイツ人の多くは，フランスの社会党政府が活動家集団とともにEU内部でイニシャティブをとり，エコノミ・ソシアル論を展開するためにさまざまな政治的・立法的措置を講じてきた，という印象を持っている．すなわち，エコノミ・ソシアル論は，実際的な経済論というより社会的・政治的色彩を強くおびたイデオロギーとして受けとられているというのである．

　なお，ミュンクナーは言及していないが，ドイツにおいても例えば社会民主党のベルリン綱領にみられるように，「経済は公共の福祉に奉仕している．資本は人間に奉仕すべきであって，人間が資本に奉仕すべきではない」という立場から，「社会的経済」(Sozialwirtshaft)が社会に責任を持つ経済として主張されており，また自助運動などの社会運動が発展しつつあることは無視されてはならない（田中洋子「『資本主義的利潤追求を目的としない』社会──ドイツにみる企業の『社会的sozial』な位置」西村豁通・竹中恵美子・中西洋編『個人と共同体の社会科学』ミネルヴァ書房，近刊，参照）．

ミュンクナーの批判は，上述のように，ドイツの社会運動の現状と法制度の立場からフランス的なエコノミ・ソシアル論の問題点を指摘したものである．しかしながら，ミュンクナーの批判は，たんにフランス的立場とドイツ的立場との相違という問題にとどまらず，フランス的なエコノミ・ソシアル論を他国に適用する場合に検討されるべき一般的な問題点をも示唆しているという点で重要である．

では，エコノミ・ソシアル論を日本に適用する場合に検討されるべき問題点はどのようなものであろうか．

8. 社会的経済論の日本への適用

(1) 第3セクター概念の国際的理解と日本的理解

第3セクターに関する欧米における研究蓄積に比べると，日本の研究はかなり出遅れている．それでも国内のNGO，NPO（非営利組織）の増加と運動の活性化を反映して，また欧米の研究の発展に刺激を受けて，日本のNPO研究が活発化しつつある．エコノミ・ソシアルの研究に限定しても，本書の翻訳グループだけでなく，生協総合研究所の基礎理論研究会（川口清史氏，藤田暁男氏など）が集団研究を組織し，西川潤氏なども独自に研究を進めている．

NPO研究が活発化しつつあるにもかかわらず，NPOを第3セクター論の見地から考察する研究が少ないのは，1つには日本における第3セクターの理解が特異なものであるからである．すなわち，日本においては私的セクターとも公的セクターとも異質なセクターとして独立の第3セクターを認識するのではなく，第3セクターを私的セクターと公的セクターの混合形態として位置づける理解が一般化しているために，NPOを担い手とした第3セクターという理解が成立しにくいのである．社会的経済論の日本への適用にあたってはまずこの問題点の理論的整理が必要とされる．

日本における「第3セクター」概念の成立経緯を考察している今村都南雄

編著『「第3セクター」の研究』(中央法規, 1993年) によると,「昭和40年代に経済企画庁の調査官がアメリカ駐在から帰国した後,『第3セクターの復活』という内部レポートでこの概念を使用したのがわが国における最初の紹介とされている」(45ページ). この調査官は, アメリカ社会においては公共部門と民間部門のほかに, 第3のセクターとして非営利団体からなる独立セクターの役割が大きいとするアメリカの学者の見解を紹介したのであるが, その後,「第3セクター」という言葉が独り歩きをはじめたのである.

とりわけ, 1972年に田中角栄『日本列島改造論』(日刊工業新聞社) が「官民協調の第3セクター」の効用を説き (211-212ページ), 翌73年に同主旨の内容を持った経済企画庁『経済社会基本計画』が閣議決定されたことが, 官民共同出資による株式会社という意味で「第3セクター」が用いられるうえで大きな影響を与えた. そして, 1984年に三陸鉄道が「第3セクター方式」で開業されるなどして, その後この用語法が日常語として定着するに至ったのである. このような事情を背景にして今村氏はつぎのように述べている.「『国際的にみれば, わが国で用いられている第三セクターの概念は通用しない』と言われる事情を率直に認める必要があるかもしれない. その点からするならば, わが国独自の概念構成にこだわり, 特に株式会社形態の組織のみに焦点をおいて第3セクターをとらえようとすることは, 今後の国際的な共同研究を展望するうえで大きな制約を課することになると思われる」(今村, 前掲書, 37ページ).

国民経済を3つのセクターに区分する場合, 国家と地方自治体を担い手とする公的セクター, 営利企業を担い手とする私的セクター, 非営利企業を担い手とする第3セクターに区分するのが, 国際的に一般化している見解である. また, 企業形態論においても, 企業形態は公企業, 民間営利企業, 民間非営利企業の3形態に区分されうる (小松章『企業形態論』新世社, 1990年, 参照). このような国際的理解と理論的把握を前提とすると, 日本における第3セクター理解は特異なものと言わざるをえない.

社会的経済論の日本への適用にあたって必要とされる理論的枠組みは, 国

民経済の領域区分をする際に，非営利企業を担い手とするセクターを公的セクターと私的セクターとならぶ第3の独立のセクターとして位置づけるものでなくてはならない．官民共同出資による経済事業という意味で用いられる日本型「第3セクター」は，自立のセクターではなく，公的セクターと私的セクターとを前提とする両者の混合形態と位置づけるべきである．

(2) 社会的領域の重要性

つぎに問題となるのは，非営利企業を担い手とする第3セクターの質的な内容をどう規定するかである．第1セクターと第2セクターの規定と比較すると，第3セクターの規定はかならずしも明確なものになっていない．第1セクターにも第2セクターにも所属しない残余が第3セクターを構成するという理解があるほどである．第3セクターを非営利企業を担い手とするセクターと規定する場合でも，それは形態上の規定であって，さらに質的な内容を問う必要がある．

ドラッカーは，『新しい現実』(1987年)で用いた「第3セクター」という用語を『ポスト資本主義社会』(1993年)では「社会的セクター」という用語に置き換えることによって，「第3セクター」の質的内容を説明している．そこで用いられている「社会的」という概念は，エコノミ・ソシアルの研究者が「社会的経済セクター」として表現する場合の「社会的」という概念と質的にかなり重なりあうところがある．『ポスト資本主義社会』においては，「社会的」という概念はとりわけ「国家的」という概念と対置して用いられている．一般的に「社会的」は，「国家的」および「私的」という概念に対置される概念である．このような概念装置のもとで，「国家的セクター」とも「私的セクター」とも質を異にする「社会的セクター」の独自の位置が明確になる．

ところが，日本においては国家の領域と私的な領域との区分ははっきりしているが，これに対して「社会的な領域」はかならずしも明確に認識されていない．国家と私についての認識にくらべて社会の認識が稀薄なのである．

社会的経済論の日本への適用にあたっては，国家とも私とも異なる社会の領域の存在を確認し，その重要性を認識することが前提とされなければならない．この問題は日本における市民社会の確立という課題と密接に関連している．別言すれば，伝統的な共同体の解体現象が進展するなかで，自由な個人同士の結合を基礎とする新しい共同体をどのようにつくっていくかという課題である．現代の社会的経済論は，社会構造の基礎をなす経済のあり方を重視し，人間の社会的生活を豊かにするような経済運営を基礎に新しい共同体をつくるという政策課題と結びついている．このような政策課題を実現するためには，国家の領域と私的な領域とならんで社会の領域の重要性がまずもって認識されなければならない．「独自な領域としての社会」という認識が稀薄な日本においては，とりわけこのような意味での「社会の発見」あるいは「社会の再発見」が必要とされている．このことを抜きにしては「社会的経済」における「社会的」の意味も理解されえない．

では，独自な領域としての社会とは何か（詳論は富沢賢治『唯物史観と労働運動——マルクス・レーニンの「労働の社会化」論』ミネルヴァ書房，1974年．同『労働と生活』世界書院，1987年，参照）．

すでに述べたように，EU統合においては社会的統合が経済的統合と政治的統合とともにEU統合の3本柱として重要視されている．ここでは経済と政治とともに社会が独自の領域として位置づけられている．このケースに限らず，一般的に人間の諸活動は経済的活動，社会的活動，政治的活動，文化的活動として分類されることが多い．以下では，国民生活の構造のなかで社会的領域がどのような位置を占めているかという問題を考察することによって，「社会的経済」における「社会的」の意味内容の解明にアプローチすることにしよう．

人間社会の生活は大別すると，経済的生活，社会的生活，政治的生活，文化的生活という4つに分けることが可能である．これらの4つは相互に密接に関連しているが，本稿の問題関心からすると，とりわけ経済的生活と社会的生活との関連を明らかにする必要がある．

経済的生活は生活に必要なもの（およびサービス）の生産，分配，交換，消費の過程から成っている．

これに対して社会的生活は，人を生み育て守るなど，人の生産と再生産の過程から成っている．

個体の存続と種の保存があらゆる生物の生命活動の核心をなしているのであるから，人間においても上述の意味の社会的生活が人間社会の中核の位置を占めている．すなわち，人間社会の基本的目的は人の生産と再生産にあり，経済，政治，文化はこの基本的目的を達成するための手段として位置づけられる．

このような見地からするならば，経済的生活と社会的生活との関連は，人の生産と再生産を主要機能とする社会的生活を維持するために，生活に必要なものとサービスを提供する経済的生活があると位置づけることができる．

以上，人間社会の4つの側面を機能別に分けて経済的生活と社会的生活との関連をみたが，つぎに経済的生活と社会的生活の関連を歴史的に考察することにしよう．

前にも言及したように，農業を基本的な産業として生活していた人間社会は歴史上長いあいだ，家族と地域社会を基盤として経済的生活と社会的生活を営んできた．農業社会においては家族と地域社会が生活手段の生産単位であるとともに人間の生産単位でもあった．この歴史的段階では，生活手段の生産の領域である「経済的領域」と人間の再生産の領域である「社会的領域」とは不可分離の結合状態にあった．

ところが，産業革命と経済の資本主義化にともなって，生活手段の生産を主として資本主義的企業が担うようになると，産業社会が自立化し，経済的領域と社会的領域との分離が始まり，産業社会の増大にともなって家族と地域社会が後景に退いていった．K. ポランニーの表現を用いるならば，人間の経済は原則として人間同士の社会的関係，すなわち地域のコミュニティのなかに埋まっているものであるが，資本主義化の進展にともなって経済が市場経済として社会から「離床」(disembed)して，逆に経済システムのなかに

人間社会が埋没するという,まったく新奇で異常な状態が現出したのである(K. Polanyi, *The Livehood of Man*, New York : Academic Press, 1977. K. ポランニー著,玉野井芳郎ほか訳『人間の経済』岩波書店,1980年,参照).あるいはまた,H. ブレイヴァマンの表現を用いるならば,家族と地域社会のなかにまで市場関係が普遍化し,「普遍的市場」(universal market)が成立したのである(H. Braverman, *Labor and Monopoly Caital:The Degradation of Work in the Twentieth Century*, New York:Monthly Review Press, 1974. H. ブレイヴァマン著,富沢賢治訳『労働と独占資本——20世紀における労働の衰退』岩波書店,1978年,第13章「普遍的市場」参照).

　いまや資本主義諸国のなかでも最先端をひた走るかにみえる日本においては,上記の現象は極限状態にまで達しつつある.すなわち,企業の占める領域が拡大するにつれて家族と地域社会が占める領域は企業の領域にますます浸蝕されてきている.経済的生活が肥大化し,社会的生活が衰退している.企業社会の肥大化につれて,生活全体が企業本位に営まれるようになっている.「社会」という2字が逆立ちして「会社」になりつつある.社会的動物としての人間のエコノミック・アニマル化,会社人間化である.

　資本主義化の進展とともに,日本社会はものづくりにはげみ,人づくりを軽視してきた.人づくりにはげむときも,人間性豊かな人をつくるというよりは,ものづくりのための労働力としての人をつくることを重視してきた.こうして現在では人間発達の歪みが大きな社会問題となっている.

　このように日本では現実の生活において「社会」が軽視されているために,言葉のうえでも「社会」のもつ意味内容が不明確にされている.

　もっとも,現代の日本でも上述の意味内容に近いかたちで「社会」という言葉が用いられていないわけではない.新聞の「社会」欄である.国民生活を反映する新聞は,経済欄,政治欄,文化欄のほかに,日常生活の身近な出来事を取り扱う社会欄をもっている.社会欄を埋めるのは,殺人や強盗などのいわゆる3面記事であるが,これは日常生活のなかの非日常的な出来事を取り扱ったものとみなすことができる.犬が人間に噛みついても記事になら

ないが，人間が犬に噛みつくと記事になるのである．

　日常生活のうちのもっとも日常的な行為は，殺人や強盗とは逆なこと，すなわち生命を生み育て守ることである．この生命を生み育て守ること，すなわち人づくりこそ「社会」の主要機能であり，その主要な担い手は家族と地域社会，あるいは人間の血縁関係と地縁関係である．

　人間発達の歪みが社会問題となっている今日，人づくりを優先させ，そのためのものづくりをするように国民生活の構造をつくりかえていく必要が強まっている．マスコミの世界にも日本社会における会社本位主義に対する反省が現れてきている．会社本位主義をどう克服すべきかというテーマに関して共通する1つの論調は，「生産条件より人間の生存条件を重視する」という視点の強調である（内橋克人・奥村宏・佐高信著『「会社本位主義」をどう超えるか』東洋経済新報社，1992年，参照）．これは換言すれば，人間としての生存条件を第一義的に考え，生産条件をそれに適合的に改めるべしという主張であり，「経済」を「社会」に適合的なかたち（社会的経済）に改めるべし，という主張に他ならない．

　このように今日の社会では「会社本位主義」から「社会本位主義」への転換が問われているのであり，「社会本位主義」の社会における経済のあり方（社会的経済）の問題が問われているのである．

　今日の日本社会においては，ものづくり中心の国民生活構造から人づくり中心の国民生活構造への転換が求められている．すなわち，国民生活の構造は，生命を生み育て守る「人づくり」（人間の生産）を行う「社会」の領域を中心として，それを包むように，人づくりのための「ものづくり」（生活手段の生産）を経済の領域が担当し，人づくりとものづくりのための人間関係の調整を政治の領域が担当し，理想的生活の構想を文化の領域が担当する，というように組み立てられなければならない．

　以上の観点からするならば，「社会的経済」は，人を生み育て守る「社会」に適合的な経済である，と規定することができよう．社会的経済論の日本への適用にあたっては，その前提として，経済的領域のうちに埋没したように

みえる社会的領域を再発見することが必要とされているのである．

(3) 社会的経済の担い手

　ミュンクナーが指摘するように，社会的経済の担い手として協同組合と共済組織のほかにアソシエーションを加えるか否かという問題は，社会的経済論の日本への適用にあたっても検討する必要がある問題である．

　伝統的な経済理論によれば，広義の事業組織は経済事業組織とその他の事業組織とに大別される．経済事業は生活に必要な財とサービスの供給を内容とする社会的業務であり，経済事業組織はこのような経済事業を営む事業組織である．これに対して，教育事業を営む学校，医療事業を営む病院，布教活動を行う教会，芸術・スポーツ・科学活動にかかわる文化団体などにおいては，経済的側面は本来の事業を遂行していくための手段にすぎない．その意味でこれらの事業組織は経済事業組織とはみなされていない．

　しかしながら，現代の第3セクター論や社会的経済論は伝統的な経済理論に対してパラダイム転換を求めている．ドラッカーは『新しい現実』において，学校，病院などの非営利組織に共通する性格を人間を変えるサービスを行う事業組織としてとらえ，それらの組織を第3セクターの構成要素と位置づけたうえで，第3セクターで働く労働力人口を総労働力人口と対比し，そのサービス事業の成果をGNPと対比している．非経済事業組織やボランティアによって営まれる「シャドウワーク」の増大現象を「新しい現実」と把握し，その新しい現実を経済理論に組み込もうとする試みである．社会的経済論もまた，人間の社会的生活を豊かにする事業というメルクマールをもって，協同組合，共済組織，アソシエーションを共通性をもつ組織としてとらえ，それらを社会的経済の担い手としている．

　本稿はこれまで「社会的経済」における「社会的」という意味の内容を問うてきた．しかし，ここでは経済という概念そのものが問われることになる．前述のように，経済は生活に必要な財とサービスの供給（生産，分配，交換，消費）を内容とする活動である．このような観点からするならば，生活に必

要な教育や医療活動を行うサービス組織は経済組織であるとされてもよいはずである．ところが前述のように，伝統的な経済理論においてはこれらの組織は経済事業組織としては理解されていない．なぜか．その大きな理由の1つは，それらの組織が利潤獲得を目的にしていないからであるとされる．しかしながら，利潤獲得を目的としない組織ということをメルクマールとすると，協同組合も経済事業組織ではないことになる．そこで，協同組合が経済事業組織とされるのは，協同組合が組織として存続するためには利潤獲得を手段とせざるをえないからだとされる．いずれにもせよ，利潤獲得活動をともなうかどうかが，経済事業組織と非経済事業組織とを区別する判断基準とされることになる．だが，利潤獲得活動を経済活動の不可欠な要因とする理解は，社会の資本主義化にともなって一般化したものであって，経済の本来の意味（生活に必要な財とサービスの供給）を限定するものと言わざるをえない．社会的経済論はこの意味で，「社会」の意味の問いなおしとともに「経済」の意味の問いなおしをも現代社会に求めているのである．

　さらに運動論の見地からすると，社会的経済の事業体と社会的経済の担い手とを区別する視点が必要となる．ある事業体が社会的経済の事業体か否かを決定する基準は，前述の社会的経済組織の原則（自発性と加入脱退の自由，民主的運営，資本に対する人間の優位性）である．社会的経済セクターはこのような事業体から構成される．しかし，社会的経済の狙い手という運動論的見地からするならば，社会的経済セクターはこれらの事業体だけではなく，これらの事業体と連携してその運営を可能とする種々の組織を必要とする．社会的経済セクターはこれらの組織によって支えられているのであり，その意味でこれらの組織は社会的経済の担い手なのである．

　社会的経済の発展のためには，社会的経済企業が中心となって生産から消費にいたるすべての経済活動をカバーするネットワークをつくりあげる必要がある．そして，スペインのモンドラゴン協同組合群の事例が示すように，ネットワークの中核に経営分析機能をもつ信用組織を据える必要がある．日本の場合は労働金庫などを含め，できるだけ多くの民間非営利事業体をこの

ネットワーク形成に参加させることが望ましい．そのためには社会的経済の担い手を協同組合，共済組織，アソシエーションという組織形態に限定してとらえるのではなく，組織形態からすると社会的経済の事業体ではないが，国民経済の構造のなかに置かれている位置からして共通する経済要求を持つ中小零細企業や家内営業などとも連携を強め，ネットワークを拡大強化していくことが望ましい（ちなみにイタリアのレガ「協同組合共済組合全国連盟」の1982年第31回大会報告で提言された「第3セクター論」においては，中小零細企業や農業などの家内営業をも含むセクターとして第3セクター論が構想されている）．

社会的経済の発展のためには，財とサービスの供給主体のネットワーク化によって経済効率を高めるだけでなく，需要のための市場拡大が不可欠となる．そのためにも社会的経済の担い手を種々のアソシエーションを含めて可能なかぎり広くとらえる必要がある．

藤田氏は「本来の非営利組織」をつぎのように分類している（藤田暁男「最近の非営利組織にかんする問題点」前掲，8ページ）．

「1　社会的非営利組織
　　① 協同型組織：協同組合，労働組合，消費者団体，環境保護団体等
　　② 福祉型組織：医療組織，社会福祉組織，保健組織等
　　③ 教育・研究・文化組織：教育組織，学術組織，文化組織等
　2　住民的・同好的非営利組織
　　① 住民型組織：町内会，老人クラブ等
　　② 同好型組織：同窓会，スポーツクラブ，文化サークル等」

これらの組織はいずれも社会的生活を豊かにするために活動する組織であり，社会的経済の需要市場としても重要な位置を占めている．

1993年の協同組合の組合員数をみると，農業協同組合，漁業協同組合，森林組合，生活協同組合，労働者共済生活協同組合，労働者協同組合の合計で約3,984万人である．1人が複数の組合に所属していることを考慮すれば単純な比較はできないが，かりに日本の総人口と比較すると3人に1人とい

う割合である．これに種々のアソシエーションなどの参加者を加え，さらにそれらの人びとの家族数を加えれば，その数は膨大なものになろう．問題はこれらの人びとを社会的経済のための需要市場にどう組織化するかである．この意味でも，社会的経済の理念を明らかにし，それを一般化し，その理念のもとに運動を組織化することが求められているのである（そのための運動論上の課題については，富沢賢治「社会的経済——協同組合運動がめざすもの」，大内力監修『協同組合の新世紀』コープ出版，1992年，参照）．

訳者あとがき

　本書の翻訳と出版は，1991年4月－94年3月の3カ年にわたる明治大学社会科学研究所の総合研究——「西ヨーロッパにおける生産者協同組合運動の現代的意義」——に端を発している．本書の翻訳に，イギリスの研究者トム・ウッドハウス博士を除いて，研究グループの全員が参加していること，また本書が多くの点で西ヨーロッパの協同組合運動と重なっていることがそのことを語ってくれている．なお，われわれの研究グループは，近々，上記課題の研究成果を本書と同じ日本経済評論社から出版する予定である．
　本書が出版される経緯を簡潔に述べておくこともまた，本書とわれわれの研究との関係——すなわち，問題意識の所在——を知っていただくために必要であろう．
　われわれの研究グループは，柳沢敏勝（明治大学商学部），中川雄一郎（明治大学政経学部），桐生尚武（明治大学政経学部），長岡顕（明治大学文学部），石塚秀雄（明治大学社会科学研究所客員研究員），内山哲朗（工学院大学），菅野正純（協同総合研究所），佐藤誠（立命館大学国際関係学部），富沢賢治（一橋大学経済研究所）そしてトム・ウッドハウス（ブラドフォード大学・平和研究学部）の10名によって構成された．イギリスにおける生産者（労働者）協同組合運動を中川とウッドハウスが，イタリアの労働者協同組合運動を桐生と菅野が，スペインの労働者（生産者）協同組合を長岡と佐藤が，また日本の労働者協同組合運動を柳沢と内山が各々担当し，そして富沢は西ヨーロッパにおける労働者協同組合運動全体を概括する役割を担うこととした．われわれはこの間，ベルギー，フランス，スペイン，イタリアおよびイギリスで調査と文献・資料の収集を行った．また特に石塚，菅野，富沢の3名は，西ヨーロッパのいくつかの国で開催された国際的な労働者（生産者）協同組合連合会のミーティングや協同組合に関係する国際学会に

しばしば参加し，西ヨーロッパにおける協同組合運動の現状を視察してきた．

1992年に立命館大学から在外研究の機会を与えられた佐藤は，マドリッド・アウトノマ（自治）大学に客員教授として籍をおき，スペインにおける労働者協同組合運動を視察し研究する重要な機会を得た．そして間もなく佐藤は，同僚であったマドリッド・アウトノマ大学，マリア・ヘスース・バラ教授が「EC統合」とのかかわりで論究している「スペインにおける社会的経済」の研究を日本に紹介することになった．佐藤によると，マリア・ヘスース・バラ教授は，協同組合を中心とするスペインの「社会的経済企業」を論究した論文「社会的経済——スペインおよび市場統合下のEECにおける社会的経済」（サントス・ルエスガ編『1993年市場統合とスペイン』所収, 1989年）を発表し，さらにその後の状況を踏まえて，「EC統合下のスペインにおける社会的経済」を著した．

佐藤は，後者の論文を翻訳して日本に紹介するのであるが，同時にわれわれの研究グループに，ベルギーのリエージュ大学に本部を置く国際公共経済学会（CIRIEC——公的・社会的・協同経済に関する調査情報国際センターの略）が刊行した大著『第3セクター』(The Third Sector)を紹介してきた．実は，この大著の編著者であるJ. L. モンソン教授はヘスース・バラ教授の知人であり，佐藤はヴァレンシア大学にモンソン教授を訪問した際にそれを見せていただいてわれわれに連絡してきたわけである．

われわれの研究グループは，この時にはある程度，協同組合運動やノン・プロフィット（非営利企業）との関連で「社会的経済」の重要性について認識していた．とりわけ富沢と石塚は，EUにおける「社会的経済」のポジションの研究をはじめていただけでなく，日本における協同組合運動と「社会的経済」とのかかわりをも探究しはじめていた．それ故，われわれの研究グループがこの大著『第3セクター』の翻訳の仕事を引き受けることについては多くの議論を必要としなかった．ただ，本書の版権がブリュッセルにあるデベーク出版に帰属しているために，もう1人の編著者であるJ. ドゥフルニ教授とデベーク出版の双方に連絡をとることが必要となった．この連絡役を石塚

が引き受けた.

　本書の出版の経緯は以上のようであるが,翻訳にとりかかる段になって,アメリカ,カナダにおける「社会的経済」の翻訳をどうするか,という問題が生じた.これには,アメリカとカナダでは協同組合やその他の社会連帯組織は「社会的経済」という西ヨーロッパ的な認識が希薄であって,それよりもむしろ「非営利企業」に関心を払っており,とりわけアメリカでは協同組合は税制上「営利企業」とさえされているのであるから,翻訳することの意味がどの程度あるのか,という問題と,アメリカとカナダを含めると大部な翻訳書になることが予測される,という問題があった.しかしながら,前者については,社会的経済はまさに「非営利」組織の運動であり,したがって,アメリカとカナダにおける「第3セクター」を翻訳することは今後の研究に必要であろうということになった.後者は日本経済評論社の,文字どおりの勇断によってすんなり解決された.

　さらにもう1つ,本書の出版に際して懸念されたことがあった.それは,日本では,「社会的経済」という用語はほとんど馴染みのない言葉であること,また「第3セクター」という用語はその本来の意味とは異なって使用されていることであった.それ故,翻訳の前に,これらの用語の「歴史的,思想的説明」と「制度的,運動的説明」とが不可欠である,ということになった.この点も富沢が引き受けることによって解決をみた.本書の内容を十分に理解するためにこの解題に繰り返し目を通していただきたい.

　解題にあるように,「社会的経済」(エコノミー・ソシアル)は,確かにその源流を19世紀30年以後のフランス生産者(労働者)協同組合思想に遡ることができるし,またその今日的復活を19世紀末から20世紀初頭にかけて展開されたシャルル・ジードの社会・経済制度論に間接的に見てとることができる.しかし,現在の「社会的経済」は,以前の単なる「復活」ではないのであって,ドイツを別にすれば,EUにおける経済・社会システムの一部として重要なポジションを占めることが期待されている,「再構成」されたそれである.したがってそれは,「協同組合セクター」論や「非営利組織」論,

あるいは「自発的連帯」論とも関連する理論的枠組みを備えている．日本の協同組合人や協同組合研究者に与える理論的，運動的影響も次第に大きくなっていくであろう．その意味でも，本書が，1人でも多くの，協同組合，互助組織やボランタリィ組織の運動に関心のある人びとや研究者の目に留まってくれることを願うものである．

本書の解題ならびに翻訳の担当は以下のものである．

序文：富沢賢治　序論1：内山哲朗　序論2：佐藤誠・内山哲朗　フランス：石塚秀雄　イギリス：中川雄一郎　スペイン：長岡顕　イタリア：菅野正純　デンマーク：柳沢敏勝　オーストリア：石塚秀雄　アメリカ：佐藤誠・石塚秀雄　カナダ：石塚秀雄・桐生尚武　そして解題：富沢賢治　である．

本書の出版に際して最も骨を折ったのは石塚である．翻訳の版権を得るための連絡と交渉，彼自身の翻訳の仕事，それにわれわれの翻訳のとりまとめと校正，日本経済評論社との連絡，これらすべてを彼は快く引き受けてくれた．そしてその合間に彼は国際的な協同組合運動のミーティングや国際学会に参加し，報告を行っているのである．したがって，本来ならば，石塚が「あとがき」を記すことが最も相応しいのであるが，この研究グループの責任者ということだけで私が記すことになったのである．

最後に，本書の出版を「勇断」をもって引き受けてくださった，常に未来を見つめている日本経済評論社の社長・栗原哲也氏，編集の宮野芳一氏に感謝申し上げる．

　　　　　　　　ロッチデール公正先駆者組合生誕150周年の記念すべき年に
　　1994年12月　　　　　　　　　訳者を代表して・中川雄一郎

訳者紹介 (執筆順)

富沢　賢治（とみざわ　けんじ）——序文，解題——
1936年埼玉県生れ．一橋大学大学院博士課程修了，一橋大学経済研究所教授．
主著　『労働と国家——イギリス労働組合会議史』岩波書店，1980年．『労働と生活』世界書院，1987年．

内山　哲朗（うちやま　てつろう）——社会的経済，第3主要セクターの起源，形態および役割——
1950年長野県生れ．一橋大学大学院博士課程修了，工学院大学共通課程講師．
主著　『労働と生活』(共著)世界書院，1987年．

佐藤　誠（さとう　まこと）——第3主要セクターの起源，形態および役割，アメリカ合衆国——
1948年東京都生れ．イギリス・リーズ大学政治学科博士課程修了．Ph. D.，立命館大学国際関係学部教授．
主著『アフリカ協同組合論序説』日本経済評論社，1989年．『モンドラゴン』(訳書)御茶の水書房，1986年．

石塚　秀雄（いしずか　ひでお）
——フランス，ベルギー，オーストリア，アメリカ合衆国，カナダ・ケベック州——
1948年東京都生れ．中央大学文学部哲学科卒業．(財)生協総合研究所客員研究員，清泉女学院短期大学兼任講師．
主著　『バスク・モンドラゴン』彩流社，1991年．『協同組合思想の形成と展開』(共著)八朔社，1992年．

中川　雄一郎（なかがわ　ゆういちろう）——イギリス，訳者あとがき——
1946年静岡県生れ．明治大学大学院政経研究科修士課程修了，明治大学政経学部教授．
主著　『イギリス協同組合思想研究』日本経済評論社，1984年．『協同の選択』生活ジャーナル社，1994年．

長岡　顕（ながおか　あきら）——スペイン——
1942年山形県生れ．東京教育大学大学院理学研究科博士課程修了，明治大学文学部教授．
主著　『西ヨーロッパ』(編著)大月書店，1993年．『概説　スペイン史』(共著)有斐閣，1987年．

菅野　正純（かんの　まさずみ）──イタリア──
1950年埼玉県生れ．横浜市立大学文理学部卒業，協同総合研究所専務理事．
主著　『協同組合論──イタリアの戦略』（訳書）芽ばえ社，1985年．

柳沢　敏勝（やなぎさわ　としかつ）──デンマーク──
1951年青森県生れ．明治大学大学院商学研究科博士課程修了，明治大学商学部教授．
主著　『現代イギリスの経済と労働』（共著）御茶の水書房，1985年．『現代日本の労使関係』（共著）労働科学研究所，1992年．

桐生　尚武（きりゅう　なおたけ）──カナダ・ケベック州──
1941年長野県生れ．京都大学大学院文学研究科博士課程修了，明治大学政治経済学部教授．
主著　『20世紀のヨーロッパ』（共著）有斐閣新書，1980年．『戦士の革命　生産者の国家』（共著）太陽出版，1985年．

社会的経済

1995年3月1日　第1刷発行ⓒ

定価7,725円
(本体7,500円・税225円)

訳　者	富　沢　賢　治
	内　山　哲　朗
	佐　藤　誠　雄
	石　塚　秀　雄
	中　川　雄一郎
	長　岡　　　顕
	菅　野　正　純
	柳　沢　敏　勝
	桐　生　尚　武

発行者　栗　原　哲　也

〒101　東京都千代田区神田神保町3-2
発行所　株式会社 日本経済評論社
電話 03-3230-1661　Fax 03-3265-2993
振替　00130-3-157198
文昇堂印刷・山本製本

落丁本・乱丁本はお取替いたします。　Printed in Japan

協同思想

中川雄一郎著
イギリス協同組合思想研究
A5判 270頁 2800円 〒380

協同組合運動の転換点に立って、協同組合の発生と発展をもたらしたイギリス協同組合思想をあらためて検討する。オウエン、トンプソン、キングその他の人々。（1984年）

P. デリック＆ヒズ・フレンズ　高橋芳郎・石見尚編
協同社会の復権
―レイドロウ報告とP. デリック―
四六判 208頁 1400円 〒310

P. デリックは1980年国際協同組合同盟27回大会に提示されたレイドロー報告「西暦2000年における協同組合」の作成にあたった最有力スタッフである。彼の思想と人柄を友人が語る。（1985年）

農林中金研究センター編　白井厚監修
協同組合論の新地平
―もう一つの可能性―
四六判 244頁 1800円 〒310

日本の歴史・風土に根ざした21世紀に向けての新協同組合論は何を根幹にすべきか。功利主義・国家・セクター論・ワーカーズコープ・医療事業等を8人が考究する。（1987年）

佐藤誠著
アフリカ協同組合論序説
A5判 340頁 4200円 〒380

南部アフリカ地域、とくにジンバブエを中心に経済開発の柱とされる協同組合の分析を通じ、その経済的自立、社会発展の現実と可能性を探る。アフリカへの新たな視点を提示。（1989年）

レイドロー　日本協同組合学会訳編
西暦2000年における協同組合
―レイドロー報告―
四六判 262頁 1200円 〒310

1992年のICA東京大会の主テーマ「協同組合の基本的価値」の元をなす、近年協同組合史上最も重要な文書の改訳決定版。解説、文献リスト等を付す。（1989年）

今井義夫著
国際協同組合運動と基本的価値
A5判 360頁 3200円 〒380

1992年 ICA（国際協同組合同盟）東京大会が開かれる。世界各国の協同組合運動の実情とその思想を報告・検討し、転換期にある運動の明日を考える。（1990年）

W. F. ホワイト, K. K. ホワイト　佐藤・中川・石塚訳
モンドラゴンの創造と展開
―スペインの協同組合コミュニティー―
A5判 422頁 3800円 〒380

スペイン・バスク地方の小都市モンドラゴンに展開するユニークな協同組合複合体の分析。フランコ独裁のなか、その運動がどのように生まれ発展し、今日に至るか。（1991年）

G. フォーケ　中西啓之・菅伸太郎訳
協同組合セクター論
四六判 180頁 1800円 〒310

資本主義社会のなかで、その欠陥と障害を越える途が協同組合セクター論であり、日本におけるセクター論の研究は、近年活気を増している。本書はその原点をなすものである。（1991年）

シュルツェ・デーリチェ著　東信協研究センター訳
シュルツェの庶民銀行論
A5判 272頁 3200円 〒380

協同組合運動の祖として、ライファイゼンと並ぶシュルツェの代表作『庶民銀行としての前貸組合』『協同組合読本』等を初めて訳出。併せてシュルツェの業績を加える（1993年）

河野直践著
協同組合の時代
―近未来の選択―
A5判 295頁 4300円 〒340

いま協同組合は危機と可能性を合わせもつ状況にある。その本質は何か。株式会社、公益法人、非営利団体等関連分野の経済活動と共にとらえた協同組合論。（1994年）

川口清史著
非営利セクターと協同組合
A5判 217頁 3000円 〒380

国家の失敗と市場の失敗を打開する途として注目される「社会的経済」「非営利セクター」および「アソシエーション」の新しい動き。欧米の現実からその可能性を追求する。（1994年）

表示価格に消費税は含まれておりません

社会的経済　（オンデマンド版）	

2003年6月1日　　発行

訳　　者	富沢　賢治・内山　哲朗・佐藤　　誠
	石塚　秀雄・中川雄一郎・長岡　　顕
	菅野　正純・柳沢　敏勝・桐生　尚武
発行者	栗原　哲也
発行所	株式会社　日本経済評論社
	〒101-0051　東京都千代田区神田神保町3-2
	電話 03-3230-1661　FAX 03-3265-2993
	E-mail: nikkeihy@js7.so-net.ne.jp
	URL: http://www.nikkeihyo.co.jp/
印刷・製本	株式会社　デジタルパブリッシングサービス
	URL: http://www.d-pub.co.jp/　　AB253

乱丁落丁はお取替えいたします。　　　　　　Printed in Japan
Ⓒ T.Tomizawa et.al., 1995　　　　　　　　　ISBN4-8188-1611-6
Ⓡ〈日本複写権センター委託出版物〉
本書の全部または一部を無断で複写複製（コピー）することは、著作権法上での例
外を除き、禁じられています。本書からの複写を希望される場合は、日本複写権セ
ンター（03-3401-2382）にご連絡ください。